만주에 평양성을 가진

대제국 고려

만주에 평양성을 가진
대제국 고려

발행일 2020년 12월 21일 초판 1쇄 발행
　　　　 2023년 11월 17일 3쇄 발행
발행처 상생출판
발행인 안경전
지은이 최규흥, 정택선 공저
주　소 대전시 중구 선화서로 29번길 36(선화동)
전　화 070-8644-3156
팩　스 0303-0799-1735
홈페이지 www.sangsaengbooks.co.kr
출판등록 2005년 3월 11일(175호)

ISBN 979-11-90133-25-8

가격은 뒷표지에 있습니다

이 도서의 국립중앙도서관 출판예정도서목록(CIP)은 서지정보유통지원시스템 홈페이지(http://seoji.
nl.go.kr)와 국가자료종합목록 구축시스템(http://kolis-net.nl.go.kr)에서 이용하실 수 있습니다.
(CIP제어번호 : CIP2020008170)

만주에 평양성을 가진

대제국 고려

최규홍 · 정택선 지음

상생출판

들어가기

    우리는 고려의 영토가 압록강 이남에 존재했던 조그만 소국이라고 배워왔다. 필자는 2017년 8월 6일 묘청 시대의 서경전도(평양 고지도: 고려대 박물관 소장, 이 지도는 1800년대에 정리된 것이라고 함)를 인터넷에서 우연히 발견하게 되었다. 여기에서 이 지도는 북한 평양성이라고 하고 둘레에 흐르는 강을 북한 평양의 대동강이라고 설명하고 있다. 저자는 북한 평양의 지도를 찾아서 비교해 본 결과 고지도가 정확한 것이라면 고지도는 북한 평양이 아니라는 걸 위상수학적인 감각으로 금방 확인할 수 있었다. 그리고 고지도가 가리키는 지역이 요양시 궁장령구라는 걸 확인하는 데는 긴 시간이 걸리지 않았다.

    평양에 관한 고지도로 평양부 2장, 평양 2장, 평양윤 1장, 서경전도 1장이 있다.

    역사적으로 평양이라는 지명은 여러 지역에 있었다. 그런데 앞에 있는 평양에 관한 고지도로 평양부 2장, 평양 2장, 평양윤 1장, 서경전도 1장 모두는 북한 평양이 아니다.

    이들 6장 모두는 중국 요양시 궁장령구의 근방을 그린 위상도이다. 이들 지도를 분석하려면 평면기하와 초보적인 위상수학 지식이 있어야 한다. 불행하게도 역사학자들 중에서 이들 고지도를 위상적으로 분석하고 이해할 수 있는

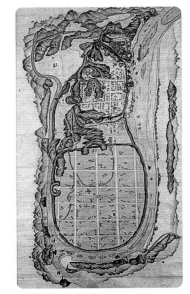

그림1 서경전도(출처: 고려대 박물관)

학자가 단 한명도 없다는 사실이다. 그래서 역사학자들은 고조선의 평양, 고구려의 평양, 고려의 평양 모두가 평안도의 평양으로 인지하고 암송하여 후학들에게 가르쳐 왔다. 고지도를 분석하고 해석할 수 있는 수학 지식을 갖춘 역사학자를 반드시 양성해야 우리의 고대 국경사가 제대로 정립될 수 있다.

1945년 일본으로부터 해방 된지도 70여년이 지났는데도 잘못 된 사실이 고쳐지지 않고 있다. 왜곡된 사실을 수정하여 올바른 역사교육을 하여 우리 민족의 자긍심을 북돋워야 한다.

세종대왕의 어명으로 정인지鄭麟趾가 쓴 『고려사高麗史』의 내용도 후학들에게 가르쳐서 고려의 통치 영역이 한반도와 만주의 대부분이었다는 사실을 가감 없이 가르쳐야 한다.

『고려사』를 읽다보면 고려가 진정으로 삼한을 통일하여 통치한 대제국이었다는 자긍심을 갖게 된다. (신라 최대의 문장가 최치원은 삼한을 마한, 진한, 변한을 말하는데 마한은 대략 고구려이고 진한은 대략 신라이며 변한은 대략 백제이다라고 설명한다.) 세종대왕의 어명으로 『고려사』 집필을 총 책임진 정인지鄭麟趾는 3년간의 『고려사』 집필을 마치면서 서문의 끝부분에 다음과 같은 글을 기록한다.

유감스럽게도 책을 완성하여 활자로 출판하기 전에 왕은 갑자기 돌아가셨습니다.

신臣 인지鄭麟趾 등이 삼가 생각하니 주상 전하께서는 이 나라의 중대한 사업을 계승하여 선대 임금들의 업적을 더욱 빛나게 하고 있습니다. 성품은 순수하고 정밀한 학문은 고명의 극치에 도달하였으며 지극한 효성은 조왕의 유업을 크게 계승 발전시키는데 빛나고 있습니다. 고려조 역사 편찬이 끝나지 못한 것을 걱정하시어 신에게 그 완성을 책임지우셨습니다. 신臣 인지鄭麟趾 등이 변변치 못한 재간으로 감히 중대한 위촉을 받아 야사의 각종 기록을 참고하고 관부의 옛 장서들을 들추어서 삼가 3년간의 노력을 다하여 힘껏 고려 일대의 역사를 완성하였습니다. 남아 있는 전대의 사적들을 참고하고 모쪼록 필법의 공정을 기하였습니다. 이것으로 역사의 밝은 거울을 후대 사람에게 보이며 선악의 사실들을 영원히 전하도록 하였습니다.

편찬한 『고려사』는 세가世家 46권, 지志 39권, 표表 2권, 열전列傳 50권, 목록目錄 2권으로서 모두 139권입니다. 삼가 초고 한 질을 완성하여 전문과 함께 올리는 바 황송하옵기 그지없나이다.

정태 2년(1451년 문종 원년) 8월 25일

정헌대부, 공조판서, 집현전 대제학, 지경연 춘추관사 겸

성균대사성成均大司成 신臣 정인지鄭麟趾 등 올림

고려 태조 왕건의 29분의 부인 중 5분은 요녕성 출신이다. 신주信州 (심양 동북쪽에 있음) 출신 한 분, 평주平州(요양시 궁장령구. 옛 서경 둘레에 있었던 지명) 출신 세 분, 동주洞州(연산관 주변의 지명) 출신 한 분이다. 출신이 만주지역인지 아닌지 미상인 분이 두 분이다. 고려 초 고려의 5도 양계(동계와 북계)가 있었는데 이들의 주와 현의 개수는 양광도 11개, 경상도 12개, 전라도 9개, 교주도 3개, 서해도(황해도) 5개인데 **북계는 44개이고 동계는 33개였다**는 사실과 함께 양계의 주와 현의 위치도 연구하여 가르쳐야 한다.

✽ 연구: 『흠정만주원류고欽定滿洲源流考』에 고려의 양계의 지명들이 상당히 많이 나오고 중국역사지도집에 고려의 양계 지명들의 위치가 많이 나오고 있다. 중국역사지도집에서 고려의 의주, 성주, 위주, 안주 등이 요하 서쪽에 있다.

거란한테 **서경**(요양시 궁장령구) 이북의 땅을 빼앗긴 역사도 있었다는 사실과 함께 그 지역이 어디라는 사실을 가르쳐야 한다.

최탄이 자비령(절령: 岊嶺은 령의 양쪽에 산모롱이가 있는 모습이다) 이북의 53개 성을 가지고 몽고에 항복하였는데 그 지역이 어디라는 것을 연구하여 진실을 가르쳐야 한다. 고려 시대 평안도와 함경도에 있었던 성은 53개에는 턱없이 모자란다. 평안도와 함경도에 있었던 성은 아마 15개의 성도 안 될 것이다. 고려의 영토가 압록강 이남의 지역이라고 한다면 자비령 이북의 53개 성은 어디에 있었던가?

『고려사』 세가(제1~4책) 편에서 서경의 위치를 나타내는 지도나 지리 위상을 설명한 것이 나오지 않는다. 지리(제5책)편에서도 서경의 위치를 나타내는 지도나 지리 위상을 설명한 것이 나오지 않는다. 열전(제9~11책)에서도 서경의 위치를 나타내는 지도나 지리 위상을 설명한 것이 나오지 않는다. 개경으로부터 거리가 얼마인지도 모른다.

각왕의 개경-서경 간 행차에서 출발일과 도착일이 동시에 나오는 경우는 아주 적고 90% 이상이 도착 일자만 나온다. 왕의 행차 경로를 개경 - 자비령 - 평주 - 서경으로 기록한 경우가 가장 자세한 여행 일지이다. 여행 일지 중에서 하나를 소개하면 다음과 같다(북역고려사, 제2책 370쪽).

"의종 23년(기축, 1169) **3월 왕이 을유일에 서경을 출발하였다. 4월 계묘일에 왕이 서울로 돌아 왔다. 이 행차 기간은 16일이다."**

세가 편에 개경-서경 간 여행일지가 기록된 것이 약간 있다. 그중 짧은 기간은 5~7일이고 긴 기간은 32일까지도 있다. 여행 기간이 5~7일인 경우는 왕이 말을 타고 여행한 것으로 확인되거나 유추되고, 20

일 이상인 경우는 왕이 마차를 타고 가거나 주변을 유람하거나 시찰하면서 간 것으로 유추된다.

윤관열전에는 다음과 같은 내용이 있다.

.... 왕이 서경(요양시 궁장령구 지역)으로 가서 위봉루에 올라 거기서 부월을 주어 보내었다. 윤관과 오연총은 동부 지방(동계東界)에 이르러 군대를 장춘역長春驛(현재의 장춘시 북쪽 지역에 있었음. 중국역사 지도 참조)에 집결하였으며 약 17만 명의 대군이었으나 20만이라고 선전하였다. 그리고 병마판관兵馬判官 최홍정과 황군상을 정주定州(만주의 한 지역)와 장주長州(만주의 한 지역) 두 고을에 파견하여 여진의 추장들을 꼬이기를

"조정에서 허정과 라불 등을 석방하려고 하는데 너희들은 와서 명령을 받으라."

하고 일변 군대를 매복시킨 후 올 때만 기다리고 있었다. ....

그후 윤관은 9성을 평정해 나아갔다.

우리는 고려가 작은 나라로서 몽고와 30여년 7차 전쟁을 했다고 알고 있다. 강대한 금나라가 1년도 못 버티고 몽고한테 정복당했는데 소국인 고려가 30년을 버틴 거라고 배워왔다. 고려는 소국이 아니라 만주의 동북 3성을 대부분 통치했던 대국이었다. 그래서 몽고와 30여년 전쟁을 치루는 힘을 가진 나라였던 것이다.

이 책은 고대 평양을 나타낸 고지도가 역사적으로 있었던 여러 평양 중에서 요양시 궁장령구에 있었던 평양을 그린 위상도라는 사실을 증명하였다. 고려 초의 주와 현을 소개하고 동계와 북계가 만주 지역을 포함하고 있었다는 사실을 『중국역사지도집』과 『흠정만주원류고』를

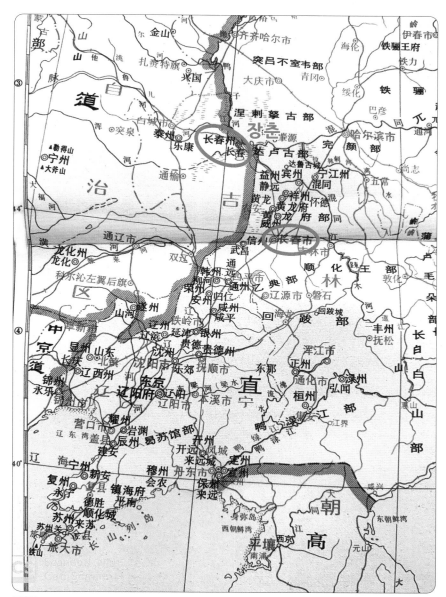

그림2 중국역사지도집 제6책(宋 遼 金 시기): 윤관이 17만 대군을 집결시킨 長春역
은 현재의 장춘(長春)의 북쪽에 있다. 고려의 태주(泰州), 수주(遂州), 신주(信州), 함
주(咸州), 은주(銀州), 안주(安州), 통주(通州), 영주(榮州), 심주(瀋州), 요양, 녕주(寧
州), 복주(復州), 선주(宣州), 보주(保州), 정주(定州) 등의 지명이 보인다.

통해서 보충적으로 인지하게 하였다. 역사적으로 고려 시대에 유명했던 김부식, 묘청, 강감찬, 서희, 최충 등 여러 사람들의 열전을 통해서 우리의 고려 시대의 선조들이 만주 지역을 지키기 위해 얼마나 고군분투했는가도 알게 하였다.

우리는 이 책을 통하여 고려가 압록강 이남에 위치했던 소국이 아니라 고구려의 중요 지역을 대부분 통치했던 대국이었다는 사실을 인지하는 계기가 되기를 희망한다.

역사에 대하여 문외한이었던 필자의 연구를 격려해 주고 역사적인 지식을 습득하는 데 많은 도움을 주신 인하대 복기대 교수님과 남창희 교수님께 감사드리고, 중국 현지답사와 고대사 공부를 함께 하고 있는 30여 년간의 동료 교수인 인하대 고관석 교수님과 유원희 교수님께 감사드리는 바이다.

고지도 분석 논문을 함께 논의해주고 격려해준 최승호 박사에게도 감사하며 본문 내용의 지도 제작에 많은 도움을 준 인하대 조준희 조교의 노고에 감사를 보내는 바이다.

끝으로 이 책을 출간하는 데 도움을 주신 안경전 사장님, 이길연 편집부장님과 상생출판 편집부 직원들에게 감사드리며, 이 책을 통해서 우리 국민이 대제국 고려에 대한 자긍심을 갖기를 기원한다.

2020년 11월
필자 崔奎興 鄭澤鮮 謹書

제3장 고려의 주와 현의 군州縣軍

제1장

고지도 분석을 통한
고대평양 위치 탐구

우리는 고려의 영토가 압록강 이남에 존재했던 조그만 소국이라고 배워왔다. 『고려사高麗史』(정인지 저)의 내용도 지리에 대하여 자세히 공부해 본 적이 없다. 고려 초 고려의 행정구역이 5도 양계로 이루어졌다는 내용은 배웠지만 5도 양계의 주와 현의 명칭에 대하여는 구체적으로 배워본 적이 없다. 그저 고려는 압록강 이남에 존재했던 조그만 소국이라고 배웠을 뿐이다.

『고려사』 권 제 83, 지제 37(주현군州縣軍)에서 고려의 5도 양계의 주현의 개수는 양광도 11개, 교주도 3개, 경상도 12개, 전라도 11개, 서해도 5개, 경기 4개인데 북계 44개, 동계 33개이다. 이로부터 북계는 서해도(황해도)의 8배 이상의 면적을 가졌다는 것을 짐작할 것이다.

고대 평양도 한반도에 있었다고 배워 왔고 의심을 해본 적도 없다. 역사학자가 아닌 사람들은 고대 평양 지도를 접해본 적도 없다. 고대 평양에 관한 고지도로 평양부 2장, 평양 2장, 평양윤 1장, 서경전도 1장이 있고 그 외에도 있다. 이를 소개한다.

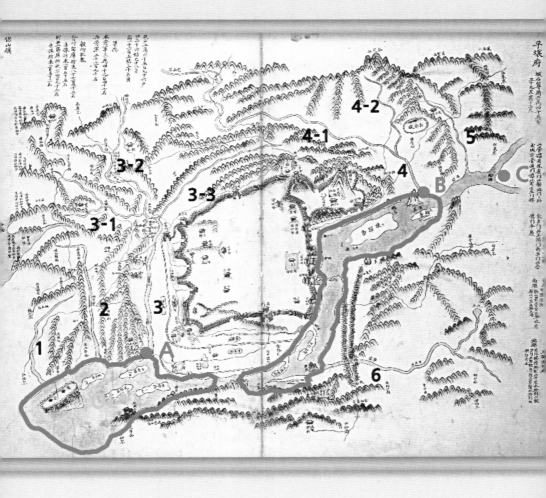

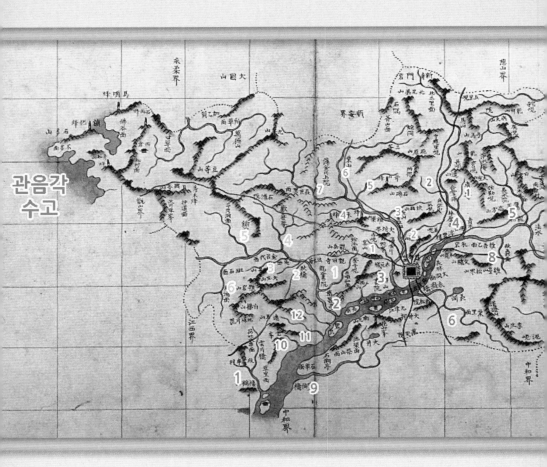

관음각
수고

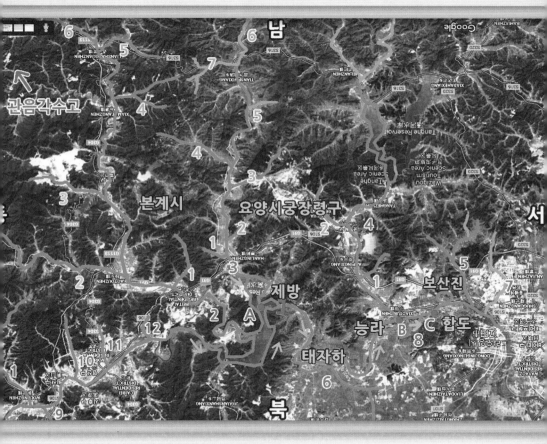

평양 고지도는 요양시 궁장령구가 중심이고 본계시를 상당히 포함한다.

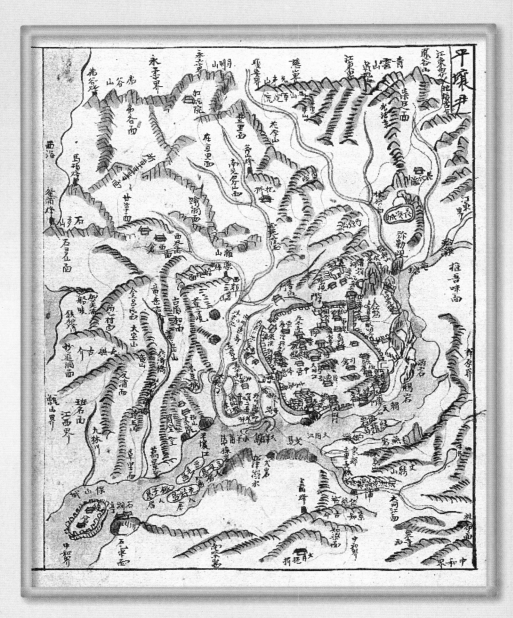

평양윤 지도는 평양부 고지도와 완전 동형이다.

1-6 서경전도(고려대 소장)와 요양시 궁장령구 구글 지도

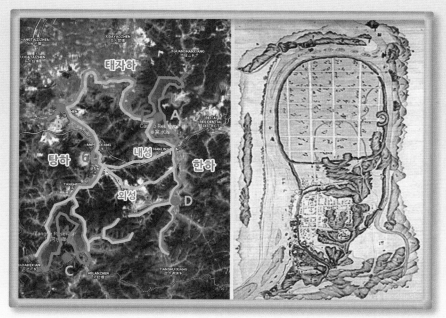

요양시 궁장령구에는 환성로가 있고 외성로
가 있다.

서경전도

　이상의 6가지 평양에 관한 고지도는 모두 북한 평양이 아니고 요양
시 궁장령구 근방의 위상도이다. 이 새로운 사실에 많은 한국인은 놀
라움을 금치 못할 것이다. 우리가 알고 있었던 사실과 너무나 다른 사
실을 접하게 되어 충격을 받을 분도 있고, 이 사실을 받아들이지 못하
는 사람도 많을 것이다.

I. 위상수학을 활용한 서경전도 분석

출처: 위상수학 교육과 묘청의 서경 평양성 고지도 분석에의 응용,
교육문화연구(2017)

A. 서론

저자는 고려의 영토가 압록강 이남에 존재했던 조그만 소국이라고 배워왔고 그게 사실이라고 인지하고 기억하고 있었다. 그런데 2017년 8월 6일 묘청 시대의 서경전도(평양 고지도: 고려대 박물관 소장, 이 지도는 1800년대에 정리된 것이라고 함)를 인터넷에서 우연히 발견하게 되었다. 여기에서 이 지도는 북한 평양성이라 하고 둘레에 흐르는 강을 북한 평양의 대동강이라고 설명하고 있다. 저자는 북한 평양의 지도를 찾아서 비교해 본 결과 고지도가 정확한 것이라면 고지도는 북한 평양이 아니라는 걸 위상수학적인 감각으로 금방 확인할 수 있었다. 그리고 고지도가 가리키는 지역이 요양시 궁장령구라는 걸 확인하는 데는 3시간 쯤 걸렸던 것 같다. 이것은 저자가 알고 있다고 생각했던 고려의 영토에 대한 지식이 위상수학 지식과 수리 논리에 의해 완전히 바뀌어버리는 순간이었다. 저자는 조선 시대의 황해도, 평안도, 함경도, 경상도 등의 위상 지도나 족보의 묘지 지도의 위상 지도를 꽤 보아 왔다.

저자는 묘청 시대의 서경전도가 가리키는 지역이 요양시 궁장령구라는 걸 확인하고, 스웨덴에서 열리는 제11차 ISAAC Conference(2년마다 개최되는 해석학 학술회의)에 참석하기 위하여 2017년 8월 10일에 인천공항을 출발했다. 학회 참석하는 동안 묘청 시대의 고지도(서경전도)를 수없이 관찰하였다. 8월 25일에 학회에서 돌아와 김부식의 『삼국

사기』 번역본(지리부분)을 살펴보니 통일신라의 영토도 저자가 배워왔던 것과는 너무나 달랐다. 저자의 수학적 증명을 좀 더 확인을 하기 위해서 세종대왕의 어명으로 정인지鄭麟趾가 쓴 고려사(北譯 高麗史) 11권(약 5,500쪽, 한문 원문 동시 수록)을 구입하여 지리 부분(서북면, 동북면 만)을 연필로 줄을 그어가며 꼼꼼히 읽었다. 이『고려사』를 읽으면서 고려가 저자가 이전에 알고 있던 조그만 영토의 소국이 아니라 고구려의 중요 지역을 대부분 통치했던 대국이었다는 사실을 깨닫게 되었다.

시간이 없는 사람은『고려사』제5책(고전연구실, 1997, 제5책)에서 지리 부분 중 504쪽부터 532쪽까지만 읽어 보면 고려가 대국이었다는 새로운 깨달음을 얻게 될 것이다. 이 부분에는 고려조의 동북면과 서북면의 지명들만 나온다.『고려사』제5책(고전연구실, 1997, 제5책: 531)에 있는 일부를 소개해 본다.

조양진朝陽鎭에서는 태조 13년에 마산에 성을 쌓았다.
양암진陽岩鎭에는 태조 21년에 성을 쌓았다.
수덕진樹德鎭에는 성종 2년에 성을 쌓았다.
안융진安戎鎭에는 광종 25년에 성을 쌓았다.
통해현通海縣에는 태조 17년에 성을 쌓았다.

위 지명들은 한반도에 있는지 없는지 잘 확인되지 않고 있다. 여기서 쉽게 확인되는 지역은 조양진 마산으로 현재는 조양시 마산이다(중국 역사지도집에서 확인이 안됨, 이 지명이 고려 시대의 지명을 그대로 사용하는지도 미확인). 이 지역은 요녕성 서쪽 경계선 부근이며 요양에서 서쪽으로 약 500리쯤 된다.『고려사』세가(고전연구실, 1997, 제1~4책) 편에서는 각 왕대별로 매월 주요 사건들을 일기식으로 기록했다. 고려의 모든 왕들은 거의 매년 짧게는 수일, 길게는 3개월 이상 서경에 가서 체류하면서 국가 경영을 한 것으로 나온다. 이는 태조 왕건이 후대 왕들에게 "적어도 3년에 한 번씩 서경에 가서 머물면서 국가를 경영하라"는 훈시가 있었기 때문인 것 같다.

『고려사』 세가(제1~4책) 편에서 서경의 위치를 나타내는 지도나 지리 위상을 설명한 것이 나오지 않는다. 지리(제5책)편에서도 서경의 위치를 나타내는 지도나 지리 위상을 설명한 것이 나오지 않는다. 열전(제9~11책)에서도 서경의 위치를 나타내는 지도나 지리 위상을 설명한 것이 나오지 않는다. 개경으로부터 거리가 얼마인지도 모른다.

각 왕의 개경-서경 간 행차에서 출발일과 도착일이 동시에 나오는 경우는 아주 적고 90% 이상이 도착 일자만 나온다. 왕의 행차 경로를 개경-자비령-평주-서경으로 기록한 경우가 가장 자세한 여행일지이다. 여행 일지 중에서 하나를 소개하면 다음과 같다(북역고려사, 제2책 370쪽):

"의종 23년(기축, 1169) 3월 왕이 을유일에 서경을 출발하였다. 4월 계묘일에 왕이 서울로 돌아왔다. 이 행차 기간은 16일이다."

세가 편에 개경-서경 간 여행일지가 기록된 것이 약간 있다. 그중 짧은 기간은 5~7일이고 긴 기간은 32일까지도 있다. 여행 기간이 5~7일인 경우는 왕이 말을 타고 여행한 것으로 확인되거나 유추되고, 20일 이상인 경우는 왕이 마차를 타고 가거나 주변을 유람하면서 간 것으로 유추된다.

이 여행 기간들을 보면 개경에서 서경까지는 상당히 멀다고 유추된다. 개성에서 북한 평양까지는 약 300리이다. 기마가 뛰어난 태조 왕건은 개성에서 북한 평양까지 달리는 데는 한나절이면 충분하다. 기마에 능한 다른 왕들도 개성에서 북한 평양까지는 비슷할 것이다. 말을 못 타는 왕들도 마차로 3일이면 충분하다.

개경-서경 평양성(요양시 궁장령구) 간 거리는 약 1,500리이다. 기마에 능한 왕은 중간에서 별로 지체하지 않으면 개경에서 출발해서 5일 이내에 서경 평양(요양)에 도착할 수 있다. 왕의 행차 경로를 '개경-자비령-평주-서경으로 기록한 경우(북역고려사, 제2책)'가 있는데, 만일 이 경로가 '개경-자비령(북한 황주)-평주(북한 평산)-서경(북한 평양)'이라면, 왕은 개경에서 북쪽으로 200리를 갔다가 다시 남쪽으로 100리를 왔다가 다시 북쪽으로 200리를 가는 행로이다. 논리적으로 맞지 않는 여행 일정이다.

세가(북역고려사, 제2책)편에 다음 기록이 있다.

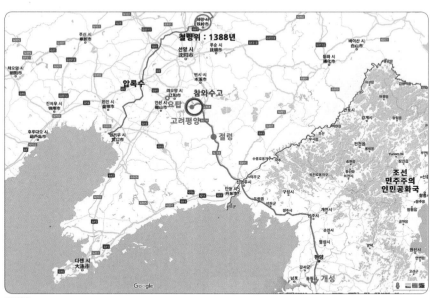

그림1 절령은 요양시 궁장령구와 개경 사이 여러 차마도로에 유일하게 존재한다. 고려왕이 개경에서 서경(요양시 궁장령구)을 갈 때 이 절령을 거쳐서 가는 것이 가장 빠른 차마 도로이다. 박지원의 열하일기에서는 그저 분수령이라고만 표현하고 있고 이곳이 고려의 절령이라는 사실을 모르고 지나갔다.

"왕이 개경에서 자비령까지 4일 걸려서 가고 자비령(절령)에서 백성들에게 음식을 먹이고 3일 후 서경에 도착했다(자비령에서 며칠 간 체류했는지는 모름)."

참고로 요양시 궁장령구 동쪽 지역 본계시에 평산구平山區가 있다. 평산구의 이름이 고려의 평주平州에서 유래된 이름이라고 유추된다. 평주는 원래 넓은 지역이었는데 현재는 평산구라는 작은 지역의 이름으로만 남아 있는 것 같다. **절령**(일명 자비령)은 연산관과 풍성시 사이의 분수령에 있다. 이는 왕의 행차 경로 **'개경-자비령-평주-서경**(요양시 궁장령구)**'**을 자연스럽게 연결해 주고 있다. 대명일통지의 『자비령은 평양성 동쪽 160리』(3장 그림 5)라는 기록은 실제 평양성(궁장령구)에서 자비령(연산관과 풍성A 사이의 분수령)까지의 방위와 거리가 일치한다.

B. 본론

1. 묘청 때의 서경전도와 북한 평양 지도 비교 분석 〰〰〰

고려조 인종 때 요서를 중심으로 한 금나라가 요를 멸망시키고 송의 북부 지역을 차지하고 강남지역을 중심으로 한 남송만 남게 하였다. 이때 고려에서는 묘청이 고려의 수도를 상경(개경)에서 서경으로 천도하여 금국을 멸망시키고 동양 최강의 고려국을 만들자고 하였다. 처음에는 인종의 동의를 얻어 서경의 평양성 천도를 준비하여 인종이 평양성에 대화궁을 완공하게 한다. 하지만 김부식을 중심으로 한 상경 고수파에 의해 서경 천도 계획이 파기된다. 이에 불만을 가진 서경 천도 지지 세력들이 중앙 정부에 대해 반기를 들고 묘청을 중심으로 하여 난(혁명)을 일으킨다.

위상수학, 기하학, 집합론 지식들은 중등수학의 도형 지식과 수학 참고문헌에서 지식이 약간 필요하다(안대희, 안승호, 2014). 다음의 네 지도는 묘청의 서경 고지도 1, 2와 북한 평양의 위상 기하학적 방법에 의해 스케치한 지도, 북한 평양의 실제'이다.

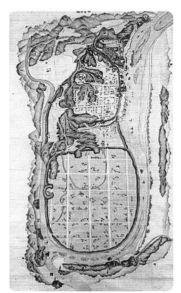

그림2 서경전도(출처: 고려대 박물관): 묘청의 난 (1135년) 당시 서경의 지도라고 하지만 이 지도는 1800년대에 정리된 지도 중 하나이다. 고지도의 하단부 강에 8개의 섬이 있다.

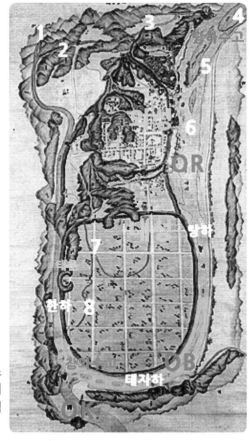

그림3 서경전도(고려대 박물관 소장): OB 영역에는 8개의 섬이 그려져 있고 OR 영역에는 2개 반의 섬이 그려져 있다.

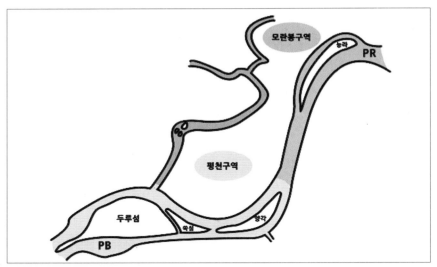

그림4 북한 평양 위상도: 서경전도와 비교 설명하기 위하여 그린 북한 평양성의 위상도. 북한 대동강의 PB 영역에 3개의 섬이 있고 PR 영역에 1개의 섬이 그려져 있다.

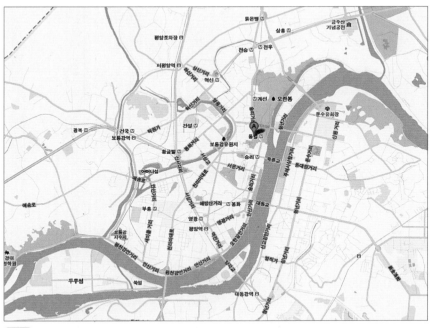

그림5 북한 평양의 실제 구글 지도. 보통강이 2개 있다.

1) 고지도와 북한 평양 위상도의 위상수학적 방법에 의한 비교

고려 묘청 시대 서경의 평양성 고지도와 북한 평양의 지도를 2차원 위상적 방법에 의해 비교해 보도록 하겠다. 먼저, 묘청의 서경 고지도(지도의 상단이 북쪽이 아닐 수도 있음)와 스케치한 북한 평양 지도(지도의 상단이 북쪽)의 좌우 두 지류(또는 본류)와 아래 부분의 강을 위상수학적 방법으로 비교해 보았다(연구자는 고지도를 그린 분이 위상수학적, 기학학적 감각이 매우 뛰어난 능력의 소유자라 생각하고 분석하였다).

고지도에서는 오른쪽 지류(또는 본류) 상단 부분에 3개의 섬 4, 5, 6(4는 산자락일수도 있음)이 그려져 있다. 이 영역의 강물로 이루어진 영역을 OR이라 하면 섬 3개(또는 2개)가 빠지므로 이 영역의 평면 위상의 종수(genus)는 다음과 같다.

$$g(OR) = 3 \text{ 또는 } 2$$

한편, 북한 평양의 오른쪽 지류(또는 본류) 상단 부분에는 오직 한 개의 섬 능라도가 있을 뿐이다. 이 지역의 강물로 이루어진 영역을 PR이라 하면 이 영역의 강물로 이루어진 평면 영역의 종수는 다음과 같다.

$$g(PR) = 1$$

북한 대동강 능라도 주변에는 가물 때나 보통 수량을 유지할 때도 섬을 더 그리지 않았다. 굉장한 가뭄이 왔다 해도 섬이 더 늘어나지 않았다. 고려조 1135년 무렵, 한반도의 인구를 대략 300만으로 추정하면 그들이 산에서 아무리 많은 땔감을 베어 온다 해도 대동강 상류 지역은 울창한 산림으로 이루어져 있었기에 대동강의 수량은 비교적 큰 변동 없이 유지되었다고 판단된다. 수리적으로 두 영역의 종수를 비교하면 다음과 같다.

$$g(OR) \neq g(PR) = 1$$

따라서 고지도의 오른쪽 강 상류지역(OR)과 북한 평양 지도의 오른쪽 강 상류지역(PR)은 같은 지역의 지도가 아님을 알 수 있다. 고지도의 하단 부분 강에는 8개의 작은 섬 모양이 그려져 있다(이 그림은 강의 수량이 많을 때인지 적을 때인지는 모름). 따라서 고지도의 하단 부분으로 이루어진 강물의 영역을 OB라 하면 이 영역의 평면 위상수학의 종수는 다음과 같다.

$$g(OB) = 8$$

한편, 북한 평양지도의 하단 부분의 강에는 오직 3개의 섬(두루섬, 쑥섬, 양각도)이 있을 뿐이다. 따라서 북한 평양 지도의 하단 부분으로 이루어진 강물의 영역을 PB라 하면 이 영역의 평면 위상수학의 종수는 다음과 같다.

$$g(OB) = 3$$

고려조 1135년 무렵에는 한반도의 인구가 적어 산림이 황폐화 되지 않아 대동강 상류 지역은 울창한 산림으로 이루어져 대동강의 수량은 비교적 큰 변동 없이 유지되었다고 판단할 수 있다. 그리고 비가 적게 오는 계절이라도 두루섬, 쑥섬, 양각도 근처 섬의 수량이 더 늘어날 수 없다. 수리적으로 두 영역의 종수를 비교하면 다음과 같다.

$$g(OB) = 8 \neq g(PB) = 3$$

따라서 고지도의 강 하류지역(OB)과 북한 평양 지도의 강 하류지역(PR)은 같은 지역의 지도가 아님을 알 수 있다. 고지도와 북한 평양 지도의 왼쪽 강의 지류의 지도에서도 섬의 개수가 다르므로 두 지류는 같은 지역의 지도가 아니다. 이상의 결과를 통하여 고지도 주변의 강들과 북한 평양성 주변의 강들은 위상적으로 동형이 아님을 확인할 수 있다.

2) 두 지도의 평면 기하와 3차원 기하학적 방법에 의한 비교

고지도는 좌우 2개의 지류(또는 본류) 사이 영역의 거리가 특별히 짧게 그려진 부분이 없다. 하지만 북한 평양의 지도에서 좌우 2개의 지류(또는 본류) 사이 영역의 거리에서 상단 3분의 1부분이 아래 부분의 2개의 지류(또는 본류) 사이 영역의 거리의 2분의 1 이하로 그려져 있어 두 지도는 평면 기하학적으로도 동형이 아니다.

북한 평양의 지도에서 좌우 2개의 지류(또는 본류) 하단 왼쪽에는 두루섬이 크게 자리잡고 있지만 고지도의 좌우 2개의 지류(또는 본류) 하단 왼쪽에는 큰 섬이 없다. 강 모양이 특이하게도 좌측 하방에서 오른쪽으로 약간 기울어져 있다. 이 부분을 비교해도 북한 평양성 지도와 고지도에서 보이는 서경의 평양성 지도는 기하학적으로 동형이 아니다.

고지도에서는 좌우의 두 지류(또는 본류) 사이에 있는 영역의 상류 부분(또는 위 부분)에 산이 많이 그려져 있고, 강 안쪽에 성을 쌓은 그림이 윗부분에는 성이 이중으로 그려져 있다. 하지만 북한 평양 지도에는 좌우의 강 사이 영역의 상단 부분인 모란봉 지역에는 천년 전이나 현재도 산이라고 할 수 있는 어느 정도 고도가 있는 산은 없고 그저 평평한 지역이다. 따라서 고지도와 북한 평양 지역 지도의 좌우 두 강 사이의 영역은 3차원 기하학적으로 동형이 아님을 알 수 있었다.

3) 대역 기하학적 분석에 의한 북한 평양

김부식은 "좌·중·우 3군을 지휘하여 서북면으로 진격하였다. 평산역—관산역—사암역을 거쳐 성천에 이르렀다. 거기서 토적討賊의 격문을 발하여 여러 성에 보내어 서경 주위의 여러 성城을 산하에 끌어들여서 이들을 달래었다. 다시 3군을 지휘하여 연주連州를 거쳐 안북대도호부(안주는 요하 서쪽에 있음. 362쪽 그림1 참조)에 다다랐다(이근호, 2011)."고 하였다. 이 사실에서는 서경 근방 수백리 안에 여러 성이 묘사되고 있다.

그렇지만 북한 평양 근방 오백리 안에는 고려 시대나 고구려 시대를 통해서 외적을 막기 위한 상당한 크기의 성은 거의 없는 것으로 알려져 있다. 따라서 북한 평양은, 여러 성과 위상수학적 기하학적 관계를 설정할 수 없어 대역 기하학적 판단에 의하여 고려 때 김부식이 관군으로 평정했던 서경이라고 결론을 내릴 수 없다.

4) 방위로 본 북한 평양의 올바른 명칭은?

북한 평양은 현 지도상에서 개성의 정북 방향에서 서쪽으로 약 25도 정도 기울어져 있다. 서경으로 명칭을 정하려면 국토의 중앙으로부터 서쪽에 위치하거나 아니면 상경의 정북 방향에서 서쪽으로 적어도 45도 이상 기울어져 있어야 올바른 명칭이다. 개경에서 거의 북쪽에 있으므로 제2 수도인 평양은 그 명칭이 서경이 아니라 북경으로 정해야 올바른 명칭이다. 신라 시대나 고려 시대 때도 도참이나 풍수지리에 고견을 가진 훌륭한 사람들이 많았는데 북한 평양이 개경으로부터 어느 방위에 있는지 판단을 못 했다는 것은 있을 수 없는 일이다.

2. 묘청 시대의 서경 고지도의 평양성은 어디에 존재하는가? ~~~~~

본 연구는 오직 위상수학적, 기하학적으로 고지도를 분석하였다. 이는 기하교육에 있어서도 좋은 예로 활용할 수 있다.

1) 묘청 때의 서경 평양성 고지도 분석

먼저 묘청의 서경 평양성의 고지도를 위상수학적 방법과 기하학적 방법으로 분석해보도록 하겠다. 고지도의 아래쪽에서는 강의 본류가 흐르고 있고 좌우에서는 두 지류(또는 본류)가 위상적으로 평행하게 흐르고 있다(기하학적으로 완전 평행은 아님). 좌우 두 지류(또는 본류)와 아래의 본류 안쪽으로 성이 그려져 있고, 좌우 두 지류의 상류 쪽으로는 성이 내성과 외성이 그려져 있다. 아래쪽이 비교적 평탄하다면 위쪽은 지대가 높음을 나타내는 악산들이 그려져 있다. 좌측 하단 본류의 OX 부분은 직선처럼 매끄럽지 않고 직각보다도 더 꺾여 있는 특이한 모습을 하고 있다. 우측 하단에는 또 다른 모습의 작은 실개천 모습의 지류 또는 본류가 그려져 있다.

2) 묘청의 서경 평양성 고지도가 나올 수 있는 지역은 있는가?

고지도에서 위쪽을 북쪽, 아래쪽을 남쪽, 오른쪽을 동쪽, 왼쪽을 서쪽이라고 가정하고 현대식 지도 해석 방법으로 접근하여 한반도와 중국의 흑룡강성, 길림성, 요녕성에서 찾으려 하면 묘청의 서경 평양성 고지도를 위상 기하학적으로 만들어 낼 후보지는 없다.

옛 선조들은 현대식 방위 개념과 기하학적 거리 관념을 우선시 하는 지도 제작을 하지 않았고, 각 위치의 위상 관계를 중시하는 지도를 제작하였다는 사실을 먼저 염두에 두고 후보지를 찾다 보면 묘청의 서경 평양성의 고지도의 위치를 제작할 후보지를 꼭 한 곳 찾을 수 있다. 경京의 위상적 사변형의 길이를 최소 2km에서 최대 15km로 설정해 보고 찾았다. 여러 지역의 지도를 확대했다 축소했다 하며 찾다 보면 중국 요양시 동쪽 지역의 태자하太子河에서 좌측에 한하寒河를, 우측에 탕하湯河를 두고 북쪽에서 남쪽을 바라보면서 이 지역을 위상 기하학적으로 고지도를 제작하면 묘청의 서경 평양성 지도가 제작된다.

고지도는 위상수학적 개념과 3차원 기하학적 감각이 매우 뛰어난 분이 이 지역을 수없이 답사하고, 오랜 기간 이 지역에 살면서 계절마

다 태자하, 한하, 탕하의 수량 변화도 잘 아는 고도의 지도 제작 능력
자가 그린 지도이다. 이 세 강은 우기와 건기에 강물의 수량 차이가 심
한 곳으로 건기에는 강물의 수량이 매우 적은 강들이다. 고지도에 나
오는 모습은 강물이 꽤 많이 흐를 때의 모습이다.

　고지도를 살펴보면 하단이 태자하이고 왼쪽에서 오른쪽으로 흘러가
고 있다. 왼쪽 아래로 구부러진 부분에 참와수고라는 호수가 있다. 오
른쪽에 실개천처럼 그려진 부분이 태자하의 하류이고 구글 지도상에
서 하류의 물결이 상류보다 가늘게 흐르고 있는 모습이 보인다. 구글
지도에서 호 AB와 직선 CD는 상대 위상적으로 평행이다. 고지도를
제작한 분은 이 부분을 상대 위상적으로 평행하게 매우 잘 표현하고
있다.

3) 구글 지도로 본 궁장령구 현재의 상황

　북쪽에 태자하가 동쪽에서 서쪽으로 흐르고 한하와 태자하가 만나
는 지점에는 참와수고參窩水庫라는 큰 호수가 있다. 참와수고는 폭이
평균 2km 이상으로 총 길이가 약 20km이다. 이 호수는 건기와 우기
에 상관없이 수량이 늘 풍부하고 물살이 심하지 않아 동절기를 제외
하고 봄, 여름, 가을에 뱃놀이 하기에는 안성맞춤이라고 생각할 수 있
다.

　남쪽에서 북쪽으로 흐르는 탕하湯河가 태자하를 만나기 전 약 3km
지점에는 환성桓城터가 있다. 환성로가 중앙에, 그 북쪽에 환성북로가,
그 남쪽에 환성 남로가 있다. 탕하 상류인 남쪽에는 탕하수고湯河水庫
라는 큰 호수가 있다. 구글 지도로 보아 대략적으로 평가할 때 성곽의
내부 면적은 대략 40평방km로 현재 한국, 일본, 중국 등에 남아 있는
성곽 중에서 가장 넓은 면적이다.

한하寒河의 남단 서쪽 부분에는 관문(성곽문)자연 공원이 있고 대문大門이라는 지명이 있다. 어찌 산속에 관문과 대문이라는 지명이 있는가? 한하의 남단 동쪽에는 해발 969m의 마천령이 있고, 그 산자락들이 한하寒河와 탕하湯河의 남단 상류 지역으로 뻗어 있다(구글 지도 참조). 본 연구의 지도상 고지도와 구글 지도에서 대응하는 같은 강이나 섬을 1~8의 번호로 대응시켜 놓았다.

고지도의 위상도는 주안점을 두는 지형지세만을 위상적으로 그린다. 강과 도시만이 강조될 때는 강과 도시만을 위상적으로 그린다. 묘청 때 서경을 그린 서경전도에서 첫 번째 강조해야 할 지형지세는 성곽과 강이라 할 수 있다.

묘청 때의 서경전도는 북쪽에서 남쪽을 바라보면서 태자하를 위상 사변형의 밑변에 그리고, 한하를 왼쪽 세로변에, 탕하를 오른쪽 세로변에 잡아서 기본 틀을 잡고 부수적으로 작은 개울, 강속의 섬, 성곽 주변의 산을 그려서 위상도를 완성한 것이다(그림 6 참조).

3. 위상기하 교육의 활용과 결론

1) 위상기하 교육의 활용

위상수학에서 두 평면 도형이 동형이라는 판정을 할 때 한 초보적인 개념 중에서 종수(genus)라는 개념이 있다. 아래 두 빗금 친 도형은 모양은 다르지만 가운데 구멍이 하나씩 뚫린 위상적 종수가 1로 두 도형은 동형이다. [참고: 약간 어려운 내용이지만 [그림 7]의 사실 두 도형의 빗금 친 영역의 점의 개수는 같다.]

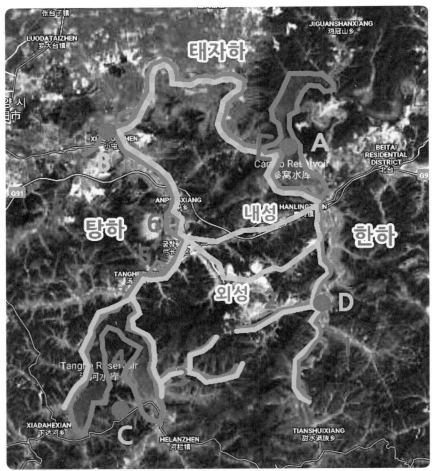

그림6 요양시 궁장령구: 묘청 시대 서경전도와 비교 설명하기 위하여 태자하, 탕하, 한하와 그 지류와 섬에 부호를 붙임. A에서 B까지 사이의 태자하의 구글 지도를 확대하면 크고 작은 섬 8개가 존재한다.

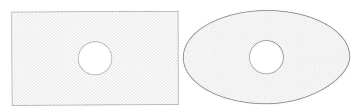

그림7 종수가 1로 같은 두 도형의 예.

우리는 여기서 위상수학의 가장 쉬운 개념 중의 하나인 종수 개념을 사용하는 데 방점을 두었다. 본 연구에서는 고려 서경 평양성 고지도와 북한 평양 지도를 4개 영역으로 나눈다. 고지도와 평양의 지도에서 오른쪽 부분의 강물을 하나의 평면으로 보고 섬을 빼면 구멍 뚫린 평면 도형이 나와서 두 평면의 위상적 성질을 비교할 수 있다. 고지도와 평양의 지도에서 아래쪽 부분의 강물을 하나의 평면으로 보고 섬을 빼면 구멍 뚫린 평면 도형이 나와서 두 평면의 위상적 성질을 비교할 수 있다. 고지도와 평양의 지도에서 세 강의 안쪽 부분의 영역을 하나의 영역으로 보고 산과 비교적 평평한 부분들을 3차원 기하학적으로 비교할 수 있다.

2) 수학과의 융합 영역의 확장성

수학은 18세기 라이프니츠와 뉴턴이 미분을 발견하면서 미적분이 물리학에 직접적으로 활용되어 물리학을 발전시키고, 물리학이 발전하면서 미적분을 위시한 해석학을 더욱 발전시키는 역할을 했다. 수학이 발전하면서 물리, 화학, 생물 등의 자연과학분야와 기계공학, 전자공학, 토목, 건축공학 등에 더욱 더 많이 활용하고 있고, 경제학의 수리경제에는 고난도 수학 이론들이 응용되고 있다. 수학은 그 밖에도 여러 학문들을 발전시키는 보조적 역할을 하고 있다.

한편으로는 수학의 활용으로 발전된 학문이, 그 학문이 발전하면서 수학의 새로운 아이디어와 이론을 창출하게 하는 동기를 제공하는 경우도 많다. 요즘에는 공학 연구가 수학을 발전시키고, 의학 연구가 수학 연구를 발전시키는 사례들을 주변에서 종종 볼 수가 있다. 다른 분야에 활용되는 수학의 지식은 고난도 지식이나 이론이 활용되는 경우도 있지만, 대체적으로는 수학에서 초보적인 이론이나 지식이 아주 중요하게 활용되어 중요한 결과를 얻을 때가 수없이 많다.

연구자는 우리 고대 역사 지도를 분석하고 규명하는 데 수학이 활용되는 경우를 본 적이 없다. 그런 일을 연구자가 할 거라고 생각지도 않다가 우연히 묘청 시대의 고지도(서경전도)를 발견하고 지도를 열심히 들여다보다가 묘청의 서경 평양성 고지도가 북한 평양성이 아니라는 걸 쉽게 알아 볼 수 있었다. 이것을 위상수학적으로 쉽게 설명할 수 있을 것이라는 걸 육감적으로 알았다. 하지만 그 지식은 위상수학에서 아주 기초적인 지식이었다.

앞으로도 수학의 이론이나 논리로 고지도의 위치를 찾아내는 작업이 계속 있을 것이라고 생각하고 또 그렇게 희망한다. 더 나아가 역사 교육이 단순 암기식 교육에서 벗어나 고대 지도나 지명들이 나열되었을 때 이들 지도를 분석하는 훈련을 시키고 잘 규명되지 않은 역사적인 지명들이 나열되었을 때 이들을 평면 위상으로 그리게 하는 훈련을 시키는 것도 창조와 추리 능력을 배양하는 데 크게 기여할 것이라고 믿는다.

수학은 그리스의 수학자 유클리드(Euclid, B.C. 330~275)가 『기하학 원론』으로 기하의 기초가 완성된 이후 오랜 동안 발전과 퇴보를 반복하면서 완만하게 발전해오다 18세기 라이프니츠와 뉴턴이 미분을 발견하면서 해석학이 급속도로 발전되고 뒤따라 대수학, 미분기하학, 위상수학도 급속도로 발전되었다. 지금은 더욱더 발전되고 세부적으로 나뉘어 미국수학회(American Mathematical Society)가 수학의 중분류를 97개로 나누고 있고 세부 분류는 1,000개가 훨씬 넘는다. 이렇게 발전되어가고 있는 이론과 논리들이 앞으로 더욱더 많은 분야와 융합하여 다양한 연구가 이루어질 것으로 확신한다.

3) 결론

묘청 때의 서경전도를 오직 위상수학적으로만 판단하면 묘청 때의 서경 평양성 고지도는 북한 평양성이 아니다. 요녕성 요양시 궁장령구의 모습을 구글 지도에서 찾은 앞에서의 지도를 선조들이 위상적으로 그리면 묘청의 고지도가 나온다. 이때는 기하학적인 거리 개념보다는 각 위치의 위상 위치 관계를 더 중요시하였다.

이 지도는 당대 최고의 위상 지도 제작 능력자의 지도임을 알 수 있다. 또한 이 결과는 역대 중국 사료에서 고대 평양이 요동에 있었다는 사실과도 일치한다.

4. [참고]: 사료에 나타나는 고구려 장수왕의 평양성平壤城, 서경西京, 동녕東寧, 요양遼陽은 같은 곳(복기대, 2017; 86~98)

1) 평양성에 대한 기록

고대 사료에 나타나는 평양성은 주로 427년 고구려 장수왕이 천도한 평양성을 가리킨다. 우리는 장수왕의 평양성을 북한의 평양으로 알고 있다. 주로 북한에서 나온 고구려 유물과 북한의 평양시가 고대에도 평양이라고 불렸을 것이라고 생각했기 때문에 장수왕이 천도한 평양성을 북한의 평양성으로 추측한 것이다. 그러나 여기에는 섬세하지 못한 부분이 있다. 『수서』나 『신당서』, 『구당서』 등 당시 사료에 나타나는 평양성은 북한의 평양성을 가리키는 기사가 한 건도 없다. 장수왕의 남진정책이라는 기록도 찾아볼 수 없다. 여기에서는 고대 사료에 나타나는 평양성 기사를 인용해 보자. 이들 평양성 기사를 분석해 보면 어떤 사료도 북한의 평양을 가리키고 있지 않음을 알 수 있다.

『신당서』동이열전 고구려

고구려는 원래 부여의 별종이다. ...서북으로는 요수遼水를 건너 영주營州에 이르고 북쪽은 말갈과 접한다. 그 나라의 왕은 평양성에 거하고 있으며, 평양성을 장안성이라고도 한다. 한나라 시기 낙랑군의 땅으로 장안에서 5천여 리이다. 산의 굴곡을 따라 외성을 쌓았으며 남쪽은 패수와 연해 있다. ...강에는 대요大遼와 소요小遼가 있다. 대요는 말갈의 서북쪽 산에서 흘러나와 남으로 안시성을 거쳐 흐른다. 소요는 요산遼山의 서쪽에서 흘러나와 역시 남으로 흐르는데, 양수가 새외에서 흘러나와 서로 흐르다가 이들과 함께 합류한다. ...평양은 압록강의 동남쪽에 있는데 사람들을 큰 배로 건너주기 때문에 이 강을 천해의 해자[塹]로 삼는다.

『송사』고구려전

고려는 본래 고구려인데, 고구려는 우가 9주를 나눌 때 익주翼州의 땅에 속하였다. 주周나라 때에는 기자의 나라였고 한나라 때에는 현토군이었다. 고구려는 요동에 있었는데 대개 부여의 별종으로 평양平壤을 국읍國邑으로 삼고 있었다. ...수 양제는 두 차례나 출병하였고 당 태종도 고구려를 정벌하였으나 모두 함락시키지 못하였다. 그 후 당나라 고종이 고구려를 정벌하여 마침내 그 성(평양성平壤城)을 함락하였다.

위의 두 기록을 분석해 보면 평양성의 위치를 알 수 있다. 우선『신당서』동이열전 고구려 관련 내용을 보면 수도를 중심으로 고구려를 서술하고 있음을 알 수 있다. 요약해 보면 다음과 같다. 1) 고구려의 수도에서 서북으로는 요수를 건너면 영주營州에 이른다. 2) 고구려 수도 북쪽은 말갈과 접한다. 3) 평양성은 장안성이라고도 하는데, 한나라 시기 낙랑군의 땅으로 장안에서 5천여 리이다. 4) 평양성은 산의 굴곡을 따라 외성을 쌓았으며 남쪽은 패수와 연해 있다. 5) 평양성에서 멀지 않은 곳에 대요大遼와 소요小遼가 있는데, 대요는 말갈의 서북쪽 산에서 흘러나와 남으로 안시성을 거쳐 흐른다. 그리고 소요는 요산의 서쪽에서 흘러나와 역시 남으로 흐르는데, 양수가 새외에서 흘러나와 서로 흐르다가 이들과 함께 합류한다. 6) 평양은 압록강의 동남쪽에 있는데 사람들을 큰 배로 건너 주기 때문에 이 강을 천해의 해자[塹]로 삼는다.

이 『신당서』의 기록으로 본다면 고구려의 평양성이 북한의 평양시에 있다고 볼 수 없다. 왜냐하면 평양성 부근에는 소요와 대요가 흘러가야 하고, 압록강이 평양을 지키는 해자가 되어야 하는데 현재의 압록강과 평양은 너무 거리가 멀어 평양성을 지키는 해자가 될 수 없기 때문이다.

다음으로 『송사』 고구려전을 요약해보면 다음과 같다. ① 고구려는 우가 9주를 나눌 때 익주翼州의 땅에 속하였다. ② 주나라 때에는 기자의 나라였고 한나라 때에는 현토군이었다. ③ 고구려 수도는 요동에 있었는데 부여의 별종으로 평양平壤을 국읍國邑으로 삼고 있었다. ④ 수나라 양제는 두 번이나 출병하였고 당 태종도 고구려를 정벌하였으나 모두 평양성을 함락시키지 못하였다. ⑤ 당나라 고종이 고구려를 정벌하여 마침내 그 성(평양성)을 함락하였다.

즉 고구려 장수왕의 평양성과 장안성은 요동에 있었으며 이 요동을 수 양제와 당 태종은 정복하는데 실패하였고, 당나라 고종 시기에 와서야 평양성을 함락했다는 기록으로 이해할 수 있다. 이러한 기록 외에도 『수서』와 『당서』에는 평양성을 함락하려는 전쟁기록이 많이 등장하며, 이들 전쟁의 상황을 보면 모두 평양성은 만주 곧 요동에 있음을 알 수 있다. 이에 대한 서술은 지면이 부족하여 생략한다. 차후 『수서』와 『당서』의 기록을 분석하여 출판할 계획이다. 이후의 서술에서는 동녕부東寧府와 동녕로東寧路, 명대 동녕위東寧衛가 곧 고대 평양성에 설치되어 있음을 밝혀보고자 하였다.

2) 동녕東寧과 관련된 기록

동녕은 동녕부의 설치와 관련이 있다. 우선 동녕부의 설치는 원종 10년(1269) 최탄崔坦·이연령李延齡 등이 서경의 유수를 죽이고 몽고에 투항하는 것으로 그 사건의 발단이 시작된다. 그리고 이러한 기록은 『고려사』와 『고려사절요』에 기록되었다. 그 기록들을 살펴보면 다음과 같다.

『고려사절요』에 나타나는 동녕 기록

기사 1) 권18 원종元宗 11년(1270) 2월.

최탄崔坦이 몽고 군대 3천이 와서 서경西京을 진무해 주기를 요청하였다. 황제가 최탄崔坦·이연령李延齡에게 금패金牌를, 현효철玄孝哲·한신韓愼에게 은패銀牌를 차등 있게 하사하였다. 조서를 내려 몽고에 내속內屬하고 호칭을 동녕부東寧府로 고치며 자비령慈悲嶺(다른 명칭은 절령)으로 경계를 삼으라고 명령하였다.

기사 2) 권19 원종元宗 15년(1274) 10월.

왕이 서경西京에 이르렀다. 당시 서경은 동녕부東寧府에 소속되어 있기 때문에 왕이 은銀·저紵를 내어 군량과 마초馬草로 바꾸고 이를 수행하는 신하들에게 지급하였다.

기사 3) 권20 충렬왕忠烈王 4년(1278) 2월.

대부소윤大府小尹 조유趙愉 등을 동녕부東寧府에 보내어 인물을 추쇄하였다.

기사 4) 권20 충렬왕忠烈王 4년(1278) 4월.

교서를 내려 이르기를,

"서해도西海道의 군현을 둘러보니 피폐함이 극심하였다. 정축 (1277)부터 올해에 이르기까지의 조세와 요공徭貢을 모두 면제해 주도록 하라"라고 하였다. 또한 ...은과 베를 가지고 동녕부에서 쌀을 구매하였다.

기사 5) 충렬왕2忠烈王二 - 충렬왕忠烈王 2년(1278) 7월

왕이 중서성中書省에 상서上書하여 이르기를, ...동녕부東寧府 는 본래 우리나라의 조종이 도읍으로 삼았던 곳인데 최탄崔坦 등 이 이곳을 탈취하여 웅거하면서 조종의 사우祠宇와 제사가 모두 폐지되었습니다. 바라건대 이 작은 땅을 돌려주셔서 효성스럽게 제사를 다할 수 있게 해주십시오.

일찍이 성지聖旨를 받들었는데 기미년(1259) 이래 사로잡힌 사 람들은 모두 방환시키는 것을 허락하셨습니다. 전년도에 또 다시 북경北京·동경로東京路·동녕부東寧府에 경오년(1270) 이래로 도피하 였거나 유인되어 사로잡힌 사람들 역시 쇄환하도록 한다는 중서 성의 명령이 있었는데, 지금까지 한 사람도 돌아온 경우가 없습 니다. 다시 쇄환할 수 있게 하되, 여러 대를 거주하여 이사가 불편 한 사람은 동경로에 모여 살면서 공주가 행차할 때 물품을 제공 하고 뒷바라지 하는 역役에 충원될 수 있게 해주시기 바랍니다.

기사 6) 충렬왕2忠烈王二 - 충렬왕 6년(1280) 9월.

원元에서 야속달也速達(예쉬데르)과 최인저崔仁著를 보내어 수달단 水韃靼 가운데 개원로開元路·북경로北京路·요양로遼陽路에 있는 자들을 동녕부東寧府로 옮겨 두었으니, 장차 동정東征에 내보내기 위함이었다.

기사7) 충렬왕2忠烈王二 - 충렬왕 6년(1280) 11월.

우승지右丞旨 조인규趙仁規와 대장군大將軍 인후印侯를 원元에 보내어 중서성中書省에 상서上書하여 이르기를, "소국에서 이미 병선 900척, 군사 10,000인, 초공梢工·선원(水手) 15,000인, 군량은 중국의 석으로 계산하여 110,000석을 준비하고 심지어 기계까지 모두 마련하였으니, 바라건대 온힘을 다하여 황제의 은혜에 보답하고자 합니다. ...우리나라는 땅이 좁고 인구가 적어 군인과 민인民人이 구별되지 않습니다. 지금 또다시 군사 4,700인을 추가로 징발하면 장차 액수를 충족시키기 어려울까 두려우니, 탐라耽羅의 진수군鎭戍軍 1,000인으로 보충하시기 바랍니다. 우리나라는 활·화살과 갑옷·투구도 부족하므로 청하건대 갑옷 5,000장, 활 5,000개, 활시위 10,000개를 하사해주시기 바랍니다. 그리고 병선 900척에 해당하는 초공과 선원 18,000인은 농민까지 징발하여 겨우 15,000인을 얻었지만 3,000인이 부족한데, 어디에서 징발할 수 있겠습니까. 동녕부東寧府에서 관리하는 여러 성 및 동경로東京路 연안에 있는 주현에 초공과 선원이 많이 있으니, 간절히 바라건대 3,000인을 뽑아 보내시어 그 수를 보충하십시오."

기사 8) 권21 충렬왕3忠烈王三 - 충렬왕 16년(1290) 3월.

황제가 조서를 내려 동녕부東寧府를 폐지하고 서북쪽의 여러 성들을 우리에게 돌려주었다. 왕이 그곳의 총관摠管인 한신韓愼과 계문비桂文庇를 대장군大將軍에 제배하고 현원렬玄元烈을 태복윤太僕尹으로, 나공언羅公彦과 이한李翰을 장군將軍으로 삼았다.

기사 9) 권28 공민왕3恭愍王三 - 공민왕 2년(1369) 12월.

우리 태조太祖를 동북면원수東北面元帥 지문하성사知門下省事로 삼고, 지용수池龍壽를 서북면 원수 겸 평양윤平壤尹으로 삼고, 또 수문하시중守門下侍中 이인임李仁任을 서북면도통사西北面都統使로, 밀직密直 양백연楊伯淵을 부원수副元帥로 삼았다. 나라에서 가을 이래로 동북면과 서북면의 요해처에 만호萬戶와 천호千戶를 많이 설치하고 또 원수元帥를 보내어, 장차 동녕부東寧府를 공격하여 북원北元과의 관계를 끊으려고 하였다.

기사 10) 권29 공민왕4恭愍王四 - 공민왕 3년(1370) 1월.

우리 태조太祖가 기병 5,000명과 보병 10,000명을 거느리고 동북면東北面으로부터 황초령黃草嶺을 넘어서 600여 리를 행군하여 설한령雪寒嶺이 이르렀다가, 또 700여 리를 행군하였다. 갑진. 압록강鴨綠江을 건넜다. … 이때 동녕부동지東寧府同知 이오로첩목아李吳魯帖木兒(이오로테무르)가 태조가 온다는 이야기를 듣고 울라산성으로 옮겨 보전하며 험한 데에 웅거하여 저항하려고 하였다. 태조가 야돈촌也頓村에 이르자 이오로첩목아가 와서 도전하였는데, 잠시 후 무기를 버리고 재배하며 말하기를, "나의 선조는 본래 고려 사람이다."라고 하며 3,000여 호를 거느리고 항복하였다. ...여러 산성들에서 태조의 명망을 알아 모두 항복하여 무릇 10,000여 호를 얻게 되었다. 획득한 소 2,000여 마리와 말 수백여 필은 모두 그 주인에게 돌려주었다. 북방 사람들이 크게 기뻐하여 귀부하는 자가 시장과 같이 많았다. 동쪽으로는 황성皇城에 이르기까지, 북쪽으로는 동녕부東寧府에 이르기까지, 서쪽으로는 바다에 이르기까지, 남쪽으로는 압록강에 이르기까지가 모두 텅 비었다.

위의 기사들을 분석해 보면 동녕부가 현재의 북한 평양이라고 추측할 수 있는 기록은 하나도 없다. 후대의 평양을 초기의 서경으로 잘못 인식한 데서 비롯된 것으로 보인다. 내용을 하나하나 정리해 보자. 고려의 서경유수관을 최탄 등이 죽이고 투항하자 원나라가 이 지역을 동녕부로 삼았다는 것, 많은 고려인들이 동녕부에 살고 있었으며 고려에서 그 인구를 추쇄해 오려고 노력하고 있다는 것, 원나라 역시 많은 고려인들이 살고 있는 동녕부의 인구를 이용해 고려를 견제하고, 일본 원정을 계획하고 있다는 것, 고려의 경제가 안 좋을 때 은과 베를 가지고 동녕부에서 쌀을 구매하고 있다는 것, 동녕부는 본래 조상들이 도읍으로 삼았던 곳인데 최탄 등이 이곳을 탈취하여 웅거하면서 조종의 사우祠宇와 제사가 모두 폐지되었다는 것, 개원로開元路·북경로北京路·요양로遼陽路에 있는 사람들을 동녕부東寧府로 옮겨 일본 정벌을 준비하고 있다는 것, 동녕부東寧府에서 관리하는 여러 성 및 동경로東京路 연안에 있는 주현에 초공과 선원을 뽑아 3,000인을 준비하고 있다는 것, 황제가 조서를 내려 동녕부東寧府를 폐지하고 서북쪽의 여러 성들을 고려에게 돌려주어 그 곳의 총관인 한신 등을 장군으로 임명하였다는 것, 이성계가 기병 5,000명과 보병 10,000명을 거느리고 압록강을 건너자 동녕부동지東寧府同知 이오로첩목아가 울라산성에서 저항하다가 투항하였으며 이후 10,000여 호를 얻게 되었고 동쪽으로는 황성皇城, 북쪽으로는 동녕부東寧府, 남쪽으로는 압록강에 이르기까지 모두 장악했다는 이야기다.

『고려사절요』의 내용으로 보자면 초기 동녕의 위치는 잘 드러나지 않는다. 그러나 공민왕 시기의 동녕부 정벌을 보면 그것은 압록강 북쪽에 있음이 분명하다. 그렇다면 우리는 지금까지 동녕부의 초설지를 북한 평양으로 알고 있었다. 만주에는 평양이라는 지명이 없다고 생각하였으므로 자연스럽게 최탄 등이 점령한 서경을 북한 평양으로 단정해 버리고 말았다. 따라서 공민왕 시절 압록강 북쪽의 동녕부는 북한에 있던 동녕부가 옮겨간 것으로 이해하였다. 그러나 동녕부가 한반도에 있다가 압록강 북쪽으로 옮겨갔다는 기록은 어디에도 없다. 그렇다면 중국의 사료들에는 이러한 동녕부를 어떻게 기록하고 있을까. 그러한 기록들을 추적해 보도록 하자.

3) 동녕을 기록한 기타 자료

자료 1) 『흠정속문헌통고』를 살펴보자. 아직 학계에서 한 번도 인용된 적이 없는 사료로 동녕부와 관련된 기록이 매우 주목할 만하다.

『흠정속문헌통고欽定續文獻通考』권일백삼십卷一百三十 여지고輿地考 고익주하古翼州下.

동녕로는 본래 고려의 땅으로 지원至元 6년(1269)에 동녕부를 설치하고, 8년(1271)에 로路로 승격시켰다. 현縣 2곳과 진鎭 1곳을 거느렸는데, 토산土山. 중화中和. 철화진鐵化鎭이다.

"신등이 『원지元志』를 검토해보니 동녕로東寧路는 본래 고구려 평양성平壤城으로 한나라 때 낙랑군을 설치했던 땅입니다. 당나라가 고려를 원정하여 평양을 함락시키자, 그들은 동쪽으로 천여 리나 옮겨 갔습니다. 실원 6년에 고려의 이연령李延齡 등이 그 땅 60여 성을 바쳐 귀순하자, 동녕부를 세우고 나중에는 로路로 승격시켰습니다.

이러한 사실에 따르면 동녕은 바로 요양입니다. 요양을 동녕이라 부르게 된 것을 상고해보면, 요나라 태조가 요양을 격파한 뒤 동단국東丹國이라 하고 요양에 자리 잡았습니다. 그래서 그 성城에 동편군을 설치하고 동단국의 백성들을 이주시켜 거주하게 하였는데 이곳이 바로 요양입니다. 예전에 있던 동평을 분석해 본 바에 의하면, 훗날 동경東京을 건립하여 성省이라 하며 동평을 요양에 편입시켰기 때문이라는 것을 알 수 있습니다.

원나라는 요양을 통치하면서 이곳에 로路를 설치하여 고려에서 새로이 귀순한 백성들을 관할하게 하였습니다. 이로 볼 때 반드시 연燕의 남쪽에 동평로가 있었기에 이곳을 동녕이라 한 것이며 이러한 논리는 명확한 것입니다."

자료 2) 위의 내용과 관련하여 다시 『원지元志』 곧 『원사元史』 지리지地理志의 동녕東寧 조를 인용해 보자.

"동녕로東寧路는 원래 고구려 평양성平壤城으로 장안성長安城이라고도 말한다. 한나라가 조선을 멸하고 낙랑, 현도군을 두었는데 이는 낙랑의 땅이다. 진晉 의희義熙 후 왕 고연高璉(역자: 곧 장수왕)이 비로소 처음으로 평양성에 거하였다. 당나라가 고려를 정벌할

때 평양을 공격하자 그 나라가 동쪽으로 옮겨갔는데 압록강 동
쪽 1,000여 리에 있었는데 새로 옮긴 이곳은 옛 평양이 아니다."

그리고 그 지명들을 기록하고 있는데 간단히 정리해 보면 다음과 같
다. 왕건에 이르러 평양을 서경으로 삼았다. 원나라 지원至元 6년(1269)
이현령, 최탄, 현원렬 등이 부·주·현·진 60여 성을 들어 내귀하였다.
지원 8년에 서경을 동녕부로 삼았다. 지원 13년(1276) 동녕로총관부東
寧路總管府로 승격시켰다. 녹지사綠事事를 설치하고, 정주靜州, 의주義州,
린주麟州, 위원진威遠鎭을 분리하여 파사부婆娑府에 예속시켰다… 지금
은 옛 지명만이 남았다. … 도호부는 당나라 말기부터 고려의 땅으로
들어갔으며 부주현진 60여성을 두었다. 이 도호부는 당나라의 옛 지
명만 남았을 뿐 도호부의 실체는 없어졌다. 지원至元 6년 이현령 등이
그 땅을 들어 내귀하였으나 후에 성의 치소가 훼손되고 파괴되어 그
이름만이 남아있으며 동녕부에 소속시켰다.

자료 3) 다시 명대 편찬된 지리지『대명일통지大明一統志』권卷25의
평양성 관련 사료를 해석해 보자.『대명일통지』는 명대 지리지로 한반
도의 지명이 들어갈 수가 없다. 조선의 평양은 명나라의 강역이 아니
기 때문이다. 그런데 이 지리지에 평양성과 관련된 기록이 있다. 따라
서 아래『대명일통지』에 기록된 평양성은 요동도지휘사사조에 있는
것으로 요동에 있는 평양성을 기록한 것이다. 살펴보면 다음과 같다.

"평양성平壤城 - 평양성은 압록강 동쪽에 있는데, 일명 왕검성으
로 곧 기자의 옛나라이다. 성 바깥에는 기자의 묘가 있다. 한나라
때는 낙랑군의 치소였으며 진 의회 연간 후에 그 왕 고연高璉(역자:

장수왕)이 처음으로 이 성에 거하였다. 후에 이 평양성을 서경이라 하였다. 원나라 때 동녕로東寧路가 되었다."

자료 4) 조선 최부의 『표해록漂海錄』도 중요한 단서를 제공하고 있다.

『표해록漂海錄』1488년 5월 24일조

"이 지방(역자: 遼陽)은 원래 고구려의 도읍都邑인데 중국에 빼앗긴 지 천여 년이나 되었고, 우리 고구려의 풍속이 아직도 없어지지 않아서 고려사高麗祠를 세워 근본으로 삼고 공경하게 제사지내기를 게을리 하지 않으니 근본을 잊지 않기 때문입니다."

『표해록漂海錄』1488년 5월 28일 조

"요양遼陽은 옛날 우리 고구려의 도읍이었는데 당 고종에게 멸망을 당하여 중원에 예속되었습니다. 오대五代 시대에 발해 대씨의 차지가 되었으나 후에 또 요나라, 금나라, 원나라에게 병탄되었습니다. …성 서쪽의 승평교, 숙청문, 영은문, 징청문, 양무문, 위진문, 사로문 및 진사문 등 8좌로부터 고려시高麗市 사이에 민가는 번창하다고 할 만하니 강남으로 가능한다면 가흥부와 겨룰만 합니다. …또한 성 동쪽에는 동녕위성東寧衛城을 별도로 쌓았는데 수산首山, 천산千山, 목양산木場山, 낙타산駱駝山, 태자산太子山, 행화산杏花山 등 여러 산들이 성 서쪽, 남쪽, 동쪽을 빙 둘러치고 있었으며 그 북쪽은 평평하고 탁 트여서 끝이 없는 벌판이었습니다."

자료 5) 명대 지리지『황여고皇輿考』역시 동녕로와 평양성平壤城의 관계를 잘 설명해 주고 있다.

『황여고皇輿考』상 권12(張天復 撰, 明 萬曆 12년 刊行), 사이四夷 조선
朝鮮

조선은 주周나라가 기자에게 봉해준 나라로 진秦나라 때는 요
동遼東의 외지外地에 속하였으나, 한漢나라 때는 전 지역에 군현郡
縣을 설치하였다. 진晉나라 때부터 스스로 자립하였다. ...저들 나
라는 팔도八道를 설치하고 주부州府와 군현郡縣으로 나누어 통치
한다.

개성부開城府·한성부漢城府·정원부定遠府 등의 여러 부府가 있고,
황주黃州·영주靈州·철주鐵州·삭주朔州·용주龍州·은주殷州·선주宣州·연
주延州·곽주郭州(이상 주州 및 정원부定遠府는 동녕로東寧路에 속한다)·홍주
洪州·전주全州·광주廣州·청주淸州·박주博州 등의 여러 주州가 있으며,
가산현嘉山縣·토산현土山縣(이 현들은 동녕로東寧路에 속한다)·안악현安岳
縣·삼화현三和縣·용강현龍岡縣·함종현咸從縣·강서현江西縣(이상 5개의
현은 황주黃州에 속한다) 등의 여러 현縣이 있고, 왕성王城·국성國城·평
양성平壤城이 있다.

자료 6) 『원사元史』 외이열전外夷列傳 고려高麗

고려는 본래 기자가 봉해졌던 땅이다. 또한 부여의 별종으로 일
찍부터 살았던 땅이기도 하다. 그 땅은 동쪽으로는 신라에 이르
고 남쪽으로는 백제에 이르는데 모두 큰 바다에 걸쳐 있다. 서북
쪽으로는 요수遼水를 지나 영주營州에 인접하고 말갈이 그 북쪽에
있다. 고구려의 도읍지는 평양성平壤城으로 곧 한의 낙랑군이다.

말갈의 백산에서 시원하는 강을 압록강이라고 부르는데 평양은 그 동남쪽에 위치하여 이를 믿고 의지하면서 요해처로 삼았다. 뒤에 땅을 넓혀 신라, 백제, 고구려를 세 나라로 통합하여 한 나라로 만들었다.

기원 7년(1270)에 고려가 사신을 보내 700명을 거느리고 황제를 알현하고자 하자 원나라는 400명은 알현하고 나머지는 서경西京에 머무르게 하였다. 조서를 내려 서경이 예속한 지방을 동녕부로 삼고 자비령을 경계 긋고 망가도를 안무 삼아 호부虎符를 차고 그 나라의 서쪽 국경을 지키게 하였다.

자료 7) 19세기에 기록된 사행록인 『연원직지燕轅直指』 역시 평양성의 위치를 언급하고 있다. 이 책은 1832년에서 1833년 사이에 동지사冬至使 겸사은사兼謝恩使 서경보徐耕輔의 서장관書狀官으로 중국에 다녀온 김경선金景善의 사행기록使行記錄이다. 제1권 출강록出彊錄 임진년(1832, 순조 32) 11월 24일조를 인용해보면 다음과 같다.

"우리나라의 선비들은 단지 지금의 평양만 알아 기자箕子가 평양에 도읍을 했다, 평양에 정전井田이 있다, 평양에 기자의 묘가 있다고 말하면 믿으나, 만약 다시 봉황성이 평양이라고 하면 크게 놀라며, 요동에 평양이 있었다고 하면 꾸짖으며 괴이하게 생각한다. 이는 단지 요동이 본래 조선의 옛 땅으로서, 숙신肅愼, 예맥濊貊, 동이東夷의 여러 종족이 모두 위만조선衛滿朝鮮에 복속한 것을 알지 못하고, 또한 오라烏剌(길림 부근), 영고탑寧古塔(해림시에 있음), 후춘後春(현재의 우스리스크) 등의 땅이 본래 고구려의 옛 강토인 줄을 알지 못하기 때문이다.

아! 후세 사람들이 땅의 경계를 자세히 알지 못하여 망녕되이 한사군의 땅을 모두 압록강 안에 국한하여, 사실에 억지로 합하여 구구하게 나누어 배치하였다. 그리고 다시 패수를 그 속에서 찾아 더러는 압록강을 패수라 하고 더러는 청천강淸川江을 패수라고 하고, 더러는 대동강을 패수라고 하니 이것은 조선의 옛 강토가 싸우지 않고도 저절로 축소되는 것이다.

항상 사족을 붙이는 까닭이다. 한 나라 이래로 중국에서 말하는 '패수'라는 것이 그 있는 데가 일정하지 않고, 또 우리나라의 선비들은 반드시 지금의 평양으로 표준을 삼아 혼잡스레 패수의 자취를 찾았다. 이는 다름이 아니라 중국 사람들이 무릇 요동 왼쪽 물을 다 패수라고 하기 때문이다. 이수里數가 맞지 않고 사실도 틀리는 것이 많음은 이 까닭이다.

그러므로 고조선과 고구려의 옛 강역을 찾으려면 먼저 여진을 국경 안에 합친 다음 패수를 요동에서 찾아야 한다. 패수가 확정된 후에 강역疆域이 밝혀지고, 강역이 밝혀진 후에 고금의 사실이 맞아질 것이다."

자료 8)『북사北史』 고구려전

고구려의 왕도는 평양성인데 그밖에 국내성, 한성이 있으니 그 나라에서는 삼경三京이라 부른다.

위의 사료들을 분석해 보자. 우선『고려사절요』 등에 나오는 동녕의 기록을 정리해 보자. 우선, 동녕은 최탄 등이 서경 등 60여 성을 들어 투항하면서 동녕이 되었다는 것, 동녕은 고대 국가의 수도였다는 것,

고려가 동녕의 인구를 지속적으로 쇄환하고 있다는 것, 동녕부의 인구를 통해 일본 원정을 계획하고 있다는 것, 그리고 고려 후기 공민왕 시기 동녕부를 대대적으로 공격하고 있다는 것 등을 요약할 수 있다. 이러한 기록을 보면 1270년에 설치된 동녕부와 공민왕이 공격한 압록강 북쪽 동녕부는 다른 것이 될 수 없다. 그렇다면 동녕부는 처음 설치된 지역이 북한의 평양이 될 수 없다는 이야기다.

그렇다면 서경은 동녕이자 평양인데, 이 평양이 북한 평양이 아니라면 어디일까. 『고려사』나 『고려사절요』에 안 나오지만 중국 측 사료들은 서경, 동녕, 평양 위치를 정확하게 기록하고 있음을 알 수 있었다.

우선 『흠정속문헌통고欽定續文獻通考』(卷一白三十 輿地考 古翼州 下)에서는 동녕로東寧路는 본래 고려의 땅으로 지원至元8년(1271)에 로路로 승격시켰다고 하여 태조 왕건이 세운 서경 역시 북한의 평양이 아님을 기록하고 있다. 나아가 동녕은 바로 요양이며 요양을 동녕이라 부르게 된 것도 요나라 태조가 요양을 격파한 뒤 동단국東丹國을 세우고, 동단국東丹國이 요양에 자리 잡은 것에 그 기원이 있다고 명확하게 밝히고 있다. 『원사元史』 지리지地理志의 동녕로東寧路는 원래 고구려 장수왕이 처음 천도한 평양성(장안성)으로 한나라 시기 낙랑의 땅이며 당나라가 고구려를 정벌할 때 이 평양을 공격하자 고구려는 동쪽으로 압록강 동쪽 천여 리 옮겨갔는데 천여 리 밖 평양은 옛 평양이 아니라고 기록하고 있다. 자료 6)에서 압록강은 말갈의 백산(요하상류)에서 발원하며 그 동남쪽에 평양성이 있다고 하였다. 명대 지리지 『대명일통지大明一統志』역시 요동에 평양성이 있으며 고대의 왕검성으로 기자의 나라로 기자의 묘가 있으며 장수왕의 평양성으로 이 평양성이 서경이며 원대 동녕로가 되었다고 기록하였다.

이외에도 최부 역시 『표해록漂海錄』에서 요양遼陽이 고구려 평양성이며 동서남쪽은 산으로 둘러싸였고 그 북쪽은 탁 트인 평야 지대라고 하고 있다. 현재의 북한 평양은 북쪽으로 탁트인 평야지대가 될 수 없다. 그리고 최부는 요양성 동쪽에 동녕위성東寧衛城을 보았다고 기록하고 있다. 동녕위성은 원대 동녕부-동녕로로 변화되다가 명나라가 몽골 세력을 축출하고 요동에 요동도사를 건립하면서 요동도사 소속 동녕위가 되었다. 요동도사의 치소 요양에 설치된 동녕위성은 조선인으로 구성되어 요양 방어, 조선과의 외교나 통역, 군사 등 다양한 임무를 수행하던 위衛이다. 위 사료들의 기록에 의거해 보면 현재의 요양이 왕검성이자 장수왕이 천도한 평양성이며, 당대 안동도호부가 설치된 지역이자 바로 최탄 등이 투항한 서경이 될 수밖에 없음을 알 수 있다.

위의 기록들과 관련하여 항상 평양성(요양)과 함께 따라 다니는 압록강鴨淥江의 위치가 중요한 화두가 된다. 평양성을 거론할 때 압록강 동남쪽이 평양성, 평양성 서북쪽이 압록강이라고 사료들은 기록하고 있다. 위의 기록들 중 『대명일통지大明一統志』의 기록이 그러한 것이다. 이 기록이 정확하다면 현재의 압록강은 위 사료에 나타나는 압록강이 될 수 없는 것이다. 현재 북한의 평양은 압록강 동남쪽이 될 수 없으며, 현재의 압록강은 북한 평양의 서북쪽이 될 수 없기 때문이다. 위에서 살펴본 것처럼 고대 사료에 나타나는 평양은 요양이기 때문이다.

II. 평양부 고지도 분석

출처: 위상수학을 활용한 고려 평양부 고지도 분석,
영남수학회(2018)

1. (고려 초) 평양부 고지도와 북한 평양 지도 비교 분석 ～～～～～

서울대학교 규장각 한국학연구원-고지도편에서 (고려) 평양부의 고지도(위상도)를 접하게 되었다.

이 고지도들은 1800년대 모사되거나 새로 그려진 것들이라고 역사학자들은 말한다.

하지만 그 누구도 이 지도가 조선 시대에 새로 측량하여 제작한 지도인지 고려 시대 이전의 지도를 모사한 것인지 아는 사람은 없다. 평양부 고지도에 지명 명칭은 평양이나 평양 근방의 지명들과 그 위치를 확인할 수 없는 지명들이 혼재해 있어 이 지도가 북한 평양의 고지도라는 확신이 없어 지도에 있는 지명은 생각하지 않고 위상도만을 분석해 보려 한다.

지도를 분석하기 위해 위상수학, 기하학, 집합론 지식들은 중등수학의 도형 지식과 수학 참고문헌에서 간단한 지식을 얻을 수 있다(안대희, 안승호, 2014).

고려조나 조선조의 위상도는 지도의 위쪽이 북쪽, 아래쪽이 남쪽인 현대식 지도라고 생각하고 지도를 분석하면 안 된다. 지도를 제작하는 사람이 어디에서 바라보고 그 지형의 지도를 제작하느냐에 따라 지도의 아래가 동서남북 모두가 가능성이 있는 것이다. 참고로 고지도는 황제나 임금이 북쪽에서 바라보고 그려서 지도 아래가 북쪽으로 설정된 것이 대부분이다.

다음의 두 지도는 (고려 조?) 평양부 위상도와 북한 평양 근방의 구글 지도이다.

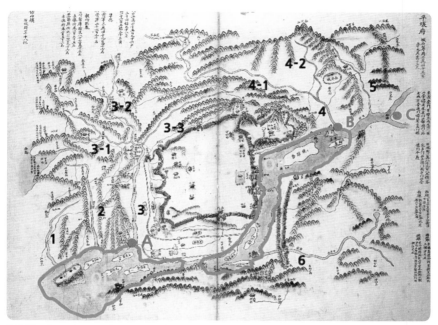

그림1 필사본(회화식)-해동지도(古大4709-41)-평양부: 고지도에 산을 많이 그려놓았다.

위 평양부 고지도에서는 산들이 많이 그려져 있다. 평양부 고지도는 1800년대 정리된 지도이지만 이 지도가 조선 시대에 처음 그려진 지도인지 고구려나 고려 시대의 지도를 복사하여 그린 것인지를 아는 사람이 없다. 이 지도의 4번 지류와 5번 지류 사이에 **장안성長安城** 글자가 있다.

이는 **장안성長安城**은 4번 지류 오른쪽 지역이라는 뜻이다. 즉 요양 지역이 될 것이다.

이 고지도 [그림1]에서 A, B, C 지점은 중요한 지점이다. A, B, C 지점 간의 거리의 비는

$$AB : BC = 4.5 : 1$$

이다. 다음의 지도는 구글 지도에서 찾은 평양 근방의 지도이다.

그림2 북한 평양의 구글 위성도: 북한 평양에는 산이 별로 없다.

[그림 2]에서 A_1, B_1, C_1 지점은 중요한 지점으로 [그림 1]의 A, B, C 지점에 각각 대응시킬 수 있다. A_1, B_1, C_1 지점 간의 거리의 비는

$$A_1B_1, : B_1C_1 = 1.2 : 1 \neq 4.5 : 1 = AB : BC$$

이다. 고지도와 북한 평양 구글 지도의 대응하는 세 점의 거리의 비가 맞지 않는다.

1) 대동강이라고 하는 두강의 위상수학적 방법에 의한 비교

평양부 고지도와 북한 평양의 구글 지도의 대동강을 2차원 위상적 방법에 의해 비교해 보자.

고지도의 대동강에서 오른쪽 상단 OR 안쪽에는 1개의 섬이 그려져 있다. 이 영역의 강물로 이루어진 영역을 OR이라 하면 섬 1개가 빠지므로 이 영역의 평면 위상의 종수(genus)는

$$g(OR) = 1$$

이다.

한편, 북한 평양의 대동강에서 오른쪽 상단 PR 내부에는 2개의 섬이 그려져 있다. 이 영역의 강물로 이루어진 영역을 PR이라 하면 섬 2개가 빠지므로 이 영역의 평면 위상의 종수(genus)는

$$g(PR) = 2$$

이다.

위상수학적 동형을 판단하기 위하여 두 영역의 종수를 비교하면

$$g(OR) = 1 \neq g(PR) = 2$$

따라서 고지도의 오른쪽 강 상류지역(OR)과 북한 평양 지도의 오른쪽 강 상류지역(PR)은 동형이 아니므로 같은 지역의 지도가 아니다.

고지도 평양부의 대동강에서 왼쪽 하단 부분 OL 안쪽에는 5개의 섬이 그려져 있다. 이 영역의 강물로 이루어진 영역을 OL이라 하면 섬 5개가 빠지므로 이 영역의 평면 위상의 종수(genus)는

$$g(OL) = 5$$

이다.

한편, 북한 평양의 대동강에서 왼쪽 하단 PL 안쪽에는 두루섬을 포함해서 4개의 섬이 그려져 있다. 이 영역의 강물로 이루어진 영역을 PL이라 하면 섬 4개가 빠지므로 이 영역의 평면 위상의 종수(genus)는

$$g(PL) = 4$$

이다. 고지도에는 두루섬처럼 근방의 섬보다 상대적으로 큰 섬도 그려져 있지 않다.

위상수학적 동형을 판단하기 위하여 두 영역의 종수를 비교하면

$$g(OL) = 5 \neq g(PL) = 4$$

따라서 고지도의 왼쪽 강 하류지역 OL과 북한 평양 지도의 왼쪽 강 하류지역 PL은 같은 지역의 지도가 아니다.

이상의 결과로 고지도와 북한의 대동강은 같은 강이 아니다.

2) 두 지도의 지류 비교와 3차원 기하학적 방법에 의한 비교

고지도에는 1번 강과 5번 강이 그려져 있는데 북한 평양 지도에서는 1번 강과 5번 강에 대응하는 강을 찾을 수가 없다.

고지도에는 2번 강과 3번 강 사이에 산이 많이 그려져 있는데 북한 평양지도에는 2번 강과 3번 강 사이에 산이 별로 없어 동일 지역의 위상도라고 판단할 수 없다.

고지도에는 3번 강이 있고 그 지류 3-1, 3-2, 3-3이 있으며 이들 지류 사이에 산이 많이 그려져 있는데 북한 평양 지도에서는 3번 강은 대응시킬 수 있지만 그 지류 3-1, 3-2, 3-3 주변에 그려놓을 산들이 없다. 고지도가 정확하다면 고지도의 3번 강은 북한의 보통강이 아니다.

북한 평양 지도에서는 3a번 강폭도 3번 강폭과 비슷한데 고지도에는 그려져 있지 않다.

고지도에서 4번 강의 좌우측 산들이 꽤 많이 그려져 있는데 북한 평양의 좌우측에 산들이 별로 없다.

고지도의 아래쪽에는 산이나 언덕들이 꽤 많이 그려져 있는데 북한 평양에는 이들에 대응하는 산이나 언덕들이 관찰되지 않는다.

이상의 산과 강들을 3차원적으로 비교 분석한 결과 (고려?) 평양부와 북한 평양은 같은 지역이 아니다.

한편, [그림 1]의 평양부 고지도에서 A, B, C 지점 간의 거리의 비는

$$AB : BC = 4.5 : 1$$

인데 [그림 2]에서 A_1, B_1, C_1 지점 간의 거리의 비는

$$A_1B_1 : B_1C_1 = 1.2 : 1$$

이다.

[그림 1]의 평양부 고지도에서 A, B, C 지점을 [그림 2]에서 A_1, B_1, C_1 지점에 각각 대응시킬 때 그 거리 비율이 안 맞는다.

3) 평양부 주기 분석

현재 서경전도(고려대 소장), 평양부 고지도 2장(서울대 규장각 소장), 평양 고지도 2장(서울대 규장각 소장), 평양윤 고지도 1장(서울대 규장각 소장) 이들 6장 모두 북한 평양의 위상도가 아니고 요양시 궁장령구 근방의 위상도이다. 이들 중 평양 고지도(규장각 고지도: 필사본(방안식)-팔도군현(古4709-111)-평양)는 외관상으로 다른 규장각 평양에 관한 고지도들 보다 훨씬 오래된 것으로 보인다. 이 지도는 고려 시대 것이라고 추측된다. 19세기 초에 고지도들이 모두 그려진 것은 아니다. 서울대 규장각에는 6,000여 장의 고지도가 있고 지도가 너덜너덜해서 글자를 알아볼 수 없는 고지도들도 많다. 19세기 초에 고지도들이 정리되었다고 말해야 옳은 것이다.

서경전도(평양성 고지도)가 고려 시대의 평양성 지도의 원본인지 조선 시대에 고려 시대의 것을 복제한 것인지 아는 사람은 없다. 서경전도(고려대 소장), 평양부 고지도 2장(서울대 규장각 소장), 평양 고지도 2장(서울대 규장각 소장), 평양윤 고지도 1장(서울대 규장각 소장) 이들 6장 모두 북한 평양의 위상도가 아니고 요양시 궁장령구 근방의 위상도라는 사실은 증명된다.

평양부 고지도 2장(서울대 규장각 소장), 평양 고지도 2장(서울대 규장각 소장),

평양윤 고지도 1장(서울대 규장각 소장) 이들 지도 동쪽에는 강동계, 북쪽에는 순안계, 서쪽에는 증산계, 남쪽에는 중화계라고 적혀 있어 글자만 믿는 사람들은 이 고지도들이 북한 평양이라고 믿는다. 사실 북한 평양에서 40리 밖으로 가면 동쪽은 강동, 서쪽은 증산, 북쪽은 순안, 남쪽은 중화에 도달하여 평양 땅이 아니다. 평양부 고지도에는 28개 면이 그려져 있고 그 주기에 평양으로부터 거리가 나온다. 평양으로부터 40리 안 영역에 그려 넣을 수 있는 면은 28개 중 6개 밖에 안 보인다.

평양부 고지도가 북한 평양의 지도라면 석다산면과 불곡면은 평양의 서북쪽에 있다. 평양에서 서북쪽으로 80리 가면 바다에 이른다(구글지도 참조). 평양부에 있는 석다산면과 불곡면은 북한 평양으로부터 90리 밖 서북쪽에 있다고 이해한다면 석다산면과 불곡면은 서해바다 속에 그려 넣어야 한다.

참고로 평양부(규장각-필사본(회화식)-해동지도(古大4709-58)) 주기의 일부를 보자.

그림3 평양부 주기의 일부

위 평양부 주기에서 석다산면石多山面은 평양으로부터 초경初境 90리里, 종경終境 120리로, 불곡면佛谷面은 평양으로부터 초경 90리, 종경 100리로 기록되어 있다. 평양부 고지도가 북한 평양의 지도라면 석다산면과 불곡면은 평양의 서북쪽에 있다. 평양으로부터 서북쪽으로 80리 가면 바다에 이른다. 따라서 석다산면과 불곡면이 평양부 고지도에 위치한 것처럼 북한 평양 서북쪽 90리 밖에 위치한 것으로 해석하면 서해 바다에 위치한다.

따라서 평양부는 북한 평양의 지도가 아니다.

고려조나 조선조에 평양 서북쪽 바다 속에 석다산면과 불곡면이 위치했다는 전설은 들어본 적이 없다.

4) 장안성長安城이 북한 평양 동쪽에 존재했었는가?

만일 평양부 고지도[그림 1]가 북한 평양을 위상적으로 그린 것이라면 북한 평양 동쪽에 장안성이 존재했었다는 것이다. 하지만 역사적으로

그림4 북한 평양의 구글 위성도: 위 지도에서는 10리를 약 4km로 간주했으나 고려조, 조선조, 현재의 중국은 10리를 약 5km로 간주한다. 10리를 5km로 하면 석다산면과 불곡면은 평양으로부터 더 먼 바다에 위치해야 한다.

북한 평양 동쪽에 장안성이 존재했었다는 기록은 없다.

평양부와 장안성과의 위치관계를 설명한 기록도 찾아볼 수가 없다. 오직 평양부와 평양윤 고지도의 4번 지류와 5번 지류 사이에 **장안성長 安城**이라는 글자가 있어 평양부 고지도의 오른쪽 지역에 장안성이 존재했었다는 것을 설명하고 있다. 이는 요양시 궁장령구 서쪽 지역인 요양시가 장안성이라는 설명이다.

2. (고려 ?) 평양부는 어디에 존재하는가?

본 연구는 오직 위상수학적, 기하학적으로 고지도를 분석한 것이다. 기하교육에도 좋은 예이다. 묘청의 고지도(AD 1135)를 분석하고(정택선, 최규흥(2017)) 또 다른 평양부 지도가 있어 대응하는 실제 지역을 찾는 것은 쉬웠다.

1) (고려?) 평양부 고지도 분석
평양부의 위상도는 묘청의 서경 평양성의 고지도보다 훨씬 더 자세하게 큰 강과 지류들, 지류의 지류, 강 속의 섬들을 많이 위상적으로 그려 놓았다. 이 위상도는 거리까지도 상당히 고려해서 그려진 것이다. 큰 강(대동강?) 위 아래에는 1~6번의 지류들이 있고 이들 지류들 근방에는 산들이 많이 그려져 있다. 이 지도는 묘청 시대의 서경전도보다 훨씬 더 자세히 산천 지도를 그려놓았다.

2) 고려 평양부 고지도가 나올 수 있는 지역은 있는가?
고지도에서 위쪽을 북쪽, 아래쪽을 남쪽, 오른쪽을 동쪽, 왼쪽을 서쪽이라고 가정하고 현대식 지도 해석 방법으로 접근하여 한반도와 중국의 흑룡강성, 길림성, 요령성에서 찾으려 하면 평양부 고지도를 위상 기하적으로 만들어 낼 후보지는 없다.

그림5 요녕성 요양시 궁장령구 구글 위성도

[그림 5]의 궁장령구 구글 위성도에서 A, B, C 지점 간의 거리의 비는

$$AB : BC = 4.5 : 1$$

으로 [그림 1]의 평양부 고지도에서의 A, B, C 지점 간의 거리의 비율과 같다.

옛 선조들은 현대식 방위 개념과 기하학적 거리 관념을 우선시 하는 지도 제작을 하지 않았고 각 위치의 위상 관계를 중시하는 지도를 제작하였다는 사실을 먼저 염두에 두고 후보지를 찾다 보면 평양부의 고지도의 위치를 제작할 후보지를 꼭 한 곳 찾을 수 있다. 묘청의 서경 평양성의 고지도의 위치를 제작한 곳과 동일한 지역이었다(정택선, 최규흥(2017)).

중국 요양시 동쪽 지역의 태자하太子河에서 좌측에 한하寒河를, 우측에 탕하湯河를 두고 북쪽에서 남쪽을 바라보면서 이 지역을 위상 기하학적으로 고지도를 제작하면 평양부 고지도가 제작된다.

고지도는 이 지역을 위상수학적 개념과 3차원 기하학적 감각이 매우 뛰어난 분이 이 지역을 수없이 답사하고 오랜 기간 이 지역에 살면서 계절마다 태자하, 한하, 탕하의 수량의 변화도 잘 아는 고도의 지도 제작 능력자가 그린 지도이다.

고지도에서 하단이 태자하이고 왼쪽에서 오른쪽으로 흘러가고 있다. 왼쪽 아래로 꼬부라진 부분에 참와수고라는 호수가 있다.

대응하는 큰 강과 지류, 지류의 지류를 1, 2, 3, 3-1, 3-2, 3-3, 4, 4-1, 4-2, 5, 6으로 번호를 붙여 놓아 평양부와 구글 지도에 나타나 있는 큰 강과 지류, 지류의 지류를 대응시켜 확인할 수 있다.

위 구글 지도의 왼쪽 위 부분에 고려 시대 석다산으로 불리었다고 생각되는 가로 6km 세로 4km의 넓은 지역이 완전히 돌로만 이루어진 지역이 보인다. 이 지역이 을지문덕 장군이 태어난 석다산 지역으로 추정된다.

태자하의 참와수고 하류에 약 100m 높이의 콘크리트 제방이 있어 참와수고 안에 있던 고지도에 그려졌던 5개의 섬들은 수몰되어 안보이고 있다.

평양부 고지도는 요양시 궁장령구를 나타내고 있어 조선조에 지도를 새로 제작한 것이 아니다. 이 지도는 고려 시대 이전에 그려진 것을 1800년대에 모사한 것이라고 결론을 내릴 수 있다. 왜냐하면 조선 시대에는 요양시 궁장령구가 조선의 영토가 아니기 때문에 조선 시대에 요양시 궁장령구의 지도 제작을 위해 측량활동을 할 수 없기 때문이다.

이 결과는 중국의 사료들, 『고려사』(정인지鄭麟趾 저) 등에서 평양은 요동에 있다는 내용과도 일치한다(참고 복기대(2017)). 평양부 [그림 1] 지도의 4번과 5번 지류 사이에 장안성長安城이라는 글자는 [그림 5]의 오른쪽 지역이 장안성이라는 내용이다. 다시 말하면, 태자도(고려의 합도蛤島) 서쪽 지역인 요양이 장안성이라는 뜻이다.

3) 구글 지도로 본 현재의 상황

북쪽에 태자하가 동쪽에서 서쪽으로 흐르고 한하와 태자하가 만나는 지점에는 참와수고參窩水庫라는 큰 호수가 있다. 참와수고는 폭이 평균 2km 이상으로 총 길이가 약 20km이다. 이 호수는 건기와 우기에 상관없이 수량이 늘 풍부하고 물살이 심하지 않아 동절기를 제외하고 언제나 호수에서 뱃놀이를 하기에는 안성맞춤의 호수라고 생각할 수 있다.

남쪽에서 북쪽으로 흐르는 탕하湯河가 흐르고 있다. 환성로가 중앙에, 그 북쪽에 환성북로가, 그 남쪽에 환성 남로가 있다. 탕하 상류인 남쪽에는 탕하수고湯河水庫라는 큰 호수가 있다. 탕하수고 주변에 온천이 잘 발달되어 있다. 고려 시대에는 여기에 평주 온천역이 있었던 곳이라 생각한다.

구글 지도로 보아 대략적으로 평가할 때 평양성 성곽의 내부 면적은 대략 50평방km 이상으로 현재 한국, 일본, 중국 등에 남아 있는 성곽의 면적 중에서 가장 넓은 면적이다.

寒河의 남단 서쪽 부분에는 관문(성곽문) 자연 공원이 있고 대문화룡大門火龍이라는 지명이 있다. 어찌 산속에 관문과 대문화룡이라는 지명이 있는가? 한하의 남단 동쪽에는 해발 969m의 마천령이 있고 그 산자락들이 寒河와 湯河의 남단 상류 지역으로 뻗어 있다(구글 지도 참조).

고지도의 위상도는 주안점을 두는 지형지세만을 위상적으로 그린다. 강과 목표물만이 강조될 때는 강과 목표물만을 위상적으로 그린다.

고려 시대 평양부 고지도에서 첫 번째 강조해야 할 지형지세는 성곽과 강이라 할 수 있다. 따라서 묘청 시대의 서경전도는 태자하를 위상 사변형의 밑변에 그리고, 한하를 왼쪽 세로변에, 탕하를 오른쪽 세로변에 잡아서 기본 틀을 잡고 부수적으로 작은 개울, 강속의 섬, 성곽 주변의 산을 그려서 위상도를 완성한 것이다.

3. 위상기하 교육의 활용과 결론 ~~~~~~~~~~~~~~~~

1) 위상기하 교육의 활용

위상수학에서 두 평면 도형이 동형이라고 판정할 때 한 초보적인 개념 중에서 종수(genus)라는 개념이 있다. 아래 두 빗금 친 도형은 모양은 다르지만 가운데 구멍이 두개씩 뚫린 위상적 종수가 2로 두 도형은 동형이다.

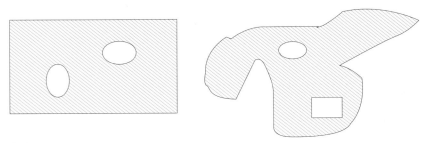

그림6 종수가 2로 동형인 두 도형

우리는 여기서 위상수학의 가장 쉬운 개념 중의 하나인 종수 개념을 사용하는데 방점을 두었다.

본 연구는 고려 서경 평양성 고지도와 북한 평양 지도를 4개 영역으로 나눈다.

고지도와 평양의 지도에서 오른쪽 부분의 강물을 하나의 평면으로 보고 섬을 빼면 구멍 뚫린 평면 도형이 나와서 두 평면의 위상적 성질을 비교할 수 있다.

고지도와 평양의 지도에서 아래쪽 부분의 강물을 하나의 평면으로 보고 섬을 빼면 구멍 뚫린 평면 도형이 나와서 두 평면의 위상적 성질을 비교할 수 있다.

고지도와 평양의 지도에서 세 강의 안쪽 부분의 영역을 하나의 영역으로 보고 산과 비교적 평평한 부분들을 3차원 기하학적으로 비교할 수 있다.

2) 수학과의 융합 영역의 확장성

수학은 18세기 라이프니츠와 뉴턴이 미분을 발견하면서 미적분이 물리학에 직접적으로 활용되어 물리학을 발전시키게 하고 물리학이 발전하면서 미적분을 위시한 해석학을 더욱 발전시키게 하는 역할을 했다.

수학은 더욱 발전하면서 물리, 화학, 생물 등의 자연과학분야와 기계공학, 전자공학, 토목, 건축공학 등에 더욱 더 많이 활용되어지고 있고, 경제학의 수리경제에는 고난도 수학 이론들이 응용되고 있다. 그 밖에 여러 학문들을 발전시키는 보조적 역할을 하고 있다.

한편으로는 수학의 활용으로 발전된 학문이 그 학문이 발전하면서 수학의 새로운 아이디어와 이론을 창출하게 하는 동기를 제공하는 경우도 많다. 요즘에는 공학 연구가 수학을 발전시키게 하고 의학 연구가 수학 연구를 발전시키게 하는 사례들을 주변에서 종종 볼 수가 있다.

다른 분야에 활용되는 수학의 지식은 고난도 지식이나 이론이 활용되는 경우도 있지만 대체적으로는 수학에서 초보적인 이론이나 지식이 아주 중요하게 활용되어 중요한 결과를 얻을 때가 수없이 많다.

저자는 수학을 활용해서 우리 고대 역사 지도를 분석하고 규명하는 데 수학이 활용되는 경우를 보지 못 하다가 우연히 묘청의 고지도를 발견하고 지도를 열심히 쳐다보다가 묘청 시대의 서경전도가 북한 평양성이 아니라는 걸 쉽게 알아볼 수 있었다. 이것을 위상수학적으로 쉽게 설명할 수 있을 것이라는 걸 육감적으로 알았다. 위상수학의 초보적인 지식을 활용하여 지도를 분석하고 그 고지도에 대응하는 지역을 찾아내었다(정택서, 최규흥(2017)).

앞으로도 수학의 이론이나 논리로 고지도의 위치를 찾아내는 작업이 계속 있을 것이라고 생각하고 또 그렇게 희망한다.

역사 교육이 단순 암기식 교육에서 벗어나 고대 지도나 지명들이 나열되었을 때 이들 지도를 분석하는 훈련을 시키고 잘 규명되지 않은 역사적인 지명들이 나열되었을 때 이들을 평면 위상으로 그리게 하는 훈련도 시키는 것이 창조와 추리 능력을 배양하는데 크게 기여할 것이라고 믿는다.

수학은 그리스의 수학자 유클리드(Euclid, B.C. 330~275)가 "기하학 원론"으로 기하의 기초가 완성된 이후 오랜 동안 발전과 퇴보를 반복하면서 완만하게 발전해오다 18세기 라이프니츠와 뉴턴이 미분을 발견하면서 해석학이 급속도로 발전되고 뒤따라 대수학, 미분기하학, 위상수학도 급속도로 발전되었다. 지금은 더욱더 발전되고 세부적으로 나뉘어 발전 되어 미국수학회(American Mathematical Society)가 수학의 중분류를 97개로 나누고 있고 세부 분류는 1,000개가 훨씬 넘을 것이다.

이렇게 발전되어가고 있는 이론과 논리들이 앞으로 더욱더 많은 분야와의 융합 연구가 이루어질 것이라고 확신한다.

3) 결론

오직 위상수학적으로만 판단하면 고려 평양부 고지도는 북한 평양성이 아니다.

요령성 요양시 궁장령구의 모습을 구글 지도에서 찾은 앞에서의 지도를 선조들이 위상적으로 그리면 고려 평양부가 나온다. 이때는 기하적인 거리 개념보다는 각 위치의 위상 위치 관계를 더 중요시 하였다.

4. 답사 일기

요양시 궁장령구를 답사하기 위하여 2017년 11월 9일 오후 2시쯤 안평安平에 도착하여 11월 11일까지 궁장령구를 답사하였다. 11월 9일 세종대왕 이후 이 지역을 고려 서경 평양성이라고 인지하고 찾아온 조선인 또는 한국인은 저자가 처음이라는 걸 생각하니 가슴이 설레었다(이 지역에 사는 고려인 후손들을 제외함).

1) 답사 제1일 : 부벽루와 옛 대동강 태자하

11월 9일 안평安平의 한 호텔에 짐을 풀고 오후 3시 답사에 나섰다. 택시를 타고 남사촌南沙村을 지나 태자하太子河 남쪽 강가에서 내려 태자하 남쪽 길을 따라 참와수고 유람선 매표소로 가면서 오른쪽 산 위를 올려다보니 망대라고 추측되는 것들이 적당한 간격으로 있었다. 망대에서 태자하 북쪽의 적들의 동태를 바라보면 아주 잘 보이도록 되었다. 매표소에 도착하니 표를 안 판지가 오래되었고 조그만 매표소 박스는 낡아 있었다. 좀 더 안쪽으로 들어가 참와수고 하류 제방 둑에서 사진을 찍었다.

제방 둑의 높이는 100m 쯤 돼 보였다. 1971년도에 참와수고를 소개하는 안내문과 궁장령구 지도를 보니 그때 탕하湯河의 옛 명칭은 홍하鴻河였고 한하寒河의 옛 명칭은 난하蘭河였다. 산 언더에 올라 참와수고를 바라보니 망망대해였다. 곧 어둑어둑해지며 가랑비가 와서 답사를 마치고 호텔로 돌아왔다.

다음의 사진은 산 위에 올라 찍은 참와수고 하류 제방의 모습이다.

그림7 태자하 남쪽에서 북쪽 방향으로 바라본 참와수고 제방

2) 답사 제2일 : 영명사와 대화궁

11월 10일 안평安平의 호텔에서 8시에 서쪽으로 걸어가서 탕하湯河를 건넜다. 탕하의 강폭은 200m가 넘어보였다. 강바닥을 다듬는 공사를 하여 흙무더기가 쌓여 있었다. 탕하 서쪽길을 따라 1km 남짓 북쪽으로가서 다시 탕하를 건너 안평 번화가로 들어갔다. 탕하 서쪽길을 달리면서 홍하鴻河가 붙은 가게 간판을 두 개 보았다.

택시에서 내려서 10분 정도 그 동네를 구경하고 택시를 타고 대와지大

瓦地로 갔다. 대와지에 내려서 큰 기와 무더기나 궁궐터를 찾을 수 있을까 하였으나 큰 기와 무더기나 궁궐터는 찾을 수가 없었다. 마을도 없었다.

택시 기사가 좀 더 산위로 올라가면 대와사大瓦寺가 있다고 하여 산위로 한 1km 쯤 더 올라갔다. 먼저 눈에 들어오는 것은 **구룡궁九龍宮**이었다. 여기가 **구제궁九梯宮**이라고 생각된다. 안쪽으로 들어가서 원통보전圓通寶殿이 눈에 들어왔다. 원통보전 양쪽에는 3개씩 6개의 비문 석물이 있었다. 그 중 4개는 돌이 깨끗하고 비문도 깨끗해 석물을 세운지 10년도 안돼 보였다. 남은 두 개의 석문은 천년은 족히 돼 보였다. 그 돌에 새겨진 돌의 글월 내용은 까맣게 지워져 있었다. 아마도 여기가 '**구제궁九梯宮**이고 구제궁을 고려 태조 왕건이 세웠다'는 내용이 들어 있지 않았을까 생각만 할 뿐 그 글월 내용은 알 수가 없었다. 구룡궁에서 나와 여러 계단 위에 천왕전天王殿에 올라갔다. 천왕전에서 계단을 따라 올라가 보니 큰 돌에 선禪 자가 새겨져 있었다. 이 돌이 조천석이라고 생각된다.

이 돌의 북쪽 담 너머에 작은 굴이 있다. 이 굴이 기린굴이라고 생각된다.

이 돌의 동쪽에는 대웅보전大雄寶殿이 있다. 양쪽에 여러 개의 전각들이 있고 여기저기 공사를 하며 새로 단장을 하고 있었다. 여기가 고려 임금이 서경에 오면 항상 들리는 영명사永明寺라고 생각된다.

영명사라고 생각되는 곳: 궁장령구 동북쪽 끝 부분이며 태자하 남쪽에 있다. 구룡궁에서 영명사 을밀대까지 경사가 너무 심해 계단을 오르며 숨이 찬다.

고려의 부벽루 추정지: 남사촌에서 참와수고로 태자하 남쪽 길을 따라 가다 보면 왼쪽 태자하(옛 대동강) 강가에 부벽루(추정) 터가 보인다. 영명사 터에서 정북으로 약 1km 지점에 있다. 이 자리에 고려의 부벽루가 있어 귀족들이 시를 읊조리며 대동강 풍경을 감상했으리라. 이색도 영명사를 유람하고 여기 부벽루 난간에 기대어 시를 읊으며 가을 풍경을 노래했다는 생각이 든다. 현재의 모습은 고려 때 부벽루 모습은 아닐 것이다.

고려 말 이색李穡은 평양의 영명사를 들르고 부벽루를 유람하며 시 한수를 남긴다.

浮碧樓(부벽루: 이색李穡)

昨過永明寺(작과영명사)　어제 영명사를 지나다가
暫登浮碧樓(잠등부벽루)　잠시 부벽루에 올랐다.
城空月一片(성공월일편)　성은 텅 빈 채로 달 한 조각 떠 있고
石老雲千秋(석로운천추)　오래된 조천석 위에 천 년의 구름 흐르네.
麟馬去不返(인마거불반)　기린마는 떠나간 뒤 돌아오지 않는데
天孫何處遊(천손하처유)　천손은 지금 어느 곳에서 노니는가
長嘯倚風磴(장소의풍등)　돌계단에 기대어 시 한수를 읊노라니
山靑江自流(산청강자류)　산은 푸르고 강은 절로 흘러가고 있구나.

그림10 영명사라고 생각되는 곳에 있는 특이한 바위: 이 지역의 돌들은 주로 화강암인데 이 돌은 특이하다. 이 바위가 조천석이라는 생각이 든다. 이 돌 북쪽에 기린굴이라고 생각되는 작은 굴이 2017년 11월 10일 답사 당시 작은 동산에 작은 굴이 있었는데 2018년 6월 답사 때 중장비로 작은 동산을 없애고 있었다. 기린굴이라 생각되는 곳이 없어졌다(세종지리지 참조).

옛 영명사라고 생각되는 대와사大瓦寺였는데 절의 이름은 대와사大瓦
寺가 아니고 다른 이름으로 개명되었다. 절 구경을 마치고 태자하 쪽
으로 내려올 때는 올라갈 때와 다른 길로 내려왔다. 내려올 때 한 농가
마을의 농가원農家院 식당을 만나 혹시 점심을 할 수 있을까 하고 들어
가 보려 하니 닫혀 있었다. 주변에 농가 주택들이 빈집도 꽤 보이고 외
딴 집들은 폐가 되어 유리창이 깨지고 벽이 허물어져 가고 있었다. 산
길을 따라 태자하 남쪽 도로에 다달았다.

다리를 건너 태자하 북쪽의 북사촌北沙村으로 갔다. 북사촌에서 장궁
령구를 바라보니 강가가 절벽으로 이루어져 있어 사람이 그 절벽을 감
히 올라갈 수가 없어 보였다. 절벽 위 산꼭대기에 사람들이 올라가기
어려운 곳에는 성벽을 쌓았던 돌성의 흔적이 보였다.

북사촌北沙村에서 점심을 먹고 식당 주인집 택시를 타고 **용불전**龍佛殿
으로 갔다.

용불전은 임금만이 국가의 안녕과 백성의 평안을 위하여 불공을 올
리는 궁궐 안의 조그마한 궁전이라고 생각한다. **용불전** 좌우에는 다음
과 같은 글귀가 있다.

風調雨順民安樂(풍조우순민안락):
바람은 조화롭게 불고 비는 순조롭게 내려 백성들을 안락하게
하소서.
海晏河淸世太平(해안하청세태평):
바다는 편안하고 강물은 맑고 깨끗하여 세상을 태평하게 하소
서.

그림10 대화궁이라고 생각되는 곳에 있는 용불전. 임금이 국가의 안녕을 위해 불경을 올리는 곳이다.

용불전 오른쪽에는 큰 궁전처럼 보이는 **삼성전**三聖殿(고려 때 팔성당)이 있다. 한 단 위에 천왕전天王殿(고려 때 건룡전)이, 그밖에 여러 개의 전殿이 있었다. 사찰은 새로 단장하는 중이었고 새로 만든 비석에는 깨끗하게 비문들을 써 놓았다. 하지만 오백 년 천 년 된 비석들은 뒤집혀 있어 그 뒷면에 어떤 내용의 글귀가 있는 지 알 수가 없었다. 사찰을 모두 둘러보고 나오면서 여기가 고려 서경 평양성의 대화전이라는 생각을 하게 했다. 사방을 둘러보니 평평한 지대에 전답이 넓게 펼쳐져 있었다. 말 목장을 하면 수천 마리의 말을 키울 수 있는 곳이라고 생각하니 이곳이 고려 인종대왕 때 대화전을 짓기 전의 임원역林原驛이 아니었던가 추측해 보았다.

그림11 하늘에서 바라본 대화궁이라고 생각되는 용풍사: 궁장령구 내 서북쪽에 있다. 묘청 열전에는 대화궁의 중앙에 팔성당이 있고, 왕이 건룡전에 앉아 신하들을 배알했다고 한다.

이 내용을 참고하면 팔성당과 건룡전은 위 그림과 같을 것이다. 용불전은 오른쪽에 있다.

그 다음으로 동쌍묘촌東雙廟村으로 가서 쌍묘雙廟(두기의 왕릉)를 찾아보려 했으나 없었고 그 자리에 시골 상점(초시超市)이 있어 그 상점에서 과자와 음료수를 구입하고 주인과 쌍묘에 대한 대화를 나누었다.

쌍묘는 1968년 홍위병들이 모두 때려 부수었고, 석물들은 상점 앞에 연못이 있었는데 그 연못에 넣고 모두 묻어 버렸다고 한다. 묘자리 위에 집을 짓고 사는 게 안 좋다고 남들이 말해서 기분이 안 좋았지만 그냥 집 짓고 산다고 했다. 우리 보고 어디서 왔느냐고 물어서 길림에서 왔다고 답했다. 서쌍묘촌西雙廟村에도 묘는 1968년에 모두 때려 부수고 없다고 말했다.

대화를 마치고 나와서 삼륜차三輪車를 타고 서쌍묘촌으로 가서 묘廟 자리가 있었던 곳에 개인 집이 있는 것을 확인하고 집 주인이 대문으로 나오는 모습을 사진만 찍고 주인과 대화는 하지 않고 돌아섰다.

그 다음으로 송천사촌松泉寺村으로 가서 송천사를 찾아 보려 했으나 모두 집들이 있어 절터가 어디 있었는지 아는 사람이 없었다. 그리고 숙소 쪽으로 돌아오면서 택시를 탔는데 그 택시 기사가 궁장령구에 환성로桓城路가 있고 외성로外城路가 있다고 말하였다.

3) 답사 제3일 : 고려의 팔관회가 열리는 영봉루

11월 11일 안평安平의 호텔에서 8시에 나와 택시를 4시간 동안 180원元에 대절하기로 하고 후묘後廟를 찾아 갔다. 하지만 묘廟는 찾을 수가 없었다. 마을 아주머니를 만나 후묘後廟가 어디 있느냐고 물어보았으나 모른다고 하며 "내가 이 마을에서 50년 동안 살았는데 모르니 아무도 모른다."고 하였다. 하지만 뒷산에 자연스럽지 않고 인위적으로 만든 큰 산이 능처럼 보였다. 그것이 능이라면 좌청룡 우백호의 지형지세여서 명당 중에 명당이로구나 생각했다. 그래서 1968년 홍위병들이 부수지 못하고 잘 보존되고 있구나 하고 혼자 생각해 보았다. 이것이 장수왕의 능일까 아니면 누구의 능일까?

다음으로 대문화룡大門火龍을 찾아갔다. 하지만 거기에서 대문의 흔적은 찾을 수가 없었다.

다음으로 구구유촌九口裕村을 찾아가 보았다. 마을 사람들은 만나 보지 못 했고 구구유촌의 내력과 구구유촌의 의미도 알 수 없었다. 그런데 그 지역에 가로 세로 높이의 한변의 길이가 2 내지 5m 쯤 되는 바위들이 산과 밭에 널려 있었다.

다음으로 한하寒河 동쪽에 있는 배탑사培塔寺를 찾아갔다. 절은 안보였다. 절을 본 사람도 없다고 한 사람이 말했다. 한 사람이 큰 묘廟가 있었던 자리를 안다고 하여 한하를 건너 따라가 보았지만 현재는 묘가 없었다. 한하는 강폭이 100m 쯤 돼 보였고 수량도 적었다. 기념으로 한하의 강 모습을 사진 찍었다. 오늘은 허탕이구나 하고 답사를 마치려 했는데 택시 기사가 참와수고 호숫가에 좋은 곳을 안다고 하여 그쪽으로 갔다.

도착하니 참와수고가 끝이 안 보일 정도로 멀리 볼 수 있는 호숫가였다. 큰 궁전이 보였고 그 궁전으로 들어가 사오십미터 올라가면 여러 궁전들이 있다. 여기서 칠팔십미터 더 높이 올라 가면 옥황각玉皇閣이 홀로 서있다. 옥황각에서 참와수고를 바라보니 망망대해 같은 호수가 눈앞에 펼쳐진다.

그림12 하늘에서 바라본 참와수고 호수가의 옥황각: 고려 임금이 서경에 가면 음악을 들으며 술을 마시던 부계浮堦라 생각되는 곳. 영봉루는 고려 서경의 팔관회가 열렸던 곳이다. 귀족들이 뱃놀이를 마치고 시를 읊기도 하여 영귀루라고도 불렸던 곳이다. 이곳은 차문을 설치해 출입을 통제하던 곳이다.

옥황각이 호수에 떠 있는 것 같은 착각이 든다. 아 여기가 고려 임금들이 서경에 오면 평양 기생의 거문고 소리를 음악을 들으면서 술 한 잔 하며 피곤함을 달래었던 영봉루 부계浮堦였구나 하는 생각이 들었다.

그림13 평양부 고지도(필자서문 **그림2** 참조)에 있는 대양각도와 소양각도의 모습이 참와수고에서 보인다. 영봉루 부계라고 믿어지는 모습도 참와수고 호숫가에 있다.

영봉루는 서경의 팔관회가 열렸던 곳이다. 이곳은 고려의 귀족들이 뱃놀이를 마치고 시를 읊기도 하여 영귀루라고도 불렸던 곳이다. 이곳은 출입을 통제하는 차문도 설치해 놓았던 곳이다.

그림14 평양부 고지도에는 대양각도와 소양각도 근방에 기자정이 있다.

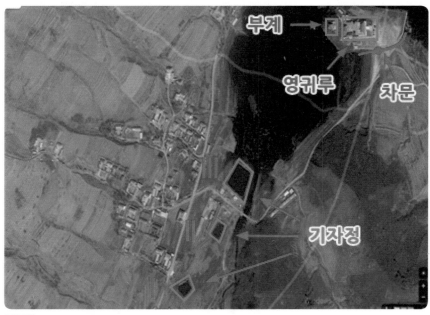

그림15 궁장령구 한하 하구 구글 지도: 고지도에 그려진 기자정이 3개 보인다. 이 기자정 부근에 정전이 있었던 곳이다. 참와수고의 높은 댐이 있기 전까지는 영귀루 근방에 호수 물이 없어 정전이 있던 곳이다. 영봉루는 영귀루라고도 불렸을 것이다. 남북을 바꾸면 고지도와 일치한다.

5. 결론

 본 논문의 가장 핵심은 평양부 고지도를 수학적으로 분석하는 것이다.

 [그림 1]의 평양부 고지도의 대동강 영역을 OR과 OL로 나누고 대응하는 북한 평양의 위성도 [그림 2]에서 대동강 영역을 PR과 PL이라 하면 이들의 위상수학적 종수는

$$g(OR) = 1 \neq g(PR) = 2, \quad g(OL) = 5 \neq g(PL) = 4$$

이다.

 따라서 위상수학적으로만 판단하면 평양부 고지도는 북한 평양성이 아니다.

 평양부 고지도와 북한 평양의 위성도에서 작은 강의 지류들도 일대일 대응이 잘 되지 않는다.

 이상의 결과로 평양부 고지도는 북한 평양의 위상도가 아니다.

 한편 평양부 고지도의 강들과 묘사되고 있는 장소들은 요양시 궁장령구에서 대응하는 장소와 강들이 있다.

 따라서 평양부 고지도는 요양시 궁장령구의 위상도이다.

 고려사의 지리편 중에서 서북면을 보면 이들 지역은 한반도에 있는 지명들이 아니다. 이것은 우리가 고려의 영토가 한반도의 압록강 이남에 있었다고 배웠던 것과 일치하지 않는다.

 답사를 통해서도 대화궁이라고 생각되는 곳이 있다. 여기에 임금만이 불공을 올리는 용불전이 있다. 임금이 서경에 가면 항상 들리는 영명사로 생각되는 곳이 있다. 임금이 서경에 갔을 때 대동강 가에서 음악을 들으면서 술을 마셨던 곳인 부계라고 생각되는 곳(옥황각)도 있다.

 이상에서 평양부 고지도는 북한 평양이 아니고 요양시 궁장령구의

위상도이다.

  평양부 고지도는 1800년대에 제작한 것이지만 이 지도가 나타내는 궁장령구는 조선의 영토가 아니기 때문에 비록 1800년대에 제작했지만 고려 시대 이전의 지도를 모사한 것으로 판단해야 한다.

III. 고려사에 나오는 절령屵嶺은 어디에 있는가

절령은 개경에서 서경(요양시 궁장령구)을 가는 차마도로에 있다. 절령은 일명 자비령으로도 불렸다. 자비령은 자비의 손길이 미쳤던 령이라는 뜻이다.

절령屵嶺은 령의 3차원 기하학적 모습을 나타내는 이름으로 령의 양쪽에 산모롱이가 있는 분수령이라는 뜻이다. 황해도에 있는 자비령은 령의 양쪽에 산모롱이가 있는 3차원 기하학적 모습을 한 절령은 아니다. 이런 3차원 기하학적 모습을 한 절령은 연산관 남쪽 풍성시 북쪽 분수령이 유일하다.

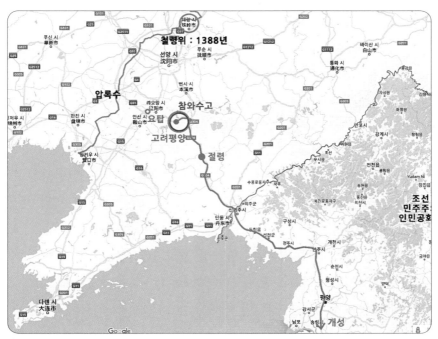

그림1 개성에서 요양을 있는 차마도로에 있는 절령으로 령 부분이 2km 이상인 절령은 연산관과 봉성시 사이의 분수령이 유일하다.

분수령의 령嶺(고갯길)은 수학적으로 분류했을 때 기울어진 능선을 넘어가는 사령, 극대점을 넘어가는 봉령, 변곡점을 넘어가는 극령이 있다. 극령 중에서 령의 양쪽에 산모롱이가 확연하게 있는 절령이 있다. 령嶺들 중 사령, 극령, 절령은 다음과 같은 세 가지 모습을 하고 있다.

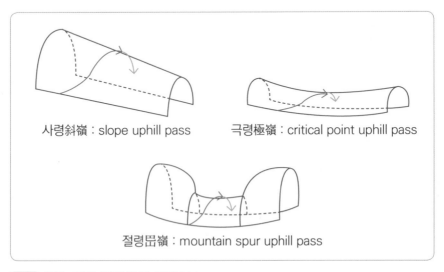

사령斜嶺 : slope uphill pass 극령極嶺 : critical point uphill pass

절령屴嶺 : mountain spur uphill pass

그림2 사령, 극령, 절령의 세 가지 모습

절령屴嶺의 의미는 령의 양쪽에 산모롱이가 있는 령이라는 뜻이다. 이런 의미의 절령으로 령 부분에 3km 이상 되어 전투도 일어나고 했음직한 곳으로 개경과 요양시 궁장령구(고려 서경)를 잇는 몇 개의 차마도로 중에는 연산관과 봉성시 사이의 분수령이 유일하다.

대명일통지에 '자비령(절령)은 평양성 동쪽 160리에 있고 원나라 때 이곳에 선을 그어 경계로 했다(慈悲嶺在平壤城東一白六十里元時畵此爲界)'고 기록되어 실제 상황과 일치한다.

그림3 연산관과 봉성시 사이의 절령岊嶺: 분수령 양쪽에서 개울들이 분수령으로 흘러내려와 절령의 동쪽 물은 압록강으로 흘러가고 서쪽 물은 태자하로 흘러간다. 왕도 王道도 있다.

을지문덕 장군이 태어났다고 알려진 평양의 석다산은 어디에 있는가. 석다산의 뜻은 돌이 많은 산이라는 뜻이다. 연산관 북쪽 30여 리에 가로 6km 세로 4km 정도의 지표면이 돌로 이루어진 산이 있다.

평양부 주기에서 석다산면石多山面은 평양으로부터 초경初境 90리, 종경 120리로 기록되어 있다. 요양시 궁장령구 안평에서 석다산 입구 영안촌永安村까지 승용차로 46km 정도이다. 이는 평양부 주기 기록과 잘 맞는다(고려 시대 10리는 5.12km). 북한 평양 근방에 이렇게 넓은 지역이 돌로 이루어진 산은 없다.

그림4 석다산: 절령岊嶺 북쪽 30여리에 석다산이 있다. 가로 6km 세로 4km 정도가 지표면이 돌로 이루어졌다. 을지문덕 장군이 태어났다고 믿어지는 평양의 석다산은 이 곳이다.

그림5 대명일통지: 자비령(절령)은 평양성 동쪽 160리에 있고 원나라 때 이곳에 선을 그어 경계로 했다고 기록. [그림 3]의 절령(자비령)은 궁장령 구 동쪽 160리에 있다.

제2장

고려 선조들의 열전

고려의 제도에는 왕이 어머니를 왕태후라고 부르며 본처를 왕후라고 부르고 첩은 부인이라고 불렀으니 귀비, 숙비, 덕비, 현비 등이 즉 이것이며 품위는 정일품正一品에 해당한다. 기타 상궁, 상첩, 상식, 상침 등도 다 정원과 위차가 있었다. 그러나 정종 이후에는 궁주, 원주 혹은 옹주라고 부르는 등 변경이 많고 일정하지 않으므로 그 자세한 것은 알 수 없다.

태조는 옛날 법을 본받아 풍속을 개변시킬 뜻은 가지고 있었으나 지방의 풍습에 관습되어 자기 아들을 자기 딸에게 장가들이면서 타성으로 숨겼으며 그 자손들도 이것을 가법이라고 생각하고 괴이한 일로 여기지 않았으니 유감스러운 일이다.

대체로 부부란 인륜의 기본으로서 나라 일과 집안 일이 잘 되고 못되는 것이 이에 기인되지 않음이 없으니 어찌 조심하지 않으랴! 그런 까닭에 후비전을 만들고 빈, 장 등 부인들의 전기도 각각 그 다음에 첨부한다.

태조 신혜왕후 류柳씨는 정주貞州(개성 근방 지역) 사람이니 이중 대광 류천궁의 딸이다. 류천궁의 집은 큰 부자여서 고을 사람들이 장자長者 집이라고 불렀다. 태조가 궁예의 부하로서 장군이 되어 군대를 거느리고 정주를 지나 가다가 늙은 버드나무 밑에서 쉬고 있는데 왕후(류 천궁의 딸)가 길옆의 시냇가에 서 있었다. 태조가 그의 얼굴이 덕성스러움을 보고 그에게 "누구의 딸이냐?"고 물은즉 처녀는 대답하기를 "이 고을의 장자 집 딸입니다."라고 하였다. 그래서 태조가 그 집으로 가서 유숙하였는데 그 집에서는 군대 일동에게 아주 풍성하게 음식을 차려 대접하였다. 그리고 처녀로 하여금 태조를 모시고 자게 하였다. 그 후는 서로 소식이 끊어져서 정절을 지키고자 머리를 깎고 여승으로 되었다. 태조가 이 소식을 듣고 불러다가 부인으로 삼았다.

궁예 말년에 홍유, 배현경, 신숭겸, 복지겸 등이 태조의 집으로 와서 폐립廢立(당시의 왕을 교체하는 것)에 대하여 의논하려고 하는데 후에게는 알리고 싶지 않아서 그에게 말하기를 "채전에 새로 익은 오이가 있는지요? 따오실 수 있겠습니까?"라고 하였더니 후는 그들의 의도를 알아차리고 나왔다가 다시 북편 창문으로 해서 가만히 휘장 속으로 들어가 숨었다. 이때 여러 장군들이 드디어 태조(왕건)를 왕으로 추대하자는 의사를 표시하니 태조가 낯을 붉히면서 아주 굳이 거절하고 있었다. 이때 후가 급히 휘장 속에서 나와 태조에게 말하기를 "대의를 내세우고 폭군을 갈아내는 것은 예로부터 그러한 일입니다. 지금 여러 장군들의 의견을 들으니 저도 의분을 참을 수 없는데 하물며 대장부야 말할 나위가 있겠습니까?"라고 하면서 손수 갑옷을 가져다가 남편(왕건)에게 입혀 주었으며 여러 장군들은 그를 옹위하고 나가 그가 드디어 왕위에 올랐다.

태조 16년에 후당 명종이 태복경, 왕경 등을 보내어 왕후로 책봉하였는데 그 글은 다음과 같다.

"남의 처가 되어 남편을 잘 섬겨서 부귀를 누리게 된 사람을 그 집안의 가장 좋은 아내라고 보리라. 봉읍의 제도는 옛 법에 있는 바 이제 좋은 배필을 한층 더 빛내주어 국왕의 벼슬에 상응하게 하노라. 대의군사大義軍使 특진特進 검교檢校 태보太保 사지절使持節 현토주玄兎州 도독都督 상주국上柱國 고려국왕의 처 하동 류柳씨는 내조하는 말이 정당하였으며 방조한 바도 실로 많았다. 국가 대사를 좋은 계책으로 보좌하였으며 부인으로서 총애와 우대를 받아 왔었다. 임금을 보좌하여 충절을 이루었으며 남편을 섬기는데 유순하고 현명하였다. 이에 일반적 관례를 초월하여 특수한 명예를 주노니 더욱 근왕의 뜻을 가다듬어 나간다면 이것이 국은에 보답하는 규범이라고 말할 것이다. 그대를 하동군부인으로 봉하노라."

그가 죽으니 시호를 신혜왕후라고 하였으며 현릉에 합장하였다.

장화왕후 오씨는 나주 사람이었다. 조부는 오부돈이고 부친은 다련군多憐君이니 대대로 이 주의 목포에서 살았다(연구: 고려조 나주는 나주, 목포, 무안 등을 포함하는 넓은 지역). 다련군은 사간 연위의 딸 덕교에게 장가들어 후를 낳았다. 일찍이 후의 꿈에 포구에서 용이 와서 뱃속으로 들어가므로 놀라 꿈을 깨고 이 꿈을 부모에게 이야기하니 부모도 기이하게 여겼다. 얼마 후에 태조가 수군 장군으로서 나주를 진수하였는데 배를 목포에 정박시키고 시냇물 위를 바라보니 오색구름이 떠 있었다. 가서 본즉 후가 빨래하고 있으므로 태조가 그를 불러서 이성 관계를 맺었는데 그의 가문이 한미한 탓으로 임신시키지 않으려고 피임 방법을 취하여 정액을 자리에 배설하였다. 왕후는 즉시 그것을 흡수하였으므로 드디어 임신되어 아들을 낳았는 바 그가 혜종이다. 그런데 그의 낯에 자리 무늬가 있었다 하며 세상에서는 혜종을 "주름살 임금"이라고 불렀다. 항상 잠자리에 물을 부어 두었으며 또 큰 병에 물을 담아 두고 팔을 씻으며 놀기를 즐겼다하니 참으로 용의 아들이었다. 나이 일곱 살이 되자 태조는 그가 왕위를 계승할 덕성을 가졌음을 알았으나 어머니의 출신이 미천해서 왕위를 계승하지 못할까 염려하고 낡은 옷상자에 석류빛 황포(왕이 입는 옷)를 덮어 후에게 주었다. 왕후는 이것을 대광 박술희에게 보였더니 박술희는 태조의 의도를 알아차리고 왕위 계승자로서 정할 것을 청하였다. 후가 죽으니 시호를 장화왕후라고 하였다.

신명순성왕태후 류柳씨는 충주 사람이니 증 태사, 내사령 류긍달의 딸이다. 태자 태, 정종, 광종, 문원대왕, 정, 증통국사, 낙랑, 흥방 두 공주를 낳았다. 죽으니 시호를 신명순성태후라고 하였다.

신정왕태후 황보씨는 황주 사람이니 태위, 삼중대광, 충의공 황보제공의 딸이다. 대종과 대목왕후를 낳았다. 처음에는 명복궁 대부인으로 봉하였으며 성종 2년(983년) 7월에 죽었다. 성종은 일찍이 선의태후를 여의고 후의 품에서 장성하였으므로 그가 죽었을 때 애통하였으며 예의를 극진이 갖추고 백관을 데리고 빈전으로 가서 시호를 신정대왕태후라고 올리었으며 그 책봉하는 글은 다음과 같다.

"덕은 부보附寶(고대 중국 황제의 어머니)와 같고 공은 강원姜嫄(고대 중국 후직의 어머니)에 비할 만하다. 일찍이 손금에도 이상한 조짐이 나타났고 모친의 태교 또한 영명하게 나타났다."

마침 성조聖祖(왕건을 가리킴)의 좋은 배필을 선택하실 때 왕후로 간택되어 건국 사업에 도움을 주었고 부녀의 도리를 수양하여 왕후의 위신을 갖추었다. 검약의 기풍이 궁중에서 일어났으며 올바른 규범이 조정에까지 퍼져 있었다. 번희가 고기를 안 먹음으로 초왕의 과오를 고쳐주었으며 위녀衛女가 음탕한 음악을 안 들으므로 제왕의 잘못을 깨달게 하였다. 또한 높은 자리를 사양하는 겸손성은 모든 사람들을 탄복하게 하였고 보옥을 파괴하려던 지혜는 여러 왕들의 존경을 받게 되었다는 옛일과도 같이 패업을 이룩한 것이 그의 경계하는 충고로부터 되었고 웅대한 사업이 융성하여지는 것도 그의 현명한 계책에 힘입은 바 있었다. 그러다가 할아버지가 세상을 떠나신 후 40년을 홀로 사시면서 여러 손자들의 양육을 보살폈다. 이상의 공덕으로 보아 그 이름은 경종景鐘(공훈을 기록하는 종)에 새길 만하며 그 사적은 후비전에 빛나리로다. 회상하건대 나는 불민한 자질로서 어려서부터 흉변을 겪었다. 즉 유년 시절에 모친을 여의고 소년 시절에 부친마저 세상을 떠났다. 이리하여 할머니의 품속으로 들어가니 부모의 슬하에 있는 것과 같았다. 맛있는 음식이면 입에 넣었던 것도 언제나 나에게 먹여 주시었고 부드럽고 따뜻한 의복을 나에게 입혀 주시던 그러한 고아를 애육하시는 은혜를 그 얼마나 많이 받았던가? 이 같이 애육하신 덕으로써 나는 장성하게 되었으며 다행히 가문의 공덕으로 왕위에 오르게 되었다. 나는 선조의 덕에 보답하며 손자로서의 효성을 다하려고 맹세하였더니 어찌 생각이나 하였으랴! 역사에 불행을 기록하며 국상을 선포하는 그런 흉변이 올 줄이야... 아! 송백 같이 장수를 누리지 못 하시고 고결하신 몸이 갑자기 세상을 떠나시다니! 이제는 왕태후의 수레는 움직이지 않으며 그 분이 계시던 궁전은 주인을 잃었구나! 십란+亂(열명의 어진 신하) 중의 한 사람이 축나는데 백 사람으로도 대신 하기 어려워라. 온 겨레는 의지할 바 없음을 탄식하며 백성들은 끝없는 비통에 잠겨 있었다. 이제는 영원히 떠나실 날이 되어서·길이 잠드실 곳도 준공되었고 빈전의 문을 열고 염습의 예의도 갖추었으며 무덤을 파고 하관할 절차에까지 이르렀다. 그래서 예관에게 특명을 주어 생존하실 때의 덕행과 공적에 비추어 시호를 올리도록 하였으며 이제 모 관직에 있는 모를 파견하여 삼가 신정 대왕태후라는 시호를 올리고 수릉에 매장하였다. 목종 5년 4월에 정헌이라는 시호를 추가하였으며 현종 5년 3월에 의경이라는 시호를 추가하였다. 현종 18년 4월에 또 선덕이라는 시호를 추가하였으며 문종 10년 10월에 자경이라는 시호를 추가하였는데 그 시호 추가하던 책문에 이르기를,

"상서로운 조짐이 열려 좋은 배필이 결합되었으며 일심협력하여 가정이 창성하여 나라를 이룩하였다. 가정에서 내조의 공을 다하였고 손자들을 위하여 보살피었으며 항상 자애하고 화목하라는 교훈을 하시었다. 부녀들의 기풍이 바로 잡혔으며 나라의 교화가 잘 선포되었다. 그런 까닭에 부부 두 분을 배합하는 존귀한 지위를 올리고 영구히 체천하지 않는 종묘에 모시었다. 그리고 저는 외람히 왕실의 후계자로서 효성을 다하고자 여러 조상을 순서대로 올려 모시고 받드는 바이며 이제 비박한 제물을 받들어 친히 제사하면서 이 제사 드리는 기회를 당하여 또 높은 칭호를 올리고자 삼가 책문을 받들어 자경이라는 시호를 올리노라."

고 하였다.

인종 18년 4월에 유명이라는 시호를 추가하였고 고종 40년 10월에 정평이라는 시호를 추가하였다.

신성왕태후 김씨는 신라 사람이니 잡간 김억렴의 딸이다. 신라왕 김부가 사신을 고려에 보내어 항복할 뜻을 표시하였더니 태조가 후한 예로써 사신을 대접하여 보냈다. 그 사신이 돌아가 고려 태조의 말을 전달하기를 "나의 백부 억렴의 딸이 있는데 덕성과 용모가 다 아름답습니다. 이 사람 밖에는 당신의 배필이 될 인물이 없습니다."라고 하였다.

그래서 태조는 드디어 그에게 장가들어 안종을 낳았다. 현종이 왕위에 오르자 신성왕태후라는 시호를 추증하였다. 능 이름을 정릉이라 하였다.

정덕왕후 류柳씨는 정주貞州(개성 근방 지역) 사람이니 시중 류덕영의 딸이다. 그가 왕위군, 인애군, 원장태자, 조이군, 문혜, 선의 두 왕후를 낳았다.

헌목대부인 평平씨는 경주(연구: 고려조에 경주는 경상도 경주와 동북면 만주의 경주가 있었다. 참조: 만주 원류고) 사람이니 좌윤 평준의 딸이다. 그는 수명 태자를 낳았다.

정목부인 왕씨는 명주溟洲(강릉) 사람이요, 삼한공신 태사 삼중대광 왕경의 딸이니 순안왕대비를 낳았다.

동양원부인 유庾씨는 평주平州(요령성의 한 지역으로 서경 즉 요양 궁장령구 둘레에 있었던 주이다.) 사람이니 태사 삼중대광 유검필의 딸이요 효목 태자 의와 효은 태자를 낳았다.

숙목부인은 사기에 그의 성씨가 전해지지 않았으나 진주 사람이요 대광 명필의 딸이니 원녕 태자를 낳았다.

천안부원부인 림씨는 경주 사람이요 태수 림언의 딸이니 효성 태자 림주, 효지 태자를 낳았다.

홍복원부인 홍씨는 홍주 사람이니 삼중대광 홍규의 딸이다. 태자 직과 공주 일후를 낳았다.

대량원부인 이씨는 협주陝州 사람이니 대광 이원의 딸이다.

대명주원부인 왕씨는 명주溟洲(강릉) 사람이니 내사령 왕예의 딸이다.

광주원부인 왕씨는 광주廣州(경기도 광주 또는 요령성 광주) 사람이니 대광 왕규의 딸이다.

소광주원부인 왕씨도 왕규의 딸이니 아들 광주원군을 낳았다.

동산원부인 박씨는 승주(전라도 승주) 사람이니 삼중대광 박영규의 딸이다.

예화부인 왕씨는 춘주 사람 대광 왕유의 딸이다.

대서원부인 김씨는 동주洞州(요령성의 한 지역으로 이주 안에 절령岊嶺이 있다. 동주는 용천龍泉도 포함하고 있다. 참조: 역참) 사람이니 대광 김행파의 딸이다.

소서원부인 김씨도 김행파의 딸이다. 김행파는 활을 잘 쏘고 말도 잘 탔으므로 태조가 김이라는 성을 주었다. 태조가 서경으로 가는데 김행파가 사냥군들을 데리고 길가에서 만나보고 자기의 집으로 청하였다가 두 밤을 유숙시키면서 두 딸로 하여금 하룻밤씩 그를 모시게 하였다. 그 후 다시는 상관하지 않았으며 두 딸이 모두 집을 떠나 여승이 되었다. 태조가 그들을 불쌍히 여기어 불러서 만나보고 "그대들이 이미 여승이 되었으니 그 결심은 꺾을 수 없구나!"라고 말하더니 서경 성안에 대서원, 소서원이란 두 절을 짓고 토지와 농민을 예속시킬 것을 명령하여 그들에게 각각 거처하게 마련하였다. 그래서 대서원부인, 소서원부인이라고 불렀다.

서전원부인은 사기에 그 성씨와 가계가 누락되었다.

신주원부인 강康씨는 신주信州(요령성의 북부 지역, 만주 원류고 참조, 중국역사지도집 참조) 사람이니 아찬 강기주의 딸이요 아들 하나를 낳았으나 어려서 죽었으며 광종을 양육하여 아들로 삼았다.

월화원부인은 대광 영장의 딸이나 사기에 그 성씨가 유실되었다.

소 황주원부인은 원보 순행의 딸이나 사기에 그의 성씨도 전하지 않았다.

성무부인 박씨는 평주平州(요령성의 한 지역으로 온천이 있다.) 사람이니 삼중대광 박지윤의 딸이요 효제, 효명 두 태자와 법등, 자리 두 군을 낳았다.

의성부원부인 홍씨는 의성부 사람이요 태사 삼중대광 홍유의 딸이니 의성부원대군을 낳았다.

월경원부인 박씨는 평주平州(요령성의 한 지역) 사람이니 태위 삼중대광 박수문의 딸이다.

해량원부인은 해평 사람이요 대광 선필의 딸이나 사기에 그 성씨가 전해지지 않았다.

혜종 의화왕후 림씨는 진주 사람이요 대광 림희의 딸이니 태조 4년 12월에 혜종을 왕위 계승자로 책봉하고 그를 비로 삼았다. 그가 홍화 군과 경화궁 부인, 진헌공주를 낳았으며 죽으니 의화왕후라는 시호를 주고 순릉에 매장하였으며 혜종 사당에 합사하였다. 목종 5년 4월에 는 성의라는 시호를, 현종 5년 3월에는 경신이라는 시호를, 18년 4월 에는 회선이라는 시호를, 고종 40년 10월에는 정순이라는 시호를 각 각 추증하였다.

후광주원부인 왕씨는 광주廣州(경기도 광주 또는 요녕성 광주) 사람이니 대 광 왕규의 딸이다.

청주원부인 김씨는 청주 사람이니 원보 긍률의 딸이다.

궁녀 애이주는 경주 사람이요 대간 련예의 딸이니 태자 제와 명혜 부인을 낳았다.

정종의 문공왕후 박씨는 승주 사람이니 삼중대광 박영규의 딸이다. 죽은 후에 시호를 문공왕후라고 하였으며 안릉에 매장하고 정종 사당 에 합사하였다. 목종 5년 4월에는 숙절이라는 시호를, 현종 5년 3월 에는 효신이라는 시호를, 18년 4월에는 경신이라는 시호를 추가하였 으며 후에 또 선목 순성이라는 시호를 주고 문종 10년 10월에는 정혜 라는 시호를, 고종 40년 10월에는 안숙이라는 시호를 또 주었다.

문성왕후 박씨도 박영규의 딸이니 경춘원군과 공주 한 사람을 낳았 다.

청주 남원부인 김씨는 원보 김긍률의 딸이다.

광종의 대목왕후 황보씨는 태조의 딸이니 경종과 효화 태자, 천추 및 보화 두 부인과 공주 한 사람을 낳았다.

광종 7년에 노비에 대한 심사를 시행하여 그 잘못이 어디 있는가를 판정할 것을 명령한 바 있었는데 당시 종으로서 주인을 배반한 자들이 많았으며 웃사람을 무시하는 기풍이 아주 성행하였으므로 사람들이 모두 다 원망하였다. 그래서 왕후가 간절히 왕에게 간하였으나 광종은 듣지 않았다. 그가 죽은 후 대목왕후라는 시호를 주고 광종의 사당에 합사하였다. 목종 5년 4월에는 안정이라는 시호를, 현종 5년 3월에는 선명이라는 시호를, 18년 4월에는 의정이라는 시호를 추가하였고 후에 또 신경이라는 시호를 주고 문총 10년 10월에는 공평이라는 시호를, 고종 40년 10월에는 정예라는 시호를 각각 추가하였다.

경화궁 부인 림씨는 혜종의 딸이니 혜종 2년에 왕규가 왕의 아우 요 및 소가 반란을 음모하고 있다고 왕에게 참소하였더니 혜종이 자기 딸을 소의 처로 주어 그의 세력을 강화하였는 바 이것은 왕규의 전기에 있다.

경종 현숙왕후 김씨는 신라 경순왕의 딸이다. 죽은 후 현숙왕후라는 시호를 주었고 경종 사당에 합사하였다. 목종 5년 4월에는 은경이라는 시호를, 현종 5년 3월에는 공효라는 시호를, 18년 4월에는 량혜라는 시호를 추가하였으며 후에 또 의목순성이라는 시호를 주고 문종 10년 10월에는 회안이라는 시호를, 고종 40년 10월에는 인후라는 시호를 각각 추가하였다.

헌의왕후 류劉씨는 왕의 일가인 문원대왕 정의 딸이다.

헌애왕태후 황보씨는 대종의 딸이니 목종을 낳았다. 목종이 왕위에 오르자 그에게 응천계성정덕왕태후라는 존호를 올렸다. 목종의 나이 이미 18세나 되었으나 태후가 섭정하고 천추전에 거처하였으므로 세상에서 그를 천추태후라고 불렀다. 그가 김치양과 간통하여 아들을 낳고 그 아들을 왕위 계승자로 정하려고 하였다. 당시 현종은 대량 원군으로 있었는데 태후가 그를 꺼리어 억지로 승려로 만들어 삼각산 신혈사에 나가 있게 하였다. 그래서 당시 사람들이 "신혈 소군"이라고 불렀는데 태후는 누차 사람을 보내어 그를 죽이려고 하였다. 하루는 궁녀를 시켜 술과 떡을 보내면서 그 속에 모두 독약을 넣었다. 궁녀가 절에 가서 소군을 만나고 친히 음식을 먹이려고 하였는데 절의 어떤 중이 갑자기 소군을 땅굴 속에 숨겨 두고 거짓으로 "소군이 산으로 놀려 나갔으니 간 곳을 어찌 알겠느냐?"라고 속였다. 궁녀가 돌아간 후에 그 음식을 뜰에 버렸더니 까마귀와 참새들이 그것을 먹자 즉시 죽었다. 또 태후는 충신과 의로운 사람들을 더욱더 꺼렸으므로 죄 없는 신하들을 많이 모함하였으나 목종은 금하지 못하였다. 12년 정월에 천추전에 화재가 나서 태후는 장생전으로 옮겨 거처했으며 후에 강조가 김치양 부자를 죽이고 태후의 친척들을 바다 섬에 귀양 보냈으며 또 사람을 시켜 목종을 죽였다. 그래서 태후는 황주에 가서 21년간 있다가 현종 20년(1029) 정월에 숭덕궁에서 죽었는데 향년 66세였고 유릉에 매장하였다.

헌정왕후 황보씨도 대종의 딸인 바 경종이 죽자 대궐에서 나와서 왕륜사 남쪽에 있는 자기 집에서 살고 있었다. 어느 날 꿈에 그가 흑령에 올라서 소변을 누었더니 소변이 흘려서 온 나라에 넘쳤으며 그것이 모두 변하여 은 바다로 되었다. 이 꿈을 깨고 점을 치니 "아들을 낳으면 왕이 되어 한 나라를 가지게 되리라."고 말하니 왕후가 "나는 이미 과부로 되었으니 어찌 아들을 낳겠는가?"라고 말하였다. 그러자 당시 안종의 집과 왕후의 집이 서로 거리가 가까운 까닭에 자주 왕래하다가 간통하여 임신하게 되었으며 만삭이 되어도 사람들이 감히 발설하지 못하였다. 성종 11년(992) 7월에 왕후가 안종의 집에서 자고 있을 때 그 집 종들이 화목을 뜰에 쌓고 불을 지르니 불꽃이 올라서 마치 화재가 난듯하여 백관들이 달려 와서 불을 껐다. 그때 성종도 급히 위문하러 가서 본즉 그 집종들이 사실대로 고하였다. 그래서 안종을 귀양 보냈는데 왕후는 부끄러워서 울고 있다가 자기 집으로 돌아갔는데 바야흐로 문어귀에 이르렀을 때 뱃속의 태아가 움직였다. 그래서 문앞의 버드나무 가지를 붙잡고 아이를 낳았으나 산모는 죽었다. 성종이 유모를 택하여 그 아이를 양육하라고 명령하였는데 장성한 후 왕위에 올랐으니 그가 바로 현종이다. 현종이 왕위에 오르자 효숙왕태후라고 추존하고 그의 무덤을 원릉이라고 하였다. 8년 5월에 혜순이라는 시호를 주고 12년 6월에 혜순을 인혜라고 고쳤다. 18년 4월에는 선용이라는 시호를, 고종 40년 10월에는 명간이라는 시호를 추가하였다.

대명궁부인 류씨는 종실원장 태자의 딸이다.

성종의 문덕왕후 류劉씨는 광종의 딸이니 처음에는 홍덕원군에게 시집갔다가 후에 성종의 배필로 되었다. 그가 죽자 문덕왕후라는 시호를 주고 성종사당에 합사하였다. 목종 5년 4월에는 효공이라는 시호를, 현종 5년 3월에는 순성이라는 시호를 추가하고 18년 4월에는 영용이라는 시호를 주었으며 후에 또 숙절이라는 시호를, 문종 10년 10월에는 원헌이라는 시호를, 고종 40년 10월에는 선위라는 시호를 추가하였다.

문화왕후 김씨는 선주善州(요령성의 한 지역) 사람이니 중직시중 김원숭의 딸이다. 시초에 연흥궁주라고 불렀고 혹은 현덕궁주라고도 일렀다. 정원왕후를 낳았으며 현종 20년 4월에 대비로 책봉되었다. 9월에 김원숭에게 특진 수태위 겸 시중의 증직과 상주국 훈위를 주고 화의군 개국후로 봉하고 식읍 1,500호를 주었으며 그의 모친 왕씨에게는 황의군 대부인을 추증하고 조부 김광의에게는 상서 좌복야 관직과 상주국 훈위를 주고 화의현 개국백으로 봉하고 식읍 7백 호를 주었으며 조모 김씨에게는 화의군 대부인 봉호를 주었다. 왕후가 죽으니 문화왕후라는 시호를 주었다.

연창궁부인 최씨는 우복야 최행언의 딸이니 원화왕후를 낳았다.

목종의 선정왕후 류씨는 종실 홍덕원군 왕규의 딸이다. 죽으니 선정왕후라는 시호를 주고 목종 사당에 합사하였다. 현종 5년 3월에는 의절이라는 시호를 추가하고 후에 안헌정신이라는 시호를 또 주었다. 문종 10년 10월에는 양견이라는 시호를, 고종 40년 10월에는 원정이라는 시호를 더 주었다.

궁녀 김씨는 왕의 총애를 받았으며 요석택 궁인이라고 불렀다. 경주 사람 융대가 '자기는 신라 원성왕의 먼 후손'이라고 거짓말하고 양민 500여 명을 노비로 만들어서 김씨에게 주었으며 또 평장 한린경, 시랑 김낙에게 주어 후원자로 삼았다. 어사대에서 이것을 알고 심문하여 그 실정을 확인하고 이들을 처벌할 것을 왕에게 고하니 목종은 김씨에게서는 동 일백 근의 벌금을 받고 한린경과 김낙은 지방으로 귀양 보내라고 명령하니 듣는 사람들이 모두 다 치하하였다.

현종의 원정왕후 김씨는 성종의 딸이다. 현종이 왕위에 오르자 그를 왕후로 맞았으며 현덕왕후라고 일렀다. 현종 원년에 왕이 거란의 병란을 피하여 남녘으로 갈 때 왕후도 따라갔다. 현종 9년(1018) 4월에 죽었으며 원정이라는 시호를 주고 화릉에 매장하였다. 현종 18년에 의혜라는 시호를 더 주었다.

원화왕후 최씨도 성종의 딸이니 효정공주, 천수전주를 낳았다. 처음에 향춘전왕비라고 일컬었는데 후에 상춘정이라고 고쳤다. 그도 왕을 따라 남녘으로 갔었다. 현종 8년 12월에 왕후의 외조부 최행언에게 상서 좌복야 벼슬을 추증하고 외조모 김씨에게 풍산군 대부인을 추증하고 어머니 최씨에게 낙랑군 대부인을 추증하였다. 그가 죽으니 시호를 원화왕후라고 하였다.

원성태후 김씨는 안산 사람이니 시중 김은부의 딸이다. 덕종, 정종, 인평왕후, 경숙공주를 낳았다. 시초에 현종이 남녘으로 피난 갔다가 (거란) 침략군이 퇴각한 후 돌아오는 도중에 공주에 이르렀을 때 김은부는 절도사로 있었는데 그의 딸을 시켜 왕의 의복을 지어 드리게 하였더니 이로 인하여 그를 맞아들여 연경원주라고 불렀다. 그가 현종 9년 7월에 정종을 낳으니 왕이 연경원을 연경궁으로 고치고 사절을 보내어 예물을 주었다. 현종 13년 9월에 김은부에게 추충수절창국공신 칭호와 개부의동삼사수사공 관직과 상주국의 훈위를 주고 안산군 개국후의 작위와 식읍 1,000호를 주었으며 죽은 모친에게는 안산군 대부인을 추증하였다. 또 이내 후를 왕비로 책봉하였다. 정종 15년에는 또 조부 김긍필에게 상서, 우복야 벼슬과 상주국 훈위를 주고 안산현 개국후를 봉하고 식읍 1,500호를 추증하였으며 죽은 조모에게 안산군 대부인을 추증하였고 외조부 이허겸에게 상서 우복야 벼슬과 상주국 훈위를 주고 소성현 개국후를 봉하고 식읍 1,500호를 주었다. 정종 18년 9월에 왕후가 살던 옛집의 택호를 장경궁이라고 하였다. 그가 정종 19년(1028) 7월에 죽으니 시호를 원성왕후라고 하였으며 명릉에 매장하였고 현종의 사당에 합사하였다. 덕종이 왕위에 오르자 왕태후로 추존하고 후에 용의 공혜라는 시호를 추가하였다. 문종 10년 10월에 영목이라는 시호를 주고 후에 또 량덕신절순성이라는 시호를 추가하였다. 인종 18년 4월에는 자성이라는 시호를, 고종 10년 10월에는 광선이라는 시호를 추가하였다.

원혜태후 김씨도 김은부의 딸이다. 문종과 평양공 기, 효사왕후를 낳았다. 처음에는 안복궁주라고 불렀으나 현종 11년 5월에 안복을 연덕이라고 고쳤다. 13년(1022) 6월에 죽으니 원혜라고 하였으며 회릉에 매장하였다. 현종 16년 4월에 왕비의 존호를 추증하고 18년 5월에 평경왕후라는 시호를 더 주었으며 문종 때에 태후로 추존하였다.

원용왕후 류柳씨는 종실경장 태자의 딸이다. 현종 4년 5월에 그를 왕비로 맞이하였다. 죽으니 시호를 원용왕후라고 하였다.

원목왕후 서씨는 이천 사람이니 내사령 서눌의 딸이다. 현종 13년 8월에 그를 맞아들여 숙비로 삼고 흥성궁주라고 불렀다. 현종 17년 3월에 그의 모친 최씨에게 이천군 대부인 칭호를 추증하고 계모 정씨에게 천군대군 칭호를 주었다. 문종 11년(1057) 5월에 죽으니 주관 관리가 고하기를 "예법에 의하면 아들이 있는 서모는 3개월 간 시마복을 입는 법이나 흥성궁주는 아들을 낳지 못하였으니 전하는 복을 입지 마십시오."라고 하였더니 왕이 옳다는 교서를 내리고 정무만 3일 간 정지하였다. 또 왕이 흥성궁주를 화장하라고 교시한 후 주관 관서에 명령하기를 유골을 매장하고 릉을 설치하며 시위하는 관원들과 릉 지키는 민호를 정하여 두고 사시 명절에 제사를 받들라고 하였다. 이에 대하여 중서성에서 고하기를 "삼가 생각건대 을미년 12월에 내리신 본부에 의하면 경흥원주 귀비는 문화대비의 전례에 준하여 장례를 거행할 것이며 그 릉호는 그만 두라고 교시하셨습니다. 흥성과 경흥은 다 같이 선왕의 비인데 어버이를 추모하는 예로써 생각할 때 각이하게 예의를 차리는 것은 의당하지 않은 일입니다. 하물며 흥성중주는 아드님도 없어서 전하께서 이미 상복도 입지 않으신 터이니 청컨대 릉호를 그만두고 사시 명절 제사도 그만 두게 하십시오."라고 청하였더니 왕이 그대로 하라고 교시하였으며 시호는 원목왕후라고 하였다.

원평왕후 김씨도 김은부의 딸이니 효경공주를 낳았다. 현종 19년 10월에 시호를 원평왕후라고 하고 그의 릉을 의릉이라고 하였다.

원순숙비 김씨는 사기에 그 고향을 기록하지 않았다. 평장사 김인위의 딸이니 경성왕후를 낳았다. 처음에는 경흥원주라고 불렀고 현종 15년 정월에 덕비로 책봉하였으며 9월에 김인위에게 상서 좌복야 참지정사 벼슬과 주국의 훈위를 주고 경조현 개국남 직위 및 식읍 3백호를 주고 이어 치사시켰다.

원질귀비 왕씨는 청주 사람이니 중서령 왕가도의 딸이다.

귀비 유庾씨는 사기에 그의 가게가 기록되지 않았다. 처음에는 궁인으로 있었으며 현종 16년에 귀비로 책봉하였다.

궁녀 이씨는 급사중 이언술의 딸이다.

궁녀宮人 박씨는 전주 사람이니 내급사 동정 박온기의 딸이다. 딸 아지를 낳았다.

덕종의 경성왕후 김씨는 현종의 딸이니 덕종 3년 2월에 왕후로 되었으며 선종 3년(1086) 7월에 죽었는데 시호는 경성이라고 하였으며 질릉에 매장하였다. 숙종 원년 6월에 덕종의 사당에 합사하게 되었다. 인종 18년 4월에는 유정이라는 시호를, 고종 40년 10월에는 관숙이라는 시호를 추가하였다.

경목현비 왕씨는 중서령 왕가도의 딸이다. 덕종이 왕위에 오르자 비로 맞아들였으며 이어 현비로 책봉하였다. 상회공주를 낳았으며 죽으니 시호를 경목이라고 하였다.

효사왕후 김씨는 현종의 딸이다.

이씨는 부여군 사람이니 공부시랑 이품언의 딸이다.

류劉씨는 충주 사람이니 검교소감 류총거의 딸이나 사기에는 아들(이씨와 류씨)의 칭호가 모두 다 기록되지 않았다.

정종 용신왕후 한씨는 단주(요령성의 한 지역) 사람이니 중문하시중 한 조의 딸이다. 정종이 처음에 평양공으로 있을 때에 맞아 들여 비로 삼 았는데 왕위에 오른 후 연흥궁주라는 칭호를 주었다. 정종 원년에 그 가 아들을 낳으니 형이라고 이름을 지었으며 그를 혜비로 책봉하였다 가 후에 정신왕비로 봉하였다. 2년(1036) 7월에 죽었으며 8월에 현릉 에 매장하였다. 문종 2년 3월에는 용신왕후라는 시호를, 10년 10월에 는 정의라는 시호를, 인종 18년 4월에는 명달이라는 시호를, 고종 40 년 10월에는 회목이라는 시호를 추가하였다.

용의왕후 한씨도 한조의 딸이다. 정종 4년 4월에 려비麗妃로 책봉하 고 호를 창성궁주라고 주었으며 후에 현덕궁이라 고쳤고 정종 6년 2 월에 왕후로 책봉하였다. 애상군 방, 낙랑후 경, 개성후 개를 낳았다.

용목왕후 이씨는 부여군 사람이니 공부 시랑 이풍언의 딸이다. 호를 창성궁주라고 하였는데 도애공주를 낳았다.

용절덕비 김씨는 경주 사람이니 문하시중 김원충의 딸이다. 호를 연 흥궁주라고 하였다. 숙종 7년(1102) 3월에 죽으니 왕이 조문하는 글을 주고 덕비로 추봉하였으며 시호를 용절이라고 하였다.

연창궁주 노씨는 그 가계가 상세하지 않다. 처음에 정종이 그의 용 모가 아름답다는 말을 듣고 가만히 궁중에 들여왔는데 드디어 왕의 사랑을 독차지하게 되었다. 문종이 왕위에 오르자 전왕의 유언에 따 라 연창궁을 노씨에게 주었더니 문하성과 어사대에서 논박하여 아뢰 기를 "노씨는 예절을 갖추어 맞아들이지 않았으며 선왕의 종잡을 수 없 는 명령이니 복종할 일이 아니다."라고 하였으나 왕은 끝끝내 듣지 않 았다. 그는 문종 2년(1048) 3월에 죽었다.

문종의 인평왕후 김씨는 현종의 딸이다.

인예 순덕태후 이씨는 인주仁州(고려 시대 인주는 인천, 부평, 부천 등을 포함하는 지역) 사람이니 중서령 이자연의 맏딸이며 칭호는 연덕궁주라고 하였다. 문종 6년 2월에 왕비로 봉하였는데 책봉문에 이르기를

"임금이 덕화로 나라를 일으킬 때에는 먼저 관저(부부의 화락)의 도를 좇아야 하며 왕비를 책립할 때에는 반드시 신마의 점을 치는 법이니 이는 대체로 부부의 도를 확립하고 4덕을 표양하여 이를 역사에 길이 빛내려면 먼저 현숙한 덕행을 소유하여야 되기 때문이다. 내가 어찌 전례에 의거하여(그대에게) 특수한 총애를 표시하지 않겠느냐?

아! 그대 연덕궁주 이씨는 심덕이 아름답고 유순하며 품성 수양에 결점이 없다. 그대는 좋은 옷을 입었으니 벌써 아름다운 경사를 치렀으며 화려한 궁실에 들어 사니 안팎에 와서 6궁六宮의 경사를 넓히었네! 부부간의 화목을 이루었고 후손이 번성하였으며 부녀의 말은 일에 능숙하여 모든 사람들이 흠모하였으며 그대의 현숙한 행실은 고대의 유명한 현부에 못지않았다. 생각건대 그의 온갖 덕행으로 보아 마땅히 정실로 봉할 만 하다. 이리하여 아름다운 칭호를 내리어 왕후의 예복 입는 영예를 주기로 하고 모관모를 사신으로 파견하여 부절을 가지고 예를 갖추어 그대를 왕비로 책봉한다. 아아! 후비의 직책이란 국가에서 소중한 것이니 여자의 규범을 준수하는 데 부지런하며 아름다운 행적이 후세에까지 유전되게 하여 고대의 현부에 견줄 수 있도록 할 것이며 영원한 경사를 누릴지라도 오늘의 교훈을 잊지 말라."

고 하였으며 그의 부친 이자연을 태위로 삼고 어머니 낙랑군군樂浪郡君 김씨를 대부인으로 봉하였다.

후는 순종, 선종, 숙종, 대각국사 후, 상안공 수, 보응, 승통 규, 금관 후 비, 변한후 음, 낙랑후 침, 총혜, 수좌 경과 적경, 보령 두 궁주를 낳 았다.

선종 3년 2월에 태후로 책봉되었는데 각 도에서 모두 축하문들을 보내었으며 각 고을에서 예물로 바친 포목이 무려 10만여 필이었다. 탐라에서도 축하하려 왔으며 토산물도 바쳤다. 후는 선종 9년(1092) 9 월에 서경(요령성 요양시 궁장령구)에서 죽었는데 돌아와서 대릉에 매장하 였다. 후는 불교를 독신하여 국청사를 건설하였으며 또 유가현양론을 은 글씨로 필사할 것을 발원하였는데 숙종 때에 이르러서 비로소 완 성되었다. 인종 18년 4월에는 성선이라는 시호를, 고종 40년 10월에 는 효목이라는 시호를 추가하였다.

인경현비 이씨도 이자연의 딸이니 칭호를 수녕궁주라고 불렀으며 문종 36년 정월에 숙비로 봉하였다. 조선공 도, 부여공 수, 진한공 유 를 낳았다. 죽으니 시호를 인경이라고 하였다.

인절현비 이씨도 이자연의 딸이니 호를 숭경궁주라고 하였으며 문 종 36년(1082) 7월에 죽으니 시호를 인절이라고 하였다.

인목덕비 김씨도 시중 김원충의 딸이니 칭호를 숭화궁주라고 하였 으며 선종 11년(1094) 6월에 죽으니 시호를 인목이라고 하였다.

순종의 정의왕후 왕씨는 종실 평양공 기의 딸이다.

선희왕후 김씨는 경주 사람이니 대경 김량검의 딸이다. 순종이 태자 로 있을 때에 간택에 입선되어 궁으로 들어가서 총애를 받았다. 그러 나 문종이 그를 미워해서 그의 외가로 돌아가라는 명령을 내렸다. 그 런 까닭에 끝내 아들이 없었다. 칭호를 연복궁주라고 하였으며 인종 4년(1126) 2월에 죽으니 선희왕후라는 시호를 추중하였다. 8년 4월에 왕이 주관 관리에게 명령을 내려 태묘에서 체제를 지내고 순종 사당에 합사하였다.

인종 18년 4월에는 공의라는 시호를, 고종 40년 10월에는 화순이라는 시호를 추가하였다.

장경궁주 이씨는 인주仁州(고려 시대 인주는 인천, 부평, 부천 등을 포함하는 지역) 사람이니 호부낭중 이호의 딸이다. 순종이 왕위에 오르자 그를 맞아 들여 비로 삼았는데 왕이 죽은 후 외궁에 거처하면서 궁노와 간통하다가 발각되어 궁주의 자리에서 쫓겨났다.

선종의 정신 현비 이씨는 인주 사람이니 평장사 이예의 딸이다. 선종이 국원공으로 있을 때에 맞아들여 비로 삼았는데 경화왕후를 낳고 죽으니 시호를 정신이라고 하였다.

사숙태후 이씨는 인주 사람이니 공부상서 이석의 딸이다. 칭호를 연화궁비라고 하였다. 처음에 선종이 국원공으로 있을 때에 그를 맞아들였다. 헌종 및 수안택주를 낳았다. 선종이 왕위에 오르자 그를 왕비로 책봉하였고 헌종이 즉위한 후 태후로 존칭하였으며 그의 궁전 이름을 중화전이라고 정하고 부府를 설치하여 영녕부라고 하였다. 당시 왕은 나이가 어려서 정무를 처결하지 못 하였으므로 태후가 집정하여 군사와 행정을 포함한 일체 정사를 모두 다 맡아 처결하였다. 헌종이 죽으니 주관 관리가 영녕부 및 중화전의 칭호를 폐지할 것을 청하였다. 그가 죽으니 시호를 사숙태후라고 하였다. 예종 2년 4월에 왕이 정신 현비를 선종의 사당에 합사하려 하니 간관들이 아뢰기를 "정신 현비는 국원공의 비로서 있은 기간이 오래지 않았고 사숙태후는 국원공의 비빈으로서 왕비로 될 때까지의 내조한 공이 많았으며 태자가 왕위를 계승한 후에 3년 간 섭정하였고 헌종이 숙종에게 왕위를 손위한 후에 비로소 옛 궁으로 퇴거하였는 바 시종일관하게 그 체면을 잃은 일이 없었으니 응당 사숙태후를 선종 사당에 올려 합사하여야 할 것이다.”라고 하니 왕이 교서를 내리기를 “적과 서의 구분을 가리지 않을 수 없으니 다시 예전을 자세히 상고하여 아뢰라.”고 하였으므로 간관들이 또다시 고하기를 “춘추의 원칙으로는 국왕이 즉위한 후 1년이 넘지 못한 자는 소목(종묘 내에서의 신주의 위차)의 열에 들지 못하기로 되어 있습니다. 국왕도 오히려 이렇거늘 하물며 후비들이야 말할 나위도 없습니다. 청컨대 사숙을 승차하여 선종과 합사하게 하소서.”라고 하였더니 왕이 이 제의를 좇았다. 인종 18년 4월에는 정화라는 시호를, 고종 40년 10월에는 광숙이라는 시호를 추가하였다.

원신궁주 이씨는 인주 사람이니 평장사 이정의 딸이다. 칭호를 원회궁비라고 하였는데 한산후 윤을 낳았다. 헌종이 왕위에 오르자 비의 오빠 중 추사 이자의가 윤을 받들어 왕으로 삼으려고 하였으며 즉위한 후에 궁주와 윤을 경원군으로 귀양 보냈다.

숙종의 명의태후 류柳씨는 정주貞州(개경 근방 지역) 사람이니 문하시중門下侍中 류홍의 딸이다. 칭호를 명복궁주라고 하였다가 후에 연덕궁주라고 고쳤다. 숙종 2년에 궁주가 아들을 낳으니 왕은 사신을 파견하여 조서를 내리고 은그릇, 비단, 포목, 곡식, 안마鞍馬(말안장 있는 말)를 주었으며 4년 3월에 왕비로 봉하였는데 그 책봉문은 다음과 같다.

“옛 중국의 은나라 임금은 유신씨에게 청혼하여 배필을 구하였고 주나라 임금은 태임을 맞이하여 비로 삼았는 바 모두 왕업의 발흥을 이룩한 사실이 역사에 빛나게 기록되어 있다. 나는 예로부터의 제도에 의거하여 그대에게 특별한 은전을 베푸는 바이다. 그대 연덕궁주 이씨는 밝은 달의 정기와 사록의 신령을 맡아서 탄생한 성스러운 여성이다. 외저에서 결혼하였을 때엔 부녀의 도리를 지킴으로써 이름이 났으며 궁중에 들어와서는 임금의 사업을 내조하여 게으르지 않았으므로 빨리 신명의 도움을 받아 자손이 번성하였다. 지금 모관 묘를 파견하여 부절을 가지고 예의를 갖추어 왕비로 책봉한다. 아아! 책명의 조서를 내려 그대로 하여금 선궁璇宮(황후의 궁)에 자리잡게 하여 적유翟愉(왕후의 예복)의 의식을 가짐으로써 그대의 이름을 후비전에 길이 빛내게 하노라. 오늘의 교훈은 이에 있으니 경건하고 근신하여 잊지 말지라."

명의태후는 예종 및 상당후 필, 위명국사 징엄, 대방공 보, 대원공 효, 제안공 서, 통의후 교와 대녕, 흥수, 안수, 복녕 네 궁주를 낳았다. 예종이 왕위에 오르자 왕태후의 존호를 올리고 그의 궁을 천화전이라고 하며 부를 숭명부라고 하였고, 그의 생일을 지원절이라고 하였고 3년 정월에 다음과 같은 책봉문을 올렸다.

"제가 듣건대 왕후를 책봉하는 제도가 역대로 전해오면서 황태후라고 부른 것은 진, 한의 공통된 법이며 자식 까닭에 귀하게 된다는 것은 춘추의 법언이니 자손된 자들이 전례를 따르는 것은 당연한 일입니다. 삼가 생각건대 나의 성스러운 어머니인 당신은 모성의 덕을 구비하시고 왕후의 높은 지위에 계셨습니다. 사록沙麓(사록이 무너진 것은 앞으로 현부인이 탄생할 징조라는 뜻)과 같은 길한 신령이 쌓이고 쌓여서 현철한 자실로 태어나셨고 도산씨(우 임금의 장인)와 같은 아버지의 교훈을 남달리 받아서 정명한 품성을 소유하셨습니다. 그리하여 중흥의 대업이 영원히 보존되게 하셨습니다. 제가 선왕의 유명을 받들고 왕위를 계승하게 되었는 바 양육해 준 은혜를 받을 때로부터 항상 인자하고도 엄정한 교훈을 받들 것을 맹세하였습니다. 비록 하루에 만 냥의 돈으로 공양을 한다 한들 어찌 효성을 다할 수 있으오리까? 그래서 삼가 세 글자(왕태후)라는 책봉을 올려 신첩에 길이 빛내고자 옛 법에 의거하고 모든 사람들의 의사를 따라 이제 길한 날을 선택하여 존호를 드리게 되니 저는 큰 소원을 이루었다고 말할 수 있습니다. 삼가 모관모를 보내어 옥책玉冊(즉 책봉문)과 금인을 받들어 '왕태후'라는 존호를 올립니다. 바라건대 전대의 헌장을 준수하시며 하늘의 권우에 순응하시고 슬기로운 마음을 드리시어 아름다운 칭호를 받으소서!"

예종 7년(1112) 7월에 왕태후의 병이 위독하므로 왕이 급히 달려 가서 왕궁으로 들어가자고 청하여 행차하던 도중 신박사信朴寺까지 왔을 때 왕태후가 죽었다. 왕이 백관을 인솔하고 명의明懿 왕태후라는 시호를 올렸다. 그 책문은 다음과 같았다.

"예로써 부모의 최후를 빛내는 것은 자식으로서 당연한 효도이요, 시호를 올려 생전의 덕을 표창하는 것은 역대로 정해진 규범이니 마땅히 옛 법을 답습하여 슬프고 간절한 성의를 표하여야 하겠습니다. 삼가 회상하건대 돌아가신 왕태후께서는 품성이 부드럽고 아름다우시며 공손하고 검박한 것으로써 자신을 단속하셨으며 부왕이 왕자로 계실 때에는 그의 훌륭한 배우자로서 집안을 화합하게 만들었습니다. 남편을 지극히 사모하고 보좌하였으며 시댁에 극진히 존경하고 화목을 도모하였습니다. 문종을 성근히 섬겼고 대릉에게 잘 순종하였습니다. 그리고 선왕이 왕위에 오름에 따라 왕후로서의 위의를 갖추었으니 그 미덕이 후비의 역사에 길이 전하리로다. 생각건대 제가 어리고 몽매하여 어머님께 많은 수고를 끼쳤으며 왕위를 계승한 후에도 자주 저를 훈계하여 주셨습니다. 저는 국내의 모든 것을 다하여 안락하게 봉양하며 최고의 존호를 올리어 영예를 드리었습니다. 8년 간 왕태후로 계시는 기간에 백성들은 어머니처럼 사모하였고 거룩한 소문이 중국에까지 떨치어 특별한 대우가 동조東朝(왕후의 궁)에 미치었습니다. 그런데 어찌 하늘의 동정도 없이 이런 참혹한 변을 당하게 되었는고? 아무리 통곡해도 할 수 없고 오장이 찢어지는 듯한 슬픔을 금할 수 없습니다. 이제 예관이 있어 삼가 시법(시호를 정하는 법)을 고찰하건대 남달리 앞일을 내다보고 아는 것을 '명明'이라 하고 온량하고 거룩한 것을 '의懿'라고 하였기에 이 글자로써 위대한 덕을 표창하는 것이니 어찌 영원무궁하게 전하여지지 않으리까? 삼가 책봉문을 받들어 명의 왕태후라는 존호를 올리나니 책봉의 대전을 받으시고 국가를 그윽이 도와주시기를 삼가 바라나이다."

그 해 8월에 숭릉에 장사하였다. 예종 8년에 요나라에서 사신이 와서 제사하였는데 그 제문은 다음과 같다.

"돌아간 왕태후는 온화하고 인자한 것으로써 덕성을 기르며 유순하고 선량한 것으로써 모범을 이루었다. 모성의 도의로써 한 나라를 교화하였고 어버이다운 은정으로써 구족九族을 화목하게 하였다. 향초와 난초는 본래부터 향기를 풍긴 것이며 복숭아와 오얏은 꽃도 있고 아름다운 열매도 맺는 것과 같이 선대의 왕이 세상을 떠났으나 맏아들이 왕위를 계승하게 되었더니 그러나 뜻밖에 중한 병이 계속 침중해져서 애석하게도 세상을 떠났다. 아!

사람의 생명이 이렇게 되니 천도도 알 수 없구나! 지금 나는 여러 나라들을 안무하는 까닭에 당신의 심정을 알고 있노라. 사람의 생사가 운수라고는 하지만 모자간의 정리로서 그 얼마나 애통하리요? 이에 사신을 파견하여 제전의 예를 베푸나니 영혼이 행여나 이를 알거든 나의 특수한 성의를 받으시오!"

조정의 여러 관리들이 고하기를 "우리나라에서 선조 이래로 태후가 돌아가신 장사에 이웃 나라에서 사신을 파견하여 조문하고 제사 지낸 예는 없었으며 지금이 처음이고 또 장례 전날 밤에는 비와 눈이 갑자기 쏟아져 내리더니 장례식 당일에는 일기가 청명하여 사람들의 마음을 기쁘게 하였으니 마땅히 백관들에게 명령하여 축하드리게 하자."고 하니 왕이 이 제의를 좇았다. 인종 18년 4월에 유가라는 시호를 추가하였고 고종 40년 10월에 광혜라는 시호를 추가하였다.

예종의 경화왕후 이씨는 선종의 딸이니 외가에서 자랐으며 연화공주로 봉하였는데 예종이 맞아 들여 비로 삼았다. 용모와 태도가 현숙하고 아름다워서 왕이 매우 총애하였으나 31세에 일찍 죽었다. 자릉에 장사하고 시호를 경화왕후라고 하였다.

문경태후 이씨는 조선국종 이자겸의 둘째 딸이다. 선발되어 궁중에 들어갔는데 칭호를 연덕궁주라고 하였다. 예종 4년에 사저에서 원자를 낳았으니 그가 바로 인종이다. 왕이 사신을 보내어 조서를 내렸는데 그 글을 다음과 같다.

"그대는 공경하고 화평한 것이 의용에 나타나며 부드럽고 온순함이 덕성을 이루었다. 고상한 품성을 가지고 후궁을 주관하게 되었고 임신 만삭이 되자 나의 원자를 낳아 조상의 기업을 튼튼히 하였으며 신하들과 백성들의 기쁨을 얻었으니 그대에게 가상히 여기는 뜻을 표시하며 두터운 대우로써 표창함이 응당할 것이다."

라고 하였다. 그리고 이어 은그릇, 릉, 라, 금, 견, 안마鞍馬, 포목, 쌀 등을 주었다. 이에 대하여 비는 글을 올려 사례하였다. 예종 9년에 왕비로 책봉하였는 바 그 책봉문은 다음과 같다.

"하늘에 있는 별들의 분포에 있어서도 오히려 헌원성(왕후궁을 상징한다는 별 이름)의 위차가 있는 것만큼 황차 나라를 다스리며, 가정을 정제하는 데 있어서는 반드시 왕후의 지위를 숭고한 것으로 삼아야 한다. 왕후는 위로는 종묘를 받들고 아래로는 인륜을 두텁게 하는 것이니 언제나 흥망의 근본이 이에 기인되지 않은 예가 없었다. 옛날 하나라 임금은 도산씨의 딸을 맞이하여 흥왕하였고 은나라 임금은 유신 땅에서 배필을 구하고 흥성하였다. 나는 옛 예법을 상고하고 신령과 백성들의 도움이 있기를 빌고 있다. 그대 연덕궁주 이씨는 천성이 인자하고 총명하며 행동이 침착하고 경건하였다. 그대의 조상들은 왕가에 충실하였으며 누대에 걸쳐 왕실과 인척 관계를 맺었다. 착한 일을 많이 한 덕으로 하여 성스러운 왕후를 낳아 현철한 임금이 대대로 계승하게 하였으며 그것이 후손에게까지 연장되어 그대와 같은 어진 여성을 낳았다. 내가 왕위에 오르자 그대는 후궁에 들어와서 부부 화합의 모범을 보이고 자기 아래에 있는 여러 부인들에게 은정을 베풀었다. 항상 어진 이를 등용할 뜻을 품고 있을 뿐이고 자기의 사사로운 일을 면청한 적은 없었다. 생남할 좋은 꿈을 꾸고 대를 이를 아들을 낳았으며 닭이 울면 기상을 권고하여 은근히 이 몸을 돌보아 주었다.

이런 공적에 대하여 응당 높은 칭호를 주어 후궁에 빛나게 하여야 하겠다. 이제 모관 모를 파견하여 부절을 가지고 예의를 갖추어 사대부의 부녀들을 교화하는데 우선 가정을 다스리는 데로부터 시작하여 나라를 통치하는 데 이르게 하는 원칙을 지키었다.

아아! 나는 하늘의 큰 복을 받을 사람을 위하여 그 미덕을 표창하는 바이니 그대는 서로 돕는 부부간의 도리로써 아름다운 행실에 더욱 힘써서 나와 함께 큰 경사를 이룩하고 무궁한 행복을 길이 누리어라!"

태후는 인종과 승덕, 흥경 두 궁주를 낳고 예종 13년(1118)에 죽었다. 태후는 성질이 유순하고 선량하며 총명하고 슬기로워서 왕의 총애를 받았다. 태후가 병석에 눕자 왕이 친히 약을 조제하였으며 태후가 죽으니 여러 차례 통곡하였다. 시호는 순덕왕후라고 하였고 수릉에 안장하였으며 왕이 친히 신봉문 밖까지 나가 조제祖祭(영혼을 송별하는 제사)를 드려 영구를 송별했으며 그 후 또 혼당에도 갔으므로 간관들이 상소하기를 "전일 초상 때에 과도하게 애도하시고 장례날 조제祖祭(영혼을 송별하는 제사)에서는 친히 절하시며 잔을 드린 까닭에 신민들이 우러러 보고 '지나치는 예절이시다'라고 속삭이고 있습니다. 이제 또 사소한 신의로써 지극히 존귀하신 몸을 굽히시어 영장에 왕림하시니 대체를 손상하는 일이 아닐까 염려하나이다."라고 하였더니 왕이 대답하기를 "조제의 예식은 내가 시작한 일이 아니라 일찍이 듣건대 송나라 임금도 정화 황후에게 조제하여 주기 위하여 대궐 문 밖에 나가서 친히 술을 붓고 절하며 제사하였다고 한다. 그런 까닭에 이에 따랐을 뿐이며 황차 혼당에 한 번 가는 것이 대체에 무슨 해가 되겠느냐?"라고 하였다. 인종이 왕위에 오르자 문경왕태후로 추존하였으며 18년 4월에 자적이라는 시호를 추가하였다.

문정왕후는 종실 진한후辰韓侯 왕유의 딸이니 간택에 입선되어 궁에 들어갔다가 왕이 죽으니 영정궁으로 나와서 거처하였다. 인종 7년에 숙비로 봉하였으며 인종 16년(1138)에 죽었는데 왕이 정전을 피하며 3일간 소복(흰 옷)을 입고 백관들도 역시 소복을 사흘 동안 입었다. 시호는 문정왕후라고 하였다.

숙비 최씨는 참정 최용의 딸이니 입선되어 후궁에 들어 왔다. 장신궁주라고 불렀으며 인종 7년에 숙비로 봉하였다. 인종 22년에 그의 부친 최용에게 수 사공, 상서, 우복야, 참지정사를 추증하였다. 그는 명종 14년(1184)에 죽었다.

인종의 폐비 이씨는 조선국공 이자겸의 셋째 딸이다. 이자겸은 다른 여자가 왕비가 되면 자기에 대한 권세와 총애가 갈릴 것을 두려워하는 나머지 왕에게 강요하여 자기 딸을 또 바치려 하였으므로 인종은 부득이 맞아들여 연덕궁주로 책봉한 것이다. 이자겸이 패망한 후에 간관이 누차 글을 올려 아뢰기를 "궁주는 왕의 이모가 되는 까닭에 배필로 삼을 수 없다."고 간언하므로 왕은 이에 그를 내보내었다. 비록 이자겸 때문에 내보내기는 하였으나 대우는 아주 두터웠다. 그는 인종 17년(1139)에 죽었다.

폐비 이씨도 이자겸의 넷째 딸이니 이자겸이 반역을 음모하고 독약을 떡에 넣어 왕에게 보냈는데 폐비가 은밀히 고백하였다. 왕이 그 떡을 까마귀에 던져 주었더니 과연 까마귀가 먹고 죽었다. 또 독약을 보내고 폐비로 하여금 왕에게 먹이라고 하였더니 폐비가 독약 그릇을 받들고 가다가 일부러 넘어지면서 독약을 쏟아 버렸다. 이자겸이 패망한 후에 또한 간관들의 말에 의하여 폐위하였으나 왕은 독약 그릇을 엎지른 공을 생각하고 토지, 저택, 노비를 주었으며 은총이 심히 두터

웠었다. 그 후 의종과 명종도 또한 그를 근실하게 섬겼다. 명종 25년(1195)에 죽었는데 왕후의 예식으로 장례하였다.

공예태후 임任(씨)는 중서령 임원후의 딸이요 문하시랑 이위의 외손녀이다. 비가 탄생한 날 밤 이위의 꿈에 황색의 큰 깃발을 그 집의 중문에 세웠고 깃발의 꼬리는 선경전 치미鴟尾(옛 궁전들의 지붕 용마루 끝에 붙인 짐승 모형)를 싸고돌며 휘날리는 것이었다. 비가 출생하자 이위는 특별히 사랑하면서 말하기를 "이 아이가 후일에 선경전에서 놀게 될 것이라!"고 하였다. 그가 성년(15세)이 되어 평장사 김인규의 아들 지효와 약혼하였는데 혼례날 밤에 김지효가 신부집 대문에 이르니 비가 갑자기 병이 나서 거의 죽을 것 같았다. 그래서 결혼을 사절하고 신랑을 돌려보낸 후 점쟁이에게 병점을 쳐 보았더니 "근심할 것 없소. 이 처녀는 비할 바 없이 귀하니 반드시 왕후가 될 것이요."라고 하였다. 당시 이자겸은 자기의 두 딸을 왕에게 바치었는데 이 소문을 듣고 아주 싫어하였다. 그래서 즉시로 왕에게 고하여 임원후를 개성부사로 강직시켰다. 일 년 나머지 지난 후에 개성부 막료의 꿈에 태수청사의 대들보가 벌어지며 큰 구멍이 생기더니 황룡이 그 구멍에서 나오는 것을 보았다. 아침이 되자 막료는 예복을 갖추어 입고 임원후를 방문하고 그 꿈 이야기를 하면서 축하하기를 "사또 댁에서는 반드시 큰 경사가 있을 것이니 꼭 알아 두십시오."라고 말한 일도 있었고 또 인종이 일찍이 꿈에 들깨 5승(되)과 황규 3승을 얻었다. 이 꿈 이야기를 척준경에게 말하니 척준경은 해몽하기를 "들깨란 임任입니다. 임任 성을 가진 후비를 맞으실 징조이고 그 수가 다섯이니 다섯 아들을 낳을 길조이며 황규의 황은 임금 황 자와 같으며 규는 도규라는 규揆와 같으니 이른바 '황규'란 임금이 도규를 잡고 국가를 통치하는 조짐이며 그 수가 셋인즉 다섯 아들 중에서 세 아드님이 국왕으로 될 조짐입니다."라고 하였다. 왕이 이미 이자겸의 두 딸을 내보내고 인종 4년에 임씨를 선택하여 궁중에 들여오고 연덕궁주라고 불렀다. 5년(1127)에 의종을 낳았을 때 왕이 사신을 보내어 조서를 다음과 같이 내렸다.

 "그대 임씨는 덕망 있는 가문의 출신으로 궁중에 들어 와서 여성들에 대한 교양 사업을 담당하고 있으면서 오직 서로 경계하고 서로 돕는 도리를 준수할 뿐이고 편파한 행위나 사사로운 총애를 도득하려는 마음이 없었다. 길한 징조가 꿈에 나타나 왕가의 맏아들을 낳았다. 이에 군신에게 명령하여 좋은 선물을 주노라"

 조서와 함께 은그릇, 채단, 포목, 곡식, 안마를 주었다. 인종 7년에 왕비로 책봉하였는데 그 조서에 이르기를

 "옛날의 현철한 임금들이 천하를 영유한 것은 자기의 덕이 높은 데만 기인된 것이 아니라 대개는 현명한 안해(아내)의 도움이 있었던 것이다. 나는 외람하게 대명을 받고 국가의 위업을 계승하여 지키면서 가정을 이룩한 것은 인륜의 대의를 존중하는 까닭이요 하늘이 정하여 준 현처는 나의 배필로서 적합하도다. 아! 그대 임씨는 일찍이 여성다운 자질을 가지고 덕망 높은 가문에서 출생하여 모든 행동에서 반드시 예절을 지키었다. 집에 있으면 여성이 할 일들을 잊지 않았으며 후궁에 들어와서는 이에 아들을 낳았으니 어찌 한 가정의 좋은 일로 될 뿐이겠는가? 실로 국가의 복을 가져 온 것으로 된다. 그래서 법전에 의하여 지위와 칭호를 높여 주는 바이다. 이제 모관 모를 파견하여 부절을 가지고 가서 그대를 왕비로 책명하게 하노라

아아! 검소하고 절약하면 자기 몸을 보전할 수 있으며 조심하고 공손하면 그 직책을 감당할 수 있는 것이니 나의 뜻을 잘 체득하여 길이 경사를 누리어라.”

인종 8년에 대녕후 경을 낳았을 때 왕이 또 사신을 보내어 조서를 내렸는데 그 조서에 이르기를

“그대는 영특한 자질로 왕비의 존귀한 지위에 처하였다. 부부 간에 화락하며 근로를 일삼았었다. 생남할 경사로운 징조가 맞아서 이에 아들을 낳았으니 나는 이를 심히 가상히 여기는 바이니 예물을 주어 우대하지 않을 수 없다.”

라고 하였으며 이어 예물을 주었다. 인종 9년에 그가 명종을 낳으니 왕은 또 사신을 파견하여 조서를 내리기를

“그대 임씨는 나의 내직(궁중의 집안 일)을 주관하는 중궁의 지위에 있었다. 첫 아들을 낳아 벌서 세자가 있고 또 아들을 많이 두니 이 또한 그대가 어진 탓이라 생각건대 이렇게 아들을 낳은 경사는 저 연매의 전설이 있는 아간후俄間后의 그것과도 같으니 응당 우대를 받고 영원히 큰 복을 누려야 할 것이다.”

라고 하였다. 인종 16년에 비의 어머니 이씨가 죽으니 왕은 소복을 입고 정전을 피하였으며 백관들은 글을 보내어 위문하고 3일간 소복을 입었다. 그리고 이씨에게 진한국 대부인의 칭호를 추증하였다. 태후는 의종, 대녕후 경, 명종, 원경국사 충희, 신종과 숭경, 덕녕, 창락, 영화

등 네 궁주를 낳았다. 의종이 왕위에 오르자 왕태후로 존칭하고 그의 궁전을 후덕전이라고 하였으며 부를 설치하고 선경부라 하고 관속을 두었다.

당초에 태후가 둘째 아들을 사랑하며 그를 태자로 삼으려고 하였다. 그런 까닭으로 인하여 왕이 원한을 품고 있었다. 하루는 왕이 태후를 모시고 앉아서 담화하다가 말이 거슬려지니 태후가 발을 벗고 궁전에서 내려가서 하늘을 우러러 보면서 맹세하니 갑자기 우뢰와 소낙비가 내리며 천둥소리가 크게 들리더니 번갯불이 좌석을 향하여 번쩍이었다. 왕은 놀라고 겁이 나서 태후의 옷자락 아래로 엎디어 들어갔다. 그러자마자 궁전 기둥에 벼락이 떨어졌다. 왕은 자기의 잘못을 뉘우치게 되어 모자간의 사이가 전과 같이 회복되었다. 명종 12년(1182)에 충회가 죽었는데 왕은 태후가 비통할까 염려하여 알리지 않았더니 몇 달 지나서 태후가 이 소식을 듣고 여러 장군들이 충회를 죽인 줄로 짐작하고 분이 치밀어 드디어 병을 얻었다. 당시 신종은 평량공으로 있을 때인데 그도 치질을 앓아서 오랫동안 태후께 문안드리어 오지 못하였으므로 태후는 신종도 충회와 같은 화를 당한 것이나 아닐까 의심하였다. 그래서 왕이 신종에게 요여腰輿를 타고 들어와 문안드리라고 명령하였다. 신종이 문안하려오니 태후가 만나보고 기뻐하는 나머지에 울면서 말하기를 "나는 네가 죽는 줄 알았는데 뜻밖에 너를 다시 보는구나!"라고 하니 평량공이 대답하기를 "어머님의 병환은 마음속의 번민으로 발생된 듯하니 풍악이라도 들으시고 마음을 푸십시오."라고 권고하고 이어 관현악을 연주시켰으며 왕과 평량공이 축배를 올리면서 즐겁게 놀았더니 병이 약간 멎은 듯하였다. 그러나 미구에 또다시 위독하여 드디어 죽으니 향년 75세였다. 순릉에 안장하였으며 시호는 공예태후라고 하였다. 이듬해에 금나라에서 사신을 보내어 조상하였

는데 그 제문에 이르기를

"생각하건데 돌아 간 분은 일찌기 명문의 딸로서 왕실에 시집
와서 처음에는 부녀의 도리로써 남편을 내조하였으며 만년에는
자애로운 어머니로서 그 자손들을 보살피더니 갑자기 세상을 떠
나니 참으로 애석한 일이다. 응당 부의를 보내야 하겠으므로 이
제 주효를 갖추어 제사를 드리노니 영혼이 만일 있거든 이 성의
를 받으시오!"

라고 하였다.

선평왕후 김씨는 병부상서 김선의 딸이니 인종 5년에 맞아 들여 차
비次妃로 삼았다. 의종이 그를 왕태비 연수궁주로 존칭하였으며 명종
9년(1179)에 죽으니 시호를 선평왕후라고 하였다.

의종의 장정왕후 김씨는 종실 강릉공 김온의 딸이다. 의종이 태자로
있을 때에 비로 맞아들였는데 인종이 사신을 파견하여 조서를 내리고
예물을 주었다. 의종이 왕위에 오르자 흥덕궁주로 봉하였다. 그는 효
령태자 기와 경덕, 안정, 화순 세 궁주를 낳았다. 고종 40년 10월에 혜
자라는 시호를 추가하였다.

장선왕후 최씨는 참지정사 최단의 딸이다.

명종의 광정태후 김씨는 강릉공 김온의 딸이니 의정왕후로 봉하였
다. 그는 강종과 연희, 수안 두 궁주를 낳고 죽었다. 강종이 왕위에 오
르자 광정태후로 추존하였는데 그 책문에 이르기를

"아들에 의하여 귀하게 되는 것은 춘추에 정한 법이며 시호를
보면 그 사람의 덕행을 알 수 있다는 것은 대대례의 격언이다. 영

원히 추모하는 생각을 다하기 위해서는 반드시 추존의 예식을 거행하여야 하겠다. 생각하건대 나의 성모는 자태는 반달 같고 경사는 상서로운 구름과 같다. 청춘 시절에 선왕의 배필로 되시여 안해의 도리를 지키는 데서 모범을 보이였다. 오래오래 살으시며 태평세월 보내실 것을 바랬더니 아! 세상을 떠나신 지도 이미 여러 해를 지났습니다. 내가 지금 국왕의 자리에 있게 된 것은 참으로 어머님이 양육해 주신 지극한 은혜에 기인한 것입니다. 비록 천하의 재부를 다 소비한다 할지라도 어머님에게 공양을 다 못할 것이니 다만 천하에서 가장 아름다운 칭호를 드리려고 합니다. 삼가 모관 모를 파견하여 옥책을 받들어 태후로 추존하고 시호를 광정이라고 하오니 이 큰 칭호를 받으시고 음조를 내려 주시기를 원합니다.”

라고 하였다. 고종 40년 10월에 공평이라는 시호를 추가하였다.

신종의 선정태후 김씨는 강릉공 김온의 딸이다. 신종이 평량공으로 있을 때에 그를 맞아들였으며 왕위에 오르자 원비元妃로 책립하였고 3년에 궁주로 봉하였는데 그 책문은 다음과 같다.

“나는 듣건대 예로부터 나라를 다스리는 임금으로서 정사를 함에 있어서는 비단 신하들의 보좌에만 의존하는 것이 아니라 또한 먼저 왕후의 도움을 받아야 하는 것이었다. 그대 김씨는 존귀한 가문에 출생하였다. 곧고 밝은 품성은 본래의 천성으로부터 이루어진 것이요 유순하고 정한한 행동은 스승의 교훈이 필요 없었다. 행보 출입할 때엔 동작이 절도에 맞았으며 짬이 있으면 조임組紝(편물과 직포)에 정력을 다하였다. 내가 왕이 되기 전에 그대는 헌숙한 자질로써 나와 결혼하여 일찍부터 정순한 품성을 소유하였으나 그 빛이 나타나지 않았었고 지금은 국왕의 배필로 되어 큰 복을 받고 있으니 이것이 어찌 다만 가정을 잘 이루기 시작한 것뿐이랴! 참으로 국가의 영원한 행복으로 될 것이다. 내가 잠저에 있는 20년간에 그대는 안해의 도리를 잘 지켰으며 이제 내가 왕위에 오르게 되니 왕실의 사업에 힘을 다하여 국정을 돕고 있다. 지금 모관 모를 파견하여 부절을 가지고 가서 그대를 궁주로 책명하게 한다. 아아! 검박과 절약은 자기 몸을 옳게 가질 수 있고 부녀의 모범으로 될 수 있으며 또 법도로써 자기 직분을 지키면 후비로서의 미풍을 역사에 남길 수 있으니 이 훈제에 잘 복종하여 영원히 복록을 받으라.”

태후는 희종과 양양공 서, 효회궁주, 경녕궁주를 낳았다. 희종이 왕위에 오르자 왕태후로 높였으며 그의 부를 **경흥부**라고 불렀고 그 궁전을 장추전이라 불렀으나 미구에 부를 응경부로 궁전을 수복전으로 고쳤다. 태후는 어려서부터 여공에 부지런하였으며 최충헌이 왕을 폐립하였을 때 갖은 간난신고를 겪었으나 오직 근신하며 스스로 지조를 지켰다.

고종 9년(1222)에 죽으니 왕이 애도하였으며 주관 관리에게 명령하여 예의를 갖추어 진릉에 안장하게 하였다. 시호를 선정태후라고 올렸으며 고종 40년 10월에 신헌이라는 시호를 추가하였다.

희종의 성평왕후 임씨는 종실 영인후 진의 딸인데 본성을 숨기고 임씨라고 하였다. 희종 7년에 함평궁주로 봉하였는 바 그 책문에 이르기를

"내가 듣건대 주역에서 땅의 덕을 칭찬한 것은 하늘의 굳센 도에 배합시켜 말한 것이요 왕후의 덕행을 칭송하여 쓴 것은 그것이 임금의 덕화의 기본으로 됨을 밝힌 것이다. 그렇기 때문에 도산씨의 딸이 왕후로 되자 하나라가 번영하여졌으니 이와 같이 왕후의 아름다운 도움을 받음으로써 국가를 훌륭하게 통치한 사실은 옛글에 실려 있어서 후세에 모범을 보이고 있다. 나는 삼가 대명을 받들어 왕업을 계승하고 나라를 다스림에 앞서 가정부터 다스려 인륜의 극본을 소중히 하려 한다. 나의 안해도 하늘이 정하여 주었는데 어찌 적합한 배우자가 없었으랴? 아! 그대 원비 임씨는 종실의 귀한 딸로 탄생하여 일찍부터 경근 온화한 덕성이 나타났으며 편파한 마음이 없었다. 그대는 내가 잠저에 있을 때에 착한 안해로 되었고 내가 왕위에 오른 후부터는 더욱더 국정을 협찬하였다. 가정 단란의 경사가 트여 과연 원자를 낳았으니 그 후손이 더욱 번성하게 될 것이다. 이것이 어찌 다만 종실만의 경사랴! 실로 국가의 광휘로 될 것이다. 그대는 부덕이 이 같으니 특히 두터운 총애와 표창을 줄 만하다. 그래서 그대에게 작호를 주어 후궁을 차지하게 하려고 지금 모관 모를 파견하여 부절을 가지고 가서 그대를 왕비 함평궁주로 봉한다. 아아! 근면과 검약을 실천하여 몸을 잘 보존할지며 법도를 잘 준수하여 제사를 받들지어다. 그리고 자기의 직무를 생각하며 혹시라도 소홀히 하지 말라."

라고 하였다.

왕후는 창원공 지, 시녕후 위, 경원공 조, 대선사 경지, 충명국사 각응, 안혜태후와 영창, 덕창, 가순, 정희 네 궁주를 낳았다. 고종 34년(1247)에 죽으니 소릉에 안장하고 시호를 성평왕후라고 하였다. 시호를 올릴 때의 책봉하는 글은 다음과 같다.

"공로가 크면 예우가 두텁고 덕이 높으면 시호도 정중하게 하는 법이다. 지금 고전에 의거하여 커다란 영예를 드리는 바이다. 삼가 생각하건대 돌아가신 왕후께서는 종실에서도 영특한 분이며 임금의 딸이라. 성황은 그가 왕후의 상이 있음을 아시고 궁중에 두고 양육하셨고 상황上皇이 그를 왕비로 삼으시어 궁중의 일을 주관하게 하였다. 그는 귀한 딸을 낳으시어 나의 배필로 주셨다. 이렇게 꿈 같이 세상을 떠나시니 비록 천추의 애통한 일이나 자손이 많으니 그들이 길이 번영하리라. 오늘 후궁의 모든 업적은 오로지 어머니의 교훈에 의하여 이룩된 것인데 어찌 백세도 못 사시고 세상을 떠나셨는가요? 명명한 저승 일은 알 수 없고 멀고 먼 저 하늘엔 물어볼 길조차 없나이다. 아마도 옛날에 모든 험난한 일을 겪고 근심 걱정이 쌓이고 쌓여서 병이 되셨는 듯 다만 소용없는 눈물만 뿌리면서 불후의 공덕을 추모 찬양할 뿐입니다. 삼가 모관 모를 보내어 책문을 받들고 시호를 성평왕후라고 올리나니 바라건대 천상에 계신 영혼은 이 귀중한 책봉을 굽어 받으소서"

고종 40년 10월에 정장이라는 시호를 추가하였다.

강종의 사평왕후 이씨는 이의방의 딸이다. 강종이 태자로 있을 때에 이의방이 자기 딸을 태자로 들여보내어 수녕궁주를 낳았으나 이의방이 처단되자 그도 쫓겨 나갔다.

원덕태후 류柳씨는 종실 신안후 성의 딸이다. 고종을 낳았으며 강종 원년에 연덕궁주로 책봉되었는데 그 조서에 이르기를

"임금된 자가 곤란을 극복하는 데서 집안을 다스리는 것이 가장 힘들다. 순이 천하를 교화하는 데도 대개 아황의 도움을 받았으며 주나라 왕계가 건국의 기초를 닦은 것도 또한 지중씨의 딸이 남편을 잘 도왔기 때문이다. 회고하건대 나의 천정 배필인 그대는 현명하며 옛날의 후비들과 같이 나를 도와주고 있으니 어찌 영예로운 책봉을 가하여 숨은 공로에 보답하지 않으랴! 지금 모관 모를 파견하여 부절을 가지고 예식을 갖추어 그대를 왕비, 연덕궁주로 책명하며 겸하여 인장, 옷감, 금, 은그릇, 비단, 포목, 노비, 안마鞍馬를 주노라."

라고 하였고 또 책봉문은 다음과 같다.

"후비의 덕은 왕화의 기초로 된다. 주나라 문왕이 위수에서 여성을 맞아 들여 왕비로 삼으니 왕실이 더욱 번창하였으며 하나라 우가 도산에서 장가들어 배필로 삼으니 국운이 길이 융성하였다. 그러므로 응당 전대의 법을 적용하여 특히 떳떳한 식전을 거행하여야 하겠다. 그대 왕비 류柳씨는 천생의 현숙한 자질과 비상히 아름다운 자태를 가지고 있다. 속으로는 음험하고 편파한 마음이 없고 겉으로는 부드럽고 아름다운 덕행을 구비하였다. 길한 꿈을 꾸고 태자를 낳았으며 어진 마음씨로 자애와 혜택을 널리 베풀었다. 숨은 공로가 이미 뚜렷하니 높은 칭호를 주어 우대함이 의당하도다. 이에 좋은 날을 택하여 죽책竹冊(책봉문을 기록한 책)을 준다. 지금 모관 모를 파견하여 절을 가지고 예식을 갖추어 그대를 왕비 연덕궁주로 책명하노라. 아아! 법도를 잘 준수하여 몸가짐을 현숙하고 신중하게 하라."

고종 26년(1239)에 죽으니 곤릉에 안장하였다. 시호를 원덕태후라고 하였으며 고종 40년 10월에 정강이라는 시호를 추가하였다.

고종의 안혜태후 류柳씨는 희종의 딸이다. 희종 7년 승복궁주承福宮主로 봉하였으며 고종 5년에 왕비로 삼았다. 원종, 안경공 창, 수흥궁주를 낳았다. 고종 19년(1232)에 죽으니 백관들이 3일간 현관 소복을 입었으며 시호를 안혜라고 하였으며 원종 원년에 왕태후로 추존하였다. 충선왕 2년에 원나라 무종이 국서를 보냈는데 그 내용은 다음과 같다.

"덕 있는 이를 높이고 공 있는 이를 보답하는 데는 추존하는 식전을 거행하여야 하며 봉토를 나누고 작위를 봉하는 것은 은택을 천하에 나누는 법전이다. 그래서 나에게 공훈이 많은 고인에 대한 보수로 높은 칭호를 드리는 바이다. 고려국왕 왕장의 증조모 류씨는 이름이 있는 집안의 자손으로 높은 가문의 배필로 되었으며 우리나라가 일어설 때 다른 나라들과 함께 우리에게 왔다. 현명한 감화를 받아 정숙하고 신실하여 편협함이 없었다. 자자손손으로 지극한 부귀를 누렸으며 삼한의 나라를 보존하고 있으니 지위가 다른 나라의 제후왕과 같고 다섯줄 면류관을 쓰는 영예는 나의 종실의 다음 가는 위치이다. 이제 새로 특별한 대우로써 당신의 영혼을 위안하며 고려 왕비로 추봉하노라"

원종의 순경태후 김씨는 경주 사람이니 장익공 김약선의 딸이다. 경목 현비로 봉하였으며 고종 22년에 원종이 태자로 되면서 그를 태자비로 맞아들였으며 충렬왕을 낳고 죽었다. 원종 3년에 정순왕후로 추봉하였고 충렬왕을 낳고 죽었다. 원종 3년에 정순왕후로 추봉하였고 충렬왕이 왕위에 오르자 순경태후로 추존하였다. 충선왕 2년에 원나라 무종이 국서를 보냈는데 그 글은 다음과 같다.

"전인의 아름다운 덕을 표양하기 위하여 이미 3대(태조)에 걸쳐 작위로써 추숭하였으며 큰 복을 타고 난 국왕의 어머니로서 이제 또 양대보다 더 큰 은전을 받게 되었다. 고려국왕 왕장의 조모 김씨는 그 행동이 현숙하고 신중하며 부드럽고 아름다운 부덕을 규범으로 준수하였다. 고려왕의 배필로 되었고 우리나라와는 인척 관계를 맺었다. 가문의 명예를 잘 지킨 공로는 무공 부자와도 같으며 시부모를 잘 봉양한 모법은 왕씨의 그것과도 같도다. 그 하나는 아침 저녁으로 정성을 다한 것을 말함이요 또 하나는 규문의 엄정한 규범을 보여 준 그것이다. 그의 아들은 우리 황실의 귀한 사위이며 더욱이 어진 손자가 있다. 나에게 보낸 글을 받고 빛나는 칭호를 주노니 봉제, 란검, 적불, 어헌을 가지는 영예를 지니시라. 아아! 중대한 일 중에서도 가문을 계대하는 것보다 더 중대한 것이 없는데 당신은 아들과 손자들을 잘 양육하며 교훈하였다. 영예 중에서도 칭호를 받는 영예보다 더한 것은 없으니 추증하는 은전을 받으라. 당신을 고려 왕비로 추봉하노라"

경창궁주 류柳씨는 종실 신안공 전의 딸이니 경창궁주라고 불렀다. 원종 원년에 왕후로 책봉하였으며 시양후대, 순안공 종과 경안, 함녕 두 궁주를 낳았다. 왕은 충렬을 태자로 봉하려고 하였는데 후가 왕에게 참소하기를 "태손이 전하께서 귀국하신다는 소식을 듣고 기뻐하는 기색이 없었으며 황차 태자란 왕위의 계승자인 만큼 어찌 권신의 생질로써 세우겠습니까?"라고 하였더니 왕도 자못 곧이들었으나 김극력이 간언하여 의심이 풀렸다. 충렬왕 3년에 저주하였다는 무고에 걸려 폐위 당하고 서민으로 되었다.

　고려사 권 제 88 끝.

원문: 高麗史 권 94, 열전 제7권

　서희의 어렸을 때의 이름은 염윤廉允이니 내의령內議令 서필徐弼의 아들이다. 그는 성질이 엄정하고 성실하였다.

　광종 11년에 그의 나이 18세로서 갑과甲科에 급제한 후 차례를 뛰어 광평 원외랑廣評員外郞 벼슬에 임명되었으며 그 후 여러 번 승진하여 내의시랑內議侍郞이 되었다.

　광종 23년에 사신으로 송나라에 갔다. 당시 고려에서는 송나라와 10여 년 동안이나 왕래가 없다가 서희가 사신으로 갔었는데 그의 행동이 절도 있고 예법에 적합하였으므로 송나라 태조가 가상히 여겨 검교병부상서檢校兵部尙書 벼슬을 주었다.

　성종成宗 2년에 그가 좌승佐丞을 거쳐 병관어사兵官御事로 임명되었을 때 왕을 수행하여 서경으로 간 일이 있었는 바 성종이 미행微行으로 영명사永明寺에 놀러가려는 것을 서희가 글을 올려 간하니 왕이 그의 의견을 듣고 미행을 중지하였으며 그에게 안마鞍馬를 상으로 주었다. 그 후 내사시랑內史侍郞(성종 때에 내의시랑을 내사시랑으로 개칭함)으로 개임되었다.

　성종 12년에 거란이 침입하므로 서희가 중군사中軍使로 임명되어 시중 박양유朴良柔와 문하시랑 최량崔亮과 함께 북계北界(현재의 평안도와 요령성 지방)에 군사를 주둔하고 적을 방어하고 있었는데 성종도 친히 방어를 지휘하기 위하여 서경으로 갔으며 안북부安北部(안북부의 중심은 안주이고, 안주는 요하 서쪽에 있다. 284쪽 그림1)로 진군하여 머물렀다. 거란의 동경유수 소손녕蕭遜寧이 봉산군蓬山郡을 함락시켰으며 고려군의 선봉 군사軍使와 급사중給事中 윤서안尹庶顔 등이 포로가 되었다는 소식을 들은 성종은 더는 전진할 수 없어서 되돌아 왔다.

서희가 군대를 인솔하고 봉산을 구원하려 한즉 소손녕이 말을 퍼뜨리기를 "우리나라가 이미 고구려의 옛 영토를 영유하였다. 그런데 너희 나라에서 우리 강토를 강점하므로 이제 토벌하러 온 것이다."라는 선전을 하는 한편 공문을 보내기를 "우리나라에서는 천하를 통일하고 있으며 아직까지 우리에게 귀순치 않는 나라는 기어코 소탕할 것이니 속히 투항할지며 잠시라도 머뭇거리지 말라."고 하였다.

서희가 이 글을 보고 돌아와서 아뢰기를 "그들과 화의할 수 있는 조짐이 보인다."고 하니 성종이 감찰사헌차監察司憲借 례빈소경禮賓小卿 이몽전李蒙戩을 거란의 병영으로 보내어 화의를 제의하였더니 소손녕이 재차 공문을 보내기를 "아군 80만이 도착되었다. 만일 강변까지 와서 항복하지 않으면 반드시 섬멸할 생각이니 국왕과 신하들은 빨리 우리 군영 앞에 와서 항복하라"고 하였다.

그래서 이몽전이 거란의 병영에 가서 침공하는 이유를 질문한 즉 소손녕이 대답하기를 "너희 나라에서 백성을 돌보지 않으므로 이제 천벌을 주러 온 것이다. 만일 화의를 구하려거든 빨리 와서 항복하라."고 말하였다.

이몽전이 돌아와서 보고하자 성종이 여러 신하들을 모아 토의하였더니 어떤 자는 "왕은 서울로 돌아가고 대신 한 명으로 하여금 군대를 인솔하고 투항을 청하자"고 주장하고 혹은 "서경 이북 땅을 적에게 넘겨주고 황주黃州(요령성 요양 남쪽에 있었던 고려 시대 주)로부터 절령岊嶺(봉성시 북쪽 연산관 남쪽에 있는 정가령 부근 분수령)에 이르는 계선을 국경으로 정하자."는 의견도 제기되었는 바 성종은 땅을 떼어주자는 의견에 찬동할 생각으로 서경 창고에 두었던 쌀을 통틀어 주민들에게 내어주고 마음대로 가져가라 했으나 그리고도 오히려 많은 쌀이 창고에 남았으므로 성종은 이 쌀이 적들의 군용으로 될 것을 염려하여 대동강에 버리라고 명령했다. 이때 서희가 말하기를 "식량이 넉넉하면 성을 가히 지킬 수 있고 싸움에서 승리할 수도 있습니다. 전쟁의 승패는 병력이 강하고 약한 데만 달린 것이 아니라 만일 적의 약점을 잘 알고 행동하면 승리할 수 있습니다. 그런데 어째서 갑자기 쌀을 버리려고 합니까? 하물며 양식이란 백성의 생명을 유지하는 물건이라. 차라리 적에게 이용이 될지언정 어찌 헛되이 강물에 버린단 말입니까? 이것은 또한 하늘의 뜻에도 부합되지 않을 것이라고 생각됩니다."라고 하니 성종도 그의 의견을 옳게 여기고 그만 두게 하였다.

그는 또 아뢰기를 "거란의 동경東京으로부터 우리나라 안북부에 이르는 수백 리 어간은 모두 생여진生女眞이 차지하고 있던 것을 광종 때에 이를 도로 찾고 가주嘉州 송성松城 등의 성을 쌓았었는데 이제 거란이 침공하는 의도는 이 두 개의 성을 탈취하려는 데 불과한 것이며 그들이 고구려의 옛 땅을 찾겠다고 주장하고 있으나 실상인즉 우리를 두려워하고 있는 것입니다. 그러므로 지금 그들의 병력이 성대한 것만을 보고 갑자기 서경 이북을 떼어 준다면 이것은 올바른 계책이 아닙니다. 그 뿐만 아니라 삼각산三角山 이북은 모두 고구려의 옛 강토인데 그들이 한없는 욕심으로 끝없이 강요한다고 해서 다 주겠습니까? 하물며 국토를 떼어 적에게 준다는 것은 만세의 치욕입니다. 바라건대 성상께서는 수도로 돌아가시고 저희들로 하여금 적과 한 번 판가리 싸움을 하게 하신 후에 다시 논의하여도 늦지 않으리다."라고 결심을 표명하였다.

또 전 민관어사 이지백李知白도 "태조가 나라를 창건한 후 대를 이어 오늘에 이르렀는데 나라를 보위하려는 충신이 한 사람도 없어서 갑자기 국토를 떼어 경솔하게도 적에게 주자고 하니 이 어찌 통분한 일이 아니겠습니까? 옛 사람의 시에 '어리고 몽매한 놈이 천 리 강산을 경홀히 하니 한漢 촉蜀의 문무백관이 초譙 주周를 원망하였다.'라고 일렀는 바 이것은 초 주가 촉蜀 나라 대신으로서 후주後主에게 권고하여 국토를 위魏 나라에 바치고 천고의 웃음거리로 된 것을 말한 것입니다. 청컨대 금은보화를 소손녕에게 주고 그의 속마음을 타진하여 보십시오. 또한 국토를 경솔히 적국에 할양하는 것보다는 차라리 선대로부터 전하여 오던 등불놀이燃燈, 팔관八關, 선랑仙郎 등 행사를 다시금 거행하고 타국의 색다른 풍습을 본받지 말며 그리하여 국가를 보전하고 태평을 누리는 것이 좋지 않겠습니까? 만일 그렇다고 생각하신다면 응당히 먼저 신명에게 고한 연후에 항전이냐 화의냐 하는 문제는 오직 주상께서 결정하십시오."라고 건의하였으므로 성종도 그들의 주장을 옳게 여기게 되었다.

그런데 당시 성종은 중국 풍습을 즐겨 모방하려 하였으며 나라 사람들이 이를 달가워하지 않았던 까닭에 이지백이 이 문제에 언급한 것이다. 한편 소손녕은 이몽전이 돌아간 후 오랫동안 회답이 없다 해서 드디어 안융진安戎鎭을 공격하였으나 중랑장 대도수大道秀와 낭장 유방庾方이 맞아 싸워서 이기니 소손녕이 감히 다시 진공하지는 못 하고 사람을 보내서 항복을 독촉하였다.

성종이 화통사和通使(강화를 체결하는 사신)로서 합문사인閤門舍人 장영張瑩을 거란 영문으로 보냈더니 소손녕이 말하기를 "응당히 다른 대신을 파송하여 우리와 면담하게 하라."고 요구하였다.

장영이 돌아온 후 성종이 여러 신하를 모으고 "누가 거란 영문으로 가서 언변으로써 적병을 물리치고 만대의 공을 세울 사람은 없는가?"

라고 물었으나 아무도 응답하고 나서는 자가 없고 오직 서희가 일어나서 말하기를 "제가 비록 불민하나 감히 왕명을 받들지 않겠습니까?" 하고 자원했다. 그래서 왕이 강가에까지 나가서 그의 손을 잡고 위로하면서 전송하였다.

서희가 국서를 가지고 소손녕의 영문으로 가서 통역을 시켜 회견하는 절차를 문의한즉 소손녕이 말하기를 "나는 대국의 귀인이니 그대가 나에게 대하여 뜰에서 절하여야 한다."고 주장했다. 서희가 대답하기를 "신하가 임금에게 대할 때 당하에서 절하는 것은 예법에 있는 일이나 양국의 대신들이 대면하는 좌석에서 어찌 그럴 수 있겠는가?"라고 반대했다. 재삼 왕복하면서 교섭하였으나 소손녕이 고집하므로 서희가 노하여 숙소로 돌아와서 움직이지 아니하니 소손녕이 내심으로 그의 인품이 비범함을 생각하고 마침내 당상에서 대등하게 대면하는 예식 절차를 승낙하였다.

이리하여 서희가 거란의 영문 앞에서 하마下馬한 후 들어가서 소손녕과 뜰에서 마주서서 읍한 후에 마루로 올라가서 동편과 서편으로 마주 대해 앉아서 담판을 시작했다.

소손녕이 서희에게 말하기를 "당신의 나라는 옛 신라 땅에서 건국하였고 고구려의 옛 땅은 우리나라에 소속되었는데 어째서 당신들이 침범하였는가? 또 우리나라와는 국경이 연접되어 있으면서 바다를 건너 송宋 나라를 섬기고 있는 까닭에 이번에 정벌하게 된 것이다. 만일 땅을 떼어 바치고 국교를 회복한다면 무사하리라."고 하니 서희가 말하기를 "그렇지 않다. 우리나라는 바로 고구려의 후계자이다. 그러므로 나라 이름을 고려라고 부르고 평양(요양시 궁장령구)을 국도國都로 정하였다. 그리고 경계를 가지고 말하면 귀국의 동경東京이 우리 국토 안에 들어 와야 하겠는데 당신이 어떻게 침범했다는 말을 할 수 있겠는가? 또 압록강(요하를 말함) 안팎이 역시 우리 경내인데 이제 여진女眞이 그 중간을 강점하고 있으면서 완악한 행위와 간사스러운 태도로서 교통을 차단했으므로 바다를 건너기보다도 왕래하기 곤란한 형편이니 국교가 통하지 못 함은 여진의 탓이라 만일 여진을 구축하고 우리의 옛 땅을 회복하여 거기에 성들과 보들을 쌓고 길을 통하게 된다면 어찌 국교를 통하지 않겠는가? 장군이 만약 나의 의견을 귀국 임금에게 전달하기만 한다면 어찌 접수하지 않으실 리가 있으랴."라고 격앙한 기색으로 당당하게 논박하였다. 그래서 소손녕도 강요하지 못 할 것을 알고 드디어 담판한 내용을 자기 나라에 보고하였더니 거란 임금으로부터 고려가 이미 화의를 요청하였으니 그만 정전하라는 회답을 받게 되었다.

소손녕이 서희를 위하여 위로연을 베풀고자 하니 서희가 "이번에 비록 우리나라에서 잘못한 일은 없었다 할지라도 귀국에서 대군이 동원되어 왔으므로 지금 우리나라에서는 상하 없이 모두가 황급히 무기를 손에 잡고 전선에 나선지도 여러 날이 되었는데 어찌 차마 잔치하고 즐기겠는가?"라고 사양하였더니 소손녕이 말하기를 "두 나라 대신이 서로 만났는데 어찌 친목하는 예식이 없을 수 있겠는가?"라고 굳이 요청하므로 이를 수락하고 매우 즐겁게 놀았다.

서희가 거란 땅에서 7일간이나 체류하고 돌아올 무렵에 소손녕이 낙타 10두, 말 100필, 양 1,000마리와 비단 500필을 예물로 주었다. 성종은 서희가 화의에 성공한 것을 알고 대단히 기뻐하며 강가에까지 나가서 맞아 주었으며 즉시로 박양유를 예폐사禮幣使로 삼아 거란에 파송하여 친선의 뜻을 표시하기로 결정하였는데 이때 서희가 다시 왕에게 아뢰기를 "제가 소손녕과 약속하기를 여진을 소탕하고 옛 땅을 회복한 연후에 국교를 통하기로 하였는데 지금은 겨우 강 이쪽 땅을 회복했을 뿐이므로 금후 강 저편의 땅까지 회수될 때를 기다려서 국교를 통하여도 늦지 않다."고 말했으나 성종은 말하기를 "오랫동안 왕래가 없으면 또 무슨 후환이라도 생길까 염려해서 파송하는 것이다."라고 하면서 드디어 사신을 보내었다. 그 후 그의 벼슬이 평장사平章事로 전직되었다.

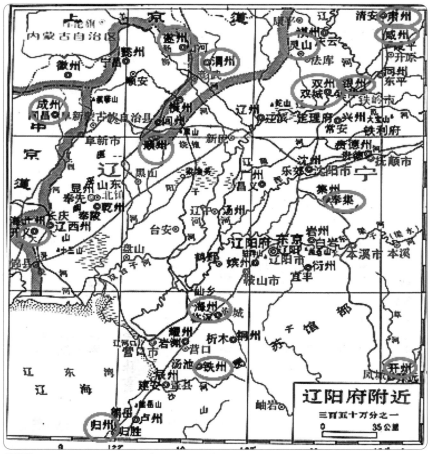

그림1 중국역사지도집 제6책(송요금 시기): 고려 시대의 성주成州, 수주遂州, 위주渭州, 숙주肅州, 함주咸州, 은주銀州, 순주順州, 령주(靈山: 靈州), 해주海州, 개주開州, 철주鐵州, 귀주歸州 등의 지명이 있다. 명의 철령위 봉집奉集과 쌍성(双城총관부)도 있다.

성종 13년에 서희는 군사를 영솔하고 여진을 구축하여 장흥長興(요령성의 장흥도에 접한 지역. 숙주 서북쪽 태주에 있던 지역. [그림] 참조), 귀화歸化(요령성의 한 지역.) 두 진鎭과 곽주郭州(요령성의 한 지역), 구주龜州(요령성의 한 지역) 두 고을에 성을 쌓고 이듬해에는 또다시 군사를 영솔하고 안의安義, 흥화興化(요령성의 한 지역) 두 진에 성을 쌓았으며 또 그 다음 해에는 선주宣州(중국역사지도집에서 선주는 현재의 의주를 표시하고 있다), 맹주孟州(요령성의 한 지역) 두 고을에 성을 쌓았다.

서희가 일찍이 왕을 따라 해주海州(현재 요령성의 해성海城. [그림 1] 참조)에 갔는데 성종이 서희가 유숙하는 막幕으로 들어오려 하므로 서희가 말하기를 "저의 막에는 존귀하신 상감께서 들어오실 만한 장소가 못 됩니다."라고 하였으며 또 술을 가져 오라는 왕의 명령에 대하여 "신에게 있는 술은 상감께 드릴만 한 술이 못 된다."고 했다. 그래서 성종이 어주御酒를 가져다 천막 밖에서 서희와 같이 마시고 돌아간 일도 있었다.

공빈령供賓令 정우현鄭又玄이 당시의 정사에 관한 일곱 가지 문제에 대하여 논평한 글을 제출하였는데 그 내용이 왕의 뜻에 거슬린 바 있었다. 그래서 재상들을 회합하고 성종이 의논하기를 "정우현이 감히 직분에 넘치게 정사를 논란하였으니 그를 처벌하는 것이 어떠하냐?" 하고 의견을 물으니 모두들 "지당하다"고 찬동하였는데 유독 서희가 말하기를 "옛날에는 간관의 간언에 직분상 제한이 없었는데 어찌 처벌하겠습니까? 저는 졸렬한 자질로서 부당하게도 재상의 지위에 앉아서 직책을 다하지 못 했으므로 관직이 낮은 사람들도 하여금 정치, 교화에 대한 잘못을 논란하게 꾸몄으니 모두가 저의 죄과입니다. 황차 정우현의 견해는 가장 적절하니 마땅히 표창할 만한 일입니다."라고 하니 성종이 그의 말에 감동되고 깨달은 바 있어서 정우현을 감찰어사로 등용하고 서희에게는 수안繡鞍(수놓은 말안장)과 구마廐馬(궁중에서 기르는 왕의

승용마)와 술과 안주 등을 주어 그를 위로하였으며 태보 내사령太保 內史
令으로 임명하였다.

성종 15년에 서희가 병을 얻어 개국사開國寺에서 치료하였는데 성종
이 친히 가서 문병하고 어의 한 벌과 말 세 필을 사원에 나누어 주고
또 개국사에는 곡식 1,000석을 희사하고 무릇 기도와 축수할 만한 일
은 아니 한바 없었다. 이듬해에 관리의 녹봉을 줄 때에 서희의 병이 완
치되지 못하였는데 왕은 주관 부서에 대하여 "서희의 연령이 아직 치
사할 때는 되지 않았으나 병으로 인하여 근무하지 못하니 치사록致仕祿
을 주게 하라"고 명령하였다.

목종穆宗 원년(998)에 나이 57세로 죽었는데 부고를 받고 왕이 몹시
애도하였으며 베 1,000필과 보리 300석, 쌀 500석 뇌원차腦原茶 2백
각角, 대차大茶 10근, 전향旃香 300량을 부의로 주고 예식을 갖추어 장
사를 치르게 했으며 장위章威라는 시호를 주었다. 현종顯宗 18년에 성
종의 묘정에 배향配享하였다. 그 후 덕종德宗 2년에 태사太師 벼슬을 추
증追贈하였다. 그의 아들은 눌訥과 서자 주행周行이 있었다.

서눌은 성종 15년에 과거에 급제하였으며 현종 때에 벼슬이 여러번
올라 상서이부시랑尚書吏部侍郎 겸 좌간의대부左諫議大夫로 되었다가 국
자제주國子祭酒 지리부사知吏部事로 옮겼다. 왕이 서눌의 딸을 맞이하여
비로 삼은 후 서눌을 중추사中樞使 우산기右散騎 상시常侍로 임명하였다
가 문하시랑門下侍郎 동동 내사內史 문하門下 평장사平章事 판상서判尚書
리부사吏部事로 뛰어 올렸다. 덕종 초년에 검교태사檢校太師를 더 주고
문하시중으로 승진시켰다. 정종靖宗 때에는 판도병마사判都兵馬使로 임
명되었다. 왕이 호부낭중 유선戶部郎中 庾先을 거란에 보내어 사신 파송
한 데 대한 답례를 하려고 하니 서눌이 말하기를 "지난해에 거란이 압
록강 동쪽에 성과 보루를 증축하려 하였는데 이제 다시 화친하자고 하

므로 유선의 편에 국서를 보내서 성과 보의 설치를 중지할 것을 요청하자."고 하니 왕이 이 제의를 좇았다.

정종 7년에 안석과 지팡이를 주고 중대광重大匡 벼슬을 더 주었다. 이듬해에 거듭 사표를 제출하고 퇴직을 청원했으나 왕이 허락하지 않았다. 그가 병들어 지장사地藏寺에서 요양하였는데 왕이 우승선 김정준을 보내어 문병하고 어의御衣 두 벌과 곡식 1,000석, 말 두 필을 절에 희사하고 기도를 드리게 했다. 그래도 병이 위중하게 되자 왕이 친히 가서 위문하고 삼중대광 내사령三重大匡內史令 벼슬을 더 주고 자손에겐 영업전營業田을 주게 하였다. 그가 사망하니 왕이 애도하였으며 간경簡敬이란 시호를 주었다. 후에 정종 묘정에 배향하였다.

선종宣宗 3년에 그의 시호(간경)가 선대先代 왕의 시호와 저촉된다 해서 이것을 원숙元肅이라고 고쳤다. 지난날 서필의 아버지 서신일徐神逸이 시골에 살고 있을 때 어느 날 사슴 한 마리가 그가 있는 곳으로 달려 왔다. 신일이 본즉 사슴의 몸에 화살이 꽂히어 있으므로 그것을 뽑아 주고 또 숨기고 있노라니 미구에 사냥꾼이 좇아 와서 찾다가 잡지 못하고 돌아갔다. 그날 밤 꿈에 신인神人이 나타나서 치사하기를 "사슴은 나의 아들이었는데 그대의 덕택으로 죽지 않았다. 앞날에 당신의 자손들은 대대로 경卿이나 상相의 높은 벼슬을 하게 되리라."고 하더니 서신일이 나이 80이 되어 서필을 낳고 또 서필, 서희, 서눌 등이 과연 대대로 연이어 재상으로 되었다.

서공徐恭은 서희의 현손玄孫이다. 의종毅宗 때에 음직으로 경령전 판관景靈殿 判官에 임명되었다. 왕을 수행하여 서경으로 간 일이 있었는데 왕이 송경과 서경의 문무文武 관리들에게 활을 쏘게 하였다. 해가 지자 큰 촛불을 과녁 위에 꽂아 놓고 활쏘기를 계속 했던 바 서경 사람들 중에는 과녁을 맞히는 자가 많았으나 왕을 수행한 관원들 중에는 맞힌 사람이 없어서 왕이 몹시 불쾌한 감을 느끼었다. 이때 서공이 한 번은 촛불을 맞히고 두 번은 과녁을 맞히니 왕이 대단히 기뻐하여 그에게 비단을 주었다. 그 후 벼슬이 여러 번 올라 평장사에 이르렀으며 명종明宗 초년에 죽었다. 그는 사람됨이 담력과 지략이 있고 활 쏘고 말 달리는 것이 능숙하였으며 여섯 번이나 양계 병마사兩界兵馬使로 있었는데 군인들이 그를 몹시 따랐다.

재상이 된 후에는 더욱 겸손하게 처신하며 문관들의 교만함을 미워하고 무관들에게는 예의를 다하여 대우하였으므로 무관 정중부鄭仲夫의 반란이 생겼을 때에도 중방重房에서 순검군巡檢軍 22명을 파견하여 그의 집 주위를 둘러싸고 호위하여 주었으므로 아무런 해를 당하지 않았다.

3. 귀주 대첩 강감찬 姜邯贊

원문: 高麗史 권 94, 열전 제 7

강감찬의 처음 이름은 은천殷川이니 금주衿州(서울 관악구 주변 지역) 사람이다. 그의 5대조 여청餘淸이 신라로부터 시흥군으로 이사해 와서 살았는 바 즉 금주衿州이다. 아버지 궁진弓珍은 태조를 도와 건국에 공을 세웠으므로 삼한 벽상공신三韓 壁上功臣으로 되었다.

강감찬은 어려서부터 공부하기를 좋아하고 또한 신통한 지략이 많았다. 성종 때에 과거에서 장원 급제하고 벼슬이 여러 번 올라 예부 사랑으로 되었다. 현종顯宗 원년에 거란 임금이 친히 출동하여 고려의 서경을 침공하였는데 고려군이 패배하였다는 보고가 이르자 여러 신하들은 항복할 것을 논의하고 있었다. 이때 유독 강감찬이 반대하기를 "오늘의 사변을 발생시킨 죄는 강조康兆에게 있으니 걱정할 바가 아닙니다. 그러나 힘에 겨운 전쟁이니 마땅히 적의 예봉을 피하였다가 천천히 회복할 방도를 강구합시다." 하고 드디어 왕을 권하여 남녘으로 피난하게 하였다.

현종 2년에 국자제주國子祭酒와 한림학사翰林學士, 승지, 좌산기상시左散騎常侍 등 관직을 거쳐서 중추사中樞使로 승진되었다. 그는 사직단社稷壇을 수축할 것과 예관禮官을 시켜서 예절에 대한 규범을 제정할 것을 왕에게 건의하였다. 그 후 이부상서吏部尙書로 전임轉任되었다. 강감찬의 토지 12결結이 개녕현開寧縣에 있었는데 왕에게 고한 후 군인의 집[軍戶]들에 나누어 주었다.

그는 현종 9년에 서경西京 유수留守 내사시랑內史侍郎 동내사同內史 문하평장사門下平章事로 임명되었는데 그 임명장에 왕이 친필로 쓰기를 "경술년 중에 오랑캐의 무리가 우리나라 한강 연안까지 깊이 침입한 전란이 있었다. 그때 만약 강공의 전략을 채용하지 않았더라면 온 나라가 모두 호복胡服을 입을 뻔 했다."고 그의 공적을 특기했으므로 세상 사람들이 그것을 영예롭게 여겼다. 당시 거란의 소손녕蕭遜寧이 침공하여 왔는데 그 군사가 10만 명이나 된다고들 하였다. 그때 강감찬이 서북면西北面(요령성과 평안도) 행영도통사行營都統使로 있었는데 왕이 그를 상원수 대장군으로 임명하고 강민첨姜民瞻을 부원수로, 내사사인 박종검朴從儉과 병부 랑중 류참柳參을 판관으로 임명한 후 군대 20만8천3백명을 인솔시켜 적을 방어하는데 영주寧州(요령성의 한 지역)에 주력을 주둔하여 흥화진興化鎮(요령성의 한 지역)에 까지 이르게 하고 기병 1만2천 명을 선발하여 산중에 매복시키고 굵은 밧줄로 소가죽을 꿰어 성의 동편 대천大川 물을 막고 대기하고 있다가 적들이 왔을 때 일시에 물을 터놓고 한편으로 복병이 돌격하여 대승리를 거두었다.

소손녕은 군대를 데리고 바로 수도를 향하여 진격하는 것을 강민첨이 추격하여 자주慈州 래구산來口山(요령성의 한 지역)에서 또 적을 크게 격파하였으며 시랑 조원趙元은 마탄馬灘에서 적을 습격하여 1만여 명을 살해하였다. 이듬해 정월에 강감찬은 거란군이 수도 가까이 침입한다 하여 병마 판관 김종현金宗鉉에게 군대 1만 명을 인솔시켜 밤낮으로 행군하여 수도를 보위하게 하였으며 일방 동북면東北面(길림성, 연해주, 흑룡강성 남부, 함경도 강원도 동쪽 일부 등) 병마사도 또한 3천3백 명의 구원병을 보내어 왔다. 이렇게 되매 거란군은 방향을 전환하여 연주와 위주渭州(요령성 지역, 위주는 요하 서쪽에 있음. [그림 1] 참조)에까지 이르렀을 무렵에 강감찬 등이 습격하여 적병 5백여 명을 살해하였다. 2월에 거란군이 구주龜州(요령성의 한 지역)를 통과할 때에 강감찬 등이 동녘 교외에서 적들을 맞받아 나가서 싸웠는데 승부를 보지 못한 채 양군이 서로 대치하고 있었다. 이때 김종현의 부대가 도착하였는데 때 마침 갑자기 비바람이 남녘으로부터 휩쓸려 와서 깃발이 북으로 나부끼어 아군(고려

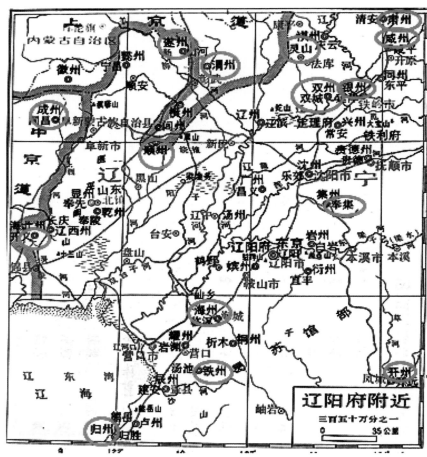

그림1 중국역사지도집 제6책(송요금 시기): 고려 시대의 성주成州, 수주遂州, 위주渭州, 숙주肅州, 함주咸州, 은주銀州, 순주順州, 령주(靈山: 靈州), 해주海州, 개주開州, 철주鐵州, 귀주歸州 등의 지명이 있다. 명의 철령위 봉집奉集과 쌍성(双城총관부)도 있다.

군)이 이 기세를 타서 맹렬히 공격하니 용기가 스스로 배나 더해졌으며 거란군은 북으로 도망치기 시작했다. 기회를 놓치지 않고 추격하여 석천石川을 건너 반령盤嶺에 이르는 어간에 적들의 시체가 들에 널리었고 생포한 인원과 노획한 말, 낙타, 갑옷과 투구며 병기 등은 이루 계산할 수 없을 정도이며 적병으로서 살아 돌아간 자는 겨우 수천 명에 불과하였다.

거란군은 지금까지 이렇게 비참한 패배를 당해 본 예가 없었다. 거란 임금이 이 소식을 듣고 대단히 노하여 사람을 보내서 소손녕을 책망하기를 "네가 적을 얕잡아 보고 경솔하게 깊이 들어가서 이 지경에 이르렀으니 무슨 낯으로 나를 대하려는가? 내가 너의 얼굴 가죽을 베낀 후에 죽이겠노라"고 꾸짖었다.

강감찬이 삼군을 거느리고 개선하여 포로와 노획 물자를 바치니 왕이 친히 영파역迎波驛까지 나가서 맞이하는데 채붕綵棚을 맺고 풍악을 치며 장병들을 위하여 연회를 배설하였다. 왕이 금으로 만든 여덟 가지의 꽃을 손수 강감찬의 머리에 꽂아준 후 왼손으로는 강감찬의 손을 잡고 오른 손으로는 축배를 들어 그를 위로하고 찬양하여 마지않으니 강감찬은 분에 넘치는 우대에 감당하기 어렵다는 뜻으로 사의를 표시하였다. 나라에서는 개선을 기념하여 역驛의 이름을 흥의興義로 고치고 역리驛吏들에게 특별히 주와 현州縣의 아전들이 쓰는 것과 같은 갓과 띠를 주었다.

강감찬이 표문을 올려 은퇴를 청하니 왕이 허하지 않고 안석과 지팡이를 주고 사흘에 한 번씩 출근하게 하고 검교태위檢校太衛 문하시랑門下侍郎 동同 내사內史 문하門下 평장사平章事로 올렸으며 천수현天水顯 개국남開國男으로 봉하고 식읍食邑 3백 호를 주고 추충협모안국공신推忠協謨安國功臣 칭호를 주었다.

11년에 다시 치사致仕를 청원하니 왕이 이것을 허락하고 특진 검교 태부로 임명하고 천수현 개국자天水顯 開國子로 봉하고 식읍 5백 호를 주었다. 강감찬은 수도에 성곽이 없다 하여 큰 외성羅城을 축조하자고 건의하였더니 왕이 그 의견에 따라 왕가도王可道에게 명령하여 이를 축조하게 하였다.

강감찬은 현종 21년에 문하시중門下侍中으로 임명되었으며 덕종德宗이 즉위하자 그에게 개부의동삼사 추충 협모 안국 봉상공신開府儀同三司 推忠協謨安國奉上功臣 칭호와 특진 검교 태사特進檢校太師, 시중 벼슬과 천수군 개국후侍中天水郡 開國候의 작위와 식읍 1천 호를 주었다.

미구(덕종 원년-1032)에 강감찬이 죽으니 향년 84세였다. 왕이 3일 간 조회를 멈추고 인헌仁憲(서울 관악구에 인헌동이 있음)이라는 시호를 주고 전체 관리들에게 그의 장례식에 회장하도록 명령하였으며 왕이 보낸 만사와 부의는 전일 시중 유진劉瑨에게 준 전례와 동일하게 우대하였다.

세상에 전해 오는 말에 의하면 어떤 사신이 밤중에 시흥군으로 들어 올 무렵에 큰 별이 어떤 집에 떨어지는 것을 보고 사람을 보내어 찾아본 즉 마침 그 집 부인이 사내를 낳았었다. 이 말을 듣고 사신이 마음속으로 신기하게 여기고 그 아이를 데려다가 양육했는데 그가 바로 강감찬이었다고 전하여 그가 재상이 된 후 송宋나라 사신이 그를 보고는 자신도 모르게 아래 좌석으로 물러가서 절하며 말하기를 "문곡성文曲星이 오래 보이지 않더니 여기 와서 있구나!"라고 하였다는 전설도 있다. 강감찬은 성품이 청백하고 검소하며 자기 재산 경리에는 전혀 관심이 없었다. 체격이 적고 용모가 보잘 것 없었으며 평상시에는 해지고 때 묻은 의복을 입고 있어서 누구나 그를 보통 사람으로밖에 보지 않았다. 그러나 그가 일단 엄숙한 태도로 조정에 나아가서 국사를 처리하며 국책을 결정하는 마당에서 당당한 국가의 중신으로서의 역할을 하였다. 당시에 풍년이 계속되고 백성들이 생활에 안착하여 나라가 평온한 것을 사람들은 강감찬의 공덕으로 이루어진 것으로 여겼다.

　그는 치사한 후 성 남녘에 있는 별장에서 살았으며 락도교거집樂道郊居集과 구선집求善集을 저술하였다. 그 후 현종 묘정廟廷에 배향配享하였으며 문종文宗 때에는 수태사守太師 겸兼 중서령中書令 벼슬을 추증하였다. 그의 아들 이름은 행경行經이다.

원문: 高麗史 권 96, 열전 제 9
[윤언이, 윤인첨, 윤세유, 윤상계의 전기가 포함됨]

   윤관의 자는 동현同玄이니 파평현坡平縣 사람이다. 그의 고조 윤신달
尹莘達은 태조王建를 보좌하고 삼한공신三韓功臣 칭호를 받았으며 아버
지 윤집형執衡은 검교소부소감檢校少府少監 벼슬을 지냈다. 윤관은 문종
때에 과거에 급제하여 습유 보권을 지냈고 숙종 때에 여러 번 승진되
어 동궁시강 학사 어사대부 이부상서 한림학사 승지로 임명되었다.

   여진은 본시 말갈靺鞨족의 유종遺種으로 수나라와 당나라 때에는 고
구려에 병탄兵呑되었다가 후에는 산림속과 천택가에 부락을 형성하고
여기저기에 산재하여 전체가 통일되지 못하였으며 그 중 정주定州와
삭주朔州 지방 근처에 사는 자들이 간혹 고려 측에 귀순하여 복종하다
가도 때로는 배반하곤 하였다. 영가盈哥와 오아속烏雅束이 계속하여 추
장酋長으로 되어 자못 군중의 지지를 받게 되자 점차 그 기세가 횡포하
게 되기 시작하였다.

   이위伊位의 경계선 지점에 연달린 산줄기가 뻗쳤는데 지세가 험준하
고 수림이 무성하여 인마人馬의 통행이 지극히 곤란하였다. 그 사이에
단 하나의 오솔길이 있었는데 이것을 "병목"이라고 하는 바 그것은 단
한 구멍으로 출입하는 까닭에 그렇게 부르는 것이다. 그런데 공명심이
강한 사람들이 가끔 건의하기를 〈단 한 줄기의 오솔길을 폐쇄하면 오
랑캐(여진)의 통로가 끊어질 터이니 바라건대 군사를 파견하여 그것을
평정하시라〉고 하였다.

숙종 7년에 여진이 정주定州의 관문 밖에 와서 머물러 있었으므로 '혹시나 우리나라를 침해하려는 것이나 아닐까?' 의심하여 그들의 추장 허정과 라불 등을 광주廣州에 잡아 가두고 고문한즉 과연 우리나라를 침략하려는 것이 판명되어 그만 그들을 억류하고 보내지 않았다. 때마침 국경 수비 군관 이일숙 등이 보고하기를 "여진은 허약해서 두려울 바 없다. 이런 시기를 잃고 정복하지 않으면 후에 반드시 우환거리로 될 것이다"라고 하였고 또 추장 오아속이 다른 부락의 부내로 와 분쟁이 생겨 병력을 동원하여 공격하고 국경 계선 근방으로 와서 주둔하였으므로 왕이 임간에게 가서 방비하라고 명령하였더니 임간이 공세우기에 급급하여 깊이 쳐들어갔다가 패전하여 전사자가 태반이었다.

　여진이 승전한 기세로 정주 선덕관의 성까지 침입하여 살해와 약탈을 무수히 감행하였다. 그래서 임간대신에 윤관을 동북면 행영도통으로 임명하고 부월斧鉞(전장에 나가는 장수에게 주는 도끼)을 주어 보내었다. 그런데 윤관이 적과 접전하여 적병 30여 명을 죽였으나 사상 당한 고려군도 반수 이상이나 되었으므로 사기가 떨치지 못하였다. 그래서 겸손한 언사로 강화를 청하여 적과 맹약을 맺고 돌아왔다. 이때문에 왕이 분노하여 천지신명에게 고하기를 "원컨대 신명은 은근한 도움을 내리시어 적을 소탕하게 하여 주시면 그 곳에 절을 창건 하오리다!"라고 하였다.

　윤관이 참지정사 판상서 형부사 겸 태자빈객으로 임명되었을 때 왕에게 아뢰기를 "제가 보기에는 적의 세력이 완강하여 무슨 변을 일으킬지 예측하기 어려우니 마땅히 병졸과 군관을 휴식시켜 후일에 대비해야 하겠습니다. 또한 제가 전일에 패전 당한 원인은 적들은 말은 탔고 우리는 보행으로 전투한 까닭에 대적할 수가 없었던 것입니다."라고 하였다. 이때부터 비로소 별무반을 만들기로 결정하였는 바 문무의 산관散官 서리들로부터 상인 사환군에 이르기까지 모든 사람들과 주, 부, 군, 현에서 말을 기르는 사람들 전부를 신기군神騎軍(기마 부대)에 편입하고 말이 없는 자는 신보군神步軍에 배속시켰다. 그리고 조탕(돌격대), 갱궁(활 쏘는 병종), 정노精弩, 발화發火(화공 부대) 등의 병종을 편대하였는데 20세 이상의 남자로서 과거 글공부를 하지 않은 청년은 모두 신보군에 배속시키고 무관과 각 진, 부에 속한 군인들은 4철 계속하여 군사 훈련을 시켰으며 또 중을 선발하여 항마군降魔軍을 선발하였다. 그리고 군사 훈련과 군량 축적을 하여 재차 진공할 것을 계획하였다.

윤관은 관직이 중서시랑 평장사로 승진되었다. 예종이 즉위한 직후에는 국상으로 인하여 출병할 겨를이 없었으나 그 후 2년에 국경 경비 군관의 보고에 의하면 "여진이 강해져서 우리 국경 도시에 자주 침입하고 있으며 그 추장이 한 개의 바가지를 갈가마귀 꼬리에 달아서 각 부락으로 돌리면서 대사를 의논하고 있으니 그들의 심중을 알 수 없다."는 것이었다.

왕이 이 보고를 듣고 중광전의 불감 속에 두었던 숙종의 발원문을 가져다가 양부 대신들에게 보이니 대신들이 그 글을 읽고 모두 눈물을 흘리면서 "선대 임금께서 남기신 뜻이 이 같이 심절하신데 어찌 적에 대한 복수를 잊을 수 있으리까?"라고 결의를 표명하고 이어 "선왕의 뜻을 계승하여 여진을 토벌할 것을 청원한다."고 대신들이 상소하였으나 왕이 유예하면서 결심을 채택하지 못하고 평장사 최홍사를 태묘로 보내어 길흉을 점치게 하였더니 감지기제坎之旣濟 괘가 나왔으므로 드디어 출병할 것을 결정하였다.

윤관을 원수로, 지추밀원사知樞密院事 오연총을 부원수로 임명하니 윤관이 왕에게 아뢰기를 "제가 일찍이 선왕의 밀지密旨(은밀한 명령)를 받

앉고 이제 또 전하의 엄명을 받았으니 어찌 감히 3군을 통솔하고 적의
보루를 격파하여 우리 강토를 개척하고 지난날의 국치를 씻지 않겠습
니까."라고 결의를 다지었다. 그러나 오연총은 자못 성공을 의심스럽
게 생각하고 윤관에게 가만히 속삭이니 윤관이 개연히 말하기를 "당
신이나 내가 아니면 그 누가 능히 죽음의 땅으로 가서 국가의 치욕을
씻을 수 있단 말이요? 국책이 이미 결정되었는데 무엇을 의아하고 있는
가?" 하고 타이르니 오연총은 잠자코 있었다.

왕이 서경(요양시 궁장령구 지역)으로 가서 위봉루에 올라 거기서 부월을
주어 보내었다. 윤관과 오연총은 동부 지방(東界동계)에 이르러 군대를
장춘역長春驛(현재의 장춘시 북쪽 지역에 있었음. 중국역사 지도 참조)에 집결하였으
며 약 17만 명의 대군이었으나 20만이라고 선전하였다.

그리고 병마판관兵馬判官 최홍정과 황군상을 정주定州(만주의 한 지역)와
장주長州(고려 때 장춘 근방 지역) 두 고을에 파견하여 여진의 추장들을 꼬
이기를 "조정에서 허정과 라불 등을 석방하려고 하는데 너희들은 와서
명령을 받으라." 하고 일변 군대를 매복시킨 후 올 때만 기다리고 있었
다. 추장들은 곧이듣고 고라를 비롯한 4백여 명이 도착하였으므로 그
들에게 술을 먹여 취하게 만들고 복병을 발동시켜 놈들을 섬멸하였는
데 그 중에도 장건하고 꾀 많은 자 50~60명은 관문까지 와서 의심을
품고 좀처럼 들어오지 않았다. 그래서 병마판관 김부필과 녹사 척준
경으로 하여금 각 통로마다에 군사를 매복하게 하고 일변 최홍정으로
하여금 정예 기병을 거느리고 그들을 응원케 하였다.

이리하여 적들을 거의 다 잡아 죽였다. 그리고 나서 윤관은 자신이
53,000명의 군사를 거느리고 정주 대화문으로 나가고, 중군 병마사兵
馬使 좌복야 김한충은 36,700명을 거느리고 안륙수安陸戍로 가고, 좌
군 병마사 좌상시 문관文冠은 33,900명을 거느리고 정주 홍화문으로

향하고, 우군 병마사 병부상서 김덕진은 43,800명을 거느리고 선덕진의 안해, 거방 두 초소의 중간 지점으로 나가고, 선병별감리부 원외랑 양유송과 원흥, 도부서사 정승용, 진명과 도부서 부사 견응도 등은 해군 2,600명을 인솔하고 도린포로 떠났다.

윤관이 대내파지촌을 통과하는 데 한나절이 걸렸다. 고려 군대의 기

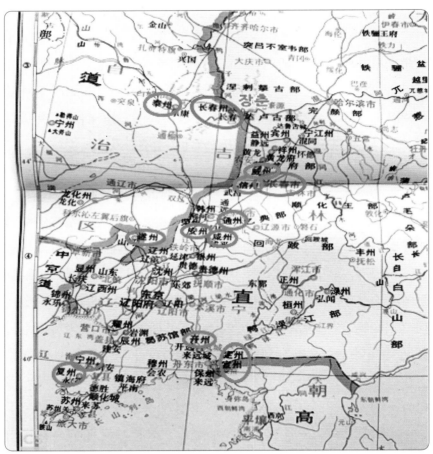

그림1 중국역사지도집 제6책(송요금 시기): 윤관이 17만 대군을 집결시킨 장춘역은 만주에 있는 장춘(長春)의 북쪽에 있다. 고려 시대의 태주(泰州), 성주(成州), 수주(遂州), 안주(安州), 숙주(肅州), 함주(咸州), 은주(銀州), 개주(開州), 녕주(寧州), 복주(復州), 정주(定州), 선주(宣州) 등의 지명이 있다.

세가 매우 강대한 것을 본 여진 사람들은 모두 도망치고 다만 가축들이 들에 널려 있었다. 문내니촌에 다다르니 적들은 보동음성으로 들어가서 농성하였다. 윤관이 병마령할兵馬領轄 임언과 최홍정을 보내어 정예 부대를 거느리고 급격히 공격하여 적들을 패주시켰다. 좌군은 석성石城 아래에 이르렀을 때 여진군이 모여 있는 것을 보고 통역 대언을 보내어 항복할 것을 권유하니 여진군이 대답하기를 "우리는 한 번 싸워서 승부를 결정하려는데 어째서 항복하라고 하는가?" 하고 드디어 석성石城으로 들어와 항전하는데 그 화살과 돌이 빗발같이 쏟아져서 아군이 진공할 수 없었다.

이때 윤관이 척준경에게 "날이 저물면 사태가 위급하게 될 터인데 그대는 장군 이관진과 합력하여 공격하라."고 명령하니 척준경은 "제가 일찍이 장주長州(고려 때 장춘 근방 지역)에서 종군하다가 과오로 죄를 범한 적이 있었는데 그때 당신이 나를 장사라고 하며 조정에 특청하여 용서받았으니 오늘이야 말로 바로 저의 한 몸을 희생하여 국가에 보답할 날입니다!"라고 하면서 드디어 석성石城 아래로 가서 갑옷을 입고 방패를 들고 적진으로 뛰어들어 추장 몇 명을 쳐 죽였다. 이때를 타서 윤관의 휘하 대군과 좌군이 합세하여 죽음을 무릅쓰고 격전하여 적을 크게 무찔렀다.

이때 적들은 혹 스스로 바위에서 떨어져 죽은 자도 있었으며 남녀노소 섬멸되었다. 척준경에게 비단 30필을 상 주었으며 그리고 최홍정과 김부필, 녹사 이준양을 파견하여 이위동의 적을 공격하였는데 적이 역습하여 왔으나 오랜 후에 승리하여 적 1,200명을 목 베었다. 중군은 고사한高史漢(만주의 한 지역) 등 35개 촌락을 격파하고 적 380명을 죽이고 230명을 포로하였으며 우군은 광탄廣灘(만주의 한 지역) 등 32개 촌락을 격파하고 적 290명을 죽이고 300명을 포로하였으며 좌군은 심곤

(만주의 한 지역) 등 31개 촌락을 격파하고 적 250명을 죽였다.

윤관의 부대는 대내파지(만주의 한 지역)촌을 비롯하여 37개 촌락을 격파하고 2,120명을 죽였으며 500명을 포로하였다. 그래서 녹사 유영약을 보내어 승전 보고를 올리니 왕이 기뻐하며 유영약에게 7품 벼슬을 주고 좌부승지 병부낭중 심후와 내시형부 원외랑 한교여를 전선으로 보내서 두 원수와 여러 장령들에게 격려하는 조서를 내리고 각각 차등 있게 상품을 주었다.

윤관이 또다시 여러 장군들을 각 방면으로 보내어 국경선을 획정하였는 바 동으로는 화곶령까지 북으로는 궁한이령(만주의 한 지역)까지 서로는 몽라골령(만주의 한 지역)에까지 이르렀다. 그리고 또 일관日官 최자호를 몽라골령으로 보내어 터전을 잡아 950간에 달하는 성곽을 쌓고 영주성英州城(만주의 한 지역)이라 이름 지었으며 화관령(만주의 한 지역) 아래에는 992간의 성을 쌓고 웅주성이라고 이름 짓고 오림금촌에는 774간의 성을 축조하고 복주성福州城(만주의 한 지역)이라 명명하고 궁한이촌에는 670간의 성을 축조하여 길주성(만주의 길림)이라고 불렀으며 또 호국인왕, 진동보제 두 절을 영주 성 안에 창건하였다.

이듬해에 윤관과 오연총이 정병 8,000명을 거느리고 가한촌(만주의 한 지역)의 병모가지 소로에 다다르니 적들이 소로 부근 숲 속에 매복하고 있다가 윤관의 부대가 그 곳에 당도할 무렵에 급히 돌격하였으므로 윤관의 부대가 모두 괴멸되고 겨우 10여 명이 적에게 포위되어 있을 뿐이며 윤관은 겹겹이 포위당하였고 오연총도 화살에 맞아 형세가 심히 위급하였다.

이때 척준경이 용사 10여 명을 인솔하고 그들을 구원하러 들어갈 때 그의 아우 낭장 척준신이 그를 말리면서 말하기를 "적진이 견고하여 좀처럼 돌파하지 못할 것 같은데 공연히 쓸데 없는 죽음을 당하는 것이 무슨 이익이 있겠소?"라고 만류하니 척준경이 말하기를 "너는 돌아가서 늙은 아버님을 봉양하라! 나는 한 몸을 국가에 바쳤으니 의리상 가만히 있을 수 없다."고 하더니 이어 크게 호통 치면서 돌진하여 10여 명을 쳐 죽였다. 이때 최홍정과 이관진 등이 산골짜기로부터 군대를 인솔하고 나와서 구원하니 적들이 드디어 포위를 풀고 도망쳤으며 아군은 그것을 추격하여 36명을 죽였다.

윤관 등은 해가 저물어지므로 영주성英州城(만주의 한 지역)으로 되돌아갔다. 이때 윤관이 척준경의 손을 잡고 감사의 눈물을 흘리며 말하기를 "이제부터 나는 너를 자식과 같이 생각할 터이니 너는 나를 아비와 같이 여겨 달라!"고 하였으며 왕의 제서를 받들어 척준경을 합문지후로 임명하였다. 적의 추장 가로환 등 403명이 군진 앞에 와서 투항하였고 또 남녀 1,460여 명이 좌군에게 투항하였다. 이때 적의 보병과 기병 2만 명이 영주성英州城(만주의 한 지역) 남쪽에 나타나 크게 외치며 도전하니 윤관과 임언이 상의하기를 "적병은 다수이고 아군은 소수이니 대적할 길이 없다. 그저 방어만 하는 것이 상책이다."라고 하니 척준경이 말하기를 "만일 출전하지 않고 있다가 적병은 날마다 증가되고 성안의 양식은 점점 없어지며 외부의 원조도 오지 않을 경우에는 어떻게 하실 작정이요? 지난 날의 승리한 예를 당신들은 보지 않았나요? 오늘도 또 죽을힘을 다하여 싸울 터이니 여러분들은 성 위에서 보고 계시오." 하고 결사전에 지원하는 용사들을 인솔하고 성 밖으로 나가 적들과 싸워 19명을 죽이니 적들이 패하여 북녘으로 도망쳤다.

척준경이 북을 치고 저대를 불며 개선하니 윤관 등이 성루에서 내려와서 영접하며 손을 잡고 서로 절하였다. 윤관과 오연총이 중성 대도독부에로 여러 장령들을 소집하였는데 그때 권지승선 왕자지가 부대를 인솔하고 공험성公險城(만주의 한 지역)으로부터 도독부로 오는 도중에 적의 추장 사현의 군대를 만나 싸우다가 패전하고 그가 타고 있던 말까지 적에게 빼앗겼다. 그래서 척준경이 즉시 힘센 군사를 데리고 구원하러 가서 적을 격파하고 적에게 빼앗겼던 말까지 탈환하여 가지고 돌아왔다. 여진군 수만 명이 웅주(만주의 한 지역)를 포위하였다. 최홍정이 사졸을 격려하니 전체 대원들이 모두 적과 결사적으로 싸울 것을 결심하여 나섰으므로 즉시 4대문을 열고 일시에 뛰어나가 힘껏 싸우니 적이 대패하였다.

전과는 적 80명을 살해 또는 포로하고 병거兵車 50여 대와 중차中車 200대, 말 40필을 노획하였고 기타 무기들은 이루 헤아릴 수 없을 만큼 노획하였다. 그때 척준경이 성 안에 있었는데 그 고을 원이 말하기를 "오랫동안 성을 지키느라고 군량은 거의 다 소비되어 가고 외부의 원조는 오지 않으니 당신이 만약 성 밖으로 나가서 군사들을 수집하여 가지고 돌아 와서 구원하여 주지 않으면 성중의 군사들은 아마도 살아남을 사람이 없을 것 같습니다."라고 하니 척준경이 병사의 헌 옷을 입고 밤중에 줄에 달려 성을 넘어 정주定州(만주의 한 지역)로 돌아가서 대오를 정돈하고 통태진通泰鎭(만주의 한 지역), 자야등포自也等浦(만주의 한 지역), 길주吉州(만주의 길림), 함주咸州(만주의 한 지역)와 공험진公險鎭(만주의 한 지역)에 성을 쌓고 드디어 공험령에 비를 세워 국경으로 정하였다. 그리고 그의 아들 언순을 왕에게 보내어 다음과 같은 글을 올려 축하의 뜻을 표하였다.

"폐하의 성덕이 천지와 같이 장하시어 정의의 군대가 이미 오랑캐를 평정하고 장수와 병사들이 환희에 들끓고 있나이다. 생각건대 동 여진은 산 구석에 잠복하여 그 종족들을 번식시켜 왔습니다. 그들은 그 조부와 증조 때로부터 오랜 기간에 걸쳐 우리 조정의 혜택을 받아 왔으나 승냥이 같은 탐욕으로 점차 반심을 품고 우리나라 국경 밖에서 자주 으르렁거리고 있으며 관문 요새들을 침범하고 우리의 군사와 백성들을 노략질하고 있었습니다. 우리 조정의 관대한 처치에서 버릇이 자라서 우리를 가리켜 하잘 것 없다고 떠벌리며 감히 침범할 야심을 품고는 우리가 방어할 수 없으리라고 장담하곤 하였습니다. 선황先皇(숙종을 가리킴)께서 분노하시어 놈들을 정벌하려 하셨고 폐하께서도 그 뜻을 이어 거사하려 하셨으나 무력행사를 위험한 일이라 하시어 처음에는 결정 집행을 꺼리시었고 여러 사람들의 의견을 참작하시느라고 이 계획이 마침내 침체되었습니다. 그러나 승부를 결정하는 것은 적의 정세를 잘 분석하는 데 있고 임기응변을 하는 데는 당시 사태를 잘 포착하는 것이 중요합니다. 시기가 추이됨에 따라 폐하께서는 이를 명철히 통찰하시고 우선 군대를 휴식시키면서 다시 진격할 시기를 관망하시었으며 계속하여 적군의 실력 정도를 주시하시다가 기필코 생포할 수 있음을 간파하시자 곧 대군을 동원하여 대토벌을 단행할 것을 분부하시었고 저는 병부와 부월을 주시는 명령을 받게 되었습니다. 진군의 북을 울리며 행진하니 사기는 충천하였고 위세는 적을 압도하였습니다. 적들은 마치 큰 강물이 골짜기로 쏟아지는데 한 줌의 모래가 그것을 막지 못하는 것과 같았고 봉우리에서 굴러 내리는 바위 돌에 속빈 계란이 깨지는 것과 같이 격파되었습니다. 포로한 것이 5천 명 이상이요. 살상이 5천 명에 가까웠으며 적들이 버린 물자는 부락마다 가득하였고 도망치는 적들이 길에 찼습니다. 적의 땅은 원래 산천이 험준하고 성들도 높고 견고했으며 전야가 비옥하여 경작에 적당한 곳입니다. 예로부터 사람들이 이 땅을 얻고자 하면서도 얻지 못하고 있던 것을 이제 하늘이 우리에게 주어 차지하게 되었으니 위로는 선조들의 영혼에 감사를 드릴 만한 경사요, 아래로는 우리나라의 여러 해 쌓인 치욕을 씻어버린 대승리였습니다. 또한 옛날 중국의 주나라 무왕이 험윤을 토벌한 것과 한 나라 무제가 흉노를 정벌한 까닭은 국토를 개척하여 백성의 피해를 제거하려는 데 있었던 것인 바 오늘의 승리에 비한다면 그것은 응당 낮게 평가되어야 할 것입니다. 불민한 저의 능력으로써야 이 거대한 위훈을 어떻게 이룩하였겠습니까? 실로 폐하께서 거룩하신 전략으로써 천 리 밖의 작전을 보는 듯이 지도하신 결과로 얻은 것입니다. 만약 그렇지 않으면 그 누가 그렇게 하였겠습니까? 그러므로 이 사적을 역사에 기록하여 영원히 후세에 빛내도록 분부하시기를 바라나이다."

왕이 내시 위위주부 강영준을 보내어 윤관 등에게 술과 양을 보내주고 동시에 군인들에게 은사라(옛날 군대용 세숫대야인데 그 형태는 징과 같음) 한 개와 은병(고려 때의 화폐의 일종) 40개를 주었다. 윤관은 또 임언에게 지시하여 이 번의 사적을 영주英州(만주의 한 지역) 관청 벽에 다음과 같은 글로써 기록하게 하였다.

"맹자의 말에 '약한 자는 원래 강한 자에게 대적할 수 없고 작은 자는 큰 자에게 대항할 수 없다'고 하였는데 내가 이 말씀을 외운 지는 오래나 오늘에 와서 확신하게 되었다. 여진은 우리나라에 비할 때 병력의 강약과 인구의 다소에서 현저한 세력의 차가 있는 데도 항상 국경을 엿보고 있었다. 숙종 10년에는 우리나라의 경비가 약한 틈을 타서 전란을 도발하여 우리나라 사람들을 많이 살육했고 또 납치하여 노예로 만든 인원수도 막대하였으므로 숙종께서 진노하시어 군대를 정비하고 장차 정의의 토벌을 단행하시려던 차에 가석할 손 그 일을 성사하지 못하시고 세상을 떠나시었다. 금상 폐하가 즉위하신 후 3년의 몽상亮陰을 필하시자마자 좌우 시신들에게 하시는 말씀이 <여진은 본시 고구려의 한 부락으로서 개마산 동편에 모여 살면서 대대로 우리나라에 조공하여 왔고 우리 선대의 깊은 은혜도 입어 왔다. 그런데 일조에 무도하게도 배반하였으므로 부왕께서 대단히 노하셨다. 일찍이 옛 사람의 말을 듣건대 '큰 효도란 어버이의 뜻을 잘 계승하는 것이다.>라고 하였다. 내가 오늘 3년 상을 마치고 국사를 총람하기 시작하였으니 어찌 정의의 칼을 들어 저 무도한 적을 정벌함으로써 선군이 당하신 치욕을 깨끗이 씻지 않을 수 있겠는가?'라고 하신 다음 수사도 중서시랑 평장사 윤관을 행영 대원수로 지추밀원사知樞密院事 한림학사翰林學士 승지承旨 오연총을 부원수로 각각 임명하고 정병 30만 명을 영솔시켜 정벌을 맡아 행하게 하였다.

윤공은 사업에서 특출한 분으로 항상 김유신의 위인을 사모하여 말하기를 <김유신이(전쟁할 때) 6월에 강물이 결빙되어 삼군을 도하시킨 것은 다름 아닌 지성으로써 이루어진 것일 뿐인데 나도 또한 그렇게 될 수 있을 것이다>라고 하였으며 그의 지성이 감응되어 이루어진 기적도 자주 들리었었다.

오공은 당시의 명망이 대단하였으며 그의 천성이 신중하여 매사를 처결할 때에는 반드시 재삼 생각한 후에 실천하였으므로 그가 세운 국가 대책은 성공 못한 일이 없었다. 이 두 분은 전일부터 국방에 뜻을 가지고 있었으므로 왕의 명령을 받고 분심이 격발되어 군사를 영솔하고 동쪽을 향하여 떠났으며 출사하던 날에는 친히 갑옷과 투구로 무장하였으며 휘하 장졸들과 선서식을 하기도 전에 벌써 여러 장종들은 눈물을 흘리며 명령에 충실히 복종할 결의를 한 사람 같이 다졌으며 적군의 경내에 진격하였을 때에는 전군의 사기가 충천하여 일당백의 기세로 족쳤으니 그 기세는 이른바 마른 나무를 꺾으며 대쪽을 쪼갠다는 말로도 충분히 표현하기 어려울 정도였다.

목을 베인 것이 6,000여 명이요. 무기를 바치고 군진 앞에 와서 항복한 자가 5만여 명이며 기타 아군을 보기만 하여도 혼이 나서 북녘 끝까지 도망친 놈들을 이루 헤아릴 수 없었다.

아! 여진의 우둔함이여! 세력의 강약과 병력의 다소를 헤아리지 않고 이 같이 스스로 멸망의 길을 취하였도다!

점령한 지방은 면적이 300리며 동녘으로는 대해에 접했고 서북방에는 개마산을 끼고 있으며 남녘으로는 장주長州(만주의 한 지역)와 정주定州(만주의 한 지역) 두 고을에 연접하였는 바 산천이 수려하고 토지가 비옥하여 넉넉히 우리 사람들이 거주할 만한데 이곳은 본래가 고구려의 영토였었다. 그 증거로는 낡은 비석과 유적이 오늘까지도 보존되어 있다. 그런즉 전일에 고구려가 잃었던 영토를 금일에 성상께서 다시 찾으신 것이니 이 아니 천명인가! 이에 새로 여섯 개 성을 설치하였으니 첫째는 진동군鎮東軍 즉 함주 대도독부咸州大都督府(만주의 한 지역)이니 여기에 속한 병민이 1,948 정호요, 둘째는 안령군 즉 영주(만주의 한 지역) 방어사이니 여기에 속한 병민이 1,238 정호요, 셋째는 영해군 즉 웅주방어사寧海軍雄州防禦使(만주의 한 지역)이니 여기에 속한 병민이 1,436 정호요, 넷째는 길주吉州(만주의 길림) 방어사이니 여기에 속한 병민이 680 정호요, 다섯째는 복주福州(만주의 한 지역) 방어사이니 여기에 속한 병민이 632 정호요, 여섯째는 공험진 방어사(만주의 한 지역)이니 여기에 속한 병민이 532 정호이다.

이상 각 성의 주민들 중에서 현명하고 재간이 있어서 능히 임무를 감당할 만한 사람을 선택하여 그 지방을 진무하게 하였으니 이것이 곧 시경에 이른바 '정복하고 선무하여 왕실의 울타리로 삼았다.'라는 것과 같은 것이다.

이제부터 앞으로는 동녘 국경에 대한 근심이 없이 베개를 높이하고 편안히 잠잘 수 있게 되었다. 원수(윤관)가 나에게 말씀하기를 <옛날 당나라 재상 배진공이 회서로 출정하여 적을 평정한 후 종군하였던 문객 한유에게 그 승전한 실황을 기술하게 하여 비석에 새겨 그것을 세상에 널리 알렸으므로 후세의 사람들이 당나라 헌종의 영특하고 절등한 덕을 알고 그를 찬송하게 되지 않았는가? 지금 그대가 다행히 이 곳에 종군하고 있는 이상 어찌 이 번의 대승전의 전말을 기록하여 우리나라 임금님의 위대한 업적을 후세에 영원히 전하는 일을 아니할 수 있겠는가?>라고 하기로 나 임언이 그 지시를 받고 붓을 들어 기록하노라."

윤관이 임금에게 포로 346명과 말 96필, 소 300여 두를 바쳤다. 그리고 의주宜州(만주의 한 지역), 통태진(만주의 한 지역), 평융진(만주의 한 지역) 등 지방에 성을 쌓았는 바 이미 축성한 함주咸州(만주의 한 지역), 영주(만주의 한 지역), 웅주雄州(만주의 한 지역), 길주吉州(만주의 길림), 복주福州(만주의 한 지역), 및 공험진公險鎭(만주의 한 지역)을 합하면 이것이 북계의 아홉 성이다. 이 곳에는 모두 남녘 지방의 백성들을 이민하여서 채웠다. 그 후 왕이 윤관에게 추충좌리평융척지공신 칭호와 문하시중 판상서 이부사 지군국 중사 관직을 주고 오연총에게는 협모동덕치원공신 칭호와 상서 좌복야 참지정사 벼슬을 주었다. 그리고 내시낭중 한교여를 보내어 조서와 교지며 자색 수놓은 안장과 구마 2필을 웅주까지 가서 그들에게 나누어 주었다. 그들이 개선할 때에는 왕이 환영하는 군악과 의장병을 갖추어 영접하게 하고 대방후 왕보와 제안후 왕서를 동교에 파견하여 위로연을 배설하여 주었다. 윤관과 오연총이 경령전에 참배하여 복명하고 부월을 반납하였다.

왕은 문덕전에서 그들을 인견하고 국경 지대의 사정을 물었는데 날이 저문 후에야 인견이 끝났다. 그 후 얼마 지나지 않아서 여진이 또다시 웅주(만주의 한 지역)를 포위하니 왕이 오연총을 보내어 구원하고 거듭 윤관을 보내어 적을 토벌하게 하였는 바 윤관이 적의 머리 31개를 바쳤다. 뒤미처 윤관을 영평현 개국백으로 봉하고 식읍 2,500호에 식실봉 300호를 주었으며 오연총에게는 양구진국공신 칭호를 더 주었다. 그 이듬해에 여진이 또 길주를 포위하니 오연총이 그들과 싸웠으나 대패하였으므로 왕이 윤관을 파견하여 구원하기로 하고 측근자를 금교역까지 보내서 전송하게 하였다. 윤관과 오연총이 정주定州(만주의 한 지역)로부터 대오를 정비하고 길주吉州(만주의 길림)로 가던 도중 나복기촌에 도착했을 때 함주 사록 원서가 급보를 보냈는데 여진의 공형, 요불, 사현 등이 성문을 두드리며 말하기를 "우리들이 어제 아지고촌에 가니 태사 오아속이 화친을 청하려고 우리들을 보내면서 귀국 병마사에게 이 뜻을 전달하라고 하였다. 그러나 교전 중이므로 관문 안에 들어갈 수 없으니 청컨대 우리 곳까지 사람을 보내어 내사의 말 한 바를 상세히 전달 받도록 하기를 바란다"고 하였다. 윤관 등이 이 보고를 듣고 성으로 돌아와서 이튿날 병마기사 이관중을 적진으로 파견하여 여진의 장군 오사에게 통고하기를 "강화하는 일은 병마사가 독단으로 결정하지 못하는 것이니 너희들의 공형 등을 보내서 임금께 아뢰어 보라."

고 하니 오사가 대단히 기뻐하였으며 요불, 사현 등이 다시 함주咸州(요령성 북쪽 지역)로 와서 말하기를 "우리들은 귀국 조정에 가서 교섭하기를 원한다. 그러나 현재 교전하는 때라 위험하여 갈 수 없으니 청컨대 귀국의 관리를 인질로 교환하여 달라."고 하였다. 그래서 윤관이 공옥, 이관중, 이현 등을 인질로 보내니 드디어 요불 등이 와서 북방의 아홉 성을 반환하여 달라는 조건을 제출하였다.

당초에 조정의 견해로는 병목만 점령하면 여진족의 교통로가 폐쇄되므로 그들에 관한 근심은 영원히 없어지리라고 생각하였는데 이 요지를 점령하고 본즉 수로, 육로의 교통로는 어느 곳에도 통하지 못할 곳이 없이 전일의 소문과는 전연 다른 형편이었으며 여진은 저희들의 소굴을 잃은 후 기어코 보복하려고 맹세하고 잃은 땅을 반환하여 달라는 구실로 여러 추장들이 매년 몰려 와서 전쟁을 야기하여 흉악한 속임수와 갖은 병기로 별별 수단을 다 부렸다.

우리의 성들이 견고하여 좀처럼 함락되지는 않았으나 전투와 방어에서 우리 병력의 상실도 또한 많았으며 또 새로 얻은 지역이 지나치게 넓고 아홉 성들의 거리가 멀 뿐만 아니라 골짜기가 깊고 수목이 무성하여 적들이 자주 매복하고 있다가 왕래하는 행인들을 약탈하였다. 국가에서도 군사의 조련에 비용이 많이 들어 중앙과 지방이 소란할 뿐만 아니라 기근과 유행병이 겹쳐서 인민의 원망이 드디어 일어났으며 여진도 또한 우리를 귀찮게 굴었다. 이때 왕이 여러 신하들을 소집하고 토의한 결과 마침내 아홉 성을 여진에게 반환하기로 결정하고 그 성들에 저장했던 전투 기자재와 식량 등을 내지로 옮기고 성으로부터 철수하기로 하였다.

평장사 최홍사, 참지정사 임의, 추밀원사 이근 등이 선정전으로 들어가서 왕에게 면대하고 극렬하게 윤관과 오연총의 패전한 책임을 논죄하였으므로 왕이 승선 심후를 파견하여 그들이 돌아오는 중로에서 부월을 회수하였다. 그래서 윤관 등이 왕에게 복명하지 못하고 각각 자기 집으로 돌아갔다.

그 후에도 재상과 대간이 계속 패전한 죄를 추궁할 것을 요청했으며 간관 김연과 이재 등은 합문 밖에서 임금에게 견결하게 간쟁하기를 "윤관 등이 명목이 서지 않는 병력을 함부로 동원하여 군대를 패전시키고 국가에 손해를 끼친 죄는 용서할 수 없으니 하옥하라는 명령을 내리시기를 바라나이다."고 하였으나 왕은 심후를 시켜서 간관들에게 타이르기를 "두 원수는 왕명을 받들고 병력을 움직였으며 예로부터 전투에는 승패가 있는 법이니 어찌 죄를 줄 수야 있느냐?"고 하였으나 김연 등이 또한 계속 간쟁하였으므로 왕도 부득이 윤관 등의 관직과 공신 칭호만을 삭탈하였다가 미구에 윤관을 수태보 문하시중 판병부사 관지과 상주국 훈위를 주고 감수국사로 임명하였더니 윤관이 글을 올려 벼슬을 사양하였으나 왕은 듣지 않고 교서를 내리기를

"내 듣건대 옛날 이광리가 대완을 정벌할 때에 겨우 준마 30필을 노획하고 돌아왔을 뿐이었으나 한 무제는 그의 만리 원정한 공을 생각하고 그 죄과는 기록하지 않았으며 진탕이 질지를 베였을 때에 임금의 명령 없이 독단으로 군사 행동을 하였으나 선제는 그가 한 나라의 위력을 모든 오랑캐들에게 떨쳤다 하여 그를 제후로 봉한 일도 있었다. 그대가 여진을 정벌한 것은 돌아가신 부왕의 뜻을 받든 것이요. 나의 의사를 본 받은 것으로서 목숨의 위험을 무릅쓰고 적진 깊이 쳐들어가서 적을 살해하였고 포로한 수도 일일이 계산할 수 없으리만큼 많았으며 백 리의 국토를 넓히고 아홉 성을 쌓아 국가의 오랜 치욕을 갚았으니 그대의 공

로야 말로 크다고 하겠다. 그런데 오랑캐란 외모는 사람이나 마음은 짐승이라 반복이 무상한데 남아 있는 놈들이 의거할 곳이 없어진 까닭에 그 추장들이 항복하고 화의를 청원하여 왔다. 그래서 모든 신하들이 그러는 것이 온편하다는 의견을 가졌었고 나 역시 그 놈들을 불쌍히 여기고 드디어 그 땅을 반환한 것이다. 그런데 주관 부서의 관원들이 법을 고수하고 자못 탄핵하는 까닭에 그대의 관직을 삭탈하였으나 나는 종시 그대를 허물치 않은 것은 옛날 진나라 맹명의 실패를 회복한 것과 같은 앞날의 성공을 기대함이었다. 이제 내가 그대에게 준 관직은 그대가 과거에 받았던 관직이거늘 무엇이 사양할 여지가 있는가? 마땅히 나의 보살피려는 심회를 이해하고 속히 직무에 취임하라!"

고 하였더니 윤관이 재차 사퇴했으나 왕은 역시 허락치 않았다. 그는 예종 6년(1111)에 죽었으며 시호는 문경文景이라 하였다.

윤관은 어려서부터 학문을 좋아하여 손에서 책을 놓지 않았으며 장상이 된 후 진중에 있을 때에도 항상 경서를 가지고 다녔다. 또한 어진 이를 우대하고 착한 일을 즐겨 하였으므로 신망이 당대의 으뜸이었다. 인종 8년에 예종 묘정에 배향하였으며 후에 그의 시호가 수릉의 이름자와 같은 것을 피하여 문숙으로 고쳐 주었다. 그의 아들은 언인, 언순, 언식, 언이, 언민이요 두 아들은 머리를 깎고 중이 되었다.

윤언순은 예종 때에 시어사로서 요나라에 천흥절天興節(요임금의 생일) 축하 사신으로 갔었는데 그때 금나라가 전쟁을 일으켜서 통로가 두절되었고 또한 요의 고영창이 본국을 배반하고 동경을 근거로 삼고 반란 중이었다. 윤언순은 서조, 이덕윤 등과 함께 고영창에게 구금당하여 협박에 못 이겨 그만 굴복하였다. 즉 고려의 국서를 고영창에게 드리고 축하를 하라는 강요에 대하여 윤언순은 절조를 고수하지 못 하고 놈들이 하라는 대로 굴종하였던 것이다. 그리고 귀국 후에도 그 일을 은닉하고 자수하지 않다가 사실이 발각되어 해당 기관의 탄핵을 만나 벌을 받았다. 후일에 남원 부사를 지냈다.

윤언식은 천품이 고상하고 단아하며 손님 접대를 즐겨 하였다. 벼슬을 수사공 좌복야까지 지냈다.

윤언민은 총명과 지혜가 유달리 뛰어났고 글씨와 그림을 즐겼다. 인종 때에 상식 봉어로 있었다.

윤언이는 인종 때에 과거에 급제하여 벼슬이 기거랑으로 되었는데 좌사간 정지상과 우정언 권적 등과 함께 당시 정책의 잘잘못을 진언하였더니 왕이 그의 견해를 높이 평가하고 채납하였다. 국자 사업으로 전임되어 경연에서 경서의 뜻을 강론하였는데 왕이 그에게 서대犀帶(고급 관원이 쓰는 띠) 한 벌을 주었다. 그 후 보문각 직학사로 승진되었으며 묘청이 반란했을 때 왕이 조서를 내리어 김부식과 임원애를 원수로 삼고 윤언이를 보좌관으로 삼아 이를 토벌하게 하였다.

전자에 윤관이 왕의 명령을 받고 대각국사의 비문을 지었는데 그것이 잘 되지 못했으므로 그의 문도들이 왕에게 밀고하였다. 그래서 왕이 김부식을 시켜 그것을 다시 짓게 했는데 당시 윤관은 상부에 있었으니 예의상 김부식이 일단 사양할 일이었으나 그러지 않고 비문을 짓고 말았다. 그런 까닭에 윤언이가 내심으로 분함을 품고 있었는데 하루는 왕이 국자감에 가서 김부식에게 주역을 강의시키고 윤언이에게는 질문을 하게 하였다.

윤언이는 주역에 매우 정통하던 터이라, 이모저모로 따지니 김부식이 대답하기 곤란하여 이마에 진땀을 흘린 적이 있었다. 그러다가 이번에 윤언이가 김부식의 부하로 임명되니 김부식이 왕에게 고하기를

"윤언이는 정지상과 깊은 연계를 맺고 있으니 그의 죄를 용서할 수 없다."고 하였으므로 윤언이는 양주 방어로 강직되었다가 후에 광주 목사로 임명되었으나 윤언이가 벼슬을 사퇴하였다. 그리고 이어 다음과 같은 자기의 억울한 것을 해명하는 글을 왕에게 올렸다.

"버림받은 사람으로 된 지 6년에 신분은 이미 만 번 죽어도 감수하게 되었더니 일조에 성은을 내리시니 마치 재생한 듯 하늘을 우러러 보며 말없이 눈물 흘렸나이다. 가만히 생각하건대 웃 사람이 아랫 사람을 영도할 때에는 자기에게 충성 바치기를 희망하지 않는 이가 없으며 신하가 임금을 섬길 때에는 신임 받을 것을 기대하지 않는 자가 없습니다. 그러나 반드시 그렇지도 아니하므로 간혹 임금과 신하의 사이가 어그러지는 예가 있습니다.

옛날 주공도 유언으로 인해서 화를 면하지 못 했고 강후도 오히려 모해를 당하여 옥에 갇히는 몸이 되었으며 소망지는 황제의 스승이었으나 마침내 독약을 먹게 되었고 굴원은 왕의 친척으로서 끝내 강물의 고혼이 되지 않았습니까? 성현들도 오히려 이런 일을 당하였거늘 평범한 사람이야 말할 것도 없습니다. 더욱이 저 같은 자는 자품이 거칠고 천성이 편협하며 지모가 자기 몸도 돌보지 못하였으니 학식인들 나라에 무슨 도움을 가져 왔으리까? 다만 젊었을 때 다행히 선왕께서 과거에 급제시켜 주셨고 후에 또 폐학께서 요직에 등용하여 주셨습니다.

때때로 국가의 정사에도 참여하고 자주 경연에도 입시하게 되자 어리석은 생각에 시절을 만났다고 지나치게 마음 크게 되어 조심성이 없고 일을 당하면 아무런 생각도 해 보지 않고 곧 잘잘못을 말하며 제 마음 대로 행동하여 옳고 그른 것도 고려하지 않았습니다. 이때문에 선배들은 저를 위하여 걱정하였고 후진들은 손가락질하며 주목하게 되었습니다. 바로 이 후과는 저의 단점을 허위로 조작하고 억지로 얽어다 붙인 글로써 저를 탄핵하게 되었으며 이 글이 누차 폐하에게까지 드리게 되었으며 그 내용은 저를 '죽여야 마땅한 놈'이라는 것이었습니다. 그래서 인자하신 폐하께서는 비록 제가 미련하고 곧은 자인 줄을 아시지만 용서해 줄 수는 없게 되어 먼 지방으로 추방하여 목숨이나 보전하도록 염려해 주셨습니다.

저는 강직 처분을 받던 날 저녁 출발하던 때까지도 무슨 죄로 하여 벌을 받는지 모르고 한갓 억울한 생각만 가슴에 북받쳤습니다. 그러다가 중군의 보고문을 본즉 '윤언이가 정지상과 결탁하여 생사를 같이 할 관계를 맺고 크고 작은 일을 모두 상의한 사실이 있습니다. 임자년에 상감께서 서경 행차하신 때에 연호를 제정하고 황제 칭호를 쓸 것을 청원하였고 또 국학 학생들을 유도하여 전기 문제를 청원하였고 또 국학 학생들을 유도하여 전기 문제를 청원하게 한 것은 대체로 금나라를 격노하게 만들어 사단을 만들고 그 틈을 타서 모모 인물을 마음대로 처치하고 외방 사람들과 붕당을 구성하여 반역을 음모하려 한 것으로 추측되오니 이것은 신하된 자로서 있을 수 없는 의도입니다.'라고 쓰여 있었습니다. 저는 이 보고문을 재삼 읽고 나서 비로소 마음이 안정되었나이다.

그 까닭은 이러합니다. 연호를 제정하자는 청원은 주상을 높이 받들려는 지성에서 출발한 것입니다. 우리 왕조에서도 태조, 광종 때에도 그러한 사실이 있었고 과거의 문건을 상고하건대 비록 신라와 발해가 그랬으나 대국이 일찍이 무력을 가하지 않았고 소국들도 감히 비난한 바 없었는데 어째서 오늘 같은 성대에서 이런 일을 참월한 생각이라 한단 말입니까? 일찍이 제가 이 문제를 논의한 데 대하여 논죄한다면 그것은 그럴 수 있습니다. 그러나 '제가 정지상과 생사를 같이 할 관계를 맺었다느니', '금나라를 격노하게 만들었다느니' 하는 것은 그 말이 비록 심히 크기는 하나 앞뒤가 부합되지 않았습니다.

왜냐 하면 가령 강대한 적국을 노엽게 하여 우리 강토로 침범하도록 만들었다고 합시다. 외적을 방어하기에도 겨를이 없을 터인데 어떻게 틈을 타서 사변을 일으킬 수 있겠습니까?

또 '외방 사람들과 붕당을 구성'한다는데 외방 사람이란 누구를 말한 것이며 '모모를 마음대로 처치'하고자 한다는데 그 처치 당할 사람이란 어떤 사람을 가리킨 것입니까?

만약 여러 사람들이 불화하게 되면 전투에서 반드시 패망하는 법이며 나라가 패망한다면 제 몸 둘 곳도 없을 터인데 어찌 음모를 꾸밀 여지가 있겠습니까? 하물며 저는 평양을 천자天子가 날 땅이라고 하는 말에도 참여한 바 없는 점은 정지상과 다르며 백수한을 추천하는 데 참가하지 않은 사실은 오직 폐하께서 명백히 알고 계시는 일입니다.

제가 한 번 지방에 내려 온 이후 이미 여섯 번 해가 바뀌었는 바 오랜 기간 국록을 받지 못하니 의식을 구하기 어려우며 친구조차 절교하고 처자는 살 곳이 없게 되었나이다. 저의 몸은 뼈만 남아 마른 나뭇가지 마냥 앙상하고 얼빠지고 정신이 혼미하여 마치 꿈인 듯 취한 듯합니다.

제가 오늘까지 살아 온 것은 폐하께서 염려하여 주시는 덕택입니다. 생각건대 제가 지극히 약한 몸으로 서정 정벌에 종군하여 일신을 돌보지 않고 국가를 보위한 것은 당연한 의무요. 성공한 것은 다른 사람들이 모두 일을 잘한 탓인즉 무슨 수고가 있다고 말하리까마는 이제 말씀 드리려는 것은 감히 공로를 자랑함이 아니라. 다만 마음속의 구구한 사정을 대략 신소하여 혹시나마 폐하의 마음이 이 억울한 진상을 한 번 통찰하여 주시길 바랄 뿐입니다.

지난 을묘년에 중군이 세운 작전 계획은 적들의 식량이 고갈될 때를 기다리는 데 있었습니다. 그러나 악당들은 좀처럼 항복하지 않고 시일만 경과하여 대동강의 얼음이 풀리고 별다른 계책은 나오지 않았습니다. 제가 3월에 들어서서 거인距堙(흙을 쌓아 산을 만들어 적을 공격하는 것) 쌓을 의견을 처음으로 제기하였더니 다른 사람의 반대로 실행되지 못하였다가 11월이 돼서야 중군이 양명문 밖에다 거인을 쌓기 시작하여 지병마사 지석숭으로 하여금 저와 더불어 교대로 현장에 나가서 적토 작업의 진행을 검시하게 하였습니다. 그래서 수개월이 걸려서 성 위로 올라갈 수 있는 정도에 이르렀습니다. 그 다음 저는 전군사 진숙과 더불어 화공火攻하기로 토의 결정하고 판관 안정수로 하여금 화구 5백여 석을 준비하게 하였다가 9일 후 첫 새벽에 조언이 제작한 석포로 화구火具를 쐈더니 불길은 번개 같고 크기가 수레바퀴만 하였습니다.

적들이 처음에는 즉시로 그 불을 꺼 버렸으나 해질 무렵부터 화력이 몹시 강해지자 적들이 걷잡을 사이 없게 되었으며 밤새도록 계속 화공한 결과 양명문(요양의 옛 평양성의 남쪽의 한 대문) 및 부속 건물 20간과 적들이 쌓던 흙산도 모조리 불에 타게 되었으며 12일에는 전부가 완전히 괴멸되어 인마人馬가 족히 드나들 수 있게 되었으므로 제가 곧 중군에 가서 경과를 자세히 보고하고 제때에 공격을 개시하여 적들에게 다시 설비할 짬을 주지 말자고 제외하였더니 어떤 사람이 성을 내면서 안 된다고 반대하여 나섰으므로 저도 기가 나서 그와 언쟁하였습니다.

14일에 또다시 전군前軍에 가서 그와 언쟁하였습니다. 14일에 또다시 전군에 가서 급속히 공격해야만 적의 방비선을 돌파할 수 있다고 제의하였으나 사람들은 적토 작업이 끝난 후에 공격해야 한다고 주장하였습니다. 이러는 사이에 적들은 전자에 허물어진 장소에 목책을 설치하고 방어하므로 저는 급속히 공격을 개시할 것을 또다시 간청하였으나 그래도 작전 방향을 결정치 못 하고 있었으며 16일에 원수가 전군에 이르러 5군의 막료들을 전부 소집하고 작전을 토의한즉 다른 사람들은 여전히 그전 의견을 고집하였습니다. 이날 적들은 겹성을 쌓기 시작하여 그때의 정세가 더는 미루어 둘 수 없게 되었습니다.

전자에 지석숭은 흙산을 감역監役할 때부터 저와 뜻이 맞았고 뒤이어 부사 이유와 판관 왕수, 이인실 등 8명도 의견이 일치하게 되었습니다. 이리하여 원수(김부식)가 비로소 저희들의 의견에 따라 오게 되어 19일에 가서 부대를 세 길로 나누어 일제 공격을 개시하였는데 마치 마른 대를 쪼개는 듯 아무런 곤란도 없이 계획대로 돌파하였습니다. 이 날 저는 중군을 장악하고 판관 신지충, 김정황, 장군 권정균, 방자수, 녹사 임문벽, 박의신 등과 더불어 은밀히 대오를 정비하였다가 첫 새벽에 칠성문 아래에 이르러 화목을 쌓아 놓고 불을 질렀더니 불길이 일어난 후에야 적들이 이를 알고 당황해서 갈팡질팡하며 불을 끄지 못하여 성문과 부속 건물 도합 97간이 불에 타서 그 내부가 공허한 것이 바라 보였으므로 곧바로 쳐 들어가려 하였으나 마침 비가 내렸으므로 그만 군사들을 거두어 일단 병영으로 돌아왔습니다.

　이튿날 새벽 적의 괴수 정덕환과 유위후, 소관 4명이 몰래 성을 빠져 나왔으므로 방자수가 부하 대원을 시켜 병영으로 붙잡아 온 것을 제가 정덕환과 유위후는 원수 막사로 보내고 따로 별장 김성기 등에게 명령하여 포로가 된 소관 두 사람을 데리고 경창문(옛 평양성의 한 대문)으로 가서 적들에게 귀순을 권유하게 하였더니 적장 홍걸이 투항하여 왔었습니다. 이 날 전군은 광덕, 사원문(옛 평양성의 한 대문) 밖에 있었는데 적들이 오히려 성문을 닫고 항전을 계속하였으므로 홍걸이 박의신과 상의한 후 가짜 원수 최영을 생포하고 적군 2령(한 령이 1,000명씩)을 데리고 귀순하여 왔습니다. 그런 후에 적의 대장 소황린, 정선곡, 박응소 등 20여 명의 문무관들이 연이어 투항하여 왔고 기타 병졸들은 이루 헤아릴 수 없었습니다.

　제가 방자수를 시켜서 이징정과 투항한 적당 서효관을 데리고 성안으로 들어가서 궁궐과 창고, 부고(옛 평양부 창고)를 봉쇄하게 하고 이징정을 시켜 대궐(대화궁)을 지키게 하였으며 각 건물들의 열쇠 6~7상자를 압수하여 본영으로 보냈습니다. 좌군은 북문으로부터 입성한 후 군사들을 풀어 놓아 태부에 있는 재물을 함부로 끌어낸다는 말을 듣고 제가 박의신을 제지시켰으나 듣지 않으므로 다시 권정균을 보내어 겨우 제지하였습니다. 이리하여 태부는 아무런 손실도 없었습니다. 이렇게 한 후 저의 자식 자양을 원수 막사로 보내어 실정을 보고하였습니다.

　원수는 이 날 낮에야 중군으로 와서 다시금 이인실과 이식 등을 보내어 궁궐과 창고, 부고(옛 평양부 창고)를 봉쇄할 것을 명령하고 상세한 전황 보고를 올렸습니다. 이상은 당시 정황의 대략이

요, 상세한 일은 이루 다 진술할 수 없습니다. 이런 시기에 있어서 저는 국사에 다소나마 기여하였다고 스스로 믿고 있었던 터인데 어찌된 일인지 후일에 갑자기 사실이 뒤집혀 거짓으로 얽어서 사실을 왜곡하며 마침내 우둔한 저로 하여금 억울하게 모함을 당하게 하였습니다. 제가 지난날 모함 당한 일을 곰곰이 생각하면 이 역시 저의 불찰이었습니다. 옛날에 소식蘇軾이 강직 당했을 때 지은 글을 읽은즉 "신이 전번 서주徐州에 재직할 때에 강물이 넘쳐 성 안으로 침수되어 거의 성이 잠길 지경이 되었으므로 밤낮으로 방수에 힘을 다하여 겨우 안전함을 얻었고 또 일찍이 기주 백성 정비를 선발하여 그에게 악당들을 수색 탐지하는 임무를 주었던 바 반역을 음모하던 요적妖賊 이탁, 곽진 등 17명을 적발한 실적이 있으니 이런 공을 참작하시여 죄과와 상쇄하여 주시기 바랍니다."라고 하였습니다.

자첨(소식의 아들) 같은 호매한 재자도 이렇게 호소하였거늘 하물며 저는 외롭고 위태한 처지에서 그저 잠자코 있기만 하리까? 군색이 심해서 그러는 것이니 어찌 진정하지 않겠습니까?

또한 김정은 일찍 법관의 심문을 받은 지 7개월 만에 고관으로 복직되었고 유충도 동시에 강남으로 철직해 갔다가 3년 만에 전직에 돌아온 실례가 있는데 오직 저만은 불초한 탓으로 세상 사람들과 사이가 어그러지게 되어 이름은 이미 심각한 법적 문건에 올랐고 사람들은 뜬 말을 함부로 전하므로 논죄가 풀리지 않은 채 몇 해를 지냈습니다. 어찌 감히 자결이라도 해서 청백함을 스스로 밝힐 것을 아끼리요마는 진실로 폐하를 생각하는 일념 뿐이었고 오랫동안 누명을 참고 구차하게 오직 신원할 날이 오기만 고대한 까닭입니다.

참으로 성상의 인자하신 배려와 광대하신 도량으로 저의 막심한 곤궁을 가엾게 여기시고 저의 일편단심을 불쌍히 보시어 자주 해당 관리에게 분부를 내리셔서 외로이 충성을 품은 자를 먼 귀양살이에서 벗어나게 하시고 재생의 길을 열어 주심으로써 죄 없는 평민으로서 살게 되었으며 종내 누명도 벗게 되어 앞날의 새로운 광명을 바라보게 하여 주시었습니다.

이것은 다름 아닌 지극히 인자하고 후덕하신 성상께서 신하를 사랑하시고 선비를 아끼시는 성은으로써 저의 여생이 구제된 것이며 뭇사람들이 저를 모해할 때 저의 목숨을 보전하여 주셨고 다년간 유형(귀양살이)을 받은 저에게 특별히 관직을 주실 뿐 아니라 지난날의 봉급까지 주시니 괵거의 허구 중상도 거의 풀렸습니다. 해가 돌아 오르니 집안이 명랑하고 시들던 나무가 소생하려니까 봄철이 돌아오고 제때에 비까지 내리는 듯 하오니 목석 같이 무지하지 않거든 어찌 하늘같은 뜻을 알지 못하겠습니까?

저의 몸은 비록 쇠약하여 다시 전일의 모습을 찾을 수 없지마는 일편단심만은 오히려 남아 있으며 여생의 충절을 다할 것을 맹세하며 살아서 성은에 보답하지 못하게 되면 죽어서라도 결초보은結草報恩 하오리다!"

의종 3년(1149)에 정당 문학으로 있다가 죽으니 왕이 3일간 조회를 정지하였고 시호는 문강이라 하였다. 윤언이는 글을 잘하였고 일찍이 주역의 주해를 저작하여 세상에 전하였으며 만년부터 불교를 혹신하였다. 벼슬에서 은퇴한 후 파평에 가서 거주하면서 호를 금강거사金剛居士라고 자칭하였다. 일찍이 중 관승과 불교를 연구하는 벗이 되었다. 관승이 초막을 자그마하게 만들었는데 초막의 크기가 겨우 한 사람이 앞을 정도였으며 두 사람 중에서 먼저 죽는 사람이 여기서 좌선하여 죽자고 약속하였다. 그 후 하루는 윤언이가 소를 타고 관승을 찾아 가서 이 세상 떠나는 작별 인사를 하고 곧바로 돌아 왔더니 관승이 사람을 초막에 보냈다. 윤언이가 웃으며 말하기를

"봄 지나 다시 가을 되니 피는 꽃 지는 잎이로세!
동에서 서로 가고 또 가는데 나의 본성(眞君)이나
좋이 양하리로다!
생사 도중에 선 오늘 이 내 몸 돌이켜 보니
아! 모든 것이 만리 장공의 한 조각 한가한 구름이었네!"

글을 쓰고 나서 그 초막에 앉아서 죽었다. 윤언이는 일국의 재상의 몸으로 국가의 교화에는 관심이 없이 허황하고 이상한 행동을 감행함으로써 우매한 속인을 미혹하게 했으므로 당시의 식자들은 그를 비난하였다. 아들은 인첨, 자고, 순신, 자양인 바 인첨, 자고, 순신이 모두 과거에 급제하였으므로 그들의 어머니에게 매년 국가에서 양곡을 주었다. 윤순신은 병부시랑을 지냈고 아들은 상계이다.

윤인첨의 자는 태조니 의종 때에 과거에 급제하고 벼슬이 여러 번 올라 시어사로 되었는데 그의 발언이 권세가들의 뜻에 거슬러서 좌사원외랑으로 강직되었다가 기거주로 전직되었다. 당시 궁녀 무비가 왕의 총애를 받아 3남 9녀를 낳았다. 최광균이란 무비의 사위가 장모의 덕으로 8품 벼슬에 뛰어올라 임명되고 식목녹사를 겸임하게 되니 사대부들이 모두 이를 갈며 분개하였고 간관들은 최광균의 임명장에 서명을 거부하였으므로 왕이 윤인첨과 간의 이지심, 급사중 박육화, 사간 김효순, 정언 양순정, 정단우 등을 불러서 서명을 독촉하니 낭사들

이 두렵고 위축되어 그저 "네, 네" 하고 퇴출하였다. 어떤 사람이 그것을 조소하여 다음과 같은 시를 지어 풍자하였다.

"말하지 않은 사람이 사간이 되고 말 없는 사람이 바로 정언이며 말더듬이가 간의로 되었으니 그들이 유유하게 앉아서 논의하는 바가 무엇일가!"

윤인첨은 그 후 형부시랑으로 있다가 서북면西北面 병마兵馬 부사府使로 나갔다. 린주麟州(요령성의 한 주)와 정주定州(만주의 한 지역) 어간에 섬이 있었는데 금나라 사람들이 그 곳에 많이 와서 살고 있는 것을 병마 부사 김광중이 공격하여 축출하고 수비병을 두었더니 금나라 임금이 그 섬을 양도하라고 힐책하고 수비병을 두었더니 금나라 임금이 그 섬을 돌려주고 수비병을 철수하라는 명령을 내렸으나 윤인첨 등은 국토를 타국에 할양하는 것을 치욕으로 생각하고 명령에 복종하지 않았더니 금나라 대부 영주가 정예군인 70여 명을 파견하여 그 섬을 공격하고 고려의 방수 별장 원상 등 16명을 붙잡아 갔다.

윤인첨이 겁이 나서 의주義州(요하 서쪽에 있는 의현) 판관 조동희와 밀의하고 공문을 보내어 포로를 송환하여 줄 것을 요청하였더니 이튿날 돌려보내 왔다. 윤인첨 등이 이 사건을 비밀에 붙이고 보고하지 않았더니 정부에서 알고 문책하였으나 윤인첨은 처벌당할 것이 두려워서 이리 저리 꾸며대면서 끝내 보고하지 않았다. 그 후 내직으로 들어와서 우간의 대부로 임명되었다.

명종이 즉위한 후 국자감 대사성으로 임명되었다가 참지정사 판병부사로 뛰어올랐고 중서시랑 평장사로 승진하고 동북면 병마판사 행영병마 겸 중군 병마판사로 외직에 나가 있었다.

김보당이 병란을 일으켰을 때에 이의방이 윤인첨도 그와 공모하였다는 혐의를 가졌고 또 그는 당시 문관들 중에서 윗자리에 있었으므로 장차 체포하여 살해할 작정으로 순검군을 보내서 윤인첨을 포박했으나 유응규의 주선으로 겨우 화를 면했다. 미구에 상장군을 겸임하고 중방의 군무 회의에 참여하게 되었으며 수태사 벼슬도 더 받게 되었다. 조위총이 병란을 일으키자 왕이 윤인첨을 원수로 삼아 3군을 거느리고 이를 공격하게 하였다. 윤인첨의 부대가 절령岊嶺(현재의 의주에서 요양 가는 차마도로의 분수령, 정가령 근방)에 이르자 마침 눈보라가 심한데 서경 군대가 영마루에서 내려 오면서 급히 공격하니 관군이 혼란에 빠져 마침내 흩어져 달아났으며 윤인첨도 포위되니 그는 적과 더불어 싸우다가 죽으려 하는 것을 지병마사 정균이 제지하면서 말하기를 "주장이 경솔한 태도를 취해서는 아니 된다."고 하고 드디어 윤인첨의 말을 채찍질하여 포위를 빠져나와 겨우 목숨을 보전하고 군대를 철수하여 돌아왔다.

뒤미처 또 다시 윤인첨을 원수로 삼고 추밀원 부사 기탁성을 부원수로, 지추밀원사 진준을 좌군 병마사로, 동지 추밀원사 경진을 우군 병마사로, 상장군 최충렬을 중군 병마사로, 섭대장군 정균을 지병마사로, 상장군 조언을 전군 병마사로, 섭대장군 문장필을 지병마사로, 상장군 이제황을 후군 병마사로, 사재경 하사청을 지병마사로 임명하여 재차 서경(요양시 궁장령구)을 공격하게 하고 승군도 출동시켰다.

윤인첨이 여러 장령을 거느리고 서편 교외에서 대오를 점검하고 있었는데 정균이 은밀히 중 종감을 꾀어 이의방을 죽이니 왕이 군사들의 소동이 생길까 염려하여 측근자 유응규를 보내서 유고하였다. 그런데 군대들은 모두 문관이 승군을 사촉하여 사변을 꾸민 것으로 의심하고 윤인첨을 죽이려고 서둘렀다. 유응규가 돌아가서 정중부에게 고하니 정중부가 사람을 보내서 설복시켜서야 제지되었다.

한편 승군은 "이의방의 딸을 태자비로 두는 것은 의당하지 아니 하니 내 쫓으라."고 하면서 드디어 보제사에 집합하여 출발하지 아니 하므로 윤인첨 등은 승군을 남겨 두고 출발하였다. 그때 조위총의 심복들이 연주漣州(요령성의 한 지역)에 있었으므로 윤인첨이 여러 장령에게 말하기를 "내가 듣건대 손잡고 나갈 자에겐 내부로부터 공작할 것이고 반역자를 토벌할 때에는 그의 앞잡이를 제거해야 한다는 데 만일 우리가 먼저 서경을 공격한다면 연주에 있는 적의 심복들이 북방 사람들을 꾀어 서로 호응하게 될 것이고 우리들은 앞뒤로 공격을 받게 될 터이니 이것은 좋은 계책이 아니다. 지금 연주는 서경을 믿고 우리들이 졸지에 공격하리라고는 근심하지 않고 있으니 연주를 먼저 공격하는 것이 옳다. 만약 연주漣州(요령성의 한 지역)가 함락되면 북부 각 성들이 반드시 모두 귀순하여 올 것이다. 그런 후에 귀순한 자들을 규합하여 역적을 토벌하면 의사가 합치되고 역량이 통일되어 성공 못할 리가 없을 것이다."라고 하고 그 길로 연주를 진군하여 포위 공격한 지 몇 달이 지나니 연주는 조위총에서 구원을 청하였다. 그래서 조위총이 구원병을 파견하여 오는 것을 관군이 지름길로 앞질러 가서 공격하여 1500여 명을 죽이고 220여 명을 포로로 잡으며 관군이 망원에서 또 서경군을 요격하여 700여 명을 죽이고 60여 명을 포로로 잡았다. 연주는 오랫동안 함락되지 않고 있던 것을 후군총관 두경승이 공격하여 함락시켰다.

이렇게 되니 서북의 여러 성들이 모두 투항하여 관군을 맞이하였다. 그래서 드디어 병력을 서경(요양시 궁장령구弓長嶺區)에 집중하여 공격하게 되었다. 윤인첨이 말하기를 "서경은 성이 험하고 견고하니 만일 우리가 오랫동안 피로한 군대로써 개미떼처럼 모두 달려 붙어 공격하는 것은 불리하다. 다만 장기전으로 성을 포위하고 밖으로 나와서 약탈하지 못하게 하는 한편 그들에게 선무공작을 하여 살길을 보여 주면 성안에 강탈당한 주민들은 반드시 투항하려 할 터이니 그렇게 되면 조위총은 결국 굶주린 한낱 죄수로 될 뿐이니 무슨 짓을 할 수 있으랴?”라고 하였다. 이어 성 동북쪽에 흙산을 쌓고 이 곳을 수비하니 조위총의 군대들은 양식이 떨어져서 심지어 죽은 사람의 고기를 먹게까지 되었고 때로는 나와서 도전하나 윤인첨은 수비를 굳게 하고 대응하지 않으며 포로가 된 자에겐 즉시 의복과 먹을 것을 주어 보내니 성안 사람들이 이 소식을 듣고 성을 넘어 귀순하는 자가 매우 많았다. 이러는 동안 관군은 재차 서경군과 교전하여 그들을 크게 격파하고 30여 명을 살해 또는 포로로 잡으며 그들의 요해지인 봉황두를 점령하고 거기에 성을 축조하였다. 의종 6년에 윤인첨이 서경의 통양문을 공격하고 두경승은 대통문을 공격하여 큰 소동이 일어났다. 관군은 조위총을 붙잡아 죽이고 그의 일당 10여 명을 옥에 가두었으며 기타 사람들은 모두 위무하여 보내니 주민들이 안도하여 그 전과 같이 평온하게 되었다.

윤인첨은 태조의 진전眞殿(초상화를 모신 집)에 참배하고 조위총의 머리를 함에 담아 조정에 보냈으며 병마부사 채상정을 파견하여 승전을 보고하였고 또 조위총의 처자들과 포로 백여 명을 보냈더니 조정에서 조위총의 머리를 저자 거리에 내걸었다. 그 전에 윤인첨이 갑자기 들자니 서경 군사들이 성 위에서 떠들고 있는지라 사람을 보내어 그 까닭을 탐문한즉 서경 사람들이 입룡이라고 부르면서 축하하는 것이었다. 윤인첨이 말하기를 “조위총이 장차 죽을 것이다. 사람인 변과 갓머리를 버리면 어찌 살 수 있겠는가?”라고 하였다.

윤인첨이 비서소감 유세적을 보내어 서경을 평정한 데 대한 축하의 글을 올렸더니 왕이 이부시랑 오광척을 파견하여 전군의 귀환을 명령하는 조서를 보내고 윤인첨에게 추충정란광국공신 칭호와 상주국 훈위와 감수국사 벼슬을 더 주었다. 그리고 참지정사 진준을 금교역까지 보내어 여러 장령을 위로하며 영접하게 하고 다시 왕의 아우 평량후를 마천정까지 보내어 위로연을 배설해 주었고 돌아온 후에도 거듭 위로연을 배설하였다. 이 해(1176)에 린첨이 죽으니 향년 67세였다. 시호를 문정이라 하고 국비로 장사 지냈다. 윤인첨은 총명이 보통 사람보다 뛰어나서 비록 백 명이나 천명을 대하더라도 한 번만 성명을 들으면 언제까지나 잊지 않았다. 정중부가 난을 꾸며 문관들이 몰락된 후 윤인첨은 무관들과 같이 일을 볼 때 매양 견제를 당하면서도 하라는 대로 복종하면서 자기 몸을 보전했을 따름이었다.

따라서 서경을 평정한 후에 상과 벌이 적중하지 못하고 조치가 합당치 못하여 서북 지방의 귀순자들이 여러 번 반란을 일으킬 수 있는 조건을 조성하였던 까닭에 당시의 여론이 그를 나쁘게 평가하였다. 후에 왕이 그의 공로에 대하여 교서를 내리기를

"지난날 조위총이 서경에서 반란을 꾸몄을 때에 원수 윤인첨과 기탁성 등이 일심협력하여 이를 쳐서 평정하였으므로 나는 그들의 공을 가상히 여기어 잊지 않으려 한다. 윤인첨에게 추충정란광국공신 칭호와 수태사 문하시중 벼슬과 상주국 훈위를 추증하고 공신각에 그의 화상을 붙이게 하노라."

고 하였다. 또 그 후에 명종 묘정에 배향하였다. 아들은 종악, 종회, 종함, 종양이다. 윤종악은 태부 주부로 있다가 정중부의 병란 때에 죽었으며 윤종회는 음직으로 판예빈성사 벼슬까지 지냈고 윤종양은 형부시랑으로 있었다.

윤인첨은 그 3형제가 모두 과거에 급제하였으며 종악, 종함, 종양들

도 또한 과거에 급제했으므로 양대에 걸쳐 그들의 어머니에게 매년 국가에서 양곡을 주는 은전을 받게 되니 당시 사람들이 그것을 영예롭게 여겼으며 마을에서 그 집을 삼 급제댁 또는 양 원수댁이라 불렀다.

윤종양은 타인과의 약속을 소중히 여기어 지켰으며 또 타인에게 물건을 부어 구조하기를 즐겨 하는 미풍은 있었으나 사방에 전원을 욕심껏 장만하였고 남의 선물을 많이 받았으므로 비난도 받았다. 윤세유는 윤관의 손자이니 희종 때에 우어사로 임명되었다. 하루는 왕이 연경전으로 옮겨 앉았는데 윤세유가 좌어사 최부와 함께 당직이 되어 왕을 수행하였는데 첫 새벽에 대궐에 들어가서 해가 서녘으로 기울어진 지 오래도록 왕의 거동이 움직이지 않았으므로 기갈이 심하여 길가 집으로 들어가서 두 사람이 술을 마시다가 그만 왕이 출발하는 것도 모르고 있었다. 그래서 최부는 왕이 통과하는 길을 범하였고 윤세유는 몹시 취하여 경마군을 붙이고 가는데 발언이 광란하였으므로 헌부의 탄핵을 받아 최부는 안동 판관으로 윤세유는 양주부사로 좌천되었다. 후에 윤세유는 최부가 보낸 '동지 날에 왕을 호종하여'라는 글에 대하여 다음과 같이 회답하였다.

"행차를 모시며 둘이 취했던 한 동의 술이여! 영남에 온 지 벌써 3년을 지냈건만 천일이 되어도 취한 술 깰 줄 모르네!"

윤세유가 고종 초년에 예부 원외랑으로 임명되었을 때 최충헌을 찾아보고 그에게 문제를 내어 시를 짓게 해달라고 요청하였다. 최충헌이 이규보, 진화와 중 혜문을 초청하여 "바둑 두는 구경을 한다."라는 시 40수를 같이 짓게 한 다음 한림승지 금의로 하여금 이를 채점하게 하였던 바 이규보가 제 1위요, 진화가 제 2위였다.

윤세유가 일단 최충헌에게 접근한 뒤로부터는 득의만만하여 날뛰며 기어코 높은 벼슬을 얻으려 하였다. 그는 평소부터 우복야 정진과 사감을 품고 있었는데 이때 왕에게 정진을 무고하기를 "정진이 그의 아우 추밀 숙첨과 더불어 반역을 음모하니 만일 나를 교정별감으로 임명하고 일번의 순검군을 붙여준다면 음모자를 일망타진—網打盡할 수 있소."라고 하니 왕이 놀라서 승선 차척을 최충헌에게 보내어 은밀히 전달하였더니 최충헌이 윤세유를 붙잡아 추문한즉 그는 술에 취한 듯이 종잡을 수 없는 답변을 하였다. 그래서 마침내 무고한 죄로 섬으로 귀양 보냈다가 미구에 소환되었으나 귀환하는 도중에서 죽었다. 윤세유는 문학으로 세상에 이름이 났으나 주색을 좋아하며 조정의 정사에서 자기 뜻에 맞지 않는 일이 있으면 꼭 시를 지어 비방하므로 당시에 그를 미치광이라고 불렀다.

윤상계의 자는 수익이니 성질이 곧고 소박하며 행실이 청렴하고 근실하였고 재간과 국량도 있었다. 문음門蔭으로 출세하였고 재직하는 곳마다 이름난 공적이 있었다. 신종 4년(1201)에 서경 부유수로 있다가 죽었다. 그의 중손 윤부는 벼슬이 첨의정승에 이르러 치사하고 충숙왕 16년(1329)에 죽으니 시호를 문현이라 하였다. 윤부의 아들은 안비, 안숙, 안적이다.

5. 해동공자 최충崔冲

원문: 高麗史 권 95, 열전 제 8
(최유선崔惟善 최사제崔思齊 최륜崔淪 최윤의崔允儀의 전기가 포함됨)

최충의 자는 호연浩然이니 해주 대녕군 사람이다. 그는 풍채가 훌륭하고 지조가 견실하였다. 어릴 때부터 공부하기를 좋아하였고 글도 잘 지었다. 목종 8년(1005)에 과거에 장원 급제하고 현종 때에 습유拾遺, 보궐補闕, 한림학사翰林學士, 예부시랑禮部侍郎, 간의대부諫議大夫 등 벼슬을 역임하였고 덕종 초엽에 우산기상시右散騎常侍 동지同知 중추원사中樞院事로 전임되었다.

그가 왕에게 진언하기를 "성종 때에 중앙과 지방의 각 관청들의 벽에는 모두 설원說苑의 6정六正, 6사六邪의 글과 한나라에서 자사에게 준 6조령條令 등을 써 붙였는데 이미 오랜 세월이 경과 되었은즉 그것을 고쳐 써 붙여 관직에 있는 자들로 하여금 잘못을 시정하고 올바른 정사를 하도록 알려주는 것이 필요하다."고 하니 왕이 그의 의견대로 시행하였다. 미구에 그는 형부상서 중추사로 임명되었으며 그 후 정종 때에는 상서 좌복야左僕射 참지정사參知政事 판서북면判西北面 병마사兵馬使로 임명되었다. 왕이 최충을 국경 지대로 보내어 국경 경비에 필요한 성지城池를 정비할 임무를 주고 특히 의복을 주어 보냈다. 최충이 부임한 후 영원진, 평로진(연구: 영원진과 평로진은 요령성에 있었던 지명, 평안도에 있는 것이 아님) 등과 여러 곳에 보 14개소를 설치하였다.

그는 임무를 수행하고 돌아와서 내사시랑內史侍郎 평장사平章事로 승진되었고 수사도守司徒 수국사修國史 벼슬과 상주국上柱國 훈위를 더 받앉으며 미구에 또 문하시랑 평장사로 승진되었다. 문종이 즉위한 후 문하시중으로 임명하고 그에게 법령과 서산書算에 대하여 연구 제정할 것을 명령하였다. 그리고 그에게 수태보 벼슬을 더 주고 4년에 또 개부 의동삼사, 수태부를 더 주고 추충찬도공신 칭호를 주었다.

최충은 시중으로서 도병마사都兵馬使 직무를 수행할 때 왕에게 진언하기를 "작년에 서북 지방 각 주와 진에서는 곡식이 흉작이어서 백성들의 생활이 빈곤하며 남자는 부역에 시달리고 여자들은 각종 부담에 허덕이고 있으니 앞으로 성지城池를 수축하는 이외의 공사는 일체 금지하자."고 청하니 왕이 이 제의를 따랐으며 또 왕에게 건의하기를 "동여진의 추장과 염한 등 86명은 자주 변방을 침범한 자들인데 지금 그들을 억압하여 경관京館으로 데려다 둔 지 여러 날이 되었는 바 오랑캐란 원래 사람의 외모에 짐승의 마음을 가진 자들인즉 형벌만으로는 버릇을 고칠 수가 없고 또 그렇다고 해서 인의로도 교화하기 어려운데 그들을 억류한 지 이미 오래되었으니 제 집을 그리워하는 심정도 반드시 깊을 것이고 또 원한까지도 품고 있을 것이며 한편 그들에게 드는 비용도 대단히 많으니 청컨대 모두 돌려보내십시다."라고 하였더니 이 제의에 대하여 왕은 그대로 좇았다.

이듬해에 식목도감사式目都監使로 임명되었는데 내사시랑內史侍郎 왕총지 등과 더불어 진언하기를 "과거에 급제한 이신석은 씨족을 등록하는 절차를 밟지 않았으니 관리로 등용할 수 없다."고 주장했으나 문하시랑 김원충과 판어사 김정준은 반대하기를 "그의 씨족 등록이 아니 된 것은 그의 조부나 부친의 과실이지 본인의 죄는 아니며 또한 그가 다년간 글공부에 노력한 공으로 과거에 급제하는 영예를 지니었으니 자기 자신에 아무런 허물이 없는 한 관직을 주는 것이 합당하다."고 의견이 대립되었다.

이에 대하여 왕이 교시하기를 "최충 등의 주장하는 의견이 사리에 부합되는 원칙이다. 그러나 어진 사람을 등용하기 위해서는 방법을 가리지 않을 것이며 전례에만 구애할 일은 아니다. 김원충 등의 의견대로 처리하라."고 결정하였다. 정종 7년에 최충의 연령이 70이 되었으므로 퇴직을 청원하였더니 왕이 교시를 내리기를 "시중 최충은 누대로 내려오며 선비들의 영수이며 우리나라의 덕망 높은 장로이다. 이제 비록 은퇴를 청원하나 내 어찌 그의 청을 허락하겠느냐? 주관 부서에서는 마땅히 전례되는 예법에 의거하여 그에게 안석과 지팡이를 주고 나라일을 보게 하라."고 명령하고 또다시 추충찬도협모동덕치리공신 칭호와 개부開府 의동삼사儀同三司 수태사守太師 겸 문하 시중 벼슬과 상주국 훈위를 주고 곧 치사할 것을 명령하였다.

최충은 왕이 자기 집으로 사신을 보내어 임명서와 예물을 전달한다는 말을 듣고 사양하는 글을 올리기를 "제가 출사한 이래 아무런 공헌도 보좌도 하지 못하고 몸만 노쇠하여 이제 은퇴를 청원하게 됩니다. 그동안 직무상 성과도 없이 막대한 국록만 받았으므로 이것을 이미 과분한 은혜로 생각하는데 이제 또 특별한 교지를 내리시고 장차 사신까지 내보내시어 영광이 마을에까지 미치게 하신다 하오니 분수에 넘치는 일이라. 하정에 미안하며 분복에 지나치는 일을 저는 항상 송구하게 여기는 바이온즉 이미 내리신 분부를 회수하시고 새로운 은총을 더는 베풀지 마시기를 바랍니다."라고 하였으나 왕은 듣지 않았다. 그리고 내사시랑內史侍郎 평장사平章事 김원정과 동지 중추원사 왕무숭을 최충의 집으로 보내어 다음과 같은 조서를 내렸다.

"그대는 태학의 영수로서 국정에 광채를 내었다. 누대의 임금들을 문필로 섬기어 문장으로써 나라를 빛나게 했으며 삼공의 지위에 있으면서 국정을 협찬한 공적이 또한 컸었다. 이제 비록 관직에서 물러가지만 지난날의 공적을 잊을 수 없다. 다시금 재상의 직품에 올리고 아울러 녹야당綠野堂(당나라 때 배도의 별장) 같은 영예를 베풀고자 이제 그대를 내사령으로 임명하는 동시에 치사를 허락하는 교지 1통을 주며 아울러 옷, 띠, 은그릇, 채단, 돈, 안마(말안장이 달린 말) 등을 준다."

또 왕이 그에게 준 관고官誥의 내용은 다음과 같다.

"어진 신하를 얻는 것은 성스러운 일이다. 그러므로 순 임금은 8명의 뛰어난 인재를 들어 썼고 훌륭한 선비를 얻는 나라는 융성한다. 때문에 주나라 왕실에서는 네 명의 현인을 맞이하였다. 그들에게 재상 자리를 주고 그들의 충직한 계책을 채납하여 왕정을 빛나게 하였으며 그들로부터 현명한 보좌를 받아 임금의 지모를 발전시켰다. 그리하여 백성들을 문명하고 평화롭게 만들었으며 영원무궁한 국운을 유지하였다. 만일 우리나라에서 이런 현철한 옛 사람들에게 견줄 수 있는 자 그 누구인가? 고한다면 나는 그런 사람을 얻었노라고 말하겠다. 그대는 침묵하고 성실하며 해박하고 명철한 성품을 타고 났다. 목숨을 내놓고 곧은 말을 하는 점에서는 당웅이나 네형에게 비할만 하고 양나라 때의 주이와도 같이 살 만큼 정도의 부를 가졌으며 진나라 조정의 극선과도 같이 과거에 장원 급제하였다. 다능하기로는 숙향을 능가하며 박식하기로는 장화 또한 무색할지로다. 과거에 급제한 후 옥당에 뽑히었다. 나는 헌원씨의 어진 신하 만날 꿈이 맞은 것처럼 어진 인재인 그대를 맞이하였고 그대는 주나라 태사 윤씨와도 같이 만백성의 첨앙을 받고 있다. 내각의 제도를 세울 때엔 모든 사람들이 그대를 두여회 같이 추대하였고 학궁의 영수로선 선비들이 그대를 위서처럼 칭찬하였다. 이리하여 그대는 군신 화합의 영예를 크게 지니었으며 국정의 기미를 모두 다 살피고 선처하였다. 근자에 그대는 연치도 그다지 노모한편은 아니며 건강도 그렇게까지 노쇠하지는 않았는데 중요한 관직에서 일찍 물러가 은퇴 생활할 것을 원하고 있다. 그대는 비록 당나라 하지장처럼 벼슬에서 은퇴하고 호수가에서 자연의 풍경을 즐기며 양나라의 도홍경 마냥 산중에서 거처할지라도 나라의 중요한 정사에 대해서는 언제나 자문에 응하기 바란다. 지난날엔 만백성의 모범으로 활동하였다면 오늘엔 온 세상의 스승으로 되었다. 만일 가장 높은 관직으로 승진시키지 않는다면 무엇으로써 그대의 훌륭한 공덕을 표창할 수 있으랴? 그래서 중서성의 최고 관직에 그대를 임명하노라. 아! 재능에 따라 관직을 주는 것은 임금으로서 응당 베풀어야 할 은총이므로 나는 이를 아끼지 않는 바이며 정령을 논의하고 국정을 경륜하는 것은 재상의 중대한 직무인데 그대는 이 역할을 훌륭히 하였다. 더욱 보필하는 꾀를 다하여 태평한 세상을 만듦으로써 도당이나 주나라의 현신들만 못지않게 되기를 기대하노라!"

그 후 관제 개정으로 인하여 내사 문하성을 중서 문하성으로 개칭하였으므로 최충을 중서령으로 임명하고 치사를 허락하였다. 최충은 은퇴하여 집에 있었으나 국가의 큰일을 처결할 때는 빠짐없이 그를 찾아가서 문의하도록 하였다. 여러 번 벼슬을 올렸으며 추충찬도좌리동덕홍문외유보정강제공신 칭호를 주었다. 최충은 문종 22년(1068)에 죽었는데 왕이 태의감 이염을 보내어 그의 아들 최유선 등에게 다음과 같은 조서를 보내어 조문하였다.

"그대의 아버지는 무리에서 뛰어난 인물이요, 조정의 귀중한 보배였다. 당세의 으뜸가는 문장으로 일찍이 재상의 직위에 등용되어 나라 다스리는 큰 포부를 발휘했으며 여러 대 왕조에서 세운 위훈은 역사에 길이 빛나리다. 그리고 중서 문하성의 높은 직위에 올랐을 때에 이르러서는 그 남은 경사를 벼슬길에 나선 자손들에게 물려주고 자기는 구장을 받아가지고 한가한 은퇴 생활로 돌아가 거문고 뜯기와 책 읽기를 즐기면서도 일상 임금을 향하는 일편단심은 변한 바 없고 믿음직한 나라의 기둥이 되었더니 아! 뜻밖에 세상을 떠났으니 슬프고 애석한 마음 한량없다. 그대들은 불행히 친상을 당하였으니 얼마나 애통하겠는가? 장례 범절에는 효성을 다하되 지나치게 애통하여 건강을 해하는 일이 없도록 하라."

현종 이후에 전란이 겨우 멎었으나 미처 문교에 힘을 들리지 못하였다. 이때 최충은 후진들을 집합하여 교양하는 일에 정력을 바쳤으므로 학도들이 모여 들어 거리와 골목에 차고 넘쳤다. 그래서 최충은 드디어 락성樂聖, 대중大中, 성명誠明, 경업敬業, 조도造道, 솔성率性, 진덕進德, 대화大和, 대빙待聘 등 9개의 서재書齋로 나누어 교수하였으니 세상에서 그들을 시중 최공의 학도라고 불렀다. 그래서 일체 과거 보려는 자제들은 반드시 먼저 그의 학도로 입학하여 공부하는 것이 상례로 되었으며 매년 여름철에는 귀법사歸法寺의 승방을 빌려 여름 학습을 집행하였는데 학도 중에서 과거에 급제하고 학력이 우수하면서도 아직 관직에 취임하지 않은 자들을 선발하여 교도敎道로 삼고 9경九經과 삼사三史를 교수하였으며 간혹 선배들이 참관하러 오면 촛불로 시간을 정하고 시를 지어 그것을 평정하며 성적에 따라 우수한 시는 방을 붙이는 동시에 성적순으로 호명하여 좌석을 정한 후 간단한 주석을 차리고 그 좌우편에 기혼자(冠)와 미혼자(童)가 정렬하여 앉으며 그 사이에 술잔을 돌리는데 모든 행동에 예절이 있고 어른과 어린이의 질서가 정연했으며 서로 시를 읊으며 그 날을 즐겁게 보내고 해가 저물면 일동이 모두 낙생영洛生詠(시낭송의 일종)을 합창하면서 파하니 보는 사람마다 누구나 칭찬하고 감탄하지 않는 자가 없었다.

그가 죽은 후 시호를 문헌文獻이라고 하였는데 그 후에 과거에 응시하는 자들이 모두 9개 서재에 적을 두었으므로 이들을 모두 문헌공학도라고 불렀다. 이 외에도 유신儒臣들 중에 학도를 가진 사람이 열한 명이나 있었으니 홍문공 학도는 시중 정배걸이 수립한 것으로 일명 웅천 학도라고도 하였고 광헌공 학도는 참정 노단이 창시한 것이요, 남산 학도는 제주 김상빈이, 서원 학도는 복야 김무체가 세운 것이요, 문충공 학도는 시랑 은정이, 양신공 학도는 평장사 김의진이 창설한 것이라고 하며 일설에는 낭중 박명보가 창설하였다고도 한다.

정교공 학도는 평장사 황영이, 충평공 학도는 류감이, 정헌공 학도는 시중 문정이, 서시랑 학도는 서석이 창설한 것이다. 다만 구산 학도는 어떤 사람이 창시했는지 알 수 없다. 그래서 세간에서는 열 두 학도 중에서 최충의 학도가 가장 성대하다고 하였다.

우리나라에서 학교가 생긴 것이 대체로 최충에 의하여 시작되었다고 보겠으며 당시 그를 해동공자海東公子(고려의 공자라는 뜻임)라고 말하였다. 선종 3년에 정종 묘정에 배향하였다.

최충의 아들은 유선, 유길인 바 최유선은 벼슬이 상서령에 이르렀으며 그의 아들 최사추는 자체의 전기가 있다. 최충의 자손들 중에는 문장과 덕행으로 하여 재상 지위에 오른 자가 수십 명에 달하였다. 최유선은 현종 때에 을과에서 장원 급제하여 7품관으로 한림원에 들어갔으며 문종 때에 여러 번 벼슬이 올라 지중추원사로 되었다.

그때 왕의 명령으로 흥왕사를 덕수현에 창건하고 덕수현을 양천으로 이전하기로 하였는데 최유선이 간하기를

"옛날 당나라 태종은 신성하고 영특한 임금으로 천백 년 이래 그와 견줄 만한 제왕이 없었는데 그는 속인을 중으로 만들거나 절이나 도관을 창건하는 것을 허용하지 않음으로써 고조의 뜻을 지킨 데 대하여 역사상 그를 찬양하였으며 우리나라 태조 신성왕의 유훈에는 이르기를 '국사 도선이 국내 산천의 좋고 나쁜 곳을 살피고 모든 창건할 만한 곳에는 사원을 건축하지 않은 곳이 없으므로 후대의 국왕이나 공, 후, 귀척이며 왕후 왕비와 관리들은 마음대로 원찰을 건설하여 지덕地德을 손상하는 일이 없도록 하라.'고 하셨는데 이제 폐하께서는 조상들의 이룩하신 왕실의 기업을 물려받으신 후 태평 무사한 세월이 오래 계속되었으니 오늘에 와서는 마땅히 비용을 절약하고 백성을 사랑하여 나라를 부강하게 하고 후대에 전해야 하겠는데 무엇 때문에 백성들의 재물을 말리고 백성들의 노력을 허비하면서 급하지도 않은 일에 경비를 지출하여 나라의 근본을 위태롭게 하십니까?"

라고 하였더니 왕이 만족하게 대답하였으며 다른 날 그가 왕을 모시고 한담할 때 왕이 조용히 그를 칭찬하여 말하기를 "신하가 왕에게 간언하고 다투는 것은 충성에서 나오는 행동이요, 그저 좋게만 말하여 뜻을 맞추는 것은 아첨의 표현이다."라고 하니 최유선이 대답하기를 "나라를 창건하여 자손에게 물려주는 것은 그래도 쉽지만 이미 이루어진 왕업을 공고히 지키는 것은 참으로 어렵습니다."라고 하였다. 그 후 최유선의 벼슬이 중서시랑 동 중서문하 평장사 권 리부상서사로 있을

때의 일이었다.

시어사 노단이 직무에 관한 보고에서 왕의 뜻에 어긋났으므로 왕이 노하여 측근자들을 돌아보며 "이 자는 충직하지 못한 신하로다."라고 호령하고 그를 끌어 내여 관복을 벗기고 결박하라고 명령하였다. 이때 최유선이 왕에게 아뢰기를 "신하가 법도를 범하였을 때에는 사헌부에 보내는 것이 지당한 처사로 생각합니다."라고 하니 왕의 노여움이 풀렸다.

최유선은 그 후에 중서령으로 되고 그의 아우 최유길은 수상공 겸 상서령으로 되었으며 그의 아버지 최충은 나이가 많았으나 오히려 질병은 없었다. 하루는 왕이 국로들을 위하여 연희를 배설했으므로 최유선과 최유길이 그 부친을 부축하고 연회장에 들어가니 당시 사람들이 이를 장한 일이라고 말하였으며 한림학사 김행경이 시를 지어 축하하기를 "상서령이 중서령을 모시고 을 장원이 갑 장원을 부축하는 구나!"라고 하였다. 왕이 9월 9일 명절에 송악정에서 연회를 배설하고 문신들에게 시를 짓게 하였는데 그 중 최유선이 지은 시를 보고 칭찬하여 마지않고 상승마尙乘馬를 주었다. 이어 판상서 리부사로 임명하고 추충찬화강정수제공신 칭호를 주었으며 개부 의동삼사 수태사 벼슬과 상주국 훈위를 주고 문하시랑으로 승진시켰다. 문종 29년(1075)에 죽으니 시호를 문화라고 주었다.

최유선은 부친 최충을 계승하여 유림의 영수였으며 두 임금(정종과 문종)을 보좌하였는데 비록 혁혁한 공훈은 없었으나 사람들이 모두 그를 존중히 여기었다. 선종 때에 그를 문종 묘정에 배향하였다.

최유선의 아들 사제思齊는 문종 8년에 과거에 급제하여 수사공 문하시랑門下侍郎 동 중서문하 평장사 감수국사 판리부사 벼슬과 상주국 훈위를 받았으며 죽은 후에 시호를 량평良平이라고 주었으며 그의 아들은 최약이다.

최약은 과거에 급제한 후 예종 때에 벼슬하였는데 당시 무사태평한 시절이어서 나라 일이 한가하여 왕은 글짓기를 숭상하고 놀이와 연회를 즐기었으며 일찍이 서경(요양시 궁장령구)에서 대동강(태자하) 놀이를 꾸미고 왕이 시신侍臣(시중드는 신하)들과 더불어 시를 짓고 화답하며 놀았는데 이때에 최륜은 지제고知制誥로서 역시 왕을 수행하였다. 그가 글을 올려 간언하기를 "옛날 당 나라 문종이 시학사詩學士 직제를 설정하려 하니 재상들의 견해가 '시인은 경박한 자가 많으니 만일 그들이 고문으로 되면 임금의 총명을 교란할 염려가 있다.'고 간언하였으므로 문종이 그만둔 일이 있었다 하는데 제왕은 마땅히 경서를 애호하고 날마다 유능한 선비들과 경사經史를 토론하며 정치하는 도리를 자문하여야 하겠는데 어찌 유치스러운 글(여기서는 시를 경멸하는 말)을 짓거나 자주 경박한 문사들과 풍월이나 읊는 것으로 일삼으셔 순정淳正하신 천품을 손상하시나이까?"라고 하니 왕이 이 말을 만족하게 채납하였다. 그런데 어떤 문사가 틈을 타서 왕에게 고하기를 "최약이 말한 바 경박한 자란 저희들을 제외한 다른 사람을 지적한 것이 아니라, 바로 저희들을 두고 한 말입니다. 최약은 시를 모르는 까닭에 이런 말을 하는 것입니다."라고 하니 왕이 노하여 최약을 춘주부사로 좌천시켰다. 최약은 그 곳에 부임한 후 어떤 사람의 시에 화답하여 다음과 같은 시를 지었다.

우리 집 대대로 왕의 은택 받았거니,
충성과 청백으로 가문의 명예 지니고자,
하잘 것 없는 이 몸이 임의총명 도우려고,
옅은 소견 피력하여 문학 연원 말했어라.
풍월 공부 없었음을 부끄럽게 뉘우치며,

서울 하늘 바라보니 아득한 옛 꿈이로다.
황공한 땀 걷기도 전에 감격의 눈물 앞을 가리네!
죄짓고 온 이놈이 오히려 붉은 가마 탔음을.

후에 왕이 이 시를 듣고 그를 소환하였으며 벼슬이 예부상서 한림학사에까지 올라갔다.

최윤의는 최충의 현손이니 처음 이름은 천우天祐이다. 과거에 급제하고 벼슬이 문하시랑門下侍郞 평장사平章事 판리부사에 이르렀으며 의종 16년(1162)에 죽으니 나이 61세이다. 최윤의는 양반의 가문에서 생장하여 중요한 직위에서 벼슬하였는데 정론이 명백하였으며 전선銓選을 담당하고 평정 사업을 공정하게 집행하여 우수한 인재를 등용하였다. 또한 문장에도 능숙하며 두 차례나 과거의 시관으로 되었는데 당시의 여론이 훌륭한 인재를 선발하였다고 그를 칭찬하였다. 일찍이 왕의 명령을 받고 고금 상정례 50권을 편찬하여 세상에 전하였다. 죽은 후 의종 묘정에 배향되었다.

b. 삼국사기를 남긴 김부식金富軾

원문: 高麗史 권 98, 열전 제 11
[김돈중, 김군수의 기사 첨부]

　김부식은 김부일金富佾의 아우이니 숙종 때에 과거에 급제하고 안서
대도호부 사록과 참군녹사參軍錄事로 배치되었고 임기가 끝난 후 직한
림원으로 임명되었으며 우사간 중서사인을 역임하였다.

　인종이 즉위한 후 이자겸이 국구國舅로서 국권을 잡게 되었으므로
왕이 조서를 내리기를 "이자겸은 나의 외조이므로 석차와 대우에서 일
반 관원들과 같이 할 수 없으니 양부兩府와 양제兩制 및 여러 시종들은
모여서 의논하고 그 방안을 보고하라."고 하였더니 보문각 학사 정극
영과 어사잡단 최유 등이 건의하기를 "옛글에 이르기를 임금이 신하의
예로 대우하지 않을 사람이 셋이 있는데 왕후의 부모가 그 중의 하나입
니다. 그러므로 이제부터 이자겸李資謙에겐 주상에게 올리는 글에 자기
를 신이라고 쓰지 않아도 좋으며 군신이 모인 연회 석상에서도 백관들
과 같이 뜰에서 하례할 것이 아니라 바로 왕이 계신 막차幕次로 올라가
서 배례하면 주상께서 배례로써 답례하신 후 전상에 앉게 하여야 합니
다."라고 하니 일동이 이 말에 맹종하였다.

　이때 김부식이 보문각대제普門閣待制로 있었는데 유독 그가 말하기를
"한나라 고조가 천하를 통일한 초기에는 5일에 한 번씩 그의 부친인 태
공에게 문안을 드렸는데 태공의 가신이 태공에게 말하기를 '하늘에는
해가 둘이 없고 천하에는 제왕이 둘이 있을 수 없으니 황제는 비록 아
들이나 임금이며 태공은 비록 부친이나 신하인데 어떻게 임금으로서

신하에게 절을 할 수 있겠습니까?'라고 하였더니 한 고조가 가신의 말을 듣고 옳다고 생각하고 조서를 내리기를 '사람의 가장 가까운 친척으로서 부자보다 더 가까운 것은 없다. 그런 까닭에 아비가 천하를 가지면 아들에게 물려주며 아들이 천하를 얻으면 아비를 존중히 받드나니 이것은 사람의 도리의 극치이다. 이제 왕, 후, 장, 상들이 나를 높혀 황제로 칭호하고 있으나 태공께서는 아직까지 아무런 존호도 드리지 않았으므로 이제 태공께 태상황이란 존호를 올리노라!'고 하였습니다. 이것으로 미루어 보면 비록 천자의 아버지라도 존호를 받지 않았으면 임금의 절을 받을 수 없습니다. 옛날 불기후 복완은 한나라 헌제의 황후의 아버지였는데 정현이 제의하기를 '불기후가 서울에 있으면서 공식으로 출입할 때는 신하의 예의를 지킬 것이요. 만약 황후가 궁을 떠나 휴식할 때나 혹 친정으로 가서 부모에 근친할 때에는 자식의 예절을 지키어야 한다.'고 주장하였습니다. 그래서 복왕이 공식으로 황제에게 조하할 때는 일반 신하들과 같이 행동하였고 황후가 궁전에 있을 때는 황후가 자식으로서의 예절 그대로 절하였다 하며 또한 동진의 신하들이 목제의 어머니 저 태후가 친정 아버지에게 대하는 예법을 토의할 때 의논이 분분하여 일치를 보지 못 하였는데 박사 서선이 정현의 논의한 바에 의하여 말하기를 '궁전에 있을 때에는 군신의 예를 밝히고 사적 회견에서는 부자의 예로써 뵈이는 것이 가장 옳은 도리다.'라고 하였으며 또한 위나라 임금의 아버지 연왕 우는 임금에게 올리는 글에는 신이라고 자칭하였은즉 비록 부자의 지친 간에도 공적으로 대하는 예법이 이러 하였거든 하물며 외조부에 대해서야 어디 그럴 수 있겠습니까? 의례의 5복 제도로 보면 어머니의 부모(외조부와 외조모)가 죽었을 때에는 소공의 복 즉 다섯 달 복을 입을 뿐으로서 자기의 부모에 대하여 존친하는 그것과는 정도가 현저히 다른데 어찌 임금과 동등한 예로써 서로 대할 수 있겠습니까? 응당 글을 올릴 때에는 신이라 자칭할 것이며, 정전에서는 군신 간의 예를 행할 것이고 내전에 있을 때에는 집안 사람끼리 대하는 예로써 접견하셔야 합니다. 이렇게 하시면 공의와 사은 두 가지가 모두 다 순리롭게 될 것입니다."라고 하였더니 재상들이 두 가지 견해를 왕에게 보고하였다.

왕이 근신 강후현을 이자겸에게 보내어 문의하니 이자겸이 답신하기를 "제가 비록 아는 것은 없으나 김부식 의견이 참으로 천하의 공정한 의논입니다. 만일 그 사람이 말하지 않았으면 여러분들이 늙은 나를 하마터면 옳지 않은 길에 빠트릴 뻔 하였습니다. 의심하지 마시고 그 의견대로 좇으시기를 원하나이다."라고 하니 왕이 "가하다."는 조서를 내렸다. 미구에 그는 박승중, 정극영과 함께 예종 실록을 편찬하였고 인종 2년에 예부 시랑으로 전직되었다.

왕이 이자겸의 조고(죽은 조부와 부친)에게 벼슬을 추증할 때 박승중이 이자겸에게 아첨하기 위하여 분황하는 날에 교방(노래와 춤을 가르치는 기관)의 악대를 보내주자고 제의하니 김부식이 주장하기를 "종묘에서 음악을 연주하는 것은 생시와 같이 하기 위한 것이다. 만약 분묘에 대할 때는 흰 옷을 입고 행사하며 울기까지 하는데 어찌 음악을 연주하겠는가?"라고 하였다.

박승중은 또 이자겸의 생일을 인수절이라고 칭하자는 제의를 하였는데 김부식은 반대하기를 "생일을 절이라고 부르는 실례는 예로부터 없었는데 당나라 현종 때로부터 처음으로 황제의 생일을 천추절이라고 불렀으나 신하의 생일을 무슨 절이라고 불렀다는 말을 듣지 못하였다."고 하니 평장사 김약온이 "시랑(김부식을 가리킴)의 말이 옳다."고 하였다. 그는 인종 4년에 어사대부로 임명되고 호부상서, 한림학사 승지를 거쳐 평장사, 사공으로 승진되었다.

인종 12년에 왕이 묘청의 말을 듣고 서경으로 가서 재난을 피하고자 하니 김부식이 말하기를 "금년 여름에 서경(요양시 궁장령구) 대화궁에 30여 개소나 벼락불이 떨어졌으니 만약 그 곳이 길한 땅이라면 하늘은 반드시 이렇게 할 리가 없을 터인데 그런 곳으로 재난을 피하러 간다는 것은 잘못이 아닙니까? 하물며 서경 지방은 추수가 아직 끝나지 않았는데 만일 거동하신다면 반드시 농작물을 짓밟을 것이니 이것은 백성을 사랑하고 물건을 아끼는 본의가 아닙니다." 그리고 또 다른 간관들과 함께 상소하여 극력 간언하였더니 왕이 대답하기를 "그대의 말한 바가 지당하므로 내가 서경으로 가는 것은 그만 두겠노라."고 하였다.

인종 13년 정월에 묘청이 조광, 류감 등과 함께 서경을 점령하고 반역하니 왕이 김부식으로 원수를 삼아 중군을 통솔하게 하고 김정순, 정정숙, 노령거, 임영, 윤언이, 이진, 고당유, 류영 등으로 그를 보좌하게 하고 이부 상서 김부의로 좌군을 영솔하게 하고 김단, 이유, 이유개, 윤언민으로 하여금 그를 보좌하게 하고 지어사대사 이주연으로 우군을 거느리게 하고 진숙, 양우충, 진경보, 왕수로 하여금 그를 보좌하게 하였다. 서경 사람들은 왕의 명령을 위조하여 양계兩界(북계는 평안도와 요령성. 동계는 함경도와 길림성, 흑룡강성 남부, 연해주, 강원도 동쪽 일부) 지방에서 병정을 징발하기에 날뛰었으므로 왕이 진숙, 이주연, 진경보, 왕수 등으로 하여금 우군에서 2천 명을 떼어서 영솔하고 동쪽 길로 떠나가면서 여러 성에 들려 선무하는 한편 적의 도당을 수색하라는 임무를 주고 김부의에게는 좌군을 인솔하고 먼저 서경으로 가라는 명령을 내렸다.

왕이 양부대신을 불러 장차 출병할 것을 문의하니 김부식이 여러 대신들과 의논하기를 "서경의 반란에 정지상, 김안, 백수한 등이 공모하였으므로 우선 이 자들을 제거하지 않으면 서경을 평정할 수 없다."고 말하니 여러 대신들도 그의 말에 깊이 찬동하였다. 그래서 정지상 등

세 사람을 부르는 한편 김정순에게 비밀리에 지시하여 정지상 등 3명이 도착하는 대로 용사들을 시켜 궁문 밖으로 끌어내어 사형에 처한 후에 왕에게 보고하였다.

왕이 천복전으로 나오니 김부식이 군복으로 차리고 들어와 뵈이며 왕이 그를 계절 위로 오르라고 명령하고 친히 부월을 수여하면서 하는 말이 "정벌에 관한 일체 군무는 그대의 처리에 전임하노니 명령에 충실히 복종하는 자에는 상을 주고 명령을 복종치 않은 자는 벌을 주라. 그러나 서경 백성도 다 나의 아들딸이니 음모의 괴수만 섬멸할 것이고 결코 살육을 많이 하지 않도록 삼가라."고 하였다. 우군이 먼저 출발하여 마천정에 닿고 중군이 금교역에 도달했을 때 순찰 기병대가 서경의 간첩 전원직이란 자를 붙잡아 왔다.

김부식은 그 결박한 줄을 풀어 주고 위로하여 보내면서 "돌아가거든 성안 사람들에게 전하라. 대군이 이미 출발하였으니 능히 잘못을 뉘우치고 순종하는 자는 생명을 보전할 수 있을 것이요 그렇지 않으면 오래도록 죽음을 면치는 못할 것이다."라고 하였다. 그때 병사들이 자못 교만해져서 곧 쉽사리 개선하게 되리라고 속단하고 엷은 홑옷을 입고 출발하였는데 때마침 진눈깨비가 내려서 병사들과 말이 추위에 떨고 굶주림에 시달려 사기가 해이해졌다. 김부식이 그들을 위무하여 납득시키는 한편 시급히 필요한 물자를 조달해 주었으므로 군대들의 마음이 안정되었다. 왕은 홍이서, 이중부들을 서인(고려의 서쪽 지역인 요령성 사람)의 도당으로 인정하였으므로 그들에게 보내는 조서를 주고 서경으로 가서 귀순을 권유하게 하였더니 홍이서 등이 길을 천천히 걸어 4일 만에 겨우 **생양역**(요령성에 있었던 한 역)에 도착했으나 겁이 나서 더는 전진하지 못하고 역리(역의 관리)를 시켜 조서를 전하게 하고 돌아오니 김부식이 홍이서를 **평주**平州(요양시 궁장령구 둘레에 있었던 행정 지역) **옥**에 가두고 이중부를 백령진에 귀양 보냈다.

김부식의 대 부대가 **보산역**(궁장령구 서쪽에 있는 역, 북쪽에 합도(현 태자도)가 있다.)에서 3일간 열병식을 거행한 후 장병들을 모아 작전 계획을 의논하니 모두 대답하기를 "군사 행동은 신속한 것이 제일이니 선손을 써서 앞서면 적을 제어할 수 있다. 이제 대군이 이미 출동하였으니 마땅히 갑옷을 걷어 들고 최대한의 속도로 행군하여 적이 아직 준비하지 못한 짬을 타서 습격하면 한 줌도 못 되는 적들을 쉽사리 생포할 수 있을 것이고 만일 가는 곳마다 오래 체류하면 반드시 기회를 잃게 될 것이며 또 적들로 하여금 더욱 유리한 작전 계획을 할 수 있게 만들 뿐이고 우리에겐 이롭지 못하다."고 하니 김부식이 발언하기를 "그렇지 않다. 서경의 반역 음모는 벌써 5~6년이 되었으니 그 계획이 반드시 주도 세밀한 것이요, 전투와 방어의 기구들도 이미 완비해 놓고 거사하였을 것이다. 그러므로 이제 적의 불비한 짬을 타서 습격한다는 것은 벌써 시기가 늦지 않았는가? 또 아군은 적을 얕보는 경향이 있고 장비도 충분치 못하다. 이런 때에 갑자기 적의 복병을 만나면 위험한 일의 첫째요, 적의 견고한 성 아래에 우리 군대를 머물러 두고 있는 이때 날씨는 춥고 땅은 얼어붙어 미처 방어 시설을 꾸리지 못하고 있다. 이런 약점은 불의에 적에게 이용당할 우려가 있으니 위험한 일의 둘째요, 또 적들이 조서를 위조하여 병정을 징발한다는 소문이 들리니 양계兩界의 각처 성들에서 그 조서가 진짜인지, 가짜인지 판별하기 곤란하여 의아하고 있는 이때에 만일 간악한 놈이 있어서 내응한다면 안팎으로 적의 세력이 결합될 것이요 또 도로까지 막힌다면 이보다 더한 화근은 없을 것이다. 그러므로 부대를 인솔하고 지름길을 따라 적의 배후로 우회하면서 각 성의 군량을 인수하여 대군을 먹이면서 각 성에 대하여 순종과 반역의 차이로써 타일러 주어 서인(서쪽 지역인 요령성 사람)과의 관계를 끊게 한 후에 병

력을 증강하고 병사들을 휴식시킬 것이며 적진에 자주 격문을 보내면
서 대 병력으로 서서히 압축하는 것이 만전한 작전 계획이다."라고 하
였다.

　　그리고 드디어 부대를 영솔하고 평주로부터 관산역(요령성의 한 역)에
이르러 좌, 우군이 모두 집결하였다가 순차로 떠났는데 김부식은 **사암
역**(요령성의 한 역), **신성**(요령성의 한 성), **부곡**(요령성의 한 지역)을 거쳐 지름길
로 **성주**成州(요령성 요하 서쪽에 있었던 주)에 도착하여 하루 동안 병사들을
휴식시키고 각 성에 격문을 보내어 왕의 명을 받들고 적을 토벌하는
뜻을 유고하였으며 군리(군대 업무를 보는 관리) 노인해를 서경으로 보내어

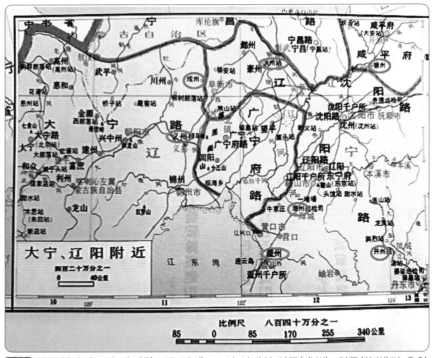

그림1 중국역사지도집 제7책(元明 시기): 고려 시대의 성주(成州), 의주(義州)가 요하
서쪽에 있다. 홍주참(洪州站), 은주(銀州), 해주(海州), 개주(開州), 개주(蓋州) 등의
지명이 요령성에 있었다.

투항할 것을 권유하는 동시에 또한 성중의 실정도 탐문하게 하고 다른 부대는 **연주**蓮州(요령성의 한 주)를 거쳐 안북 대도호부(요하 서쪽의 안주를 중심으로 한 고려의 북쪽 국경 지대)로 오게 하고 진숙, 이주연 등은 동계(길림성, 흑룡강성 남부, 연해주, 강원도 동쪽 일부)로부터 이 곳으로 와서 모이게 하였다. 이보다 앞서 녹사 김자호 등을 보내어 칙서를 가지고 지름길로 양계(북계와 동계) 내 각 성과 진을 찾아다니면서 서인의 반역하는 실정을 알려 주게 하였던 바 그 곳 민심이 아직도 이럴까 저럴까 하고 있는 형편이었으나 대군이 도착하는 것을 보고서는 각 성들에게 모두들 두려워서 관군을 나와 맞이하였다. 김부식이 또 다시 관속들을 서경으로 보내어 귀순을 유고하기 3~4차에 이르니 조광 등도 더는 항거하지 못할 것을 알고 투항할 의사가 있으면서도 자기가 범한 죄가 커서 주저하고 있었다.

이때 평주(요양시 궁장령구를 둘러싼 지역) 판관 김순부가 조서를 가지고 성으로 들어가니 그만 서인들이 묘청과 류담 및 류담의 아들 류호 등의 머리를 베어 분사 태부경 윤첨, 소감 조창언, 대장군 곽응소, 낭장 서정 등으로 하여금 김순부와 동반하여 조정에 가서 죄를 청하기로 하고 또 중군에 글을 보냈는데 그 글에서 "삼가 조서의 교시와 원수의 말씀에 의하여 이미 괴수들의 목을 베어 조정에 바치려 보냈으며 또 술과 고기를 관군에게 드리어 위로코자 하오니 기일을 정해 주시기만 바랍니다."라고 하였다.

김부식이 녹록사 백록진을 보내어 왕에게 보고하고 따로 양부에 글을 보내어 당부하기를 "마땅히 윤첨 등을 후대하여 갱신할 길을 열어 주는 것이 좋겠다."고 하였더니 재상 문공인, 최유, 한유충 등이 백록진에게 말하기를 "너희 원수가 바로 서경으로 가지 않고 안북(요하 서쪽에 있었던 안주 지역) 방면을 우회하므로 우리들이 왕에게 아뢰고 사람을 시켜 조서를 가지고 가서 서인에게 투항을 권유해서 된 일이지 너희 원수의 공은 아니다. 너희는 무엇 하러 왔느냐?"라고 하였으며 김순부가 서울 교외에 도착하니 그 자리에서 윤첨 등을 포박하였으며 서울로 들어올 무렵에는 양부에서 법관을 보내어 항쇄와 족쇄를 씌우고 옥에 가둘 것을 왕에게 청하였고 대간에서도 극형에 처할 것을 청하였으나 왕은 다 듣지 않고 그들의 결박을 풀게 하고 의관을 차리게 한 후 접견하고 주식을 주어 위로하였으며 객관으로 보내어 유숙하게 하였다. 그러나 얼마 지나지 않아 그들을 옥에 가두고 묘청 등의 머리를 저자에 걸었다.

그리고 김부식에게는 은약합을 주면서 조서를 내리기를

"역도의 죄행이 하늘에 사무치니 요물들의 작란에 격분을 느끼었고 단에 올라 부월을 받을 때 대장의 출정을 가상히 여기였다. 모진 바람 찬 서리에 시달렸으리니 사졸들의 고생함을 민망스럽게 생각한다. 이 번에 왕군이 반란 지대를 제압하니 적들은 풀이 죽어 머리(묘청 등의 머리)를 이 곳에 보내왔다. 이미 적의 괴수들이 주검을 받았으니 철병할 시기도 멀지 않았으되 실로 작전 지휘부의 계획도 있는지라, 다시 한 번 6군의 마음을 가다듬어 끝까지 만전의 계책을 도모할지어다."

라고 하였다.

한편 조광 등은 윤첨 등이 서울에서 투옥되었다는 소식을 듣고 아무리 귀순해도 벌을 면할 수 없다는 생각으로 다시금 배반하였다. 그래서 왕이 전중 시어사 김부와 내시 황문상을 보내어 윤첨 등과 함께 서경으로 가서 귀순을 권유한 조서를 전하게 하였더니 김부 등이 위력으로 억누르기만 하고 위무하는 방법을 쓰지 않았으므로 서경 사람들이 원망과 노여움을 품었다. 2월에 난에 가담한 병사들을 사촉하여 김부와 황문상 및 그들을 따라 온 수원들을 죽이었다. 윤첨은 태조의 화상을 받들고 도망하여 나오다가 붙잡혀 죽었고 적들은 또 다시 성을 고수하게 되었다.

김부식이 녹사 이덕경을 보내어 귀순을 권유하였더니 그 사람마저 죽였으므로 김부식이 여러 장령들과 더불어 천지, 산천, 신명 앞에 맹세하기를 "서경의 요물들이 간사한 말로써 사람을 속이고 패를 지어 반역을 음모하였다. 우리들이 왕명을 받들고 군대를 출동하여 그 죄행을 묻는 바이다. 생각건대 전쟁에서 최상의 방법은 전략으로써 적을 제압하는 것이요, 가장 지혜로운 계책은 전투를 아니 하고 승리하는 것이다. 만약 수만의 군대가 성 중에서 전투하며 횡행한다면 죄 없는 주민들이 억울한 주검을 당할 것이니 이것은 죄인이 징벌하고 백성을 위문하는 본의가 아니다. 그러므로 이제까지 전투를 아니하고 다만 어떤 것이 충순이고 어떤 것이 반역인가를 설명하고 화와 복을 받는 관계를 알아듣도록 타일러 준 연후에 저희들의 괴수를 목 베어 조정에 바치고 사죄함으로써 죄과를 개진할 것을 기대하였더니 그래도 악심을 개준하지 못 하고 이랬다저랬다 하기 그지없었다. 조서가 여러 번 내렸는데도 복종하지 않으며 사신이 가면 살해하니 그 죄악이 천지에 가득 차서 진실로 용서하기 어려운 일이니 천지신명은 위에서 강림하시고 결에서 바로잡으시며 그리고 은근히 화와 복을 내리여 삼군으로 하여금 사기가 오르게 하시고 원흉으로 하여금 머리를 바치게 함으로써 국가를 안정하고 전쟁을 종식 시키도록 하여 주소서. 만일 그렇게 하신다면 설사 보은 하라고 시키지 않은들 어찌 감히 은혜를 잊을 수 있으리오. 바라건대 신명은 우리들의 성이를 굽어 살피소서."라고 하였다.

김부식은, 서경은 북으로 산을 등지고(정정: 남으로 산을 등지고) 3면이 강물로 막혀 있으며 성곽도 높고 험하므로 쉽사리 함락시키기 어려우니 성 주위에 병영을 배치하여 이를 핍박하는 것이 좋겠다고 결의하였다. 그래서 다음과 같이 명령을 내렸다. 즉 중군은 **천덕부**에, 좌군은 **흥복사**(요양 궁장령구 외곽에 있었던 절)에, 우군은 **중흥사**(요양 궁장령구 외곽에 있었던 절) 서편에 각각 주둔하였으며 또 대동강(현 태자하)은 교통의 요충인 까닭에 만일 적이 먼저 이 곳을 점령하면 길이 막혀 통행 못할 우려가 있다고 생각하여 대장군 김량수, 시랑 양제, 원외랑 김정, 합문 지후, 직장 권경량 등을 시켜 군대를 거느리고 강을 지키게 하고 이를 후군이라고 칭하였다. 또 진숙, 량중 왕의, 합문지후 전용, 안보구 등으로 하여금 군대를 거느리고 **중흥사** 동편에 주둔하게 하고 이를 전군이라 칭하였다. 그리고 또 성 밖에도 민가가 매우 많았는데 병란이 생긴 이후 장정들은 대부분 성중으로 들어가 전사로 되었고 그 나머지는 산골짜기로 도망가서 숨어 있었다. 이에 대하여 김부식은 생각하기를 이들을 만일 데려다가 안착시키지 않으면 필연코 그들은 서로 불러 모아서 적의 앞잡이로 될 것이라 하여 군 관리들을 파견하여 숨어 있는 주민들을 위안하고 타이르니 도망갔던 주민들이 모두 돌아오며 혹은 식량을 지고 와서 군량에 보탤 것을 청원하는 사람도 연달아 왔으므로 그들에게 모두 옷과 먹을 것을 주고 안심하고 거주하게 하였다. 서경 사람들이 대동강 연안을 따라 성을 증축하였는데 선요문으로부터 다경루에 이르기까지 대략 1,734간이나 되며 6개소에 성문을 설치하고 항전하였다.

　이에 앞서 왕이 내시 지후 정습명과 제위보 부사 허순, 잡직서령 왕식을 서경 **서남 방면에 있는 섬**(합도蛤島-현 태자도-로 추정)으로 보내어 활 쏘는 군사와 수군 4,600여 명을 모아서 병선 140척에 태우고 순화현

남강으로 들어가서 적군 선박의 침입을 방어하게 하였는데 이때에 또다시 상장군 이록천과 대장군 김태수, 녹사 정준, 윤유한, 군후 위통원 등을 더 보내어 서해로부터 수군 50척을 거느리고 와서 전투를 협조하게 하였다.

이록천이 철도鐵島(요령성 서쪽 현재의 대련반도)에 이르러 바로 서경으로 급행하려 하니 이미 해는 저물고 조수도 퇴조 시각이었으므로 정습명이 제의하기를 "이 곳은 수로가 좁고 얕으니 만조를 기다려서 떠나는 것이 좋겠다."고 하였으나 이록천이 듣지 않고 떠나가는 도중에 물이 얕아 배가 걸려서 움직이지 못하였다. 이때 서경 사람들이 작은 배 십여 척에 섶나무를 싣고 기름을 부은 다음 불을 질러서 조수를 따라 띄워 내려 보내고 미리부터 수로 근방 풀숲에 궁노수 수백 명을 매복시켜 두고 배에 불을 지르거든 그때에 일제히 공격하라고 약속하였다. 불 붙는 배가 가까이 다가와서 병선에 불이 붙으며 매복했던 궁노수가 일제히 활을 쏘니 이록천이 당황하여 어쩔 줄을 몰라 갈팡질팡하였다.

무기는 모두 불에 타고 군사들은 거의 다 물에 빠져 죽었으며 김태수와 정준은 전사하였고 이록천은 쌓인 시체를 밟고 언덕으로 올라 간신히 몸만 살아 나왔다. 이때로부터 서경 사람들이 관군을 얕보기 시작했으며 군사를 뽑고 훈련을 실시하여 항전하며 방어할 계획을 세우게 되었다. 김부식은 후군의 병력이 적고 약한 것을 우려하여 야간에 은밀히 보병, 기병 도합 일 천 명을 보내어 증강시켰는데 적들이 알지 못하고 새벽녘에 마탄과 자포를 건너 곧바로 후군을 찔러 병영을 불사르며 돌격하여 왔다. 이때 중 관선이 초모에 응하여 종군하였는데 그가 갑옷을 입고 큰 도끼를 메고 앞장서서 나가며 적을 공격하여 10여 명을 죽이니 관군의 기세가 올라서 적을 크게 격파하였으며 오백여 명의 적을 죽였다. 적들은 서로 짓밟으며 적의 기세가 급격히 좌절되었다.

당시 여러 군부대들은 몇 달 동안 야영하여 왔는데 김부식은 그때가 봄에서 여름으로 넘어가는 우기여서 장맛비도 거듭 내리며 적의 습격도 있을 것을 우려하였다. 그래서 성을 쌓고 진군을 중지하며 각 주와 진의 부대들에게 윤번제로 충분한 휴식을 주고 농사를 지우면서 지구전으로 전환시키고 좋은 기회를 엿보자는 의견을 제기하고 토의한즉 모두들 말하기를 "서경 사람들은 병력이 적으니 만일 지금 전국의 병력을 동원한다며 능히 날을 정하고 소탕할 수 있거늘 여러 달이 지나도록 이를 단행하지 못하였는데 이제 또 성을 축조하고 수비만 한다면 또한 약점을 보이는 것이 아니겠는가?"라고 하니 김부식이 말하기를 "성안에는 병력과 식량이 넉넉하고 인심이 아직 견고하여 공격한대도 이기기 어려울 것이니 차라리 정확하고 원대한 작전 계획을 세워서 성공함만 같지 못 하다. 하필 속전속결을 취해서 사람을 많이 죽여야 할 이유가 어디 있는가?"라고 하면서 드디어 계획을 결정하였다.

북계北界(요령성과 평안도)에 속한 주와 진, 그리고 남서부 근방 군대들로 5개 군단을 조직하고 각각 그 군단이 거처할 성 1개소씩 축조하게 하고 또 순화현(서경(궁장령구) 북쪽에 있었던 지역)과 왕성강에 각각 작은 성을 축조하게 하였는데 수 일 간에 완공되었다. 각 성 안에 무기를 준비하고 양식도 축적하여 두고 성문을 닫고 전사들을 휴식시켰다. 간혹 적과의 교전이 있었으나 큰 승부는 없었고 혹 여러 길로 나누어 서경을 공격하기도 하였으나 성벽이 높고 참호가 깊어서 비록 화살과 돌에 맞아 적군이 많이 살상되었으나 관군도 부상자를 내곤 하였다. 왕이 근신 최유항과 원외항 조석 등을 파견하여 조서를 보내고 적에게 투항을 권유했으며 김부식도 녹사 조서영, 김자호, 강우와 중 품선 등을 보내어 백방으로 개유하고 죽이지 않을 것을 약속하였다. 또 적의 간첩이나 나무꾼들을 생포하였을 때는 모두 옷과 먹을 것을 주어 돌려보내곤 하였다. 그래도 조광 등은 항복할 의사는 없었고 다만 요행으로 관군 편에 어떤 외국과의 충돌 사건이나 발생하여 스스로 물러갈 것만 은근히 기대하였다. 때마침 금나라 사신이 왔는데 적들이 중도에서 그를 요격함으로써 국제 분쟁을 조작하려 하는 것을 관군이 탐지하고 척후가 순찰을 지극히 주도 세밀하게 하였으므로 적들이 감히 발동하지 못하였다.

적의 괴수들은 자기 졸도 중에서 관군에 투항하는 자가 있을까 염려하여 중군의 공문을 위조하여 군중에게 보이면서 선전하기를 "관군에게 항복하거나 생포되면 노소를 가리지 않고 모조리 죽인다."라고 하니 서인들이 그 선전을 자못 곧이들었으나 얼마 후에는 항복한 자들을 아주 후하게 위무한다는 소문을 듣고 점차 귀순하게 되었다.

당시 조정의 어떤 대관이 왕에게 건의하기를 "예로부터 작전할 때에는 마땅히 정세의 여하를 정확히 관찰하여야 할 것이라고 하였거늘 어찌 일시적 손실만을 생각하겠는가? 우리나라가 비록 북조(금나라)와 화친하고 있다하여도 그들의 본의를 알 수 없는 형편에 처하여 있는데 이제 수만 명의 군사를 동원하여 몇 해를 지내고도 승부를 결정치 못하고 있으니 만약 이웃 적국이 이런 기회를 타고 준동하거나 그 위에 역적들로 불의의 우환이 덮친다면 어떻게 막아내겠습니까? 그러므로 중신을 파견하여 관군의 손상을 생각지 말고 즉시 적을 격파하게 할 것이며 만일 진군하지 않는 자가 있으면 군법으로써 논죄하기를 바랍니다."라고 하였다.

왕이 김부식에게 이글을 보이니 김부식이 답신하기를 "북방의 국경경비와 도적의 준동에 대하여는 우려 아니 할 수 없는 문제이며 사실상 건의한 바와 같습니다. 그러나 '관군의 손상을 생각하지 말고 즉시 적을 격파...' 하라는 말은 이 얼마나 현실의 이해를 연구하지 않은 견해입니까? 제가 보건대 서경은 천연적 요새 지대로 좀처럼 함락시키기 어려우며 하물며 성 중에는 무장한 군대가 많고 수비가 엄하여 전투마다 장사들이 앞을 다투어 전진해도 겨우 성 밑까지는 간 일이 있으나 성을 넘은 실례는 없으며 운제(구름 다리)와 충차(성을 파괴하는 병기)도 전혀 소용이 없습니다. 아동과 부녀들도 돌과 기와 쪽을 던지며 방어하는 강한 적이라 가령 5군이 동시에 성에 달려 붙어 공격한다 하더라도 며칠이 못가서 맹장과 용사가 모두 희생당할 것이며 또 적이 만일 우리의 힘이 약해진 줄을 알고 북치고 함성을 올리며 나오게 되면 그 기세를 당할 수 없을 것이니 어느 겨를에 외적의 침입을 방비할 수 있겠나이까? 오늘 수만 명의 병력을 가지고 1년이 넘도록 결전하지 못한 데 대해서는 제가 마땅히 책임져야 하겠나이다. 그러나 변경의 난리와 도적의 준동을 고려하지 않을 수 없으므로 병사들도 상하지 않고 나라의 위신도 보전하면서 안전한 계책으로 승리를 쟁취하려고 한 것이었습니다. 작전이란 본래 속전속결 못할 수도 있는 것입니다. 이제 종묘사직의 신령과 성상의 위력이 엄연하신데 요사한 역적들이 은혜를 저버리므로 반드시 이를 섬멸해야 하겠으니 원컨대 역적 토벌에 관한 일은 노신에게 맡기시어 현실에 따라 적절히 처결하게 하여 주신다면 반드시 적을 격파하여 기대하시는 바에 보답하오리다."라고 하니 임금도 또한 그의 견해를 옳게 여기어 마침내 다른 의견을 물리치고 김부식에게 일임하였다.

3월에 5군이 집중 공격하였으나 승리하지 못하고 여름을 지나 가을이 될 때까지 적과 서로 대치하고 있으면서 결전을 못하였다. 10월에 들어서자 적들은 양식이 결핍되어 노약과 부녀들을 추려서 성 밖으로 내몰았는데 모두 여위고 굶주려서 사람의 얼굴이 없었으며 병사들도 간혹 투항하여 오는 자가 있었다. 이때 김부식은 가히 공격할 만한 시기가 성숙되었음을 알고 여러 장령들에게 명령을 내려 토산을 쌓게 하였는데 먼저 양명포 산 위에 목책을 세우고 병영을 설치한 후 전군을 이동시켜 그 곳을 지키게 하고 서남 지방 각 주, 현의 병사 23,200명과 승군 550명을 동원하여 흙과 돌을 운반하고 재목을 수집하게 하였으며 장군 의보, 방재, 노충, 적선에게 정예 부대 4,200명과 북부 지방 주와 진 전사 3,900명을 주어 유격 부대를 편성하여 적의 약탈을 방비하게 하였다.

11월에 여러 군부대가 전군이 주둔한 장소로 모여 이 곳으로부터 시작하여 양명포를 걸쳐 **적의 성 서남쪽 모퉁이까지 사이에 흙산**(서경성 동쪽, 서쪽, 북쪽은 강으로 둘러싸여 난공불락이라 남쪽에서 공격함)을 쌓기로 하고 주야로 공사를 독려하여 다그치니 적들도 놀라서 정예군을 성 밖으로 내보내서 싸우기도 하고 또 성 위에 궁노, 포석 등을 설비하고 전력을 다하여 항거하였다.

관군은 수시로 적절히 방어하면서 북 치고 고함치며 성을 공격함으로써 적의 역량을 분산시켰다. 그때 이 곳에 기류하고 있는 자로써 조언이란 사람이 제포기(투석기 일종) 설계를 바쳤으므로 토산 위에 설치하였는데 그 구조가 높고 크며 수백 근 중량의 돌을 쏴서 날려 보낼 수 있었다. 그것으로 성의 문루를 분쇄하고 이어 화구(오래 불타는 공 같은 물건)를 던져 불태우니 적들이 감히 접근하지 못하였다. 흙산이란 높이가 여덟 발에 길이가 70여 발이며 너비는 16발이다. 흙산으로부터 적의 성까지의 거리는 몇 발 간격밖에 안 된다. 이리하여 김부식이 5군을 모아 집중 공격하였으나 이번에도 또 성공하지 못하였고 녹사 박로유가 전사하였다. 적군이 어둔 밤에 세 길로 나누어 전군前軍의 병영을 공격하여 왔다. 김부식이 중 상승으로 하여금 도끼를 두르며 적을 역습하게 하여 십여 명을 죽이니 적병들이 궤멸하여 달아났다. 이때 장군 우방제, 김숙, 적선, 김선, 권정균 등이 군사를 인솔하고 추격하니 적병이 무장을 버리고 성 안으로 들어갔다.

이듬해 2월에 적군은 아군이 흙산을 만들어 적을 제압하는 전술에 대치하여 성 안에 겹성을 쌓으려고 하였다. 이 정보를 듣고 김부식은 말하기를 "적들이 아무리 성을 쌓은들 무슨 소용이 있겠는가?"라고 하니 윤언이와 지석숭이 제의하기를 "대군이 출정한지 벌써 두 해가 지났는데 이 같이 지구전으로 나가다가 무슨 사변이 생길지 알 수 없으

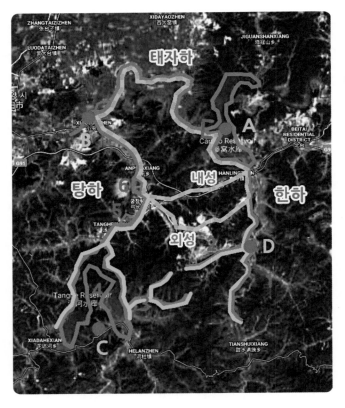

그림2 고려 평양성이 있었던 요양시 궁장령구: 동쪽 성은 한하를 해자로, 북쪽 성은 태자하(고려의 대동강)를 해자로, 서쪽 성은 탕하를 해자로 이용하고 있어 김부식은 묘청의 난을 진압하러 성을 공격할 때 남쪽에서 성을 넘어 난을 진압하러 들어갔다.

니 은밀한 행동으로 적을 돌격하여 겹성을 돌파하면 성공할 수 있으리다.”라고 하니 김부식이 듣지 않는 것을 윤언이가 굳이 청하였다. 그래서 이때 정예 부대를 세 부대로 편성하였는 바 진경보, 왕수와 형부 원외랑 박정명, 합문 지후 김례웅 등은 3천 명을 인솔하여 중앙 방면 군을 조직하고, 지석숭, 전용, 전중 내급사 이후 등은 2천 명을 영솔하여, 좌도 군을 조직하였으며 장군 공직은 휘하 부대를 인솔하고 석포 방면으로 나가게 하고 장군 양맹은 당포방면으로 나가게 하였으며 또 각 군부대들에게는 여러 방면으로부터 진공을 개시하여 적으로 하여금 서남쪽 모퉁이에 집결하여 수비하지 못하게 견제하였다.

이 같이 분공을 끝마치고 군사들에게 후하게 상을 주었다. 그리고 김부식은 중군으로 돌아와서 밤 4경(오전 2시 경)에 간편하게 무장한 말을 타고 전군으로 달려가서 여러 장령들을 지휘하여 총출동시켰다. 정사일 첫 새벽에 진경보 부대는 양명문으로 진격하여 적의 목책을 탈취한 후 연정문으로 진공하였고 지석숭의 부대는 성을 넘어 함원문으로 진격하였으며 리유의 부대도 성을 넘어 홍례문으로 진격하였으며 김부식은 금군을 데리고 광덕문을 공격하였다. 적의 무리는 우리가 착수한 흙산의 축조 공사가 아직 끝나지 못하였으리라고 생각하여 방비를 갖추지 않고 있다가 여러 부대가 돌연히 쳐들어가자 당황 망조하여 갈팡질팡하였다.

김부식이 김정순과 더불어 전투를 독려하니 장병들이 앞을 다투어 나갔다. 각 부대에서도 북치고 고함치면서 성 위의 건문에 불을 지르니 적군이 여지없이 흩어졌으며 관군은 승전의 기세를 타고 닥치는 대로 죽였다. 김부식이 령을 내려 적을 생포하는 자에게는 상을 주고 살상 또는 노략하는 자는 사형에 처한다고 선포하니 군사들이 저마다 칼을 거두고 전진하였다. 때마침 해가 저물고 또 비가 내렸으므로 전군을 지휘하여 퇴각하게 하고 생포한 포로와 투항한 자는 순화현(궁장령구 북쪽 지역)으로 보내서 음식을 주었다.

이날 밤에 성 중에서 소동이 일어나니 조광 등은 어찌 할 바를 몰라 온 집안 사람들이 불에 타서 자살하였고 낭중 유휘후, 팽숙, 김현근 등은 모두 목매어 죽었고 정선, 유한후, 정극승, 최공필, 조선, 김택승 등은 모두 다 목을 찔러 자살하였다. 무오일에 서경 사람들이 적의 괴수 최영 등을 생포하여 항복하여 오니 김부식이 그들을 받아서 해당 관리에게 넘겼으며 군인들, 일반 성년자들, 노인, 유아, 부녀들에게는 좋은 말로 타이르고 위안한 후 성안으로 들어가서 자기 집들을 보전하게 하였다. 그리고 어사잡단 이인실과 시어사 이식, 어사 최자영 등으로 하여금 창고들을 봉쇄하게 하고 군사들을 각 성문으로 보내서 파수하게 하였으며 김정순, 윤언이, 김정황으로 하여금 군사 3천 명을 인솔하고 관풍전으로 들어가 정돈하게 하였다. 그리고 성중에 군령을 발포하여 약탈을 엄금하였다.

기미일에 낭중 신지충에게 무기를 수습하는 임무를, 이후에게 백성을 안심시키고 개유하는 임무를, 박정명에게 창고를 감찰 검열하는 임무를, 합문지후 이약눌에게 객사를 수리하는 임무를, 록사 최유칭과 백사청은 성안의 좌우 순검사를 각각 담당시켰다. 신유일에 김부식이 장군의 위의를 갖추고 경창문으로 들어가 관풍전에 좌정한 후 서편 건물에서 5군의 여러 장령들과 군관들의 축하를 받고 사람을 보내어 각처에 있는 성황당과 신묘에 제사를 지내고 성중 사람들에게 위안을 주어 안착하여 살게 하였다. 병마판관 노수를 파견하여 전승 보고를 왕에게 드렸는데 그 글은 다음과 같다.

"왕의 군대는 정벌을 하였어도 전투는 하지 않았고 왕의 위엄이 미치는 곳에선 하루만 지나면 곧 믿고 따라 왔습니다. 제가 듣건대 한나라 광무가 외효를 정벌할 때 3년이 걸렸고 당나라 덕종이 회렬을 토벌하는 데 4년이 지나서야 평정되었다 합니다. 몰염치한 간흉들이 우리의 도시를 점거하였을 때 그들의 만행은 흉악한 짐승들을 능가하였으며 그들의 죄상은 산과 같이 쌓였습니다. 오직 폐하의 계획이 정확하시어 불과 1주년 만에 승리하였습니다. 적을 공격할 때에는 혹은 군사들의 입을 막고 성을 넘기도 하며 때로는 군사를 열지어 성문을 공격하기도 하였었는데 양군이 서로 접전하자마자 적들은 벌써 기세가 꺾이었습니다. 보병과 기병이 우레 같은 함성을 올리며 진격하니 그 형제는 파도처럼 몰리고 구름같이 밀렸으며 뢰차(전차의 일종)가 악한 놈들을 쓸어버리며 내달리니 바람 소리와 새 소리까지도 모두 무기에서 나는 소리로 들렸습니다. 적들은 솥 안에 든 고기처럼 갈팡질팡 살곳을 찾으며 숲 속에서 놀랜 새 마냥 산산이 흩어졌습니다. 그 중에서도 자기의 죄가 중해서 처단을 면치 못할 것을 자각한 자들은 가족을 죽인 다음 불에 타서 죽었고 비겁해서 자결도 못하는 자는 혹독한 형벌을 각오하고 포로로 되었습니다. 이리하여 오랫동안 계속하던 우환이 일조에 풀리었습니다. 입성하여 상상의 뜻을 선포하니 백성들은 거꾸로 달았던 사람을 풀어놓은 것처럼 기뻐하였으며 성내에 와 있는 백성들을 돌보아 주었는데 대체로 자기 처소로 돌아갈 것을 희망하였습니다. 다만 거리의 전방들이 그전대로 남아 있을 뿐만 아니라 높다란 성문들도 그대로 보존되어 있습니다. 악당들을 이미 제거하였으므로 궁을 떠나있던 요사한 기운이 일소되고 원묘에 차려 놓았던 의관과 보좌도 옛 모습 그대로 보존되어 있습니다. 부로들과 부녀자들을 비롯하여 어부,

초부, 목동 등에 이르기까지 앞을 다투어 뛰어 나와 환호하면서 '오늘 뜻밖에 다시 임금님의 백성으로 되었구나!' 하고 큰 소리로 서로 축하하였습니다. 이것은 폐하께서 천지가 만물을 생육하는 것과 같은 성덕으로 무덕을 사용하시고 살벌을 하지 않으신 까닭에 일월성신이 복을 드리고 온 천하가 정성을 바치게 되었으며 번개가 견제하고 바람이 구축하여 반역자를 평정하는데 성공한 것이라, 흐르던 물도 멎으며 말 없는 뫼도 우뚝 솟아 만대의 평안을 기뻐하는 것 같습니다. 저희들은 폐하의 현명하신 계책을 몸소 받들고 3군을 지휘할 때 성신의 조화에 방조를 입어 이번의 성공을 얻은 것이니 저희들이 장수로서의 재능이 없어서 속전속결 못한 것만 부끄럽게 느끼는 바입니다."

임술일에 조정의 지시를 받들고 최영과 대장군 황린, 장군 덕선, 판관 윤주형, 주부 김지, 조의부, 장사 라손언 등의 머리를 베어 3일간 시가에 효수하였으며 분사 호부상서 송선유는 반란이 일어나자 병을 핑계하고 집에 있었고 장서기 오선각은 거짓 천치 노릇을 함으로써 적의 편에 가담하지 않았고 태창승 정총은 효행이 출중하였으므로 그들을 모두 표창하고 그 마을에 정문을 세워 주었다.

천자에 서인들이 묘청 등을 죽이고 그 머리를 조정에 보낸 다음 곧 평상시와 같이 유수관을 보낼 것을 중군에 청하였으므로 김부식이 노령거를 파견하기로 하였는데 그가 입성할 즈음에 적들이 그를 저격하려고 음모하고 있었으며 의학박사 김공정이 이 공모를 밀고하여 노령거로 하여금 입성하지 말도록 하였다.

소감 위근영은 노모가 있어서 적을 배반하지 못하고 한유관, 안덕칭, 김영년 등과 함께 가짜 상여를 마치 장사 지내려 가는 것처럼 차리고 성문을 나가려 하다가 발각되어 위근영과 한유관은 적에게 붙잡혀 혹심한 고문을 당하고 나중에는 뜨거운 철편으로 지지는 벌까지 당하였으나 숨이 떨어질 때까지 다른 사람을 주어 대지 않은 까닭에 안덕칭과 김영년은 화를 면하였다. 그래서 김공정, 위근영, 한유관, 안덕칭, 김영년 및 윤첨의 친척들과 노인, 유아, 불구자들은 모두 용서하여 주고 나머지는 일체 서울로 압송하여 옥에 가두었다. 그리고 가장 독살스럽게 항거한 자는 "서경 역천(반역죄)"이라는 네 글자를 이마에 새기어 섬으로 귀양 보내고 그 다음 가는 자는 "서경" 두 자를 새겨 향과 부곡에 나누어 보내고 또 그 나머지는 각 주, 부, 군에 분산시켜 두고 그들의 처자는 편리할 대로 살 것과 양민이 될 것을 허용하였다.

조광, 최영 등 7명과 정지상, 백수한, 묘청, 감고, 정선, 김신, 김치(김신의 아우), 이자기, 조간, 정덕환 등의 처자는 동북 각 성의 노비로 삼았다. 3월에 왕이 좌승선 이지저, 전중 소감림의를 보내어 김부식에게 의복, 안마(안장 있는 말), 금띠, 금주전자, 은약합 등을 주고 조서를 보냈는데 그 글은 다음과 같다.

"조무라기 역적 조광은 소소한 악인으로서 험준한 지세를 이용하여 날뛰며 처단을 도피한지도 이미 오래였다. 장병들의 투지를 발휘시켜 힘을 합하여 반역자의 씨가 남지 않도록 뿌리채 뽑아 버릴 방도를 모르는 바 아니로되 평양은 시조(고려 왕조의 조상)가 나라를 창건하신 땅이란 것도 생각하고 또한 다수한 생민들은 누구나 다 나의 백성들인지라. 전체를 도륙하는 것은 차마 못 할 일이었다. 그런 까닭에 조서를 내려 두세 번 개유하여 마음을 고치고 귀순하여 가긍히 생각해 주는 조정의 은혜를 체득하기만 기대하였던 것은 그대도 잘 아는 바이다. 원흉 묘청 등이 섬멸된 후에도 절령(의주에서 요양을 연결하는 차마도로의 분수령, 정가령 부근) 전투에서 실패한 데로부터 적의 정세가 일변되었으므로 반란을 진압하는 일이 하루 이틀에 기대할 수 없었다. 그러나 그대는 문무를 겸비한 재능을 가지고 장상의 자리에 있으면서 관후한 도량으로 장병들의 신임을 얻었으며 심오한 기략과 특이한 기물 등 적을 제어할 수 있는 모든 방법이 이미 가슴 속에 결정되어 있었다. 처음에는 성과 목책을 쌓아 군사들을 휴식시키고 나중에는 토산을 만들어 보루를 제압하여 마침내 적으로 하여금 아군의 기세만 보고도 스스로 흩어지며 제 손을 묶고 항복을 청하게 하였는 바 창 한 자루도 파손하지 않고 손쉽게 전성을 함락시켰으며 때를 놓치지 않고 결단을 내림으로써 만대의 위훈을 세운 것은 그대의 만전한 계책이 아니고는 이렇게 될 수 없었을 것이다."

김부식에게는 수충정난정국공신 칭호와 검고태보 수태위 문하시중 판상서 리부사 감수국사 벼슬과 상주국 훈위를 주고 겸 태자태보를 명하였으며 또 4군의 병마사, 부사, 판관 이하에게는 은면주 룽라(비단) 등 상품을 관등에 따라 차등있게 나누어 주었다.

4월에 개선하니 왕은 김부식에게 일등 사택 한 채를 주었으며 인종 16년에 검교태사 집현전 태학사 태자 태사 벼슬을 더 주었다. 왕이 일찍이 김부식을 불러 술을 마시면서 한나라 사마광의 유표와 훈검문을 읽으라 하고 그것을 들으면서 오래도록 감탄하고 있다가 "사마광의 충성과 의리가 이 같았는데 그때의 사람들이 그를 간당이라 말한 것은 무슨 까닭인가?"라고 물으니 김부식이 대답하기를 "왕안석과 서로 의가 좋지 못한 까닭이오. 실상은 아무런 죄도 없습니다."라고 말하니 왕이 다시 말하기를 "송나라가 망한 것은 이런 일에 원인이 있다고 보지 않을 수 없을 것이다."라고 하였다.

왕이 국자제주 임광을 김부식의 저택으로 보내어 왕의 명으로 금, 은, 안마鞍馬(안장 있는 말), 쌀, 포목, 약품 등을 주었는데 이것은 서경을 평정한 공을 표창한 것이다. 인종 20년에 세 차례나 글을 올려 치사를 청하니 왕이 이를 허락하고 동덕찬화공신 칭호를 더 주고 조서를 내리기를 "그대 비록 연로하였으나 중대한 의논이 있을 때에는 마땅히 함께 의논할지어다."라고 하였다.

인종 23년에 김부식이 편찬한 신라, 고구려, 백제의 3국사를 드렸더니 왕이 내시 최산보를 그의 저택으로 보내어 칭찬한 위로의 말을 전하고 화주(꽃술)를 주었다.

의종이 즉위한 후 김부식을 낙랑군 개국후로 봉하고 식읍 1,000호에 식실봉 400호를 주었으며 인종 실록을 편찬할 것을 명령하였다. 의종 5년(1151)에 죽으니 향년 77세였으며 시호는 문별이라고 하였다. 김부식은 외모가 풍후하고 체격이 크며 얼굴빛이 검고 눈알이 두드러지게 나왔으며 문장으로 세상에 이름을 떨쳤다. 송나라 사신 노윤적이 왔을 때 김부식이 접대사로 되었는데 사신의 수원 서긍은 김부식이 글을 잘 짓고 고금 역사를 통달한 것을 보고 그의 인품을 사모하였다. 그는 고려도경이라는 책을 저술하였는 바 그 책에는 김부식의 가계도를 기록하였다. 또 그의 화상을 그려서 송나라 황제에게 보고하였더니 황제가 주관 부서에 명령하여 그 책을 관에 새겨 널리 배포하게 하니 이때부터 김부식의 이름이 외국에까지 알려졌다. 그후 사신으로 송나라에 간 일이 있었는데 이르는 곳마다 극진한 대접을 받았다. 김부식은 세 번이나 과거에 관한 사무를 맡아 보았는데 많은 인재를 선발하였다는 칭송을 받았다. 사후에 중서령 벼슬을 추증하고 인종 묘정에 배향하였으며 문집 20권이 있다. 아들은 돈중, 돈시이니 김돈시는 벼슬이 상서 우승까지 지냈으며 정중부의 난에 죽었다. 김돈중은 인종 때에 과거에 장원 급제하였다. 지공거 한유충 등이 처음에 김돈중을 제 2위로 평정하였더니 왕이 그의 아버지를 위로하여 주고자 장원으로 급제시켰다. 내시직에 있을 때 궁중에서 나희儺戲(역귀를 쫓는 굿) 하는 날 밤에 촛불로 정중부의 수염을 불태우는 희롱을 하였더니 정중부가 이 일로 인하여 원한을 품게 되었다. 의종 때에 여러 번 벼슬이 올라 시어사로 되었다.

왕이 내시 정함을 합문지후로 임명하니 김돈중이 그의 임명장에 서명을 거부한 탓으로 호부 원외랑으로 강직되었다가 다시 시랑으로 전직되었다. 전자에 이부시랑 한정은 이원응과 사이가 나쁜 까닭에 파직 당하였는데 당시 왕이 따로 인제원에다 절을 창건한 후 왕의 복을 축원하는 곳으로 정하였다.

그러자 때마침 이원응이 죽고 한정은 복직되었는 바 그가 임금을 위해서 열성으로 기도를 올리었으며 한편 김돈중도 아우 김돈시와 더불어 김부식이 창건한 관란사를 중수하고 역시 왕을 위하여 복을 빌었으므로 소문이 났다. 왕이 김돈중, 김돈시, 한정에게 말하기를 "들은 바 그대들이 나를 위하여 복을 축원한다 하니 대단히 고마운 일이다. 내가 한 번 가서 보겠노라."고 하였다. 김돈중 등이 절의 북쪽에 초목도 없는 붉은 산에다가 근처 주민들을 동원시켜 소나무, 잣나무, 삼나무며 기이한 화초를 이식하고 또 단을 축조하여 왕이 휴식할 집을 신축하였는데 단청으로 장식하였으며 섬돌은 모두 기괴한 돌로 만들었다. 어느 날 왕이 절에 나갔는데 김돈중 등이 절 서쪽 축대에서 연회를 베풀었는 바 장막과 그릇들이 극히 화려하고 사치스러웠으며 음식도 극히 진기한 것으로 차렸다.

왕이 재상들과 측근들을 데리고 가서 유쾌한 놀이를 하였으며 김돈중, 김돈시에게 은을 세 덩이씩 주고 한정에게는 두 덩이를 주었으며 각각 비단 10필, 단사 70근씩 주었다. 의종 21년에 김돈중이 좌승선으로 임명되었는데 관등하는 날 밤에 왕이 봉은사로 갔다가 밤중에 관풍루까지 돌아왔을 때 김돈중이 탔던 말이 평소부터 조련되지 못하였고 더욱이 징과 북을 치는 소리에 놀라서 날뛰다가 그만 어떤 기병과 충돌하였다. 그 바람에 기병의 전통(화살통)에서 화살이 튀어 나가서 왕이 타고 가던 련輦(수레) 옆에 떨어졌다. 김돈중이 미처 사유를 자백하기 전에 왕이 깜짝 놀라며 이것은 필경 누군가 암살하려고 쏜 화살이라고 억측하고 의장병이 들었던 산선繖扇으로 련輦(수레)을 감싸게 하고 말을 급히 달려서 환궁한 후 궁성 내에 경비를 엄격히 했으며 해당 부서에 명령하여 시내 각처에 방을 붙이고 현상으로 범인을 잡으라 하였더니 체포된 자가 대단히 많았다.

왕은 대녕후 왕경의 집 하인 라언 등의 소행이라고 의심하고 가혹한 고문을 가하여 억지로 자백시키고 드디어 그를 죽였다. 또 호위병들이 태만하였다는 이유로 견룡, 순검, 지유 등 14명을 귀양 보냈다. 당시 왕이 자주 연복정에 놀러 나갔는데 하루는 한뢰, 이복기, 허홍재 등과 함께 그 곳에서 하루를 술 놀이 하고 다시 염현사로 자리를 옮기고자 타고 갈 련을 준비시켰다가 또다시 배에 올라 술자리를 차리고 모두 술이 취하도록 마시며 밤이 늦도록 돌아갈 줄도 모르고 놀았으므로 호위병졸들이 한뢰, 이복기를 깊이 원망하게 되었다.

이때 김돈중이 왕의 앞에 나가서 아뢰기를 "아침부터 밤중까지 호위 군졸들은 모두 굶고 또 피로하였는데 상감께서는 무엇이 그다지 즐거우십니까? 또 캄캄한 어두운 밤에 무엇을 관람하실 것이 있어서 여기에 오래 두류하시렵니까?"라고 하였더니 왕은 불쾌하였으나 배에서 나오게 되었으며 때는 이미 동이 트기 시작하였다. 보현원에서 사변이 생겼을 때 김돈중도 수행하였는데 도중에서 변이 생겼다는 소식을 듣고 취한 척하고 말에서 떨어져 감악산으로 도피하였는데 정중부가 숙감을 품고 그를 기어코 붙잡으라고 다그쳤다. 이때 김돈중은 가만히 심부름꾼을 서울에 들여 보내어 자기 집의 안부를 탐문하라고 시켰더니 그 자가 상금에 탐이 나서 밀고하였으므로 김돈중이 잡혀서 사천沙川가에서 살해당하였는데 죽을 무렵에 그는 탄식하기를 "나는 한뢰나 이복기의 당파는 아니니 사실 아무 죄도 없다. 다만 화살 사건으로 인해서 무죄한 사람들이 해를 입게 되었으니 오늘 이런 변을 당하는 것도 의당한 일이다!"라고 하였다. 아들은 군수이다.

김군수는 나이 20 미만에 벌써 문학의 소양이 풍부하여 동배들이 그를 첫째 가는 글 솜씨로 추대하였다. 명종 때에 과거에 장원 급제하여 직 한림원으로 되었으며 고종 초기에 시랑으로 임명되었다. 당시 조정의 대관들이 지방으로 출장하면 흔히 재물에 탐욕을 내어 백성의 고혈을 긁어 먹으므로 백성들의 원망이 많았다. 그래서 김군수를 비롯한 이종규, 송안국, 김주정, 최정분 등 11명을 선발하여 각 도 찰방사로 삼아 백성들이 고통을 위문하고 관리들의 잘잘못을 사찰하기로 결정하였는데 마침 거란병이 침입한 때여서 그 임무를 수행할 겨를이 없었고 이종규, 송안국, 김주정은 상벌에 대한 감찰이 정밀하지 못한 탓으로 파면되었으며 오직 최정분의 처리가 정확하였다는 평을 받았다. 김군수는 그 후 좌간의대부諫議大夫로 임명되어 조충의 후임으로 서북면 병마사로 도임하였는 바 재물에 청백하고 백성을 사랑한다는 칭송을 받았다. 거란군이 숙주肅州(요령성의 북쪽 지역에 있던 지명), 영청 경내에 침입하였을 때 김군수가 각 성의 병정들을 인솔하고 적을 공격하여 430여 명의 목을 베고 21명을 생포하였으며 말 50여 필을 노획하였다. 한순과 다지가 모반할 때 김군수는 중군 병마사로 임명되어 묘계로써 적을 토벌하여 한순과 다지를 죽이고 그 머리를 베어 함에 넣어 서울로 보냈다. 그러나 당시의 병마사 김취려는 자기에게 먼저 보고하지 않은 것을 미워하여 그를 가두었다. 김군수 관하의 녹사로서 노인수란 자가 있었는데 평소에 김군수와 사감이 있으므로 이 기회에 김취려에게 자주 참소하고 또 최이에게도 참소하였으므로 드디어 김군수를 한남漢南으로 귀양 보내니 당시 사람들이 이를 억울한 일로 여기었다.

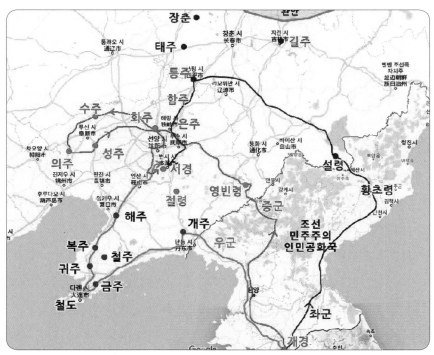

그림3 김부식의 묘청의 난 때 삼군의 추정 경로.

원문: 高麗史 권 127, 열전 제 40

묘청은 서경의 중이고 후에 정심淨心으로 개명했다.

인종仁宗 6년에 일관日官 백수한白壽翰이 검교소감檢校少監으로서 서경 분사西京分司를 책임지고 있으면서 묘청을 스승이라 부르고 두 사람이 음양비술陰陽祕術을 가지고 여러 사람을 무혹誣惑했다. 정지상鄭知常도 서경 사람으로 그들의 말을 깊이 믿고 수도(즉 송도松都; 개성) 업운이 이미 쇠진하였으며 궁궐이 전부 타서 없어졌고 서경(평양: 요양시 궁장령구)은 왕기王氣가 있으므로 왕이 옮겨 앉아서 이 곳을 수도로 하여야 한다고 생각하였다.

그리하여 왕의 근신인 내시낭중內時郎中 김안金安과 모의하여 말하기를 "우리들이 만약 임금을 모시고 옮겨 가서 서경을 수도로 만든다면 마땅히 중흥공신中興功臣이 될 것이니 비단 우리 한 몸이 부귀를 누릴 뿐만 아니라 또한 자손을 위하여서 무궁한 복으로 될 것이다."라고 하고 드디어 그것을 극구 칭찬하였다. 근신近臣 홍이서洪彛敍와 이중부李仲孚 그리고 대신 문공인文公仁, 임경청林景淸도 그들을 따라서 화창和唱했다.

그래서 드디어 "묘청은 성인이요, 백수한도 그 다음 가는 성인이니 국가의 일을 일일이 자문咨問한 후에 시행하고 그의 의견을 허심히 접수한다면 정사에서 성과를 거둘 것이고 국가의 태평을 보존할 것입니다."라는 상소문을 작성하여 돌리면서 모든 관원들에게 서명할 것을 요구하였는데 평장사 김부식金富軾과 참지정사 임원애任元敱, 승선 이지저李之

氐만이 서명하지 않았다.

상소문이 제출되니 왕은 비록 의심을 품었으나 여러 사람들이 적극 주장하였음을 믿지 않을 수 없었다. 이때 묘청 등이 왕에게 건의하기를 "우리들이 보건대 서경 임원역林原驛의 땅은 음양가들이 말하는 대화세大華勢인데 만약 이 곳에 궁궐을 건축하고 옮겨 앉으면 천하를 병탄할 수 있으며 금金 나라가 방물을 바치고 스스로 항복할 것이며 26개 나라들이 모두 조공하게 될 것이다."라고 하였다.

왕이 드디어 서경으로 가서 수행한 재상 재추宰樞들에게 명령하여 묘청과 백수한을 데리고 임원역林原驛(요양시 궁장령구에 있었던 역)으로 가서 지세地勢를 보게 하고 김안을 시켜 궁궐을 신축케 하였는데 공사 독촉

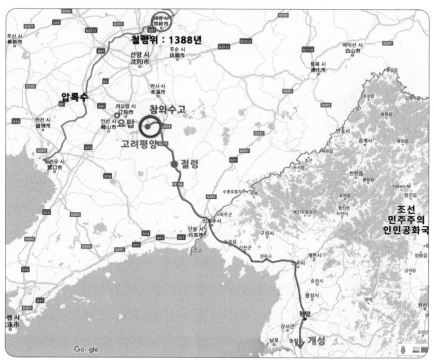

그림1 고려 서경 평양은 요양시 궁장령구가 중심지이다. 절령은 평양성 동쪽 160리.

이 심히 급하였다. 때는 엄동설한이라 주민들의 원성이 자자했다.

7년에 새 궁궐이 낙성되니 왕이 또 서경으로 갔는데 묘청의 도당 중에서 어떤 자는 표문表文을 올려서 제帝라고 칭하고 연호를 제정하라고 권고하였으며 또 어떤 자는 유제劉齊와 약속하고 금나라를 협공狹攻해서 멸망시킬 것을 청하였으나 식자識者들은 모두 불가능하다고 인정하였다. 묘청의 무리들이 별의별 말을 계속하였으나 왕은 종시 듣지 않았다.

왕이 새 궁전의 건룡전乾龍殿에 나가 앉아서 모든 신하들의 축하를 받았다. 이때 묘청, 백수한, 정지상 등이 말하기를 "방금 임금이 건룡전에 좌정할 때 공중에서 선악仙樂소리가 들렸으니 이것이 어찌 새 대궐로 온 데 대한 상서로운 징조가 아니냐!"라고 하면서 드디어 하표賀表를 초안하고 모든 재추들에게 서명을 요구했으나 재추들은 거절하면서 말하기를 "우리들이 늙어도 아직 귀는 멀지 않는데 공중의 선악을 들어보지 못하였다. 사람은 속여도 하늘은 못 속인다."라고 하였다.

정지상은 분해서 말하기를 "이것은 비상히 상서로운 징조이며 마땅히 역사에 기록해서 후세에 전할 일인데 대신들이 저 모양이니 실로 개탄할 일이다."라고 하였으나 필경엔 하표를 올리지 못하였다.

다음 해에 서경 중흥사重興寺 탑塔이 화재를 당하니 어떤 사람이 묘청에게 묻기를 "스님이 임금께 서경으로 오라고 청한 것은 재화를 진압하기 위함이었는데 어째서 이런 큰 재변이 생겼는가?"라고 하니 묘청은 얼굴빛이 붉어지며 대답하지 못하고 한참이나 고개를 숙이고 있더니 주먹을 불끈 쥐고 얼굴을 쳐들고 말하기를 "임금이 만약 서울에 있었으면 이보다 더 큰 재변이 생겼을 것인데 지금 이 곳에 옮겨와 있기 때문에 재변이 외부에서 발생되었고 임금의 몸은 무고한 것이다."라고 하였다. 묘청을 신봉하는 자들은 말하기를 "이러니 어찌 아니 믿겠는가?"라고 하였다.

또 그 다음 해에 김안이 임금에게 청하기를 "이미 제출한 천天 지地 인人 3정庭의 사의장事宜狀을 시종관侍從官들에게 회랑시키고 3통을 작성 하여 하나는 성省에, 또 하나는 대臺에, 하나는 여러 기관과 지제고知制 誥에게 주어서 제각기 의견을 말하게 하기 바랍니다."라고 했다. 묘청은 왕에게 권하여 임원궁성林原宮城을 축성하고 궁의 중앙宮中에 팔성당八 聖堂을 설치했는데 팔성八聖이란:

첫째는 호국백두악태백선인護國白頭嶽太白仙人으로 실체는 문수사리 보살이요.

둘째는 용위악 육통존자龍圍嶽 六通尊者로 실체는 석가불이요.

셋째는 월성악천선月城嶽天仙으로 실체는 대변천신大辨天神이요.

넷째는 구려평양선인駒麗平壤仙人으로 실체는 연등불燃燈佛이요.

다섯째는 구려목멱선인駒麗木覓仙人으로 실체는 비파시불批婆尸佛이요.

여섯째는 송악진주거사松嶽震主居士로 실체는 금강색보살金剛索菩薩이 요.

일곱째는 증성악신인甑城嶽神人으로 실체는 늑차천왕勒叉天王이요.

여덟째는 두악천녀頭嶽天女로 실체는 부동우파이不動優婆夷며 이들 모 두 화상을 설치하였다.

이중부, 정지상 등은 이것을 성인의 법이며 국운을 연장하는 전략이 며 방책[術; 기술]이라고 인정하면서 또 왕에게 팔성八聖에 제사를 지낼 것을 청원했으며 정지상이 축문을 지었는데 그 글에 이르기를

"달리지 않아도 빠르고 걷지 않아도 도달하는 것은 득일得一 의 령靈이요, 없는 것 같으면서도 있고 찬[實] 것 같으면서 빈 것 은 부처의 본성이다. 오직 천명天命만이 만물을 제어할 수 있고 오

직 토덕土德만이 천하에 왕이 될 수 있다. 이제 평양의 중앙에서 이 대화大華의 지세를 선택하여 궁궐을 신축하고 음양陰陽에 순응하여 팔선八仙을 그 사이에 안치한다. 백두白頭를 받들어서 위시로 하니 경광耿光이 어리고 신묘한 공용이 나타나는 것만 같아서 눈앞이 황홀하구나! 지진至眞은 그 형상을 그려낼 수 없으나 그 실체인 즉 여래如來이므로 화상을 그리게 해서 장엄하게 장식하고 이제 현관玄關을 두드리면서 음향하기를 기원하노라!"

이렇게 허튼 소리를 꾸며 놓았던 것이다.
무관 최봉심崔逢深이란 자가 정지상과 은밀히 상약하고 묘청을 스승

그림2 요양시 궁장령구의 북쪽 지역에 있는 용풍사龍風寺이다: 용풍사 안에 용불전이 있어 이곳이 고려 서경의 대화궁이라고 생각된다. 이곳이 대화궁이라면 궁 중앙에 있는 건물이 팔성당이고 북쪽에 있는 건물이 건룡전乾龍殿이어야 대화궁의 상황 설명과 맞는다. 용불전은 임금만이 불경을 드리는 궁전이다.

으로 섬겼는데 어느 날 왕에게 말하기를 "폐하가 삼한을 태평하게 다스리고자 한다면 서경의 세 성인을 내놓고는 함께 일할 자가 없습니다."라고 하였는 바 그 세 성인이란 즉 묘청, 백수한, 정지상을 가르키는 것이었다.

10년에 비로소 서울 궁궐을 수축하면서 평장사 최홍재崔弘宰와 문공인文公仁, 임경청林景淸이 그 공사를 감역監役하였는데 집터를 닦기 시작하였을 때 묘청은 최홍재 등을 위시한 역사 담당 관원들에게 모두 공복公服을 입게 하여 차례로 서게 하였다. 또 장군 4명은 갑옷을 입고 검을 들고 네 귀에 서게 하고 병졸 120명은 창槍을 가지고 300명은 횃불을 들고, 20명은 촛불을 밝히고 둘러서게 한 다음 묘청이 중앙에 자리 잡고 길이 360보 되는 흰 삼바麻繩 4줄을 늘이고 그것을 네 번 당기며 술법을 행하였다. 이때 묘청이 스스로 말하기를 "이것은 태일옥장보법太一玉帳步法인 바 선사禪師 도선道詵이 강정화康靖和에게 전수하고 강정화는 나에게 전수했으며 내가 늙으면 백수한에게 전수하겠다. 이것은 누구나 아는 것은 아니다."라고 하였다.

묘청과 백수한은 왕에게 말하기를 "서울의 지세地勢가 쇠퇴하였으므로 하늘이 재화를 내려서 궁궐이 전소되었으니 자주 서경으로 감으로써 재앙을 물리치고 복을 맞이하여 무궁한 왕업을 늘리소서!"라고 하였으므로 왕이 여러 일관日官에게 물으니 모두다 "불가하다."라고 하였다. 그러나 정지상, 김안 그리고 몇몇 대신들은 말하기를 "묘청이 말하는 것은 즉 성인의 법이니 위반할 수 없습니다."라고 하였다. 그래서 묘청을 수가隨駕 공양승供養僧으로 삼고 백수한을 내시內侍로 들여놓고 왕이 서경으로 행차하였다.

금암역金巖驛까지 갔을 때 비바람이 사납게 일면서 대낮에 갑자기 천지가 어두워졌으므로 호위 군사들이 엎어지고 자빠졌으며 그 통에 임금은 자신이 말고삐를 잡고 가는데 길을 잃어서 혹은 진창에 빠지기도 하고 혹은 나무 등걸이나 돌부리에 부딪치기도 하였다. 또 시종들은 왕이 간 곳을 잃었고 궁인宮人들 중에는 소리내어 우는 자도 있었다. 그 날 밤에는 진눈깨비雨雪가 내리고 추위가 극심해서 인마人馬와 낙타가 많이 죽었다.

이때 묘청이 말하기를 "내가 이 날에 바람과 비가 있을 줄 알고 우사雨師와 풍백風伯에게 명령하기를 임금이 길에 있으니 비바람을 일으키지

그림3 요양시 궁장령구의 북쪽에 옛 대동강이 있다. 고대 평양부의 중심은 요양시 궁장령구이다. 살수를 건너 남으로 가면 대동강에 이른다.

말라!라고 했더니 이미 승낙하여 놓고 이처럼 약속을 위반하니 실로 가증하다."라고 하였다.

서경의 부로父老와 검교태사檢校太師로 부임致仕한 이재정李齋廷 등 50명이 묘청과 정지상의 뜻을 맞추느라고 표문表文을 제출하여 제帝라고 칭하고 연호年號를 제정할 것을 청하였다. 정지상 등은 이것을 계기로 왕에게 말하기를 "대동강大同江(요양의 태자하)에 서기瑞氣가 있는데 이것은 신룡神龍이 침涎을 토하는 것이다. 천년에 한 번 보기 드문 일이니 상감이 위로 천심天心에 응답하고 아래로 인망人望에 순응하면 금金나라를 제압할 수 있을 것입니다."라고 하니 왕은 이에 대하여 이지저에게 문의하니 대답하여 말하기를 "금나라는 강적强敵이므로 경시하지 못할 것이며 더욱이 양부兩府 대신들이 수도에 남아 있는데 한두 사람의 말만 듣고 대사를 결정할 것이 아닙니다."라고 하였다. 그리하여 왕은 단념하였다.

묘청, 수한 등이 어느 날 비밀리에 떡을 크게 빚어서 속을 비게 하고 구멍 하나를 뚫었다. 그리고 익힌 기름을 채워서 대동강에 가라앉혀 두었다. 그 기름이 점차 나와서 물에 떠오르니 멀리에서 5색으로 보였으므로 이를 가지고 말하기를 "신룡神龍이 침을 토해서 5색 구름을 만들었으니 이는 비상한 상서이다."라고 하면서 백관들에게 축하 표표를 올리도록 청하였다. 그래서 왕은 문공인과 참지정사 이준양李俊陽 등을 보내어 살펴보게 하였다.

그때에 말다래鞳에 기름칠하는 것을 직업으로 하는 자가 있었는데 그가 말하기를 "익힌 기름이 물에 뜨면 이상한 빛을 낸다."라고 하였으므로 헤엄 잘 치는 사람을 시켜 큰 떡을 찾아 내었다.

그리하여 그것이 사기임을 알았다. 이에 대하여 원애元敱가 왕에게 글을 올려 이르기를 "묘청, 백수한 등은 갖은 간악한 모략을 다 하고 있으며 황당한 말로 민심을 현혹케 하고 있습니다. 그리고 한두 명의 대신과 근시近侍들도 그 말을 혹신하고 위로 임금을 현혹케 하고 있으므로 저는 장차 불측의 환란이 있을 것을 우려하면서 묘청 등을 만인의 면전에서 처단하여 화근을 제거할 것을 바랍니다."라고 하였으나 왕은 귀담아 듣지 않았다.

묘청이 또 왕에게 건의하기를 "상감이 상시로 대화궐大華闕에 계십시오. 그렇지 못하시면 근신을 파견하여 예의를 갖추고 어좌御座를 설치하고 거기에 어의御衣를 두고 상감이 있는 것과 같이 공경하면 수복과 경사가 친히 와 있는 것과 다름이 없을 것입니다."라고 하였다.

왕은 문공인, 이중부를 파견하여 어의를 가지고 서경으로 가서 법사法事를 집행케 했다.

11년에 직문하성直門下省 이중李仲, 시어사侍御史 문공유文公裕 등이 상소하여 이르기를 "묘청, 백수한은 모두 요망한 자입니다. 그의 말이 괴이하고 황당해서 믿지 못할 것인데 근신近臣 김안, 정지상, 이중부, 환자宦者 유개庾開 등이 서로 심복으로 되어 자주 서로 칭송 추천하고 그를 가리켜 성인이라고 하며 또 대신까지도 그들을 믿고 따르는 자가 있어서 전하께서도 의심스러운 것으로 여기지 않게 되었습니다. 그러나 정직한 인사人士들은 그자들을 원수처럼 미워하고 있으니 속히 멀리 물리칠 것을 바랍니다." 라고 하였다. 그 내용이 대단히 간절하고 충직했으나 왕이 채납치 않았으므로 이중 등이 물러 나와서 대죄待罪하였다.

12년에 왕이 묘청을 삼중대통지 누각원사三重大統知漏刻院事로 삼고 자색紫色 의복을 하사했다.

지난 날 묘청의 청으로 누차 서경 순행을 하였으나 재화災禍 이변異變이 계속 생겼다. 그러나 그 도당은 이것을 무해無害하다고 기만해왔다. 그러다가 이때에 와서 서행을 굳이 청하여 반역 음모를 실현코자 했으나 대신과 간관들의 말이 있었으므로 왕이 듣지 않았다. 또 우정언 황주첨黃周瞻이 묘청, 정지상의 뜻을 맞춰 칭제건원稱帝建元을 청했으나 역시 채납되지 않았다.

13년에 묘청은 분사시랑分司侍郎 조광趙匡, 병부상서兵部尙書 류감, 사재소경司宰少卿 조창언趙昌言, 안중영安仲榮 등과 함께 서경에서 반란을 일으켜 왕의 조서를 날조하여 서경 부유수副留守 최자崔梓, 감군사監軍事 이총림李寵林, 어사 안지종安至宗 등을 잡아 가두고 또 가짜 승선(僞承宣) 김신金信을 파견하여 서북면 병마사西北面 兵馬使 이중병李仲幷과 그의 막료들 그리고 각 성城의 수장守長을 잡아다가 모두 서경에 있는 소금 창고에 가두었다. 기타 서울 사람으로 서경에 와서 있는 사람이면

그림4 절령에서 묘청의 군대가 고려의 관군을 수비하던 곳이다: 현재의 의주에서 요양의 궁장령구(옛 고려 서경)를 갈 때 가장 편안하게 가는 차마도로의 분수령으로 경로의 산 정상 분수령에 절령(岊嶺)이 있다. 절령을 넘어갈 때 양쪽에는 산모롱이가 있고 절령의 동쪽 개울물은 현재의 압록강으로 흘러가고 서쪽의 개울물은 태자하로 흘러간다.

귀천과 신분을 가리지 않고 일체 구금하고 군사를 절령岊嶺(봉성시 북쪽 연산관 남쪽에 있는 분수령)으로 파견하여 교통을 차단하였다. 그리고 각 성의 병력을 강제로 동원시키고 부근 다른 도道의 마필을 약탈하여 모두 성내로 끌어 들였다.

국호를 대위大爲라 하고 연호는 천개天開로 제정하였으며 그 군대를 천견 충의군天譴 忠義軍이라 하였다. 그리고 관속을 배치하였는데 양부兩部로부터 각 주군의 수령에 이르기까지 모두 서인西人으로 임명했다(*여기서 西人은 절령 서쪽 지역인 현재의 요녕성 사람을 의미함). 이 가짜 임명 명단이 발표되자 보는 사람들이 가소롭게 여기고 웃으니 조광과 안중영이 옆에서 보고 꾸짖었다.

처음에 안중영은 불사佛事를 칭탁하고 도중徒衆을 소집하여 놓고 묘청, 류호柳浩 등과 한 패거리가 되어 서인西人들과 함께 그들을 가두어 두고서 은밀히 거사하게 했으며 성사되자 그들을 죽여 버렸다.

그리고 묘청은 조광 등과 함께 성중에 있는 문무 인원을 인솔하고 관풍전觀風殿에서 회의한 후 군사들을 여러 길로 나누어서 곧바로 서울을 향해 진격하려고 하였다.

서경에 있던 백수한의 친구들이 편지를 백수한에게 보내기를 "서경이 이미 반란을 일으켰으니 몸을 빼어 오라."라고 하였다. 백수한의 아들 백청白淸이 그것을 가지고 와서 백수한에게 주었던 바 백수한은 그 편지를 왕에게 가지고 가서 보고했다. 왕은 문공인을 불러다가 보였다. 이때 문공인이 말하기를 "이 일은 의심스러우며 진위眞僞를 규명하기 어려우니 아직 비밀에 붙여 두십시오."라고 하였다.

뒤를 이어 졸병 최언崔彦과 한선정韓善貞이 와서 왕에게 보고하기를 "우리들이 일이 있어서 고향 황주黃州로 갔었는데 서인西人이 군사를 인솔하고 동선역洞仙驛에 와서 사록司祿 고보정高甫正을 체포하고 역마驛馬

를 탈취하여 모두 서경으로 압송하고 서울로 왕래하는 행인을 금지하였으므로 우리들은 낮엔 잠복했다가 밤에 보행하여 지름길로 왔습니다.(*여기서 황주는 요양 남쪽 지역에 있었던 고려의 한 州)"라고 하였다.

이에 왕은 재추의宰樞議을 소집하고 토의한 후 김부식, 원애와 승선承宣 김정순金正純에게 명령하여 병부兵部로 회합하고 적을 토벌하기 위하여 군사를 동원케 하였다. 그리고 드디어 김부식을 원수로 임명하여 정벌하게 하였으며 내시 류경심柳景深, 조진약曹晉若, 황문상黃文裳을 서경으로 파견하여 군사 행동을 중지할 것을 선유宣諭하였는데 서인이 성문을 열고 그들을 관풍전으로 안내하였다. 그 곳에는 류참과 조광이 동편으로 앉았고 묘청은 서편으로 앉았으며 기타 문무文武 인원들은 그 집 뜰 안에 모여서 모두 군복을 입고 있었다.

류경심 등이 관풍전 문에 당도하니 류잠 등이 뜰 아래로 내려 와서 절하고 임금의 건강에 대하여 문안한 후에 주식을 대접하고 돌려보낼 때에 말하기를 "마땅히 표문表文을 올려 보고하여야 하겠으나 창졸간에 그렇지 못 하니 이것을 가지고 돌아가서 왕에게 보고하라!"라고 하면서 봉시 1통을 주었는데 그 글에 이르기를 "바라건대 주상主上은 서경으로 옮겨 오시라! 그렇지 않으면 반드시 변고가 생길 것입니다."라고 썼는데 그 언사가 대단히 불순했다.

그리고 반란자들은 뒤를 이어 검교첨사檢校詹事 최경崔京을 파견하여 왕에게 글을 올려 이르기를 "폐하는 음양의 지당한 말을 믿고 도참의 비기祕記를 고려하여 대화의 궁전을 창건하여 천하의 주인이 되는 제도帝都의 형태를 본받았으므로 저희들은 루경婁敬처럼 노력하면서 반경盤庚 같이 천도할 것을 기대하였더니 천만 뜻밖에 신하들이 주상의 마음을 헤아리지 못하고 다만 향토를 그리워하면서 천도遷都를 반대할 뿐만 아니라 나라에 공헌이 되는 일까지 방해하고 있습니다. 인심은 두려운 것이며 뭇 사람의 분노는 막기 어려운 것이오나 만약 주상이 친히 오면 병란이 수습될 수 있습니다."라고 하였다.

이 표문이 오니 모두 말하기를 "신하로서 임금을 부르니 그 사자使者를 죽이라!"라고 하였으나 왕은 전쟁을 피할 생각으로 사자에게 주식과 폐백幣帛을 주고 분사호부分司戶部 원외랑員外郎으로 임명하고 얼려서 돌려보냈다. 그리고 양부兩府 대신들을 불러 상의한 후 이날로 출발出師하게 되었으므로 김부식 등 제장이 궐에 당도(예궐:詣闕)하여 명령을 기다리고 있었는데 김안 등이 출사 기일을 지연시켜서 반역을 도모하려는 모략으로 왕에게 말하기를 "금金나라 사신을 인견引見하고 그 조서를 받은 후 대명궁大明宮으로 이사한 다음에 장수들을 보내도 늦지 않겠습니다."라고 하였다.

그때 어떤 사람이 고발하기를 김완 등이 비밀히 병장기를 모아들이고 이 구석 저 구석에서 숙덕이면서 반역을 음모하고 있다고 하였으므로 김부식이 여러 장수들에게 말하기를 "서경의 반란에 정지상, 김안, 백수한이 공모하고 있으니 이들을 제거하지 않으면 서경을 수복할 수 없다."라고 말하고 김정순에게 비밀 지시를 주어 용사勇士를 시켜 그 세 명을 끌어내어 궁문 밖에서 목 베인 후 왕에게 보고했다. 묘청의 도당인 음중인陰仲寅, 이순무李純茂, 오원수吳元帥, 최봉심崔逢深 등을 먼 섬으로 귀양 보냈다.

서인西人이 성주成州(요령성 서쪽 요하 서쪽 지역에 있던 지명, 중국역사지도 참조)로 와서 왕명이라고 거짓말하고 방어관료防禦官僚를 체포하고 부근 인가人家로 흩어져 들어가서 음식을 토색하였는 바 고을 사람들을 그들의 허위적인 정체를 알아차리고 5~6명을 때려죽이고 20여 명은 가두어 두고 조정에 급보하였으므로 왕이 그 충성을 장려하는 교지를 내리고 관료들에게 각각 약藥 한 은합銀合씩 주었으며 장수와 아전들에게 등차 있게 폐백幣帛을 주었다.

 연주漣州 아전 강안세康安世, 중랑장 김인감金仁鑑이 가짜 병마부사兵馬副使 이자기李子竒와 가짜 장군 이영李英 및 그 졸개 6백여 명을 포로로 잡으니 왕이 또 장려하는 꼬지와 비단 2필, 채단 8필을 주었다. 여러 성들에서 이 소식을 듣고 서적西賊(묘청의 군대로서 절령 서쪽의 적) 1,200여 명을 살상하거나 포로로 잡았다.

 김부식이 영솔領率하는 대군이 가니 각 성들이 무서워 떨었다. 김부식이 막료를 서경으로 파견하여 7~8차에 걸쳐 회유했더니 조광 등이 항거 못할 것을 알고 나와서 항복하고자 하면서 유예미결하고 있었다. 이때 마침 김순부金淳夫가 조서를 가지고 성안으로 들어가니 서인西人(절령 서쪽에 있는 현재의 요녕성 사람)들이 드디어 묘청, 류감 및 그의 아들 류호柳浩의 머리를 베어서 윤첨尹瞻을 파견하여 김순부와 함께 가서 조정에 바치게 하고 또 자진 청죄請罪하였다.

 이때 3명의 수급을 저자에 효수하고 윤첨을 옥에 가두었으므로 조광은 죽음을 면치 못할 것으로 생각하고 다시 반란을 일으켰다. 그래서 김부식은 그 성城이 험준해서 갑자기 공격하기 곤란하다고 보고 병영을 나열하여 놓고 지구전으로 들어갔던 바 성 안에서는 식량이 떨어져서 늙은이와 약자를 몰아내었다. 이때 김부식은 성을 함락시킬 수 있음을 알고 흙산土山을 쌓고 공격용 기구로서 포기砲機(포를 쏘는 틀)를 설치하였다.

 14년에 정예군 1만여 명을 선발하여 세 길로 진격하니 적병이 대혼란에 빠졌으므로 조광은 어찌 할 바를 모르고 온 집안이 불에 타서 자살하였으며 서경이 평정되었다.

 묘청, 백수한, 정지상, 류감, 조광 등의 처자는 모두 몰입하여 노비로 만들었다.

정지상의 처음 이름은 지원之元인데 어려서부터 총명하고 시詩를 잘 짓는다는 명성이 있었으며 과거에 장원 급제한 후 여러 관직을 거쳐 벼슬이 기거주起居注에 이르렀다. 사람들이 말하기를 "김부식과 정지상은 평소에 글에서의 명망이 서로 비등하였으므로 김부식이 불평을 품고 이때에 와서 묘청과 내응했다는 구실로 살해하였다."라고 하였다.

정지상은 시를 짓는데 만당체晚唐體에 능했으며 특히 절구絶句에 전공하였고 시사詩詞가 청화淸華하고 운격韻格(운과 격식)이 호일豪逸해서 스스로 이 분야에 일가를 이루었다.

고려사 권 제 127 끝.

그림5 서경전도를 참고로 그린 고대 평양성의 내성과 외성. 성의 동쪽, 서쪽, 북쪽은 강으로 둘러싸여 외부에서 성을 넘어 공격하기가 어려워 김부식은 남쪽에서 성을 넘어 묘청의 난을 진압 공격하였다.

원문: 高麗史 권 130, 열전 제 43

최탄은 서북면西北面(요령성과 평안도) 병마사 영리營吏였다. 고려 원종元
宗 10년에 임연林衍이 왕을 폐위하고 안경공安慶公 창淐을 왕위에 세웠
을 때 최탄은 영리 한신韓愼, 삼화현三和縣 사람 교위校尉 이연령李延齡,
정원도호定遠都護 낭장 계문비桂文庇, 연주延州 사람 현효철玄孝哲 등과
더불어 임연林衍을 처단한다는 명의로 용강龍岡 함종咸從 삼화三和 사람
들을 규합하여 함종 현령 최원崔元을 살해하고 밤에 가도영椵島營으로

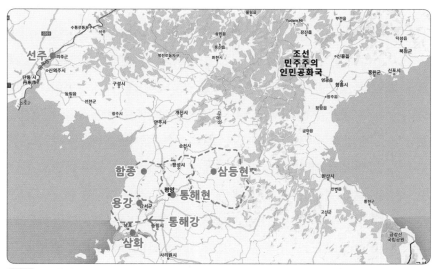

그림1 고려의 북계는 44개 주현이 있는데 평안도에 있었던 주현의 위치가 연구되어
있지 않았다. 삼화, 용강, 함종이 평안도 최남단에 위치했다. 평양은 고려 시대에 통해
현이었다. 태조 왕건 17년에 통해현에 성을 쌓았다는 기록이 있다. 의주는 고려 시대
의 지명이 宣州였다(중국역사지도집 참조).

들어가서 분사어사分司 御使 심원준沈元濬, 감창疳瘡 박수혁朴守弈과 경별초京別抄들을 죽였다.

과거에 평장사 홍균洪鈞이 두 번이나 서북西北을 진수했는데 지방 사람들이 그의 혜택을 감사히 여겨 모두들 "아버지"라고 불렀으므로 창은 북방에서 사변이 발생할 것을 두려워서 홍균의 아들 홍록주洪祿遒를 이신손李信孫의 후임 병마사로 삼았던 바 홍록주가 영문에 도착한 지 10일만에 반란이 생겼다. 홍록주가 담을 넘어 달아나 바닷물에 몸을 던져 죽으려 하는 것을 분도分度 황종서黃宗諝가 만류하면서 말하기를 "내가 정세를 정찰할 터이니 내가 돌아올 때까지 기다려 보고 죽어도 늦지 않소."라고 하였다. 한참이 지나도 보이지 않으니 홍록주는 그가 살해당한 것이나 아닐까 생각하고 있었는데 갑자기 어떤 사람이 "우리 영주營主를 죽이지 말라!"라고 외치는 소리가 들렸으므로 돌아갔다.

최탄이 사람을 보내서 홍록주에게 전달하여 말하기를 "전왕前王이 두 번이나 원나라에 입조하여 우리나라를 편안케 하였으며 백성들은 그 혜택을 받았다. 임연은 진주鎭州의 한 병졸일 따름인데 무슨 공덕이 있기에 국권을 농락하며 우리 임금을 제 마음대로 폐위하는가? 조정에 충신이 없으므로 우리들이 격분한 나머지 그 괴수를 죽이고 다시 우리 임금을 모시고자 할 따름이다. 선대 평장사께서 재차 북방을 진수하면서 우리들 백성을 살려 주었으며 상서尙書께서 이제 또 와서 백성들을 돌보시는 것이 선대인의 작풍이 있으므로 우리들은 차마 그 은덕을 배반치는 않겠소"라고 하였으므로 홍록주는 말하기를 "그대들이 나의 부친을 잊지 않고 또 나에게까지 생각해 주니 감사의 말은 이루 다할 수 없다. 그리고 분도分道와 수사전리隨使電吏들을 석방해 주기를 바란다."라고 했더니 최탄이 이를 승낙해서 홍록주 등이 드디어 서울(개경開京)로 돌아 왔다.

당시 합문지후閤門祗候 한경윤韓景胤이 연로하여 퇴직하고 중화현中和縣에 거주하고 있었는데 그가 아들과 아우 한단韓旦을 보내서 최탄崔坦 등의 반란 정황을 조정에 급보했더니 국자제주國子祭酒 장일張鎰을 병마사로 삼아 군대를 주어서 파견하였다. 안무사按撫使 이군백李君伯이 적을 두려워해서 들어가지 못하고 되돌아 왔으므로 그의 관직을 삭탈했다. 그리고 또다시 전시어사前侍御史 박휴朴烋를 대신 파견하였는데 박휴는 위의威儀(위엄 있는 차림새)를 갖추어 떠나갈 것을 청하였다. 이리하여 위의威儀를 갖추고 대동강에 도착해서 양산(蓋)을 바치고 호상胡床에 걸터앉아서 평양성(요양시 궁장령구)에서 적이 영접 나올 때를 기다리고 있으니 갑자기 적들이 북을 치고 나와서 강변에 기병을 정렬해 놓고 몇 사람이 배를 저어 와서 말하기를 "현재는 임금이 없는데 누가 보낸 선유사宣諭使인가? 도의상 영명迎命(맞아서 명을 받음)할 수 없다."라고 말하고 오직 하인 1명만 태워 가지고 가서 임연의 죄를 수죄했다.

최탄은 서경유수西京留守 최년崔年, 판관 류찬柳粲, 사록司錄 조영발曺英拔, 용주龍州(요령성의 한지역) 수령 유희량庾希亮, 령주靈州(요령성의 한지역) 수령 목덕창睦德昌, 철주鐵州(요령성의 한지역) 수령 김정화金鼎和 선주宣州(요령성의 한지역) 수령 김의金義, 자주慈州 수령 김윤金潤을 죽였으며 그 외에도 여러 성들의 관속들이 모두 다 적에게 죽었다. 성주成州(요령성의 한지역) 수령 최군崔群은 부하에게 죽었다.

(*영역 연구: 령주靈州, 철주鐵州, 선주宣州, 자주慈州, 성주成州는 절령岊嶺(자비령이라고도 함) 이북에 위치한 주들이고 현재 대응하는 지역이 잘 연구되어 있지 않음. 이 절령의 모습처럼 능선을 넘어갈 때 양쪽에 산모롱이가 있고 그 고개(嶺)에 길이 2km 이상의 마을이 있는 3차원 기하학적인 모습을 하고 있는 고개는 한반도와 만주 지역을 통틀어 이곳(단동에서 요양으로 개울을 따라 넘어가는 고개 마루)이 유일한 곳이다. 참고로 자비령은 자비가 베풀어지거나

자비사 옆에 있는 고개라서 여러 곳에 자비령이 명명될 수 있다.)

김정화의 처는 대경大卿 이덕재李德材의 딸인데 처음 고을로 들어올 때 그는 자기 아름다움을 자랑삼아 얼굴을 가리지 않았으므로 그가

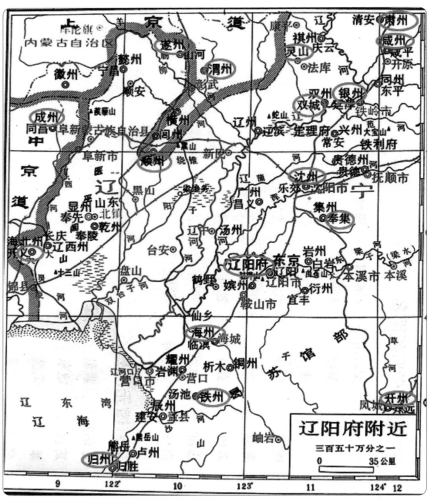

그림2 중국역사지도집 제6책(송요금 시기): 고려 시대의 의주(義州), 성주(成州), 수주(遂州), 위주(渭州), 순주(順州), 숙주(肅州), 함주(咸州), 순주(順州), 령주(靈山), 해주(海州), 은주(銀州), 개주(開州), 철주(鐵州), 귀주(歸州) 등의 지명이 있다. 봉집보(奉集), 쌍성총관부(双城) 위치도 있다.

미인인 것을 모르는 사람이 없었다. 이때 와서 적들이 김정화를 기둥에 결박하고 눈앞에서 그의 처를 강간했다.

김의는 위인이 장부다웠는데 적들이 그에게 술을 부으라고 하였으므로 분노하여 목을 매서 자살했다.

의주 부사副使 김효거金孝巨는 산으로 사냥 갔었는데 정주精州(요령성의 한지역) 호장戶長 윤은보尹殷甫가 사변이 난 것을 듣고 급보하면서 말하기를 "서경 사람이 각 고을 수령들을 죽이고 몽고로 투항하려고 한다."라고 하였으므로 김효거가 낭장郎將 강용규康用圭를 시켜 그 뒤를 따라가 보게 했더니 강용규가 령주靈州(요령성의 한 지역) 접경까지 갔다가 달려와서 "최탄, 한신 등의 소행이다."라고 하였다.

그 후 곧 최탄 등이 부하 30여 명을 데리고 대부성大富城으로 왔다.

당시 몽고 사신 탈타아脫朶兒가 이 성에 와 있었는데 그 까닭을 물은 즉 최탄 등이 거짓말하기를 "고려가 장차 모든 것을 가지고 깊이 바다 섬으로 들어가려고 북방의 여러 성城 주민들을 모조리 죽이고 있으므로 우리들이 여러 고을 수령을 죽이고 귀국에 들어가서 보고할 작정이다."라고 하였으므로 탈타아가 말하기를 "이 근처 여러 성에도 관리들이 많이 있는데 어째 죽이지 않았느냐!"라고 하니 최탄이 말하기를 "당신에게 품의한 후 죽이려 한다."라고 하니 이에 탈타아는 "그러면 의주義州(요하 서쪽에 있는 현재의 의현), 린주麟州(요령성의 한 지역), 정주靜州(요령성의 한 지역) 세 고을 수령을 잡아 오고 그 나머지는 다 죽여라!"라고 하였다.

그래서 의주 김효거, 린주 수령 정신보鄭臣保, 정주 수령 한분韓奮 등이 오니 탈타아는 말하기를 "내가 부른 것이 아니라 실은 최탄이 부른 것인즉 찾아가 보라."라고 하였으므로 김효거가 말하기를 "관인官人이 전일에 여러 번 우리 경계로 사냥 왔을 때마다 매번 우리들을 보호해 주어서 무슨 말로 치사해야 할지 모르겠습니다. 그러나 국법에 월경은 허용되지 않으므로 감히 방문하지 못했는데 이제 다행히 당신의 부름을 받고 허겁지겁 왔으니 우선 먼저 관인을 면회코자 한다."라고 했더니 면회가 허락되었다. 이 기회를 타서 김효거는 술을 가져다가 권한 후 조용히 말하기를 "이제 세 고을 수령들은 대관을 면회하게 되었으니 비록 죽어도 한이 없으나 다른 고을의 수령들은 무고하게 피살되고 있으니 참으로 가련하니 청컨대 사람을 보내어 제지하여 주시오."라고 하였다. 탈타아가 이에 휘하 2명을 파견해서 금지했으므로 죽음을 면한 자가 자못 많았다. 이렇게 되어 김효거 등 22명이 몽고로 잡혀 갔다.

다음 해에 최탄이 몽고 황제에게 급보하기를 "서울의 병력이 우리들을 침공하려 하니 청컨대 천병天兵(원나라 군을 의미함) 3천명을 보내어 서경을 진수해 주시오."라고 하니 황제가 최탄과 이연령에게 금패를 주고 현효철과 한신에게 은패를 주었으며 조사를 내려 반란 지역을 몽고 영토로 편입시켜 동녕부東寧府라고 지명을 고치고 자비령慈悲嶺을 국경선으로 정하여 최탄 등을 총관摠管으로 임명하였다.

충렬 4년에 왕과 공주가 원나라로 가면서 서경에 이르렀다. 공주가 이연령과 한신을 불러서 그들에게 반란을 꾸민 전말을 물으니 모두 땅에 엎드려 등골에 땀만 흘리고 감히 머리를 들고 대답하지 못 했다.

11년에 최탄, 한신, 현효철 등이 계문비의 관하 사람을 잡아다 두고 "이 자들이 재상 염승익廉承益과 공모하고 우리들을 죽이려고 한다."고 허구 날조해서 요동遼東 선위사宣慰使에게 고소하였으므로 안찰부按擦府 선위사가 동경東京 안무총관按撫摠管을 보내어 국문하게 했다. 그 다음 해에 왕이 렴승익과 김주정金周鼎, 조인규趙仁規, 류비柳庇 등을 몽고에서 보내 온 사신과 함께 동녕부로 보내서 대질하고 변백케 했더니 결국 최탄 등이 허구 날조했다는 것을 자백하였다.

16년에 황제가 동녕부를 폐지하고 서북의 여러 성들을 모두 고려로 귀속시켰다.

왕은 한신과 계문비를 대장군으로 현원렬玄元烈을 태복윤太僕尹으로, 라공언羅公彦 이한李翰을 장군으로 임명하였다.

18년에 세자가 원나라에 있을 때 황제가 한신 등을 세자에게 내주면서 말하기를 "북인北人(절령 이북의 요령성, 길림성 사람을 의미함. 최탄과 함께 원나라에 항복한 지역의 사람)이 비록 너희 나라를 배반했으나 우리 조정에 대하여 충성을 표시한 바 있은즉 너는 과하게 책하지 말라!"라고 했다.

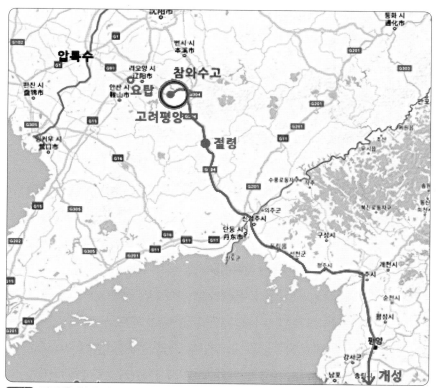

그림3 절령은 현재의 봉성시 북쪽 연산관 남쪽 분수령에 있다. 절령 이북 53개 성은 요령성과 길림성, 연해주 지역의 성들을 의미함. 압록강 이남에는 53개성이 존재하지 않음. 절령은 평양성 동쪽 160리에 있음.

31년에 한신은 동지 밀직사사로 되어 왕을 따라서 원나라로 갔는데 왕유소王惟紹의 당파로 되어 충선왕忠宣王을 참소 중상하고 33년에 왕유소와 함께 사형 당하였으며 가산도 몰수당하고 그의 부자 형제들은 모두 노비로 편입되었다.

한신의 아들 한방고韓方固 한용화韓用盉 등 3명을 역호驛戶로 편입했는 바 한방고와 한용화는 모두 다 과거에 급제했으나 이때에 명부에서 적을 삭제했다. 그러나 충숙왕 16년에 한방고와 한용화는 모두 다 벼슬길이 허가되어 한방고는 외직으로 나가 양주梁州 수령이 되었고 한용화는 성균학유成均學諭 벼슬을 했다.

원문: 高麗史 권 126, 열전 제 39

이인임은 성산군星山君 이조년李兆年의 손자이며 음관陰官(음관은 정식 과거시험을 통하지 않고 지방 관리들의 후손을 추천으로 관직에 진출케 하는 제도)으로 전객시 승典客寺 丞으로 되었고 여러 관직을 거쳐 전법총랑典法摠郎으로 승진하였다.

공민왕 7년에 좌부승선左副承宣으로 되었다.

8년에 홍두적紅賊이 의주義州(요령성의 요하 서쪽에 있는 현재의 의현)를 강점하자 왕이 이인임을 서경 존무사西京 存撫使(서경은 요양시 궁장령구)로 임명하고 적을 방비할 것을 명령하였다. 홍두적이 평정된 후 2등공으로 평정되었다.

공민왕 11년에는 다른 장수들과 함께 서울을 수복하고 1등공에 등록되었다.

다음 해에 원나라가 덕흥군德興君을 데리고 들어오려 하였을 때에 이인임은 서북면 도순문사 겸 평양윤西北面 都巡問使 兼 平壤尹으로 되어 징병과 군량 징발을 하였는데 덕흥군이 요동遼東에 주둔하고 척후병이 자주 압록강(요령성의 요하를 말함)까지 왔으므로 전국이 공포에 떨었다.

*덕흥군: 충선왕의 셋째 아들로 일찍이 승려가 되었다가, 1351년 공민왕이 즉위하자 원으로 도망쳤다. 1356년 공민왕이 반원개혁을 하면서 기철, 권겸 등 친원 권문세족을 죽이자, 기철의 누이인 기황후와 당시 고려를 배반하고 원에 있던 최유 등과 함께 공민왕 제거를 모의했다. 이에 원은 1362년 공민왕을 폐하

고 덕흥군을 고려 국왕으로 세우려 했다. 그는 원에 있던 김첨수, 유인우, 강지연, 문익점 등에게 관직을 제수하고, 1363년 12월 원의 군사 1만 명을 동원하여 고려를 침공했다. 이듬해 정월에 義州를 점령하고 宣州를 거점으로 남하하려 했으나, 최영 및 이성계 등이 이끄는 고려군에게 크게 패하여 원으로 돌아갔다. 1365년 군의 칭호를 빼앗기고, 영평부로 유배되었다. 여기서 의주는 현재의 요하 서쪽에 있는 의현이다.

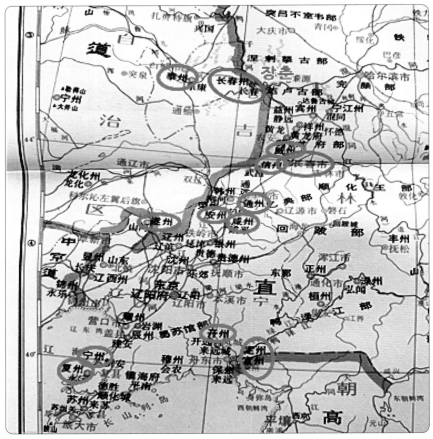

그림1 중국역사지도집 제6책(송요금 시기): 고려 시대의 태주(泰州), 성주(成州), 수주(遂州), 안주(安州), 숙주(肅州), 함주(咸州), 은주(銀州), 개주(開州), 녕주(寧州), 복주(復州), 정주(定州), 선주(宣州) 등의 지명이 있다.

당시 조정은 변방 장수들이 혹시 병변을 일으키지나 않을까 염려하여 병력을 사용하는 방략方略을 모두 멀리 중앙으로부터 지시하여 주었다. 이로 인하여 장수들이 자신을 잃고 감히 독단으로 군사행동을 못하였으므로 기회를 잃는 일이 많았다. 그리고 병졸들은 여름철에 출정하여 겨울이 되도록 교대하지 못했고 식량까지 결핍되어서 추위와 굶주림으로 고통을 받았다. 그리고 다만 장령, 군속, 관속만이 인마가 약간 건장하였으니 경무장한 원의 소부대로서 압록강을 건너서 자주

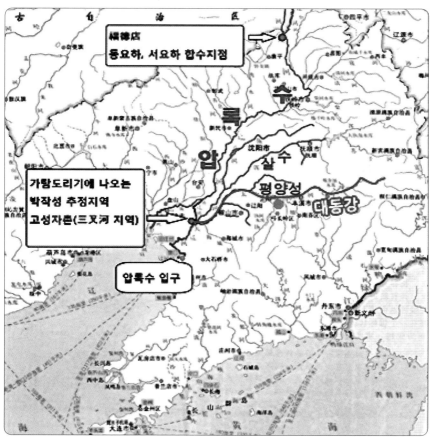

그림2 삼국유사에서 고려 시대의 압록수는 요하를 말하고 있다: 평양성은 요양시 궁장령구에 있고 대동강은 태자하를 나타내고 살수 남쪽에 있다.

요양과 심양遼瀋 지방을 습격하여 그 곳 주민을 잡아다가 관가에 바치고 상을 타 먹고 있었으므로 적과는 한 번 교전하여 보기도 전에 스스로 피로하여 버렸다.

그런데 왕이 도원수 경복흥을 서북西北에 유수留守(머물며 적을 방어함)하게 하고 안우경安遇慶 등 여러 장수에게 압록강(요하)을 건너가서 적을 공격하라고 명령하였으므로 이인임이 도원수부都元帥府 진무鎭撫 하을지河乙沚에게 말하기를 "아군이 기한에 시달려서 밤낮 고향 생각만 하는데 어찌 딴 맘이 생기지 않겠는가! 그저 법이 무서워 꼼짝 못할 뿐이다. 근자에 도순찰사 이구수李龜壽가 봉주鳳州까지 왔을 때 군졸이 반란을 일으키려다가 처단 당하였는데 이것은 한 좋은 실례이다. 그러므로 압록강을 건너는 문제는 참으로 한심한데 도원수의 성질은 의심이 많아서 반드시 용단을 내리지 못할 것이므로 내가 다른 일을 구실로 원수에게 청하여 자네를 보내서 왕에게 사례를 보고 하고자 하니 자네는 잘 노력하라!"라고 하고 곧 이구수 군졸 반란에 관한 문건을 하을지에게 주어 보내면서 또 말하기를 "자네가 가면 왕이 반드시 접견할 것이니 그때에 단지 이 글을 올리기만 하고 다른 말은 하지 않도록 삼가라! 그러면 왕이 깨닫고 철군을 명령할 것이다."라고 하였다.

하을지는 길을 강행하여 서울(개경)로 달려가서 왕 앞에 나가니 왕이 그 글을 보고 과연 대경하여 미쳐 공문을 작성할 여유도 주지 않고 구두로 경복흥이 도강하지 않도록 지시하였다.

하을지가 돌아오니 이인임은 말하기를 "전군이 장차 도강하였는데 원수가 만약 문건이 없다는 이유로 결단을 내리지 않으면 어떻게 할까? 아무튼 내가 먼저 면회하고 그 엄중성을 역설할 테니 그 후에 자네가 들어오게!"라고 하였다.

이어 경복흥을 보고 조용히 말하기를 "당신이 과거에 상주 목사를 지냈는데 도임 때와 해임 때의 민심이 어떠하던가?"라고 하니 경복흥은 말하기를 "해임 때 민심이 처음 같지 않았다."라고 하였다.

이에 이인임이 말하기를 "오늘의 사정이 이와 유사하다. 지금의 임금은 오랜 왕이고 덕흥은 새 임금이다. 우둔한 백성들은 그저 편안하고 배부른 것을 즐겁게 생각할 줄만 알았지 어찌 정의와 부정의가 어느 편에 있는가를 알겠는가! 게다가 아군은 모두 바람 찬 야영에서 이미 오랫동안 고향 꿈을 꾸고 있으니 일조에 도강하면 무슨 변이 생길지 예측키 어렵다. 그러므로 군사를 철수하여 주둔지로 돌아가서 압록강(요하를 말함)을 고수하고 적의 도강을 방지하는 것이 상책이다."라고 하니 경복흥이 깊이 느끼고 말하기를 "일이 이미 이렇게 되었으니 어찌 할 것인가? 그리고 하을지는 어느 때에나 돌아오겠는지? 조정에서 반드시 처분이 있을 것이다."라고 하였다.

조금 후에 하을지가 들어와서 왕의 명령을 전달하니 경복흥은 기뻐서 선 자리에서 여러 장령들을 소집하여 환군하였다.

공민왕 14년에 이인임은 삼사우사三司右使로 되었다가 도첨의찬성사都僉議贊成使로 전임하고 순성동덕보리공신純誠同德輔理功臣의 칭호를 받았으며 또 좌시중左侍中으로 등용되었다.

공민왕 23년에 면직되었다가 다시 수시중守侍中으로 임명되었으며 광평부원군廣平府院君으로 책봉되었다.

공민왕이 피살되자 태후太后와 경복흥은 종친宗親을 왕위에 세우려 하여 경복흥이 태후의 교시를 이인임에게 전달하였다. 그러나 이인임은 나이 어린 임금을 세우고 자기가 국권을 잡겠다는 야망을 품고 신우를 세우려 하였으므로 국론이 결정되지 않았다. 그때에 이수산李壽山은 말하기를 "오늘 형편으로는 종실宗室을 세우는 것이 득책이다."라고 하였으나 밀직 왕안덕王安德과 영녕군永寧君 왕유王瑜 등이 이인임의 뜻을 맞추어 주느라고 큰 소리로 말하기를 "왕이 대군大君 신우를 후계자로 삼았는데 그를 버리고 누구를 구하는가!"라고 하였다. 드디어 이인임이 백관을 인솔하고 신우를 세웠다.

어떤 사람이 이인임을 보고 말하기를 "옛날부터 국왕이 피살되면 재상된 사람이 먼저 그 죄를 받는 법인데 황제가 만약 선왕의 변고를 듣고 출병하여 문죄하게 되면 당신이 반드시 죄를 면치 못할 것이니 원나라와 화친함만 같지 못 하다."라고 하니 이인임도 그렇게 여겼다. 그리하여 황제의 사신 채빈蔡斌 등이 귀국할 때에 이인임이 찬성사 안사기安師琦를 파견하여 겉으로는 전송한다고 말하고 가만히 김의金義에게 지시하여 중로에서 채빈 등을 살해하여 입을 막게 하였던 바 김의가 드디어 채빈을 죽이고 북원北元으로 달아났다. 이로부터 사람들이 의구심을 품고 감히 명나라와 사신 왕래를 하지 못했다.

신우 원년에 전교령典校令 박상충朴尙衷, 사예司藝 정도전鄭道傳 등이 재상에게 말하기를 "마땅히 속히 사신을 파견하여 왕의 상사를 보고해야 한다."라고 하니 이인임은 말하기를 "사람마다 모두 겁을 내고 꺼려서 아무도 갈 만한 사람이 없다."라고 하였다. 그래서 박상충 등이 판종부사判宗簿司 최원崔源에게 말하기를 "임금이 피살되고도 부고訃告하지 않으면 황제가 반드시 의심할 터인데 만약에 문죄나 당하면 온 나라가 그 화를 받게 될 것이다. 그런데 재상들은 그런 근심도 안 하니 당신이 나라를 위해서 갈 수 없겠는가?"라고 하였다.

최원은 말하기를 "나라가 편안해 진다면 한 번 죽는 것을 그렇게 아끼겠는가!"라고 하였다. 이에 박상충 등이 이 사정을 고하니 이인임은 부득이 청종하였다.

그때에 국경의 정보에 의하면 북원北元이 병력을 가지고 심왕 고暠의 손자 탈탈분화脫脫分化를 고려왕으로 삼으려 하였으므로 이인임은 백관을 인솔하고 효사관孝思館으로 가서 태조의 화상 앞에서 맹세하여 말하기를 "우리나라의 무뢰배가 심왕의 손자를 내세우고 우리나라 북부 국경 지대에 와서 있으면서 왕위를 엿보고 있다. 함께 맹세한 우리들은 모두 힘을 다하여 그를 완강히 거절하며 계승한 새 임금을 받듦으로써 위로는 선왕의 은덕에 보답하고 아래로는 부모 처자를 보전할 것이다. 만약 오늘의 맹세를 어기면 비단 나라에서 그 죄를 밝힐 뿐만 아니라 천지, 조상, 산천의 신령이 반드시 죽음을 내릴 것이다."라고 하였다.

그때에 김의를 따라 갔던 자가 오니 이인임과 안사기가 그를 후대하였으므로 박상충이 상소하여 이르기를 "재상들이 김의가 사신을 암살한 죄는 묻지 않고 그를 종행從行한 자를 후대하고 있다. 이것으로 안사기가 김의를 사수하여 사신을 암살한 종적이 뚜렷이 나타났으니 그 죄를 명백히 규명하기를 바란다."라고 하였다.

그때 마침 판사 박사경朴思敬이 북원으로부터 돌아와서 태후太后에게 다음과 같이 말하였다. "납합출納哈出이 저에게 말하기를 '너희 나라 재상이 김의를 파견하여 청원하기를 왕이 죽고 후계가 없으니 심왕을 왕으로 삼고자 원한다 해서 황제가 그를 너희 왕으로 봉한 것인데 만약 전왕의 아들이 있다면 우리 조정에서는 꼭 심왕을 파견하려는 것은 아니다.'라고 하였다."

태후가 이인임을 불러서 말하기를 "내가 들으니 재상이 김의를 북원으로 파견한지 오래라는데 그대들만 모르는가?"라고 하고 드디어 박상충의 상소문을 도당都堂에 회송하였으며 신우는 안사기를 순위부巡衛府에 가두라고 하였다. 이때 안사기가 남의 집으로 도망하여 들어갔으나 추격이 급하여지자 안사기는 죽음을 면치 못할 줄을 짐작하고 칼을 뽑아 자살했으므로 그의 목을 베어 저자에 효수梟首하였다.

이인임은 김의를 북원으로 파견한 것을 찬성 강순룡康舜龍, 지밀직知

密直 조희고趙希古, 동지밀직 성대용成大庸 등에 덮어씌우고 모두 먼 지방으로 귀양 보냈다. 그것은 아마 강순룡 등이 과거에 원나라 조정에서 벼슬하였기 때문인 것이다.

이인임은 종친, 기로耆老(60세 이상 노인), 문무백관들의 연명서延命書를 작성해서 북원 중서성에 보냈는데 이르기를 "우리나라는 세조 황제가 왕업王業을 이룩할 때 우리나라 충경왕忠敬王이 선참으로 입조하여 황제의 은고를 받고 귀 조정의 세습하는 왕들 및 부마들 예禮에 준하여 왕위를 받았다. 그리고 충렬왕에게 공주를 주어 부마駙馬를 삼아서 충선왕을 낳고 충선왕이 충숙왕을 낳았는 바 모두 왕위를 세습하였다. 그런데 영종英宗 황제 때에 강양군江陽君 왕자王子의 아들 완택독完澤禿, 심왕瀋王 고暠가 있었는 바 그는 우리나라 왕실의 지파支派로 갈려 내려간 자인데 왕위를 쟁취하려고 망동하였으나 귀 조정이 판별하여 주어서 쟁탈하지 못하였다. 그리고 선왕先王 백안첩목아伯顏帖木兒는 바로 충숙왕의 친아들로서 습위하였으며 그 24년에 유언으로 그의 친아들인 원자元子 우禑에게 습위하도록 지시하였다. 삼가 판밀직 김서金湑를 보내서 선왕의 부음訃音을 전하게 하였더니 그가 귀 조정에 갔다가 이제 와서 알게 되었는 바 완택독完澤禿, 심왕의 손자 탈탈불화脫脫不花는 우리나라로 출가 온 공주의 후손도 아니면서 엉뚱한 야망을 품고 왕위 쟁취를 위하여 날뛰고 있다. 이는 세조 황제가 제정한 바와는 크게 위반되는 일이니 금지하여 주기를 바랍니다."라고 하였다.

이윽고 북원에서 사신을 보내어 와서 말하기를 "백안첩목아 왕이 우리를 배반하고 명나라로 귀순하였으므로 사왕의 죄를 용서한다."라고 하였다.

이인임과 지윤이 그 사신을 영접하고자 하였으므로 삼사좌윤 김구용金九容, 전리총랑 이숭인李崇仁, 전의부령 정도전, 삼사판관 권근權近

등이 도당都堂에 글을 올려서 영접하는 것이 옳지 않다는 의견을 말했으나 이인임과 경복흥이 그 글을 접수하지 않고 정도전에게 영접할 것을 명령하였다. 이에 정도전이 경복흥의 집으로 가서 나라의 이해관계를 구체적으로 진언하였는 바 그때 언사가 자못 공손치 않았으므로 이인임과 경복흥은 노해서 일을 보지 않았으며 이로 인하여 정도전을 귀양 보냈다.

신우와 태후가 재삼 권유한 후에야 이인임과 경복흥이 출근하여 일을 보았는데 우헌납右獻納 이첨李詹과 좌정언左正言 전백영全伯英이 상소하여 이르기를 "수시중守侍中 이인임은 김의와 음모하여 천자의 사신을 암살하고 요행히 처단을 모면하였다. 이것은 나라 사람들이 모두 이를 갈고 가슴 아파하는 바이다. 그리고 오계남은 정료위定遼衛 사람을 함부로 살해하였으며 장자온張子溫은 김의의 사신 살해에 관하여 정료위에 보고하지 않았으니 그 죄를 추궁하여야 할 것인 데도 불구하고 이인임은 이것을 불문에 붙였으니 이것이 그 죄의 첫째이다. 찬성사 지윤池奫이 서북西北(요령성)에 나가서 진수하고 있으면서 김의의 글을 압수하여 임금에게 올리지 않고 비밀히 이인임에게 주었다가 전하가 누차 찾은 후에 겨우 보고하면서 민간의 이목을 현혹하지 않기 위함이었다고 핑계 하였다. 이것이 그 죄의 둘째이다. 오랑캐에게서 글이 왔을 때 지윤이 그 글의 요점은 삭제하고 사본하여 전하에게 제출하고 그 원본은 이인임에게 주었는데 이인임은 즉시로 전하에게 보고하지 않았다. 이것이 그 죄의 셋째이다. 이인임은 백관과 같이 맹세하여 오로지 전하만 섬길 뜻을 과시해 놓고서 일변으로는 오랑캐와 통하여 심왕에게 공을 세워 놓음으로써 후일의 화를 면하려 하였다. 이 반복反復 무상한 간사한 행위가 그 죄의 넷째이다. 이인임과 지윤은 서로 결탁하여 타오르는 불에 부채질하여 닥쳐 올 화가 추측키 어려우니 바라건대 이인임과 지윤을 사형에 처하고 또 오계남吳季南과 장자온의 죄도 처벌하고 사신을 보내어 명나라 천자에게 보고하시기 바랍니다."라고 하였다.

이 글이 제출되니 이첨을 지춘주사知 春州事로, 전백영을 지영주사知 榮州事로 강직시켰는데 이때에 응양군 상호군 우인렬禹仁烈과 친종호군 親從護軍 한리韓理가 이인임의 환심을 사고자 글을 올려서 이르기를 "간관으로서 재상을 논죄하는 것은 사소한 사고가 아닙니다. 간관이 옳다면 재상에게 죄가 있고 재상이 무죄하다면 간관에게 잘못이 있다. 그러므로 시비를 가리지 않을 수 없습니다."라고 하였으므로 드디어 이첨과 전백영을 옥에 가두고 최영과 지윤에게 문초를 담당시켰는데 사건이 박상충과 전록생田錄生에게 연루되어 최영은 전록생과 박상충을 참혹하게 곤장 치며 문초하였다. 이때 이인임이 말하기를 "이자들을 죽일 것은 없다."라고 하였으며 이어 그들을 귀양 보냈던 바 모두 도중에서 죽었다.

이첨, 전백영, 방순方旬, 민중행閔中行, 박상진朴尚眞은 곤장 치고 귀양 보냈으며 또 김구용, 이숭인李崇仁, 정몽주, 임효선林孝先, 염정수廉廷秀, 염흥방廉興邦, 박형朴形, 정사도鄭思道, 이성림李成林, 윤호尹虎, 최을의崔乙義, 조문신趙文信 등도 이인임을 모해한 혐의로 모두 함께 귀양 가게 되었다.

당시 이인임, 지윤, 임견미가 정방政房의 제조提調가 되어 정권을 장악하고 당파를 부식하니 온 나라가 그들에게 아부하였으며 전주銓注 (전근대사회에서 관리의 임명을 위해 합당한 인물을 평가, 기록하여 뽑는 일)할 때는 그 사람의 뇌물의 다소와 자기에게 문안을 오는 근태 성적으로 올리고 내리는 것을 결정했으며 어떤 때는 벼슬자리가 부족하면 무제한하게 첨설添設하였고 어떤 때는 임명서를 수십일씩 보류하고 뇌물이 들어오기를 기다렸다. 이리하여 하루 사이에 재추宰樞 59명을 임명한 일이 있었으며 대간臺諫, 장수將帥, 수령守令은 모두 그들의 친구이며 심지어 시정市井의 쟁인바치(工匠)까지도 연줄을 타며 다 벼슬을 받았다. 그때 사람들이 이것을 "연호정煙戶政"(매년 신분에 따라서 호적을 분류 정리하는 사업)이라고 불렀는데 홍산 전투의 공을 상 줄 때는 종군도 하지 않고 벼슬을 받은 자가 대단히 많았다.

3년에 왕은 경성京城이 바다에 접근되어 왜적의 침입이 두렵다는 이유로 도읍을 내지로 옮기려고 하면서 그 가부를 논의하였는데 최영은 반대 의견을 가지고 군대를 정모하여 수비를 견고히 할 것을 주장하였다. 이에 대하여 이인임은 말하기를 "지금 가물로 천리 들판이 발갛고 농부는 밭갈이를 못 하고 구름만 쳐다보고 있는데 게다가 또 군대를 징모하여 실농失農케 한다면 나라를 위한 좋은 방책이 아니다."라고 하였다. 그 후 이인임은 도당都堂에서 천도문제를 토의하면서 말하기를 "이제 왜적이 경성 침범을 획책하고 있는데 충주忠州는 바다에서 멀고 사방으로 도로가 고루 통하고 있으니 미리 태조太祖의 초상을 충주로 옮기고 송도를 국방 중심지로 삼아야 한다."라고 하였다.

신우는 이인임과 경복흥의 공功을 등록하면서 교서를 내려 이르기를 "그대들은 공신의 후손으로 선왕 때에는 붉은 마음 깨끗한 절조로써 중앙과 지방에서 여러 관직을 역임하였으며 병신, 기해, 신축, 임인, 계묘년 간에 국운이 위태로워졌을 때에는 발분하여 목숨을 돌보지 않고 커다란 공적을 세웠다. 선왕이 사망한 직후에는 흉악한 무리들을 모조리 체포하여 나라의 법을 밝혔으며 또 어린 나를 도와 조상의 대를 잇게 함으로써 다시금 나라를 안정시켜 오늘에 이르게 하였다. 황하가 띠처럼, 태산이 숫돌만큼 되어도 그 공훈을 잊지 못할 것이다. 만약 특별히 표창하지 않는다면 무엇으로 후진을 격려하겠느냐! 그래서 이제 각각 밭 200결과 노비 각 15명을 준다. 그리고 앞으로 비록 허물이 있어도 죽을 죄(死罪)만 범하지 않으면 모두 다 용서하겠다. 그대들은 더욱 그 마음을 가다듬어서 나의 미흡한 것을 바로 잡고 나라와 고락을 같이 하라!"고 하였다.

남원부사南原府使 노성달盧成達은 날마다 창기娼妓를 데리고 무절제하게 음주하면서 백성들은 돌보지 않았다. 그리고 왜적이 남원을 침공하자 노성달은 창고에 불을 지르고 백미 130석과 종이 200권을 훔쳤다. 헌사가 처벌할 것을 요구하니 노성달은 도피하고 이인임은 법을 왜곡하여 그를 비호하고 마침내 처벌하지 않았다.

배중륜裵中倫이란 자가 이인임의 첩에게 노비 5명을 선물로 주고 전객시승典客侍丞에 임명되었다. 그런데 그가 판사 김윤견金允堅과 노비 문제로 다투었을 때 김윤견도 노비 10명을 이인임에게 주었다. 이리하여 두 사람이 모두 다 이인임에게 아부하면서 도관都官에게 제소提訴하였던 바 김윤견이 소송에서 이겼다. 그런데 이인임은 배중륜의 편을 들어 도관 아전을 불러서 꾸짖고 판결문을 취소하였으므로 김윤견이 재차 소송을 제기하니 지전법知典法 이석지李釋之가 말하기를 "너는 시중侍中께 송사하는 것이 좋겠다."라고 말하였다.

당시 송사를 하는 자는 반드시 전민田民이나 금백金帛을 이이임에게 먹이고야 심리를 받을 수 있었으며 대간臺諫의 탄핵도 법관의 판결도 모두 다 미리 뒤로 이인임에게 보고하였다.

6년에 문첩녹사文牒錄事 왕비王裨의 말馬이 약하였으므로 이인임은 그에게 준마駿馬를 주었다.

7년에 왜적의 침범으로 해상 수송로가 두절되어 재상의 봉급이 몇 섬 밖에 되지 않았다.

이때 이인임은 봉금을 받지 않고 말하기를 "나의 봉급을 가지고 위정들에게 나눠줘라!"라고 하였다.

이인임은 자기의 탐욕을 마음껏 충족시켜 나라 것을 긁어다가 사복을 채움으로써 봉급을 지불하지 못하게 하고 조그마한 은혜를 베풀어서 허명虛名을 낚았던 것이다. 당시 사람들이 그를 비방했다.

얼마 후에 이인임이 사직을 청원하였으나 허가하지 않았다.

8년에 판서운관사判書雲觀事 장보지張補之와 부정副正 오사충吳思忠 등이 임금에게 글을 올려 이르기를 "도선道詵의 비기祕記에 세 곳에 서울을 두고 왕이 순행하라는 말이 있는데 이제 변괴가 자주 나타나는 바들짐승이 성내로 들어오고 새들이 떼를 지어 궁중으로 날아들며 샘물이 끓고 고기가 싸웠으니 국도國都를 이전하여 재앙을 피하기 바랍니다."라고 하였다.

신우가 그 글을 도당에 회부하였는데 이인임이 반대 의견을 가지고 말하기를 "지금 강적이 국경에서 우리의 허실虛實을 노리고 있으니 깊이 내지內地로 국도를 이전하여 적에게 약점을 보여서는 안 된다. 또 금년은 기근으로 창고가 비어 있으니 가는 사람들은 식량을 지고 가게 되고 남아 있는 사람들은 관직을 잃게 되니 이것이 옳겠는가? 또 왕의 행차가 가는 곳에서는 공급이 심히 번다繁多하겠으니 국도 이전은 한갓 민원民怨을 살 뿐이요 영원히 안전한 대계大計는 아니다."라고 하였으므로 그 문제는 중지되었다.

경상도 도순문사 남질南秩이 왜적을 방어하지 못하였으므로 헌사憲司가 그를 규탄하였는데 이인임은 남질과 친근하였으므로 그를 의령에 안치安置시키는 데 그쳤다.

신우는 극도로 음탕하고 절도 없이 노름놀이를 즐겼다. 하루는 신우가 이인임의 집에 갔으나 이인임이 집에 없어서 돌아가고 말았는데 이인임이 그것을 듣고 준마駿馬를 바쳤다. 그 후부터 신우가 항상 그 집으로 갔다.

신우가 처음에는 학문에 약간 뜻을 두었으나 이인임, 지윤, 임견미가 글공부를 좋아하지 않고 서로 다투어 매와 개를 가지고 유도하였다.

이인임이 사직을 청원했으나 승낙하지 않고 령문하부사領門下府使로 임명하였다가 이어 령삼사사領三司使로 전임시켰다. 신우가 한양漢陽으로 천도할 때 이인임과 신우의 장인 이림李琳, 염흥방廉興邦, 도길부都吉敷, 이존성李存性, 최렴崔廉 등이 호종扈從하였는데 그들은 각기 자기의 추종자들을 파견하여 가는 곳마다 떼를 지어 주민들의 땅과 집을 끝없이 강탈하였다.

도길부는 이인임과 사돈간이어서 대언代言 벼슬을 받았고 문건을 읽지 못했으나 오재五宰로 뛰어 올랐다. 그리하여 이인임, 임견미, 염흥방과 한 도당이 되어 오랜 기간 정권을 잡고 남의 뇌물을 받아먹었으므로 인재 등용에서 흑백이 전도되었다.

9년에 어떤 사람이 도길부의 집 대문에 글을 써서 이르기를 "지불배池佛陪가 대사헌으로, 변벌개邊伐介가 장령掌令으로 되었다."라고 하였다. 이 두 사람은 모두 신분이 미천하고 시정市井에서 성장하였으며 간사하고 탐욕하며 아첨과 사기를 일삼았으므로 사대부들이 동류로는 여기지 않았기 때문에 이렇게 낙서하여 비웃는 것이다.

10년에 이인임이 그 여종 봉가이鳳加伊를 신우에게 주었다. 신우가 그를 총애하여 자주 그 집에서 유숙하였는데 그때마다 이인임은 피하여 별장으로 가 있었다. 그래서 신우는 이인임을 아버지, 그의 처 박씨를 어머니라고 불렀으며 이인임은 신우를 데릴사위 같이 대접했다.

국고에는 10일의 저축도 없었으나 이인임의 땅과 종은 서울 안팎 도처에 있었으며 장군과 재상들이 모두 그 집안에서 나왔고 또 그들이 이인임의 본을 따서 남의 전민田民을 강탈하며 국사國事는 등한히 하였으므로 그때 사람들이 그들을 가리켜서 "제조노비提調奴婢"라고 하였다.

신우가 일찍이 임견미의 과도한 탐욕을 밉게 보고 누차 그의 아들 임치林致에게 풍자하였더니 임견미가 병을 핑계하고 퇴직을 청원하였던바 이인임도 퇴직을 청원하여 신우의 뜻을 떠보았는데 신우는 허락하지 않고 이어 이인임을 령삼사사領三司使로, 또 령중방領重房으로 임명하였다.

사헌司憲 개성부사開城府事 부령副令 장연張演의 처는 전공판서典工判書 김극공金克恭의 막내딸인 바 호군 김장金璋과 사통하였으므로 장연이 김장을 잡아다가 헌사憲司에 고소하였으므로 그의 처는 도망쳐서 이인임의 집으로 들어갔다. 이인임은 헌사에게 지시하여 불문에 붙이게 했다.

12년에 임견미, 염흥방을 처단하고 이인임을 경산부京山府에 안치安置하였다. 그의 아우 전평리 이인민李仁敏은 계림雞林(만주에 있던 계림)으로 추방하여 봉졸烽卒로 만들었으며 서자인 대호군 이헌李軒과 서사위 지신사 권집경權執經, 조카 우대언 이직李稷, 인척인 첨서밀직 하륜河崙, 이숭인李崇仁, 밀직부사 박가흥朴可興은 곤장치고 귀양 보냈으며 종손宗孫인 삼사우사 이존성李存性은 처단하였다.

*연구: 계림雞林은 경상도 경주 계림鷄林이 아니다. 계림雞林은 만주에 있는 경주慶州의 계림이다 (참고: 흠정欽定 만주滿洲 원류고). 고지도의 계림은 길림을 가리킴.

이존성은 초기에는 이인임의 하는 짓을 본받았으나 후에 자못 뉘우쳤다. 그리하여 서경윤西京尹(요양시 궁장령구)으로 재직했을 때에는 치적이 제일 우수했으며 주민들이 그를 추모했었다.

이전에 이인임은 공민왕의 뜻을 맞추어 영전影殿 역사를 찬성했으나 왕이 죽고 후계자가 없으니 신우를 받들어 왕위를 계승시켰다. 그 후부터 그는 일국의 권력을 장악하고 친당親黨을 많이 부식할 목적으로 유순한 태도와 간교한 말로써 남의 환심을 사기에 노력하였으므로 그 집에는 문객들이 수다히 모였는 바 제각기 자기에 대한 대우가 특히 후하다고 생각하였다. 이 같이 하면서 충성스러운 사람을 모함하고 무고한 사람을 살육하였으므로 당시의 사람들이 그를 이묘李猫에 비교하였다.

임견미와 염흥방을 처단할 때에 이인임이 할 말이 있어서 최영의 집으로 갔으나 최영은 사절하고 만나지 않았다. 그러나 최영은 이인임이 자기를 편들어 준 것을 은덕으로 생각하고 신우에게 말하기를 "이인임이 사대事大의 방침을 결정하여 국가를 안정시킨 공은 그의 죄과를 덮을 만 합니다."라고 하였다. 그리하여 드디어 그의 자제들도 함께 모두 용서 받았는 바 나라 사람들이 탄식하여 말하기를 "임견미, 임흥방의 일당에서 괴수는 법망 밖으로 새어 나갔다."고 하였으며 또 "정직한 최공崔公이 사정을 써서 늙은 도적놈을 살렸다."라고 하였다.

신창이 왕으로 된 후 좌시중 조민수曹敏修가 신창에게 청하여 이인임을 소환했으나 그때는 이인임이 이미 죽었었다. 나라 사람들이 처음에 소환되었다는 소식을 듣고 또다시 국정을 문란케 하고 전민田民을 강탈하는 문을 열어 놓을까 우려하다가 얼마 후에 그가 죽었다는 소식을 듣고 모두 기뻐 날뛰면서 말하기를 "사람의 손으로는 죽이지 못했으나 하늘은 그를 죽였다."라고 하였다. 신창은 교서를 내려 이르기를 "살아서는 영화를 누렸고 죽어서는 내 그대를 위해 애도하니 그대는 유감이 없을 것이지만 나는 좌우 보필로 누구를 삼을꼬?"라고 하였으므로 사람들이 모두 웃었다.

조민수가 예식을 갖추어 장사지낼 것과 사신을 보내어 조문할 것, 그리고 시호諡號를 추증할 것을 청하였으므로 전의관典儀官들이 난처해서 모두 병을 빙자하고 출근하지 않았다. 부령副令 공부孔俯가 분개하여 말하기를 "내가 광평부원군廣平府院君의 시호를 지어 주지 않으면 누가 감히 이 일을 하겠는가?"라고 하면서 홀로 전의典儀에 나가서 시호를 선택하여 이르기를 "황료숭인荒蓼崇仁"이라고 하였더니 하륜, 강회백姜淮伯 등이 그것을 보고 욕질을 하였으나 공부는 농담으로 대답해 넘겼다.

그 후에 대간臺諫이 이인임의 죄에 대하여 상소한 것도 공부가 발기한 것이었다.

우사의대부右司議大夫 윤소종尹紹宗이 동관들과 함께 상소하여 이르기를

"이인임은 천성이 굽실굽실하여 아첨을 좋아하며 가슴 속에는 그 간사한 악심을 품고 부형父兄의 덕택으로 현릉玄陵을 섬기어 부당하게 재상의 자리를 차지하였다고 저는 봅니다. 영전影殿의 역사 때에 국내에 원성이 비등하였으므로 시중 류탁柳濯이 농한기까지 기다리기를 청하였다가 왕의 비위를 거슬러서 파면 당하고 이인임이 드디어 그 후임으로 되어 국정을 보좌하는 중책을 지고서도 아첨으로 임금의 비위를 맞추면서 백성의 재력을 고갈시켜 온 나라에 해독을 끼쳤으며 마감에는 갑인甲寅의 참화를 빚어내었다. 이것은 이인임이 기실은 국민의 원한을 알고도 도리어 그것에 더욱 부채질 한 것이다. 상왕上王이 유년에 왕위를 계승하니 이인임이 국권을 전제하면서 자기 일신의 백년 부귀만 생각하고 만 대로 내려 갈 우리나라의 사직을 돌보지 않았으며 조정

에 공훈 있고 충량한 사람들을 죽이고 대신을 추방했으며 경연經筵을 없애고 완동頑童을 끌어들여 왕의 총명을 막고 성색聲色으로 유도하였으며 사냥을 즐기게 하여 왕이 친히 정사를 재결할 틈이 없게 하였다. 그리고 환관, 궁첩, 옹부饔夫, 내수內竪들에게는 벼슬과 녹을 주어 그들의 환심을 사고 재물을 주어서 서로 결탁하여 자기의 이목耳目으로 삼아서 밤낮으로 임금에게 자기를 찬양하게 하였다. 또 달콤한 말과 사소한 은혜를 써서 나라 사람들을 우롱하고 모든 사람에게서 환심을 얻었으며 임견미, 염흥방을 심복으로 삼아서 서로 의기 상통하여 맞장구를 쳤다.

매관賣官 매옥賣獄(뇌물 바친 자에게 소송사건을 유리하게 함)하니 그의 집 앞에는 아첨꾼으로 문전성시를 이루었으며 뇌물을 가지고 부탁하는 자는 현명한 인재로 되고 절조와 염치 있는 사람은 못난이로 되었다. 한 번 웃으면 대관이 생기고 한 번 찡그리면 목이 떨어졌다. 양부兩府 백관들이며 번진藩鎭(변방을 평정하기 위하여 군대를 주둔시키던 곳) 수령들이 모두 그 가문에서 나왔으며 간관諫官과 요직에는 그의 사친私親들이 많았다. 또 그의 욕심은 끝이 없어서 전토田園가 각 도에 널렸고 금은과 폐백幣帛이 큰 집 여러 채에 가득하였다.

부잣집 늙은이는 군君으로 봉해주고 사돈의 코흘리개나 장사치, 공인쟁이, 천민은 앉아서 국록을 소모하였으나 숙위宿衛(궁궐을 숙직하며 지키는 일)하는 신하들과 백전百戰 용사는 몇 말[斗]의 좁쌀도 얻어먹지 못하였다.

이렇게 되니 온 나라 사람들이 세도 집을 찾아다니는 엽관운동獵官運動을 한 게 유덕한 행동으로 여기고 뇌물을 공훈 표창장으로 여기게 되었으며 여러 관리들이 자기 직위를 비워 두고 태공하였으며 이인임의 사사 집이 있는 줄만 알고 왕실이 있는 줄은 모르게 되었다.

그리고 국경 전면에 걸쳐 우려할 징조가 보이고 전쟁은 바야흐로 꼬리를 물어도 이인임은 이것을 염두에도 두지 않고 패군한 장수라도 뇌물만 주면 책임을 묻지 않았으며 승전한 장군이라도 뇌물이 없으면 상주지 않았다.

국내의 장정들이 이 흉악한 도당에 청탁하여 병역을 면제받고 국방선의 초병은 노약자들로 되어 있어서 왜적이 횡행하여도 그 앞에는 조금도 걸릴 것이 없었다. 그리하여 연해의 옥야沃野 5~6천 리는 백골이 널려 있는 폐허로 되고 내지內地 주, 군들은 뒤흔들려 전쟁판으로 되었다.

연구: 고려 말에 국토가 5~6천리가 되었다! 연해주 흑룡강 하류 북쪽에서부터 부산까지?

이렇게 8도가 쓸쓸하게 된 것은 실로 이인임이 군사력을 파괴한 데 기인한 것이다.

임견미, 염흥방의 흉악한 도당을 장기간 길러 두었으며 남의 전토를 강탈하고 노비를 탈취했으며 호소할 곳 없이 궁한 자를 살해하고 만백성에게 학정을 가하였다. 그리하여 나쁜 소문이 중국에까지 전달되었으므로 이인임은 스스로 무서워서 감히 입조하지 못하였다. 금, 은, 마馬, 포布를 조공하게 된 것, 경박하고 사결하다는 책망을 듣게 된 것, 철령위鐵嶺衛(1388년에 명나라가 철령에 철령위를 설치했다고 요령성 철령박물관의 한 벽을 기념벽보로 가득 채워 놓았다)의 설치 문제가 제기된 것, 이 모두가 이인임의 잘못에 의하여 초래된 것이다.

노씨盧氏는 궁첩이요 최씨崔氏는 원비院妃인데 왕의 뜻을 맞추어서 왕비로 봉하였다가 정궁正宮으로 만들어 놓고 그들의 내부로 부터의 조력에 의하여 자기의 권력을 공고히 다졌다. 그래도 그 계략에 소홀한 점이 있을까 염려하여 자기 집 여종을 바쳐서 왕의 첩小君으로 추대하고 그 앞에 부복俯伏하여 신臣으로 자칭하였으니 이것은 5백 년간 내려 온 우리나라 왕조의 정당한 가법家法을 파괴한 것이며 동방에서 예의지국禮儀之國으로서 수천년 간 전해 오는 우리나라의 양속良俗을 교란한 것이다. 이렇게 왕실을 더럽히고 조종朝宗을 모욕하여 그 더러운 소문이 천하에 전파되었으므로 천자는 우리 삼한에 사람이 없는 것으로 여겼다.

개국 이래 그 간사와 죄악이 이인임에 비할 자 없으며 임견미, 염흥방의 악행도 모두 이인임이 빚어낸 것이다. 그런데 이 흉악한 무리들은 족멸되었으나 이인임만은 그의 목을 보전한 채 죽었으며 벼슬만 삭탈하고 그의 집은 온전하니 이것은 후세의 간신과 난적을 권장하는 것으로 된다. 천자가 어찌 우리들도 그 악당의 한 패로 되어서 전하에게 알리지 않음으로써 그 죄를 처벌하지 못한 것이라고 인정하지 않겠는가! 그것은 왕업의 중흥과 제정諸政의 갱신에 커다란 오점으로 된다.

바라건대 전하께서는 군주다운 영단을 내려 이인임의 죄상을 규명하고 참관斬棺, 저택瀦宅함으로써 천지, 조종의 노여움을 풀며 억조창생의 울분을 풀어 통쾌하게 할 것이며 그의 집, 노비, 재물 일체를 모두 몰수하고 그의 자손들은 멀리 추방하거나 금고禁錮하여 나라 사람들에게 간적이 나라를 그르친 죄는 비록 몸은 죽어도 천벌을 피치 못한다는 것을 명백히 알게 하십시오. 그러면 악한 자는 겁내고 선한 자는 고무 되어 인심은 바로 되고 국운은 장구할 것입니다.

임견미, 염흥방의 족주族誅는 참으로 나라의 행복으로 됩니다. 그런데 이제 전하는 그 죄가 무죄한 자에게까지 미친 것을 불쌍히 여겨 몰수한 가산家産을 반환하고 있는데 이것은 참으로 천지가 만물을 생육하는 어진 마음입니다. 그러나 그의 잔당이 원흉의 세력을 빌어 나라와 백성에 해독을 끼치면서 모은 재산이니 어찌 무죄하다고 할 수 있겠습니까?

더군다나 유죄, 무죄를 가리지 않고 일체 반환하면 성왕聖王이 악을 징계하고 선善을 권장하는 정치와 상반되지 않겠습니까? 그리고 또 선한 자에 복을 주고 악한 자에 화를 내리는 천도天道에 어그러지지 않겠습니까?

바라건대 헌사憲司에 명령하여 임견미 이하 모든 간악한 자들에게는 한 푼도 반환하지 않을 것이며 그 부차적인 패거리들의 노비와 가산에 대해서는 그 죄의 경중輕重을 명확히 검토하고 비록 반환할 범위 내에 있어도 그 선조에서 전해 오는 문건이 명백한 것에 한하여 반환하고 그 외의 불법으로 취득한 것은 일체 반환하지 말고 잡공雜貢에 충당하십시요!"

이 글이 제출되니 이인임의 자손을 금고禁錮할 것을 명령했다.

다음 해에 윤소종이 또다시 동사同舍 허응許應, 민개閔開 등과 함께 이인임을 논죄하는 상소문을 작성하였으나 마침 윤소종이 병들었으므로 허응 등이 그것을 깔아두고 제출하지 않았다. 그 후 윤소종이 대사성大司成으로 되었을 때 신창이 이인임의 장사를 허가하여 그의 사위 강서姜筮가 경산부京山府로 가서 장례를 거행했다. 그때 윤소종이 서연書筵에 나가서 상소문을 제출하니 신창이 권근에게 낭독시켰는데 그 글은 이러하다.

"우리가 전자에 이인임의 죄악을 논고하여 참관斬棺(관을 베어버림), 저택瀦宅(대역죄인의 집을 헐고 그 자리에 못을 만들던 형벌)할 것을 청하였으나 전하께서는 다만 세상 사람이 잘 모르는 그의 공로 즉 군량을 공급하고 기병奇兵으로 적을 타승하고 사대事大정책을 수립하였다는 그전 공로만 기억하고 세상 사람이 아는 죄 즉 백성을 잔인하게 짓밟고 임금에게 해를 끼치고 나라를 그르친 크나큰 죄는 용서하였습니다. 이것은 참으로 백성은 실망하는 바요, 악인은 다행으로 여기면서 기뻐하고 선인은 낙심할 일입니다.

이에 대해서는 온 세상이 부정당한 것으로 여기는 바이며 우리들도 전하를 위해서 만세의 화근의 중흥中興의 첫 정사에서 싹틀까 두려워 하는 바입니다. 400여 년 동안이나 역대의 신성한 군주들이 계승하여 내려 온 우리나라가 현능玄陵 때에 이르기까지 어질고 검소한 정사로써 장구한 기간을 축적해 왔으니 아무리 재정이 고갈되었다 하여도 진秦나라가 망할 때 병란으로 인하여 관중關中에서 겪은 곤궁과는 같을 수 없었는데 과연 이인임에게 무슨 소하蕭何의 군량 공급 같은 공적功績이 있다고 할 수 있겠는가? 우리 현능 같이 총명하고 많은 인재를 가지고 있는 임금이 일찍이 이인임만이 장량張良, 진평陳平, 한신韓信과 같이 기병奇兵으로 적을 타승한 공로를 세웠다고 말한 적이 있는가?

병신, 기해, 신축, 계묘년의 난리 때 조정에서 정책을 작정하는 데는 홍언박洪彦博 등 여러 분이 있었고 국방 전선에서는 이승경李承慶, 안우安祐, 이방실李芳實, 김득배金得培, 최영崔瑩 등 장상將相들의 탁월한 공명이 모든 사람의 귀와 눈에 익었는데 이제 와서 이인임의 한 몸에 한漢나라 세 공신의 공이 겸비되어 있다 하니 우리들은 알지 못 할 일입니다. 우리나라 사람들이 무지 몽매해서 모두다 이인임을 임견미, 염흥방 일파의 역적 괴수로 보면서 개, 돼지라고 욕하고는 있으나 이인임에게 조그마한 공이 있다는 것을 알지 못합니다.

가령 이인임에게 조그마한 공로가 있다 해도 과연 그것으로 그가 국권을 14년 간 잡고 있으면서 매관賣官하여 높은 벼슬자리가 천한 진흙처럼 되고 매옥賣獄하여 조정 내외에서 간악한 자가 소원을 이루게 하고 군정軍政을 파괴하여 주 군을 폐허로 만들었으며 흉악한 무리들을 양성해서 국가의 근본인 백성들을 깎아 먹게 한 죄악을 덮을 수 있겠습니까?

명나라의 왕업이 창건되어 중원中原의 정통을 계승하니 현릉이 천하에 앞서서 그 정삭正朔을 받들고 그 의관衣冠을 청하여 몽고 의복을 바꾸었으며 명령을 내려 사람들의 삭발을 금지하였다. 그런데 공민왕이 죽은 지 며칠이 못 되어 이인임은 시중侍中으로서 현릉이 기르게 한 머리를 깎았다. 이때에 나라 사람들은 이인임에게 임금을 무시하는 마음이 있고 사대事大의 뜻이 없음을 알았습니다.

상왕이 다른 형제가 없었으므로 명덕태후明德太后가 다섯 대 왕[五朝] 삼한三韓의 어머니로서 태임太任, 태사太姒와 같은 성덕을 가지고 상왕을 자기 아들로서 왕위에 올려 세운 것이지 이인임이 왕을 추대한 공이 있다는 것은 우리들은 알지 못합니다.

현릉의 사망, 상왕의 왕위 계승 그리고 황제의 사신 피살, 이 세 가지는 모두 나라의 큰 일이었으므로 매번 따로 사신을 보내어 황제에게 곧 보고하여야 할 것이었는데 이인임은 지연 회피하여 수개월 후에야 일개 미관微官인 최원崔源을 보내었으므로 드디어 천자가 우리에게 대한 의심을 가지게 되어 우리에게 부도不道

대악大惡이란 비난을 들씌웠다. 이래도 사대事大의 예례禮를 다 했다 할 수 있겠습니까?

이인임은 국정을 담당하면서 집정執政자를 부르는 천자의 명령을 거역하고 입조入朝를 거부하였으므로 사신만 파견하면 투옥, 심문, 류형, 추방당하게 되어 상하의 사이가 막히고 인심이 불안해지며 유언비어가 자주 돌아서 나라가 거의 망하게 되었었다. 사대事大의 예를 다 할 수 있는 자가 바로 이렇게 할 수 있겠습니까?

무릇 국가 정치에서 인심을 바로 잡는 것보다 더 앞서는 것은 없다. 인심이 바로 잡히면 교화가 쉽게 침투되고 명령이 잘 시행되며 간신이 생기지 못하고 난적이 발붙이지 못한다. 그런데 이인임이 집정하면서 사정私情에 좌우되어 공의公義을 희생하고, 인욕人慾을 추구하여 천리天理를 훼손하고 유죄한 자는 살리며 무고한 자는 죽이고, 공로 없는 자에게는 상을 주며 공 세운 사람은 죽이고 탐욕한 자가 귀하게 되며 청백한 사람은 천대 받고, 간사한 짓을 좋아하며 정직을 미워하고, 소인을 올리고 군자는 물리쳤다. 이렇게 인심이 더럽고 흐린 물 속에 끌어넣어서 삼한의 사람들이 예의와 염치廉恥를 빈천과 화패禍敗의 함정으로 생각하면서 그 가운데 빠질까 두려워하였으며 백성들은 학정의 불길에 거슬리고 나라는 하마터면 전복될 뻔했으나 천지의 도움과 조종의 신령한 계시啓示를 받아 우리 상왕이 흉악한 무리를 숙청하고 다시금 사직을 안정시켜 인심이 다시 한 번 바로 잡혔습니다.

그러나 최영이 난적을 숙청하는 춘추대의春秋大義를 알지 못함으로 인하여 위로는 천심天心을 거역하고 아래로는 인망人望을 위반하여 원흉을 석방하고 죽이지 않았다. 이에 나라 사람들이 난

적의 괴수가 무사한 것을 보면 또 마음이 벌떡 뒤집혀서 말하기를 "임가나 염가가 패한 것은 그자들의 간악奸惡이 미숙해서 그렇게 된 것이지 원체 간악한 짓에 능숙한 놈은 사람으로는 죄 주지 못하며 하늘도 화禍를 주지 못하니 죄악을 감행하는 것도 사실 해롭지 않다."라고 할 것입니다.

대개 사람의 심정으로는 누가 부귀를 즐기지 않으며 누가 빈천을 싫어하지 않겠습니까? 만약 불충불의하고 극흉 극악한 자가 부귀를 누리다가 그 자손에게 남겨 주고도 후환이 없다면 그 누가 충의를 다하면서 빈천을 자손에 남겨 주려고 하겠습니까?

지금 전하가 난적의 괴수에게 사은을 베풀어 그 집을 온전히 둔다면 우리나라 사람들이 애비는 자식에게 처는 남편에게 난적의 괴수와 같은 큰 간악한 짓을 배워 더욱 충의忠義를 버리고 혹 세무민惑世誣民하라고 권할 것이며 사람마다 전하의 사직社稷을 팔고 부귀를 구하려 할 것이다.

이인임이 명령을 거역하고 입조하지 않은 것이나 최영이 요遼를 침공하려고 계획한 것이나 그 죄는 동일합니다. 그러나 만약 그 심정의 근원을 캐어 본다면 최영의 요에 대한 공격은 조종으로부터 내려오는 국토의 할양을 차마 앉아서 보지 못한 데 있고 이인임이 입조하지 않는 것은 단지 잠시 편안하게 있으면서 죽음을 기다리는 꾀로 될 뿐이다. 그리고 최영은 청백하여 30여 년간 장상將相으로 있으면서 백성의 재물이란 털끝만큼도 취하지 않았으며 계묘년에는 끊어진 국통을 다시 이었고 거의 전복된 사직을 붙잡아 세웠으며 무진년에는 흉악한 무리들을 소탕하여 억조창생을 죽음에서 구출했으나 한 번 요遼에 대한 공격의 과오를 범하게 되니 전하는 이미 대의大義에 의하여 단정을 내렸고 감히 사정에 구애되지 않았다. 그런데 이인임으로 말하면 천자의 명령을 거역하여 나라를 망하게 한 죄가 있는데 하필 그를 보전해 줌으로써 후세의 불충불의를 고무할 것이 무엇인가?

원컨대 전하는 전번 상소에서 말한 바에 의거하여 헌사憲司에 회부 시행케 함으로써 악행한 자를 징계하고 민심을 바로 잡으십시오."

공양왕이 즉위한 후 간관 오사충吳思忠 등이 또 상소하여 이인임을 참관, 저택하고 그의 가산을 몰수할 것을 청하였던 바 드디어 저택瀦宅할 것을 명령하였다.

원문: 高麗史 권 제100, 열전 제 13

두경승은 전주 만경현 사람이다. 소박하고 순후하여 의식이 없었으며 용력勇力이 있었다. 처음에는 공학군控鶴軍에 편입되어 수박手博하는 사람의 대오에 있었는데 그의 장인 상장군 문유보가 이 말을 듣고 그에게 이르기를 "수박手博이란 천한 기예이니 장사壯士가 할 일이 아니다."라고 하였다. 그 후부터 두경승은 수박하는 대오에 가지 않았다. 대정隊正으로서 후덕전厚德殿 견룡牽龍(임금의 마차 끄는 마부)으로 보충되었다. 정중부의 난에 무관들이 남의 재물을 약탈하는 자가 많았으나 두경승만은 홀로 전문殿門(궁전 문)을 떠나지 않았으며 추호도 범하지 않았다. 명종 초년에 다시 산원散員으로 올라갔는데 이의방이 그의 명성을 듣고 내순검군지유內巡檢軍指諭로 임명하였다. 하루는 퇴근 후 도보로 태안문泰安門을 나가서 변복하고 어디론지 도망가서 숨었었다. 집안 사람들이 사흘 동안이나 찾으러 다니다가 북산北山 바위틈에 숨어 있는 것을 발견하였다.

까닭을 물으니 그의 대답이 "일직하며 있노라니 정신이 황홀하여지며 꿈속 같은 중에 몇 사람이 나를 죽이려 하므로 무서워서 변복하고 도망가는데 갑자기 수만 명이 뒤를 쫓아와서 여기까지 도망 왔노라."고 하였다. 사람들의 추측이 경인庚寅년에 억울하게 죽은 사람들의 작희가 아닌가라고 보았다.

이의방이 두경승이 다시 나와서 벼슬한다는 말을 듣고 기뻐하면서

말하기를 "이런 사람은 세상에 그리 많지 않다."라고 하고 다시 지유指
諭로 복직시켰다가 후에 낭장으로 올려 주었다. 동북면東北面 병마사兵
馬使 김보당이 병란을 일으킬 때에 남부 지방에서 모두 이에 호응하여
일어났다. 이의방이 그의 종형 낭장郎將 이춘부와 두경승을 남로南路
선유사宣諭使로 임명하였는데 리춘부는 성질이 포악하여 고을의 원을
많이 죽였다. 두경승이 조용히 말하기를 "우리가 임명 받을 때에 지방
의 군대들이 반역을 도모하고 주와 군이 적들과 연결되어 평정하기 어
려울 염려가 있던 때였다. 그러나 이제는 당신의 위엄으로 해서 괴수가
이미 섬멸되었고 관군이 온다는 소문만 듣고는 손을 들며 명령에 복종
하겠다고 하는데 그들을 너무 많이 살육하였다. 지금부터는 모두 관대
히 처분하며 혹 반역의 정형과 죄행이 현저한 자에 한하여 처단하기로
하자!"라고 하니 이춘부가 그의 의견대로 하였더니 남방 사람들이 기
뻐서 복종하였다.

이춘부가 귀환하여 두경승에게 말하기를 "처음엔 당신을 비겁한 사
람으로 여겼더니 알고 보니 당신은 관후하고 근신하여 능히 큰 사업을
완수할 인물임을 알았다. 전일에 당신의 정책을 적용하지 않았던들 비
단 반란을 종식시키지 못하였을 뿐만 아니라 나 자신도 불의에 빠졌을
것이다"라고 하였으며 이것이 인연으로 두 사람은 사생을 같이 할 것
을 맹세한 친우로 맺었다. 두경승은 이번 전공戰功으로 장군에 임명되
었고 서북면西北面(요령성과 평안도) 병마부사로 되어 창주昌州(요령성에 있었
던 주)를 지키고 있었다. 서경유수西京留守 조위총이 반란을 일으킬 때
분도장군分度將軍 박재위와 이언공 등이 조위총에게 잡혔다. 그때에 두
경승은 창주로부터 돌아오는 도중이었는데 향산동香山洞, 통로역通路
驛에서 서경군西京軍과 만나서 교전하였으나 패전하였다. 두경승이 무
주관撫州館에 도착하여 점심 식사를 하고 있었는데 서경군 일천여 명이

돌연 나타났다. 두경승이 관문館門을 여니 서경군이 앞을 다투어 들어왔으나 두경승이 쏘았다. 한 사람이 즉석에서 넘어지니 적군이 패하여 달아났다. 이때 두경승이 병사들에게 이르기를 "적군이 앞길을 막고 있으니 옛 길로 갈 수 없다."고 하고 지름길을 찾아 밤길로 가다가 어떤 절에 당도하여 말안장을 끊어 중에게 주면서 길을 물었다. 중이 가르쳐 주는 길을 따라 낮에 밤을 이어 8일 간 행군하여 서울에 도착하였다. 그때 원수 윤인첨은 이미 서경으로 출병한 때이므로 왕이 두경승을 동로가발 병마부사東路加發兵馬副使로 임명하였다.

두경승이 병정 5천여 명을 인솔하고 고산孤山(만주에 있던 지역 명)에 이르러 군대를 셋으로 나누어 좌익과 우익군으로 하여 서경군西京軍을 급히 돌격하여 크게 격파하고 적병 1천여 명을 죽였다. 의주義州(요하 서쪽에 있는 의현)에 이르니 조위총의 부하 장수 김박승이 성 밖에다 수레

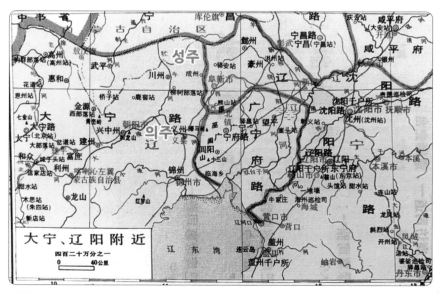

그림1 중국역사지도집 제7책(元明 시기): 고려 시대의 성주(成州)와 의주(義州)가 요하 서쪽에 있었다.

를 늘어놓고 방어하였다. 두경승이 정예군을 선발하여 성을 공격하여 함락시키고 김박승을 생포하여 목을 잘라서 서울로 보내었다. 그리하여 각 주州와 진鎭이 점차 귀순하기 시작하였다. 그러나 정주定州(만주에 있었던 지역 명), 장주長州(만주에 있던 지역 명, 현 장춘의 북쪽 지역이고 이 주에 장춘역이 있었다)와 선덕진宣德鎭(만주에 있던 지역 명)이 여진으로 투항하려는 동향이 보이므로 두경승이 사람을 보내어 그들을 안정시켰다. 여진 사람 1천여 명이 정주 성문 밖에 와서 이 위급한 틈을 타서 노략질 하려 하였으나 두경승이 해설과 권유로써 대하니 그들도 물러갔다. 두경승이 맹주孟州(만주에 있던 지역 명)에 이르니 서경군이 험한 지형을 이용하여 항거하였다. 이의민, 석린 등과 더불어 적을 격파하고 적병 백여 명을 죽이니 맹주, 덕주德州(만주에 있던 지역 명) 적병들이 성을 버리고 도망하였다. 두경승이 주민들을 위로하여 안착시켜 살게 하였다. 그러나 무주撫州(만주에 있던 지역 명)는 견결히 반항하며 굴복하지 않았으며 또 운중雲中 군대가 도착하여 서로 성원하였다. 두경승이 군대를 둘로 나누어 공격을 가하니 운중 군이 퇴각하게 되고 무주도 마침내 항복하였다. 때마침 행영行營 병마사兵馬使와 4총관摠管들이 전투에서 실패를 당하고 서울로 돌아가는 도중이었는데 서경군이 길을 차단하였다. 두경승이 대동강(현재의 태자하)에서 적을 맞받아 싸우기를 무릇 20회에 달하였는데 모두 승리를 거두었고 서경군은 크게 패배하였다.

두경승이 돌아올 때에 평주平州(요양시 궁장령구 둘레에 있던 지역)에 이르니 왕이 지주사 이광정을 파견하여 마중 나와 위문하게 하였으며 서울에 도착한 후에는 왕이 그에게 "그대는 목숨을 돌보지 않고 나라를 위하여 분투해서 흉악한 무리들의 기를 좌절시킨 공이 적지 않다. 그러나 원흉이 아직껏 남아 있으니 국가의 치욕이다. 그대는 더한층 분투노력하라!"고 하고 이어 그를 후군 총관사後軍摠管使로 임명하여 다시 전선으로 내보내었다. 두경승이 철관鐵關을 넘고 요덕진을 거쳐 운중로雲中路로 들어섰는데 지나는 곳마다 적들이 바람에 쓸리듯 하였다. 서경군이 연주連州(만주에 있던 지역 명)로 입성하여 그 곳을 확보하려 하므로 두경승이 흙을 성 밖에 쌓고 그 위에 대포大砲를 설치한 후 성을 공격하여 마침내 함락시켰으며 의주義州(요하 서쪽에 있었던 주) 도령都領 최경약과 영유令猷, 영영令英 등의 목을 베었다. 병사들이 입성한 후 앞을 다투어 재물을 탈취하므로 두경승이 금지령을 내리고 오직 가마솥 가져올 것을 허락하였다. 연주가 함락된 후 서북 방면의 여러 성城에서 모두 관군을 영접하며 항복하였으므로 드디어 병력을 이동하여 서경을 공격하였는 바 전투마다 계속 전승하였다. 서인西人(절령 서쪽 사람)들은 성이 견고한 것을 믿고 오랜 기간 자랑하였으므로 관군은 연주에서 가져온 가마솥으로 취사를 하였다.

사람들이 편리하여 "대장의 계획을 참으로 원대하다."라고 말하였다.

서경군이 밤중에 성을 나와 진陳을 침범하여 영문營門에 불을 지르니 두경승이 군령을 내리기를 "이미 불이 붙었으니 불을 꺼도 별 이익이 없다"고 하면서 물건을 불속에 던지니 불길이 솟아 백주 같이 밝으므로 서경군이 감히 더는 접근하지 못하였다. 두경승은 평소부터 은혜와 신의가 있는 사람으로 알려졌으므로 서경 사람들이 성을 나와 투항하는 자가 속출하였으며 드디어 윤인첨과 더불어 서경을 격파하고 조위총을 잡아 죽이니 서경이 평정되었다. 그러나 패잔병이 아직도 남아 있으므로 또다시 두경승을 서북면 병마사로 임명하고 영청永淸을 진수하게 하였다. 북로처치사北路處置使 이경백이 군사 문제를 의논하기 위하여 5백 명의 기병을 보내어 두경승을 청하였다. 그러나 서인西人들이 중도에 매복하고 있다가 저격하여 기병은 거의 다 죽고 오직 낭장郞將 고용지 등 십여 명이 도망쳐서 살아났다. 이때 두경승은 이미 출발하였는데 도중에서 사변이 있다는 말을 듣고 앞서 달려 되돌아 와서 성안으로 들어가니 서경군이 따라잡지 못하고 전리電吏들을 붙잡아 죽였다. 이경백과 두경승의 협동 작전이 원만하게 되지 못하여 수차의 전투에서 불리하였으므로 조정에서 두경백을 소환하고 그 후임으로 석린을 지서북로 병마사로 임명하였으며 두경승은 처치사處置使를 겸임케 하였다. 그때에 금나라 사신이 환국하는데 서경군이 통로를 막고 있어서 지나갈 수 없었다. 그래서 두경승이 병사를 모집하여 적을 가로막아 공격 섬멸하니 왕이 그의 공을 가상히 여기어 상장군上將軍 지어사대사知御史臺事로 승진시키고 수 태위 참지정사 관리부사 수국사로 벼슬을 뛰어 올렸다. 두경승은 전주銓注를 장악하였을 때 비록 왕의 총애를 받는 사람이라도 감히 그를 굽히지는 못하였다.

평장사로 벼슬이 오른 후 삼한三韓 후벽상공신後壁上功臣으로 봉하고 왕의 명령으로 화공 이광필이 그의 초상을 그리는데 "당시 그림 그리는 법은 주로 반신상을 그리는 것으로 되어 있다."고 말하니 두경승이 노하여 전신 화상을 그리게 하였다. 양부兩府와 문무백관들이 그의 집으로 모여서 축하하였는데 중방重房의 여러 장군들이 축하연을 베풀고 술을 취하도록 마신 후 각기 악기를 잡고 즐겼는데 두경승은 노래를 부르고 수사공 정존실은 소관小管을 불었다.

이의민이 보고 노하여 "재상이 어찌 광대와 같이 노래를 부르거나 악기를 불고 있단 말인가?"라고 하였으며 이어 연회를 과하고 돌아갔다. 두경승은 무식하여 글을 알지 못하였다. 당시 한 의원醫院이 자기 방벽에 글을 썼는데 옥당인玉堂人이라고 자칭하였으므로 어떤 사람이 비웃어 말하기를 "백전 장군이 수국사로 되는 이 판에 의원이 옥당인이라 해도 무방하다."라고 하였으므로 듣는 사람마다 이가 시리도록 웃었다.

두경승이 동료들과 함께 왕에게 고하기를 "식목도감에 보관하고 있는 판안判案들은 나라의 귀중한 참고 도서인데 그 순서가 뒤섞이어서 점차 상고하기 어렵게 되었으니 검토하고 베끼어서 보관하여 두기를 바랍니다."라고 하니 왕이 그 의견을 따랐다. 또 그가 임금에게 아뢰기를 "선대 때의 여러 공신들은 왕실을 보위하고 나라에 공훈을 세웠으니 그 공적이 탁월한 사람들이니 응당 관작을 추중하여 길이 잊지 않음을 표시하여야 합니다." 하였더니 왕이 그의 건의를 좋은 의견이라 칭찬하고 역대 공신들에게 모두 작위를 추중하고 또 녹권錄券을 만들어 각각 그들의 후손들에게 주었다. 그 후 두경승은 이의민과 함께 문하시중門下侍中으로 임명되었는데 석차가 이의민의 위에 있었으므로 이의민이 중서성中書省에서 욕설을 퍼부었으나 두경승은 웃기만 하고 상대를 하지 않았다. 미구에 중서령中書令의 임명이 가첨하여 내렸다. 옛 제도에 3품 이상 관리는 급이 올라 갈 때마다 사양하는 글을 올리되 왕이 조서를 내려 허락지 않은 후에야 글을 올려 감사의 뜻을 표하고 도임하는 것이 예의였다.

그러나 두경승은 그렇지 않고 말하기를 "내심으로는 사양치 않으면서 남의 붓을 빌려서 외면으로 사양하는 형식을 취하는 것은 나로서는 차마 못할 일이다."라고 하였다. 왕이 연경궁延慶宮으로 처소를 옮길 때 류언이 있어서 왕의 행차 대열에서 산변이 일어난다고 떠돌았으므로 호위하고 따라가던 백관들이 모두 낭패하여 뿔뿔이 흩어졌는데 오직 두경승은 말고삐를 잡은 채 안색이 태연하였다. 최충헌이 왕을 폐위시킬 음모를 꾸미고 저자 거리에서 군대를 포치하여 놓고 의논할 일이 있다는 구실로 두경승을 불렀다. 두경승의 사위장군 류삼백은 의심을 품고 자살하였다. 최충헌은 두경승을 자연도紫燕島(영종도)로 귀양 보냈으며 류삼백의 아버지 류득의도 남방 먼 곳으로 귀양 보냈다. 두경승은 섬에 있으면서 울분으로 인해서 피를 토하고 죽었다. 일설에는 두 경승이 금을 가지고 있었는데 그의 종이 금에 욕심을 내어 몰래 독약을 먹여 죽인 것이라고도 하였다.

원문: 高麗史 권 제100, 열전 제 13

방서란은 선주宣州(만주에 있었던 주) 향공鄕貢 진사進士이다. 조위총이 병란을 일으키자 서북 여러 성城들이 모두 그에게 붙었다.

방서란이 그의 형 방효진과 방득령에게 말하기를 "조위총이 여러 성의 토호土豪들을 위협하여 가짜 관직에 임명하고 그들로 하여금 병력을 집합하여 서경으로 모이게 하고 있으니 우리들도 역시 그 중에 들어 있다. 나의 장인 윤중첨이 병마兵馬 판관判官으로서 종형從兄 윤인첨의 지휘 하에 있으니 사위로써 장인을 공격하는 것은 정의상 차마 못 할 일이며 황차 조위총이 반역을 음모하고 있으니 나중에는 반드시 자멸할 것이다. 형님들은 잘 생각하라!"고 하니 방효진 등도 그의 말을 옳게 여겼다.

그리하여 밤중에 몰래 고을 사람들을 달래기를 "조위총이 처음에는 적신賊臣을 처단하겠다는 호소를 하였기 때문에 모두 그에게 호응하고 군대를 동원하여 대궐로 향하여 갔었다. 그런데 서울 근방에 이르러 교전하자마자 패배당하고 관군은 추적하여 전사자의 시체가 서로 잇대었다. 그들이 비록 패잔 병력을 수습하여 다시 대항하려 한다 하더라도 기세가 이미 저하되어 다시 일어나지 못할 것이다. 그들이 믿는 바는 오직 험준하고 견고한 성을 가지고 있는 것뿐이다. 만일 관군이 일조에 서경을 함락시키고 병력을 이곳으로 돌리면 온 성이 가루가 되고 말 것이다. 뿐만 아니라 조위총의 의도는 역적을 토벌하는 데만 있는 것이 아니니 우리들도 만약 생각을 고치지 않는다면 그들과 같은 악당으로 되어 누추한 죄명을 후손 만대에 남기게 될 것이다. 그러므로 이제 솔선 의거하여 반역을 버리고 귀순의 길로 나가려 하는데 제군諸君의 의향은 어떤가?"라고 하니 고을 사람들이 모두 좋다고 응답하였다. 도령 낭장 의유都領郎將義儒란 자는 조위총의 임명을 받아 장군將軍이 되었으므로 그 자만이 불가하다고 하였다.

그를 활로 쏴서 죽이고 즉시 의주義州(요령성 요하 서쪽에 있는 의현)에 사람을 보내어 이 소식을 전하니 의주 사람들도 역시 조위총이 임명한 장군 경작景綽 등을 죽이고 호응하였으며 경작 등의 머리를 가지고 지름길로 달려와서 급보로 행영行營에 보고하였다. 여러 성들에서 이 소식을 듣고 모두 조위총을 따르지 않았다. 이 사실을 왕에게 보고하니 왕이 가상히 여기어 방효진에게는 산원散員 벼슬을 주고 방서란에게는 동정同正으로 임명하여 내시에 배속시켰으며 방특령은 본 고을에 거주케 하여 호장戶長으로 삼았는데 미구에 그 고을 사람들이 방효진 혼자서만 벼슬을 받은 것을 질투하고 드디어 방득령과 그의 모친을 죽였다.

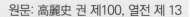

원문: 高麗史 권 제100, 열전 제 13

박제검은 명종 때에 대장군으로서 서북면 병마사로 되었다. 조위총이 패망한 후 잔당들이 다시 모여 세 집단으로 나누었는데 사진思進, 식단軾端, 진국進國이란 자들이 중군행수中軍行首로 되고 계훈戒訓이 지유指諭로, 김보金甫가 전군행수前軍行首로, 광수光秀가 후군행수後軍行首로 된 후에 가주嘉州(만주에 있었던 주), 위주渭州(요하 서쪽에 있었던 주), 태주泰州(만주에 있었던 주), 연주漣州(만주에 있었던 주) 등 고을 산골에 산재하면서 서로 연락을 취하고 약탈을 하여 백성의 큰 우환거리로 되었다. 그들은 자주慈州(만주에 있었던 주), 숙주肅州(만주에 있었던 주) 두 주州를 불사르고 덕묘사, 향산사 등 여러 사찰을 도륙하였다.

왕이 군대를 파견하여 토벌하였으나 몇 차례 전투에서 모두 실패를 당하였다. 박제검이 처음 영營에 이르러 녹사 김중갑과 더불어 계획을 세우고 장교들을 나누어 흥화興化, 운중도雲中道(장수역(요양지역)을 중심으로 한 역로망) 군대를 의거하여 일정한 정처가 없을 뿐만 아니라 여러 지방 사람들은 대부분 적의 밀정으로 되고 있기 때문에 군중의 모든 일이 적들에게 먼저 누설되었다. 그리하여 싸움을 하면 패배 당하였으며 병사들의 기세가 저하되어 머뭇거리기만 하고 좀처럼 진공하지 않았다. 그리하여 오백 명만 남겨두어 적 토벌을 성원하게 한 후 돌아왔다. 적들은 승리한 기세로 영주靈州(요령성 철령 근방의 주) 영화사를 공격하고 중들을 내몰아 병정으로 편성하여 연주漣州(요령성에 있었던 주)를 진공하니 적들의 기세가 모두 왕성하여졌다. 그러나 적의 소란 기간이 오래됨에 따라 마을들에는 섬돌이나 벽 하나 성한 것이 없고 약탈하여 다 없어졌으며 큰 성들은 모두 굳게 지키고 있었으므로 쉽게 강점할 데가 없었다. 박제검이 이 정보를 듣고 사람을 보내어 투항을 권유하니 여러 곳에 있던 적들이 서로 이끌고 와서 투항하였다. 박제검이 매개 투항자를 접견하고 위로하기를 "너희들도 모두 다 우리의 백성이다."라

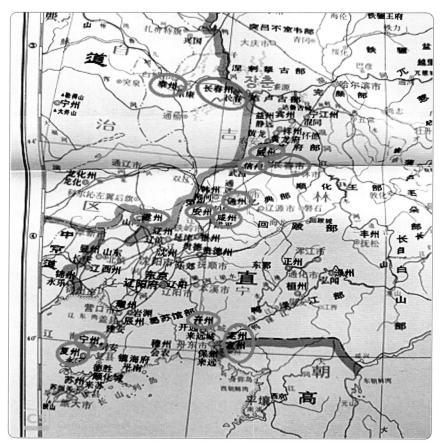

그림1 중국역사지도집 제6책(송요금 시기): 고려 시대의 태주泰州, 성주成州, 수주遂州, 안주安州, 숙주肅州, 함주咸州, 은주銀州, 개주開州, 녕주寧州, 복주復州, 정주定州, 선주宣州 등의 지명이 있다. 금 시조 아골타의 지역은 하얼빈 주변이다.

고 하고 창고를 열어 구제미를 준 것이 전후 합하여 거의 6백 석에 달하였다. 그리고 그들의 소망대로 구주龜州(만주에 있었던 주), 연주漣州(만주에 있었던 주) 등 고을에 분산시켜 평안히 살게 하였다. 그리고 광수 등에게는 역마에 태워 서울로 보내니 왕이 광수를 교위校尉로, 김보를 섭교위攝校尉로, 사진, 식단, 계훈을 대정隊正으로 각각 임명하였다. 그러나 진국만이 투항하지 않고 잔당 150명을 데리고 여진으로 넘어갈 것을 기도하였으므로 박제검이 군대를 파견하여 그들을 모조리 잡아 죽였으며 구주 별장 동방보東方甫 등 17명이 적들과 관계를 맺고 왕래하였으므로 그들도 모두 잡아 죽였다. 후에 박제검은 지어사대사知御史臺事로 되었다. 그의 아들 박보광은 연소하고 경박한 사람으로서 처음에 권무權務 벼슬에 임명되었는데 교만한 기세를 부렸다. 그가 길에서 이소응의 처를 만났는데 그의 몸종이 생강을 가진 것을 보고 요구하였으나 주지 않으므로 박보광이 그를 구타하였다. 그래서 이소응의 처가 대노하여 자기 집종들에게 칼과 몽둥이를 들리고 박제검의 집으로 가서 악을 쓰고 떠들면서 박보광을 죽이려 하였으므로 박보광과 그의 집안 사람들이 모두 도망쳐 숨었다. 이소응의 사위는 경대승의 동생이다.

이소응의 처가 경씨의 세력을 믿고 중방重房에 신소하니 중방에서 아뢰기를 "박보광이 길가에서 재상의 부인을 모욕한 것은 대단 무례한 일이니 응당 법에 의하여 단죄해야 합니다."라고 하였다. 그리하여 이 사건이 중방에로 회부되어 죄를 다스리게 되었는데 박보광은 여전히 나타나지 않았으며 그의 부친 박제검이 관직에서 파면 당하였다. 박제검은 여러 장군들을 집집마다 찾아다니면서 애걸하였으므로 장군들이 가련히 여기고 그의 복직을 요청한 결과 왕도 그의 복직을 허락하였다.

원문: 高麗史 권 제101, 열전 제 14

송저는 견주見州 사람이니 어려서부터 영리하였다. 의종毅宗 때에 과거에 급제한 후 벼슬이 여러 번 올라 합문지후閤門祗候로 되었다. 정중부의 난에도 그가 평소에 남에게 악감을 사지 않았으므로 죽음을 면했다. 명종明宗 8년에 어사중승御使中丞으로 되었는데 정중부의 집종이 금법을 범하였으므로 송저가 체포하여 죄를 다스렸더니 정중부가 노하여 그의 관직을 면직시켰다가 뒤미쳐 위위경 우간의대부衛尉卿右諫議大夫로 임명하였다. 옛 제도에 의주義州(요하 서쪽 의현, 거란과 고려의 국경 지역)는 두 나라의 관문關門으로서 사신 왕래와 공문 거래가 모두 이 관문을 통과하는 까닭에 반드시 문관을 택하여 임명하였으며 그 분도관分道官도 상참관常參官 중에서 명망에 있는 사람을 골라서 파견하는 것이 상례로 되었는데 무관들이 독제한 후는 국경을 경비하는 장군들이 모두 권력을 장악하고 분도관도 겸임한 까닭에 창주昌州(요령성에 있었던 지명), 삭주朔州(요령성에 있었던 지명) 두 고을도 장군들의 관할에 속하게 되었다. 그러나 의주義州만은 공문이나 국제적 교통 관계로 인하여 문관을 두어야 하기 때문에 문관, 무관 두 명을 아울러 배치하였다. 그런 까닭에 그 고을 사람들은 그들에 대한 공급에 곤란을 당하고 있었다.

송저가 서북면西北面 병마사兵馬使로 되자 그 고을 사람들이 신소하기를 "우리 고을은 본래 북쪽 끝에 있는 산골 지방인데 이제 문文, 무武 분도관들이 한 고을에 있습니다. 그 비용을 국가에서 공급하지 않으니 몇 해 안에 읍이 폐허로 될 것입니다. 그러므로 조정에 급보하여 두어 고을에 적당하게 분담시키기를 바랍니다."라고 하였다.

송저가 옳게 여기고 급보로 왕에게 건의하기를 "문관을 의주 분도관으로 하고 영주靈州(요령성에 있었던 지명), 위원진威遠鎭(요령성에 있었던 지명)을 예속시키고, 무관을 정주靜州 분도관으로 임명하고 린주麟州(요령성에 있었던 지명)와 통주通州(요령성에 있었던 지명)를 소속케 하기를 바랍니다."라고 한 결과 왕이 이것을 비준하였다.

그러나 여러 장군들이 이 소문을 듣고 서로 논의하기를 "이번 일은 이것을 단서로 무관들의 권리를 빼앗으려는 것이다."라고 하고 대단히 노하여 왕에게 송저를 죽이라고 청하였다. 왕이 몹시 놀라서 그들에게 친히 타일러 화해시켰으나 마침내 송저를 거제 현령으로 강직시켰다.

그림1 거란지리도(출처: 만주원류고): 고려 시대의 성주(成州), 안주(安州), 통주(通州), 숙주(肅州), 함주(咸州), 심주(瀋州), 해주(海州) 등의 지명이 있다.

식자들이 이것을 평하기를 "진晉 나라 정부는 나라를 세 세도 집으로 갈랐다가 멸망하는 데까지 이른 것을 춘추春秋에서 조소하였다. 그런데 이제 중방에서 일을 제정하면 장군방將軍房에서 저해하고 장군방에서 제의하는 일을 낭장방郞長房에서 저해하는 등 상호 모순이 되므로 정령政令이 발표되어도 백성들이 그에 따라 복종할 수 없었다. 더군다나 형벌과 사형의 권리는 임금이 행사하는 것이니 지금 신하가 마음대로 사용한다. 송저가 강지당한 후로는 백성을 구제하고 폐단을 개혁하려는 건의는 다시 듣지 못할 것이다."라고 하였다. 그 후 그는 또 다시 간의대부諫議大夫로 임명되었다. 술사術士가 말하기를 "태백太白성이 상장上狀을 범하였으니 무관들에게 반드시 무슨 재난이 있으리라."고 하였다.

이에 무관들이 문관에게 그 재앙을 넘겨씌우려고 공모하고 장군 이시용 등 30여 명이 대궐로 들어가서 송저를 비롯하여 우사간右司諫 최기후, 직사관直史館 왕허소 등 6명의 죄악을 허위 날조하여 귀양 보낼 것을 요청하였다. 왕이 비록 그들의 무죄함을 알고 있었으나 마음이 유약하고 과단성이 없기 때문에 그들을 먼 섬으로 귀양 보내니 원통히 여기는 사람이 많았다. 그래도 이시용 등은 문관을 억누르는 데 부족할까 염려하여 전일에 경대승을 도와 궁전 담을 넘어가게 한 낭장 김자격의 죄를 끄집어 내어 역시 섬으로 귀양 보냈다.

그때에 어사대부御史大夫 문장필은 태백성이 여러 번 상장上狀과 집법執法을 범한 것을 보고 간사히 글을 올려 사직하였다. 바로 그 후 태백성이 제 위치로 물러갔으며 또 송저가 그 재변에 해당하기 때문에 문장필이 다시 복직하였으나 그는 아직도 의심을 품고 매양 출입할 때마다 벽제 사령을 뒤로 따르게 하고 법관직에 있기를 싫어하는 등의 행동을 하여 하늘의 뜻을 이렇게 왜곡 회피하였다. 오랜 기간이 지난 후에 왕이 송저의 무죄함을 생각하고 소환하여 다시 등용하려 하였으나 조정의 의견이 일치되지 못하여 실현을 보지 못하였다. 17년에 판예빈성사判 禮賓省事로 연로 치사한 후 몇 해를 지나서 농창으로 인하여 죽으니 나이 67세였다.

원문: 高麗史 권 103, 열전 제 16
〔조변趙忭의 기사 첨부〕

조충의 자는 담약湛若이니 시중侍中 조영인趙永仁의 아들이었다. 생후 한 달만에 어머니를 여의였는데 점차 자라면서 어머니를 지극히 사모하고 슬퍼하였으므로 집안 사람이 그를 효동이라고 일렀다. 문음門蔭으로 임관되어 대학에 들어가서 상사생上舍生으로 공부하였으며 명종 때에 과거에 급제하여 내시로 임명되었다.

조충은 아는 것이 많고 기억력이 좋았으며 옛 제도와 문헌에도 익숙하였다. 희종熙宗 때에 국자國子 대사성大司成 한림학사翰林學士로 임명되었는 바 당시의 중요한 문건들이 그의 손에서 많이 작성되었다. 외직으로 동북면東北面 병마사兵馬使로 나갔다가 돌아와서 예부상서禮部尚書로 임명되었고 고종高宗 3년에 추밀부사樞密副使, 한림학사翰林學士, 승지承旨, 상장군上將軍으로 승진되었다.

문관으로서 상장군 직을 겸임한 것은 문극겸으로부터 시작되었던 바 오랫동안 폐지되었다가 조충이 문무의 재능을 겸하였다 하여 왕의 특명으로 임명한 것이다. 당시 금산金山 왕자의 군대가 북방 변경에 침입하여 왔으므로 참지정사參知政事 정숙첨을 행영중군원수行營中軍元帥로, 조충을 부원수로 우승선, 이연수를 도지병마사都知兵馬使로 임명하여 5령領의 군대를 통솔하게 하였다. 또한 수도의 주민 중에서 직업의 유무를 묻지 않고 총군할 수 있는 자는 모조리 징발하여 군대에 편입시키고, 한편 승려들도 징발하여 입대시키니 그 총수가 수만 명이나 되었다. 정숙첨 등이 순천관順天館에서 군사들을 점검하였는데 당시 날래고 용감스러운 장정은 모두 최충헌 부자의 문객으로 되었고 관군은 모두 늙고 약한 쓸모없는 병졸뿐이었으므로 원수도 긴장하였던 마음이 풀어졌다.

왕이 숭문전崇文殿으로 나오니 여러 신하들이 들어가서 절하고 좌우로 나뉘어 섰다. 정숙첨과 조충은 군복 차림으로 휘하 장령들을 데리고 뜰에서 식을 거행하였는데 왕이 친히 원수에게 부월斧鉞(장수에게 주는 도끼)을 수여하였다.

그런데 일관日官이 최충헌에게 아첨하기를 출정군의 로순을 큰 길로 행진하는 것이 해롭다고 하였으므로 보정문保定門으로 나가서 성을 따라 남쪽으로 돌아서 산예역狻猊驛(개성에 있었던 역, 산예도狻猊道의 중심역)까지 가서 숙영宿營하였다. 마침 눈이 많이 내려서 군사들이 혹한에 얼고 위축되어 전진할 수 없으므로 일기가 개일 때를 기다려 홍의역에 도착하였다. 마침 평주 방어군防禦軍이 돌아왔는데 선봉대가 그 깃발을 바라보고 적군의 것으로 잘못 알고 그만 모두 도망쳤으나 오직 조충만은 병사들을 제어하여 대오를 정비하고 있었다.

정숙첨은 적군이 염주, 백주까지 왔다는 말을 듣고 홍의역과 금교역과의 중간 지점에서 주둔하였다가 다시 국청사國淸寺로 퇴각하게 되었다. 이듬해 정숙첨을 해임시키고 지문하성사知門下省事 정방보로 교체시켰다. 정방보와 조충 등이 염주에서 병력을 지휘하니 적령이 도망갔다. 5군 원수들이 적을 추격하여 안주安州(요령성 요하 서쪽에 있었던 주, 안북부의 중심) 방면으로 가다가 태조탄太祖灘(요령성에 있었던 강이라고 추측)에 도착하였을 때 비를 만났으므로 그 곳에 머물며 술을 마시고 즐겁게 놀며 아무 방비도 하지 않았다.

그때에 어떤 사람이 흰 말을 타고 고려군 진중으로 달려들면서 깃발을 내흔드니 삽시간에 적군이 몰려 와서 급속히 5군을 포위하였다. 전군전軍이 먼저 흩어지므로 적병이 드디어 중군中軍을 향하여 육박하면서 불을 질러 보루를 태워 버리니 각 군의 병사들이 모두 흩어져 달아났다. 다만 좌군左軍만이 진지를 고수하고 있었다.

정방보와 조충이 좌군으로 달려간즉 좌군마저 패하여 결국 5군이 모두 흩어지게 되었다. 이 전투에서 대장군 이의유, 백수정과 장군 이희주 등이 전사하고 병사들의 희생자 수는 셀 수 없었으며 차량, 군수 물자, 식량, 기자재 등을 모두 적에게 빼앗겼다. 정방보와 조충은 도망쳐서 서울로 돌아 왔고 패잔병들은 길에 연달려 있었다.

적들이 선의문善義門까지 추격하여 와서 황교黃橋를 불태우고 물러갔으나 조정과 지방에는 대 혼란이 생겼다. 어사대에서 상소하기를 "정방보와 조충이 적의 기세에 위축되어 싸우려 하지 않고 군졸들을 버리고 놀라 돌아 왔으므로 많은 병사들을 희생시켰을 뿐만 아니라 역대로 전하여 오는 병서兵書와 문부로부터 병기 자재에 이르기까지 모두 적에게 빼앗겼으니 이것은 왕이 친히 추곡推轂한 뜻에 보답하지 못한 것이니 그들을 관직에서 파면하기를 바랍니다."라고 주장하였으나 왕이 듣지 않았다.

어사대에서 재차 파직을 제기하였으므로 왕이 그제야 파직시켰으나 미구에 조충을 다시 서북면 병마사로 임명하고 뒤미처 추밀사樞密使, 이부상서吏部尙書로 승진시키니 간관諫官이 고하기를 "조충은 전일에 패전한 까닭에 탄핵을 만나 면직되었던 사람인데 이제 아무런 상 줄 만한 공훈도 없이 전직으로 복직시키는 것은 적당치 않습니다. 그러므로 이미 발행한 임명을 회수하였다가 그가 성공할 때까지 기다려서 관직을 다시 주기를 바랍니다."라고 하였더니 왕이 그 의견을 좇았다.

여진의 황기자黃旗子 군軍이 압록강(요하)을 건너 린주麟州(요령성에 있었던 주), 용주龍州(요령성에 있었던 주), 정주靜州(요령성에 있었던 주) 지경에 와서 주둔하였다. 조충이 그를 공격하여 5,010여 명을 살상 포로하고 다시 린주 암림평暗林坪에서 대전하여 적들을 크게 격파하였는데 적군의 피살자와 강물에 빠져 죽은 자의 수는 이루 계산할 수 없으며 겨우 삼백여 명의 적병이 도망쳐 갔다. 이런 군공으로 조충을 전직에 즉시 복직시키고 소환하였다. 적의 기세가 날로 성하나 관군은 겁만 내고 약하여져서 좀처럼 통제할 수 없었다. 다시 조충을 서북면 원수로 삼고 김취려를 병마사兵馬使로, 차장군借將軍 정통보를 좌군左軍으로, 심선주를 우군右軍으로, 이림을 후군後軍으로, 이적유를 지병마사로 각각 임명하고 부월鈇鉞을 주어 보내었다.

처음 조충이 패군하였을 때 시를 짓기를 "만리 전장 달리는 준마, 발한 번 실수하여 거꾸러졌다. 슬피 울고 우노라고 시절 바꾸인 줄 몰랐네. 만일 다시 조부造父(옛날 말 잘 타던 사람 이름)로 하여금, 그 말 한번 더타라 한다면. 적의 진지 마음껏 달리며, 고월古月(합해서 호胡로 되니 오랑캐의 뜻)을 쓸어 버리리!"라고 하였다.

이때에 조충의 군대 통솔이 엄격하여 대로의 규율이 정연하고 군령이 엄명하여 백성의 물건을 추호도 범하지 않게 되었으므로 여러 장수들도 그를 감히 서생書生이라고 얕보지 못하였다. 조충 등이 장단長湍 길로 들어서서 동주洞州(봉성시 북쪽 岊嶺 주위의 주)에 이르렀다. 동곡東谷에서 적과 만나 접전하여 적장 모극고, 연천호, 아로 등을 생포하고 성주成州로 나가서 각 도의 원조군을 기다리고 있었다. 경상도 안찰사按察使 이적이 군대를 인솔하고 오다가 적과 만나서 전진할 수 없다는 정보를 들었다. 조충이 장군 이돈수, 김계봉을 보내어 적을 격퇴하고 이적의 군대를 영접하게 하였다. 그러던 차에 적군은 두 길로 나누어 모두 우리 중군을 목표로 집중 공격하여 오는 것을 아군이 좌익 우익을 벌리고 북을 울리면서 전진하니 적군이 기세에 눌리어 붕괴하였다. 이돈

수 등이 이적과 함께 모여 왔는데 녹사錄事 신중래가 그 군대를 나누어 가지고 군량을 수송할 때 적이 또 목을 지키며 공격하려 하였다.

장군 박의린이 독산禿山에서 격파하였으나 적은 분산되었다가 다시 합쳐서 수만 명의 정예 기병으로 공격하여 왔다. 그러나 이번에도 아군이 여지없이 격파하니 적의 아장亞將 탈라는 도망쳐서 돌아갔다. 적군의 두목이 또 군대를 이끌고 돌아가려 하였다. 아군이 그 퇴로를 요격할 것이 두려워서 강동성으로 들어가서 강점하고 있었다.

몽고 태조가 원수 합진과 찰라를 보내어 군대 1만 명을 인솔하고 와서 동진東眞의 만노萬奴가 보낸 완안 자연完顔 子淵(완안 지역은 하얼빈 지역)의 군대 2만 명과 더불어 거란 적군을 공격한다고 선전하면서 화주和州(요령성 동북쪽에 있었던 주), 맹주孟州(요령성에 있었던 주), 순주順州(요하 서쪽에 있었던 주), 덕주德州(요령성에 있었던 주), 등 4성城을 격파하고 바로 강동으로 향하여 진격하였다. 때 마침 큰 눈이 내려서 양식이 계속되지 못 하였으므로 적들은 방어를 굳게 하고 상대방을 피로하게 하였다.

합진이 대단히 근심하여 통역 조중상과 덕주德州에 사는 우리나라 진사進士 임 정화를 원수부에 파견하여 공문을 보내기를 "거란병이 도망쳐서 귀국에 도피하여 가 있은 지 지금까지 3년이 지났으나 아직도 소탕되지 못하고 있기 때문에 우리 황제皇帝가 군대를 파견하여 토벌하는 것이니 귀국은 식량과 물자를 준비하여 도와서 결핍되지 않게 하라."고 하고 계속하여 고려 군대를 파견할 것을 청하여 왔는데 그 언사가 심히 엄격하였다. 그리고 동시에 몽고 황제가 거란군을 격멸한 다음에 몽고와 고려가 형제 국가로서 맹약을 맺으라고 하였다는 것이다.

그래서 이에 대하여 상서성尚書省의 공문으로 답장을 보내기를 "귀국이 군대를 파견하여 우리나라의 환란을 구원하여 주니 무엇이든지 요구하는 것은 일체 시행하겠다."라고 하였다. 조충이 곧 쌀 1천 석을 수송하는데 중군 판관判官 김량경을 파견하여 정병 1천 명을 거느리고 군량미를 호송하게 하였다.

김량경이 이르니 몽고와 동진의 두 원수가 연회를 베풀고 그를 상좌에 앉히고 위로하기를 "우리 양국이 서로 결의형제를 맺겠는데 당신이 국왕께 고하여 공문을 가져 오면 우리도 돌아가서 황제께 아뢰겠다."라고 하였다. 당시 몽고와 동진이 말로는 적을 치고 우리를 구원한다고 하였으나 몽고는 오랑캐 중에도 가장 강하고 흉악한 종족이며 또 일찍이 고려와는 옛날에도 우호 관계를 가진 일이 없는 나라이다.

이런 까닭에 온 나라가 당황하여 그 제의가 거짓이라고 의심하였으며 조정의 의논도 어물어물하다가 회답도 하지 못하고 드디어 사람을 보내어 호군犒이나 하자고 하였다. 그러나 조충은 홀로 의심치 않고 급보로써 계속 조정에 보고하고 있었다.

몽고는 회답이 지연되는 것을 노하여 책망이 심적 급하였는데 그때마다 조충이 적당한 방법으로 화해해 주곤 하였다. 이듬해에 조충이 합진, 자연 등과 협력하여 강동성을 공격하여 적을 전멸하고 합진 등이 귀국하게 되었는데 조충이 그들을 의주까지 전송하였다. 합진이 조충의 손을 잡고 눈물을 흘리며 차마 작별하지 못하였다.

그때 몽고 군인들이 우리 측 장병들의 타는 말을 강탈하여 가지고 갔으므로 조충이 책망하여 말하기를 "이 말은 모두 관가 말이다. 말이 죽어도 가죽은 나라에 바치는 법이니 빼앗지 말라!"고 하였다. 몽고군이 그 말을 곧이듣고 있었는데 어느 한 장군이 은을 받고 말을 주었으므로 이때부터 조충의 말을 거짓으로 생각하고 또다시 많은 말을 빼앗아 가게 되었다.

자연은 자못 인재를 알아보는 식견이 있었다. 그가 우리나라 사람에게 말하기를 "귀국의 원수는 위대하며 비상한 인물이다. 귀국에 이런 원수가 있는 것은 하늘이 준 복이다."라고 하였다. 조충이 일찍이 술을 많이 마시고 자연의 무릎을 베개 삼고 잠이 들었는데 자연은 조충이 놀라 잠을 깰까 염려하여 조금도 꼼짝하지 않고 앉아 있었다. 곁에 있던 사람들이 베개로 바꾸라고 권하였으나 자연은 끝까지 듣지 않았다.

조충의 충의忠義와 은혜와 신의가 사람으로 하여금 이처럼 감동하게 한 것이다. 조충 등이 개선할 때에 최충헌이 그의 공 세운 것을 시기하여 환영하는 예식을 정지시켰다. 조충은 정당문학政堂文學 판례부사判禮部事로 임명되었는데 뒤미처 수태위守太尉 동중서문하시랑同中書門下侍郎 평장사平章事 수국사修國史를 더 주었다. 이듬해(1220년 경)에 조충이 죽으니 나이 50세였다. 부고를 듣고 왕이 심히 애도하고 3일간 조회를 정지하였으며 개부의동開府儀同 삼사三司 문하시중門下侍中 벼슬을 추증하고 문정文正이란 시호를 주었다.

조충은 체격이 우람하여 보기에는 장중하여 위엄이 있으나 내심이 너그러웠으며 사람을 만날 때는 언제나 웃는 낯으로 화기를 띠고 접대하였으며 관직의 상하로 차별 대우를 하지 않았다. 세 차례나 과거시험을 맡았는데 그가 선출한 사람들이 모두 명사名士였다. 그는 장수로서 출정하고 재상으로 조정에 들어왔는데 조정에서나 지방에서나 모두 그를 태산 같이 믿었고 또 소중히 여겼다.

그는 평시 일을 처리할 때에는 별로 모지게 처리하거나 싫어하는 일은 아니었으므로 그는 관후하고 활달한 장자長者로만 알고 있었다. 그러나 그가 일단 대군을 지휘할 때나 중대 사건을 해결하는 것을 본 연후에 세상 사람들은 비로소 그가 비범한 거인임을 알았다. 상相으로 된 후 동고東皐에 독락원獨樂園을 꾸리고 공사公事에 여가가 있을 때마다 어진 선비와 유능한 관원들을 초청하여 놀았으며 거문고와 술로써 스스로 즐기는 생활을 하였다. 후에 고종 묘정에 배향背向되었다.

아들은 조숙창과 조계순인데 조숙창은 따로 전기가 있다. 조계순은 벼슬이 문하시랑門下侍郎 평장사平章事에 이르렀으며 시호는 광정光定이라 하였다. 조계순의 아들은 조변이니 그는 조산의 문음과 장인 김방경의 관계로 단번에 낭장郞長으로 뛰어 올라 감찰사監察史를 겸임하고 있었다. 한 번은 행수行首로 궁중에 숙직하게 되어 날이 저물어서 들어가니 문이 이미 닫히었다.

원종元宗이 이 소식을 듣고 문틈으로 들어오게 하라고 명령하였으나 조린이 사양하기를 "신하된 자는 문틈으로 드나들 수 없다."라고 끝내 들어가지 않았다. 그래서 유사有司들이 수직에 결근하였다는 이유로 탄핵하여 파직 당하였으나 사람들은 그가 정직한 것을 칭찬하였다. 김방경이 진도珍島를 토벌할 때에 왕에게 고하고 조변을 다시 불러 장군으로 삼았다. 또 김방경을 따라 일본을 정벌할 때 공을 세웠으며 후에 원나라가 재차 일본을 원정할 때에 충렬왕이 원나라 황제에게 청하여 소신교위昭信校尉, 관군官軍 총파 벼슬을 주었으며 은패銀牌와 은인銀印을 주었다. 그리고 김 방경을 따라 원정의 길을 떠났다.

벼슬이 우부승지, 지밀직사사를 역임하고 병으로 사면하니 왕이 그의 사위 유서庾瑞를 낭장郞將으로 등용하여 그를 위로하여 주었다. 그는 그 후 미구에 죽었다.

조변은 용모가 장대하고 고왔으며 옛 문헌과 제도에 대하여도 자못 통하였고 성품이 너그러워서 아무에게도 원한을 끼친 일이 없었다. 아들은 조문간, 조문근이다.

조문간의 자는 경지敬之이니 벼슬이 밀직부사密直副使에 이르렀다. 그도 역시 풍채가 아름답고 예절에 익숙하여 당시의 칭찬을 받았다.

조문근은 벼슬이 참지參知 문하정사門下政事 집현전集賢殿 대학사大學士에까지 이르렀다.

원문: 高麗史 권 106, 열전 제 19

이영은 경원군慶源郡(러시아 우스리스크 서쪽 수분하 근방 지역) 사람인데 수염이 잘 생겼고 용모와 거동도 아름다웠으며 널리 배우고 들은 바가 많으면서 또 기억력이 비상하였으며 초서草書, 예서隸書를 잘 썼다.

고종 때에 과거에 급제하여 한림원翰林院 직원直院이 되었고 여러 관직들을 지나 보문각 대제待制로 되었다. 항상 학사 김구金坵와 더불어 중 조영祖英의 방장方丈(중의 거처)에 놀러 다니곤 하였다. 충렬왕이 세자로 되었을 때에 이 소식을 듣고 시를 하나 지어 주었는데 그 중에 "룡서에서 읊은 풍월로 또한 3,000 구句나 된다."라는 글'귀가 있었으므로 선비 계층에서 모두 이를 부러워하였다.

원종 때에 우右 부승지로 임명되었는데 원나라의 선무사宣撫使 조양필이 그를 한 번 만나보더니 서로 너무도 늦게 만난 것을 한탄하였으며 그 후에 이영에게 시를 보내어 왔는데 거기에 이르기를 "부소산扶蘇山(송악산) 아래에 사는, 수염 많은 이영경鬆卿(텁석부리라는 뜻) 아! 작별한 지도 이미 3년, 그는 어떻게 살고 있는지? 두 번이나 사신이 다녀갔지만 편지 한 장 없으니 누가 나의 정상을 알고 말했나? '사람이 늙으면 정의가 깊어진다.' "라고 하였다. 이로 보면 그가 이영을 어떻게 존중히 여겼는가를 알 수 있다.

충렬왕이 즉위하자 추밀원樞密院 부사 예부상서 한림학사翰林學士로 승진시키어 치사케 하였는데 4년에 그가 죽었다.

원문: 高麗史 권 107, 열전 제 20

정인경은 서주瑞州사람이다. 고종 말년에 몽고 군대가 침입하여 직산稷山, 신창新昌에 주둔하게 되었을 때 정인경이 군대에 나갔었다. 그는 밤중에 적의 보루堡壘를 공격하여 공을 세웠으므로 제교諸校(교위급 관직)에 임명되었다.

충렬왕이 세자로서 원나라로 갔을 때 정인경은 그를 따라 갔었다. 세자(즉 충렬)가 귀국하다가 파사부에 이르렀는데 어떤 사람이 임연이 반란을 일으켰음을 알려 주었다. 당시 정인경의 아버지 정신보는 린주麟州(요령성에 있었던 주)의 수령으로 있었으므로 정인경이 가만히 강(압록강: 현재의 요하)을 건너 아버지에게서 임연의 반역 정상을 구체적으로 세자에게 와서 보고하였다. 세자는 원나라의 수도로 돌아가서 황제에게 보고하고 군대를 청하여 임연을 토벌하려고 하였는데 여러 수행 인원들은 모두 나라에 돌아갈 것만 생각하고 결단성 있는 행동을 하지 않았다. 그러나 정인경만은 세자에게 그렇게 하도록 힘써 권고하였으므로 세자가 그 말을 따랐다.

그후 여러 번 조동되어 상장군上將軍으로 되었으며 충렬왕이 즉위하자 시종한 공로를 평가하여 2등으로 삼고 그 고향 부성현富城縣을 승격시켜 서주군瑞州郡으로 하였다.

16년에 왕이 동녕부東寧府(동녕부의 중심은 요양)를 폐지하고 그 땅을 우리나라에 돌려줄 것을 요청하였는데 정인경을 황제에게 아주 구체적으로 말을 하였기 때문에 황제가 승인하게 되었다. 왕이 그의 공을 높이 평가하고 특례로 부지밀직사사副知密直司事인 그를 서북면 도지휘사로 임명하였다.

반적 합단哈丹이 화주和州(화주에 설치한 쌍성총관부는 요령성 동북쪽에 있음), 등주登州 두 고을을 공격, 함락시켰을 때 왕이 강화에 피난 갔었는데 정인경은 서경 통수로 있다가 그 책임을 내버리고 도망해 왔었다.

얼마 후에 동지 밀직사사로 되었다. 당시 국가에서는 양가良家의 처녀들을 선발하는 일이 있어서 결혼 금지령을 내린 중이었는데 정인경이 그것을 위반하였기 때문에 해도에 귀양 갔다.

25년에 관삼사사로 되었고 바로 도첨의 찬성사로 조동되었으며 그 후 중찬으로 승진시켜 치사하게 하고 벽상 삼한 삼중대광 추성정책안사推誠定策安社공신의 칭호를 주었다. 또 공신당의 벽상에 초상화를 그리게 하였고 녹권錄券을 주었다.

31년에 죽으니 나이 69세요 시호는 양렬襄烈이었다. 그는 성품이 근엄하고 정직하였으며 처음에는 통역원으로서 명성이 있었는데 그 후 이르는 곳마다 명성과 치적이 있었다. 일찍이 황제의 명령으로 무덕장군 정동성 이문관理問官으로 되었다. 그의 아들은 정유, 정신영, 정신화, 정신수인데 모두 3품 이상의 높은 관직을 지냈다.

원문: 高麗史 권 제117, 열전 제 30

　김진양의 자는 자정子靜인데 계림부雞林府(雞林은 만주에 있었던 곳, 鷄林은 경상도에 있었던 지명) 사람이다. 그는 천성이 강개慷慨하고 인품이 남보다 뛰어났으며 부모를 일찍 여의였으나 공부에 노력하였다. 공민왕 때 과거에 급제하고 예문 검열로 임명된 지 10년도 못 가서 중요한 관직을 지낸 다음 서해도 안렴사로 나가 성적聲績을 올렸으므로 문하사인門下舍人을 거쳐 좌사의左司議에 승진되었다.

　공양왕 때에 윤이, 이초의 옥사건이 일어나자 김진양이 동료에게 말하기를 “윤이, 이초의 사건에 대하여는 3세 소아도 그것이 무고인 줄을 알고 있다”라고 하니 사헌부는 그가 대역 범인에 대하여 경솔하게 발언함으로써 정당한 언론을 가로막고 있다는 것으로써 추궁하고 왕에게 대하여 그의 관직을 삭탈하고 멀리 유배할 것과 다시 관직에 임용하지 말 것을 요청하였으나 왕은 다만 그를 파직만 시켰다가 다시 등용하여 우산기 상시右散騎 常侍를 시키고 미구에 좌산기 상시左散騎 常侍에 전임시켰다.

　이때 김진양은 우상시 이확, 우사의 이래, 좌헌납 이감, 우헌납 권홍, 좌정언 류기 등과 함께 왕에게 상소하여 삼사좌사 조준, 전 정당문학 정도전, 전 밀직부사 남은, 전 판서 윤소종, 전 판사 남재, 청주목사 조박 등을 논죄하기를

"정도전은 천인의 소생으로 높은 벼슬자리를 도적하게 되자 그 미천한 근본을 은폐하기 위하여 본래의 상전을 제거할 것을 꾀함에 있어서 혼자서 거사할 길이 없으므로 남의 허물을 주어모아 죄명을 조작하는 방법으로 다수한 사람들을 연좌시켰고 조준을 한두 명의 재상들 사이에 우연히 원수 관계가 생기게 되자 정도전과 합심하여 함께 변란을 선동하여 권세를 자랑하고 여러 사람을 유인 위협하니 여기서 벼슬자리를 잃을까 근심하는 건달패들과 웃 사람의 비위만 맞추고 사단을 만들기 좋아하는 자들이 향응하여 일어났으니 그 중에서 남은, 남재 등은 변란을 선동하는 협력자가 되고 윤소종, 조박 등은 말을 조작하는 자가 되어 서로 부르고 대답하며 일어나 죄망을 넓게 펴 놓음으로써 형을 줄 수 없는 사람에게 형을 주고 본래부터 죄 없는 자리에서 죄를 찾으려 하는 데서 많은 사람들이 공포를 느껴 원망하며 탄식하고 있으니 이는 일변으로는 천지가 만물을 생육하는 화기를 손상한 것이요 타방으로는 전하께서 살리기를 좋아하는 덕을 해치는 것입니다. 지난 경오년에 청주淸州에 큰 물이 지고 신미년에도 성내에서 떼를 탔었는 바 이렇게 천재가 거듭 발생하고 농사가 잘되지 않은 것은 어찌 그들이 저지른 죄악으로부터 초래된 것이 아니겠습니까. 전하가 만일 '조준은 공신이니 비록 죄가 있더라도 응당 용서해야 할 것이다.'라고 말씀하신다면 저희들은 또 듣건대 지난 무진년에 개국백開國伯(이태조)이 전하를 왕으로 모시려는 마음은 회군하던 날에 이미 작정된 것인데 조준은 그때에 군대 가운데 있지 않았으니 그 의논에 참가하지 않은 것이 분명한 것이요 기사년에 와서는 개국백이 전하를 왕으로 모시려는 계책이 확정되었는데 조준은 그를 거부하고 딴 말을 하였으나 개국백이 그것을 허하지 않았기 때문에 전하가 즉위하시게 되었습니다. 이것을 가지고 논한다면 조 준은 전에는 처음 의논하는 날에도 참가하여 꾀하지 않았고 후에는 이미 작정된 방책을 가로막으려 하였습니다. 이 사람을 전하의 공신이라고 이르는 것이 가합니까. 조준이 만일 '나는 일찍이 이런 말을 한 일이 없다.'고 한다면 다만 좌우 여러 재상들이 이 말을 들었을 뿐만 아니라 높은 데 있으면서도 낮은 데 소리를 들어 환하게 알고 있는 하늘이 무서우니 그가 어찌 감히 그것을 숨길 수 있겠습니까? 지극하도다. 개국백의 충성이여! 중국을 어지럽히려 해서 가짜 임금이 일으킨 요동 침공을 저지함으로써 이 백성을 살린 것이 저와 같았고 다른 사람을 세우려던 조준의 계획을 거부하고 전하를 세운 것도 이와 같으니 그 지극한 충성은 일월과 같다고 할만 합니다. 그때에 만일 만리 밖에 진군하여 중국에 도전했더라면 이 백성들이 이 땅 이 태평한 세상에서 의식 걱정 없이 즐겁게 생활할 수 있었겠습니까. 더욱이 명 태조가 사절을 특파하여 내탕內帑(임금의 사사 재물을 넣어 두는 창고)의 보물을 보내고 세자를 우대하여 제후의 위에 앉히는 등 그러한 친선 관계가 이루어졌겠습니까. 조준 같은 자는 그의 말이 저런 것으로 보아 그의 마음을 알 수 있습니다. 그렇기 때문에 그는 다만 공신이 되지 못할 뿐만 아니라 실로 가장 불충한 신하입니다. 그는 권세 있는 자에게 매달려 오행으로 도리어 공신의 이름을 얻고 공신의 반열에 참여하여 공신 각에 화상을 그리고 명성을 후에 전함에 있어서도 큰 공신들과 다름없이 되었고, 품계를 뛰어 올라 직을 받을 때에 있어서도 진짜 공신들보다 10배나 되어 그 영광이 막대함에도 불구하고 일찍이 천선 개과할 생각을 하지 않고 오히려 다시 그 날개와 혀의 역할을 하던 자들과 함께 무시로 모여 앉아 음모하고 있는 것이 어찌 그렇게 하는 것이겠습니까. 저희들 생각에는 그가 반드시 계획은 해 놓고 아직 수행하지 못한 것이 있어서 또다시 불충한 의논을 하고 있는 것같이 염려되니 그의 힘을 더 성장시키지 말고 미리 조치하는 것이 가장 좋을 것입니다. 또 저희들이 듣건대 조준은 전하의 앞에서 문득 울고 문득 슬퍼하는 것으로써 표면으로는 과외를 시정하는 듯한 태도를 보이고 내심으로는 관대한 용서를 요망하는 행동을 취하였다 하는데 이는 뉘우친 듯이 보이려는 허위적 행위입니다. 전하는 천성이 정직하시어 그것을 진실한 행위로 생각하고 계시나 저희들은 이것을 절실히 한탄하고 있습니다. 만일 조준이 간악한 계획을 감행하려 할 당초에 하늘이 그의 마음을 옳게 인도하고 그가 마침내 그 그름을 깨닫고 뉘우쳤더라면 그 뉘우침은 진정한 것이었을 것입니다. 지금 그와 악행을 같이 하고 변란에 호응했던 무리가 모두 기운이 떨어졌으며 그들에 대한 모든 사람들의 분노와 증오가 극도에 달하였으니 그가 어찌 이렇게 하여서라도 그 죄를 모면하려 하지 않겠습니까. 이는 실로 부득이 그렇게 하는 것이니 가짜로 뉘우치는 것이 아니고 무엇이겠습니까. 만일 후일 요행으로 다시 형세를 타게 되면 그 사변을 일으키는 것이 반드시 전보다 심하게 될 것입니다. 바라건대 전하는 아예 그를 믿지 마시고 속히 조치하는 것이 좋을 것입니다. 또 저희들이 듣건대 남은은 일찍이 전하께 진언하기를 '전하께서 내심에는 욕심이 많고 표면으로만 인의를 베풀려 한다.'라고 하였다 하는데 이 말은 무엇을 말하는 것일까요? 또 남은은 국가에 대하여 특별한 공로도 없이 재상 반열에까지 빨리 올라갔으니 전하의 혜택이 막대하거늘 조준과 정도전의 의사를 맞추기에만 애쓸 뿐이고 일찍이 전하의 은택을 감사히 알고 만족한 마음이 없는 데로 부터 불경한 언사를 경솔하게 늘여 놓았으니 이는 전하의 의사를 격동시킴으로써 자기의 욕망을 충족시키는 것입니다. 그의 심술이 이 같이 간악하니 참으로 무서운 인물입니다. 대체로 이 사람들은 그 죄가 동일한 바 전하가 만일 머뭇거리고 결단하지 않는다면 다만 하늘이 노하고 사람들이 원망할 뿐만 아니라 아마도 수습할 수 없는 후회가 있을까 싶습니다. 저희들은 본래부터 고의적으로 남을 해치려는 것이 아니니 어찌 감히 사사로운 원수를 갚지 못하면 근심하고 애태우는 그들의 소위를 본받겠습니까. 다만 공의가 이렇게 사세가 이와 같기 때문에 부득이 요청하는 것입니다. 이 말이 만일 거짓이라면 하늘이 반드시 저희들에게 먼저 벌을 불 것이니 어찌 두렵지 않겠습니까. 전하는 조준, 남은, 윤소종, 조박 등의 직첩과 공신 녹권들을 회수하고 그들의 범죄를 추궁하여 똑똑히 형벌을 적용하고 정도전은 그 대로 유배소에서 형을 주심으로써 후인을 경계하기 바랍니다."

라고 하였다. 이 글이 올라갔으나 왕은 보류하고 대답하지 않았다.

김진양의 이 상소는 표면으로는 비록 태조를 높였으나 실은 장차 그를 해치려 한 것이었다. 진양 등이 사헌부에 공문을 보내어 아전과 나졸을 보내서 조 준과 남 은을 그들의 집에서 지키게 하니 조 준은 독서하던 것을 멈추지 않고 말하기를 "나는 국가를 위할 뿐이니 또 무엇을 근심하랴."고 하였다. 다음 날 김진양 등이 대궐 뜰에 엎드려 다시 요청하니 왕이 시중 심덕부, 정몽주를 불러 의논한 다음 그들의 진언에 의해서 조준을 먼 지방에 귀양 보내고 남은, 윤소종, 남재, 조박 등의 관직을 삭탈한 다음 역시 먼 지방에 귀양 보냈다. 정도전도 귀양 보내는 가운데 포함되었으나 지신사 이첨이 잊고 적지 않았으므로 김진양 등은 결정된 바에 의거하여 봉화에 사람을 보내어 정도전을 잡아 보주甫州에 가두었다.

사헌부 대사헌 강희백, 집의執義 정희, 장령 김묘, 서견, 지평持平 이작, 이신 등이 또 상소하여 조준 등을 처벌할 것을 요청함과 아울러 판 전교시사 오사충의 죄를 탄핵하기를 "그의 죄는 윤소종과 같으니 함께 사실을 심리하기 바랍니다."라고 하니 왕이 그를 철직시키고 먼 지방에 귀양 보내라고 명령하였다.

김진양 등이 다시 말하기를 "옛사람의 말에 풀을 뽑을 때 뿌리째 뽑지 않으면 나중에 반드시 다시 나는 것이요 악을 제거할 때 뿌리채 제거하지 않으면 그 악이 자라난다고 하였는 바 조준과 정도전은 악의 뿌리요 남은, 윤소종, 남재, 조박 등은 그 뿌리를 가꾸어 자라게 하는 자들입니다. 그래서 어제 저희들이 글을 올려 그들을 베일 것을 요청하였었는데 다만 정도전에 대해서만 특별히 허가하고 기타는 지방에 귀양 보내는 데 그침으로써 죄는 같은데 벌이 달라졌습니다. 조준 등도 동일하게 극형에 처하기 바랍니다."라고 하니 왕이 깜짝 놀라서 말하기를 "나는 처음부터 정도전을 베라는 말을 한 일이 없었다."하고 정도전을 옮겨 광주光州에 귀양 보내고 조준을 니산泥山에 귀양 보내고 남은, 남재, 조박, 윤소종, 오사충 등을 모두 수원에 모아 놓고 순위부 천호巡衛府 千戶 김귀련, 형조정랑 이반 등을 보내어 양광도 관찰사 강은과 함께 사건을 취조할 것을 명령하였으나 시행하지 못하였다.

태조가 해주로부터 병든 몸으로 야간에 귀가하였는데 정몽주, 이색, 우현보 등은 생각하기를 "만일 조준, 남은을 추궁하여 극형에 처한다면 조박, 윤소종, 오사충의 무리를 처단하는 것은 문제되지 않는다."라 하고 대간을 은근히 꾀여서 연일 번갈아 상소하고 궐문 밖에 엎드려 간절히 간함으로써 조준과 정도전 등을 베이기를 청하였다.

　왕은 명령하기를 "먼저 남은 등 여러 사람을 취조하고 그들이 공술한 말이 조준, 정도전에게 관련된 연후에 이들을 모두 함께 취조할 것이다."라고 하더니 정몽주가 피살되자 태종은 태조의 아우 화和와 함께 의논하고 공정왕恭靖王으로 하여금 왕에게 고하기를 "만일 정몽주의 일당을 문죄하지 않으려면 저희들을 벌할 것을 요청합니다."라고 하였다.

　왕이 부득이하여 대간을 검거하여 순군에 넘기고 말하기를 "지방에 귀양 보내면 될 것이니 반드시 문죄할 것이 없다."라고 하였다. 다음 날 양부兩府가 대궐에 들어가 그들을 취조할 것을 왕에게 요청하니 왕이 판삼사사判三司使 배극렴, 문하평리門下評理 김주에게 명하여 순군제조巡軍提調 김사형 등과 함께 그들을 치죄하게 하였다.

　대관臺官이 말하기를 "정몽주, 이색, 우현보 등이 이숭인, 이종학, 조호 등을 시켜 저희들에게 말하기를 '판문하判門下 이성계가 공로 있는 것을 믿고 국정을 마음대로 하고 있다가 지금 마상에서 떨어져 병이 위독하니 마땅히 먼저 그 협력자인 조준을 제거한 후라야 그를 처치할 수 있다.'고 하였습니다."라고 하였다. 이에 왕은 이숭인, 조호, 이종학 및 그의 아우 종신과 정몽주의 아우들인 예조판서 과過, 사재령 도蹈 및 그의 일당인 정우, 이당 등을 투옥하고 취조하니 그들은 모두 범죄를 자인하였다. 왕은 드디어 조준을 불러 오고 오사충, 남재, 조박을 돌아오게 하고 아울러 복직시켰으며 정도전, 남은, 윤소종을 용서하고 김진양, 이확, 이래, 이감, 권홍, 정희, 김묘, 서견, 이작, 이신, 이숭인, 조호, 이종학, 이종선, 정우, 정과, 정도, 이당 등을 먼 지방에 귀양 보내었다.

　이때 법관이 말하기를 "김진양 등은 그 죄상으로 보아 마땅히 베어야 합니다."라고 하니 태조가 말하기를 "나는 사람 죽이는 것을 좋아하지 않은 지 이미 오래다. 그리고 김진양 등은 정몽주의 사촉을 받았을 뿐인데 어찌 과중하게 벌할 수 있겠는가!"라고 하였다.

법관이 말하기를 "그렇다면 매를 단단히 때리는 것이 좋겠습니다."라고 하니 태조가 말하기를 "이미 용서하였는데 무슨 매를 때리겠는가."라고 하였다. 김진양 등은 이로 말미암아 벌을 모면하였다. 우현보의 손자 성범과 강회백의 아우 회계 등은 모두 왕의 사랑하는 사위들인 까닭에 우현보의 일당과 강회백은 모두 벌을 당하지 않았으며 류기 역시 병이 있는 이유로써 모면하였다. 또 이첨 및 대언 이사영을 지방에 귀양 보내었다. 태조의 휘하 류만수, 윤호, 황희석 등이 치죄할 것을 요청하니 왕이 이 의견을 좇아 김진양, 이확, 이숭인, 조호, 이종학, 이종선 등의 직첩을 빼앗았다.

대간이 번갈아 상소하기를 "김진양 도배는 흠집을 찾고 사건을 조작함으로써 화단을 일으킨 자들이므로 그 계획도 하루 동안만 한 것이 아니고 그 무리도 한 사람 뿐만 아닌데 이제 또 머뭇거리고 그대로 둔다면 저희들 생각에는 모든 사람들의 의혹이 풀릴 길이 없고 모든 사람의 마음이 안전할 길이 없을 것이니 따라서 사번과 간악한 행위들이 계속 발생할까 걱정입니다. 전하는 순군巡軍 만호부萬戶府를 시켜 김진양 등에 대하여 정상을 깊이 따져 본 다음 경중에 따라 그 죄를 밝히고 화근을 제거하기 바랍니다."라고 하니 왕이 명령하기를 "다시는 심문하지 말고 다만 이미 작성된 취조 기록에 근거하여 그 경중을 구분해서 보고하라."고 하였다. 그리하여 김진양을 곤장 백 개를 친 다음 먼 지방에 옮겨 유배하였더니 미구에 사망하였다.

원문: 高麗史 권 116, 열전 제 29

이두란의 첫 이름은 두란첩목아인데 여진 금패천호金牌千戶 아라불
화阿羅不花의 아들이다. 세전하는 관직을 이어 천호가 되었다. 공민왕
때에 이두란을 그의 백호보개百戶甫介를 보내어 100호를 거느리고 와
서 고려에 귀화하였으며 이어 북청주北青州에 거주하였다. 이두란은 태
조(이성계)를 섬겨 그 휘하에 속하였고 신우 때에 요심遼瀋 지방의 초적
草賊(초원의 도적) 40여 기騎가 단주端州(요령성에 있었던 주)를 침략하자 이두
란은 단주 상만호上萬戶 육려, 청주青州 상만호 황희석 등과 함께 서주
西州, 위해양衛海洋 등지까지 추격해 가서 그들의 괴수 6명을 베이니 나
머지 적들은 모두 도망하였다.

호발도胡拔都가 단주에 내침하니 단주 부만호副萬戶 금동불화가 그와
내통하여 재물로써 매수한 까닭에 후에 잡힌 것처럼 가장하였다. 그리
하여 육려, 황희석 등이 여러 번 싸웠으나 번번이 패배하였다. 이때 이
두란은 모친이 사망하였기에 청주青州(요령성에 있었던 주)에 있었던 바 태
조가 사람을 보내어 그를 불러 말하길 "나라 일이 급하므로 그대가 복
을 입고 집에 있을 수 없으니 상복을 벗고 나를 따르라."고 하니 이두란
은 곧 상복을 벗은 다음 엎드려 울면서 하늘에 고하고 활과 화살을 차
고 그를 따라서 떠났다.

길주평(만주에 있었던 길림 평원)에서 호발도와 만났으며 이두란이 선봉
이 되어 그와 싸웠으나 크게 패배해 돌아왔다. 태조가 이어 도착하니

호발도는 두꺼운 갑옷 세 벌을 입고 또 붉은 모포 옷을 껴입은 다음 검정 암말을 타고 간략한 진을 치고 기다리고 있었는데 내심으로 태조를 경시한 데서부터 병졸들은 남겨 두고 검을 빼어 들고 단신으로 달려 나왔다. 태조 역시 단신으로 검을 빼어 들고 달려 나아가 검을 휘둘러 서로 쳤으나 양편 검이 모두 언뜻 지나가고 맞히지 못하였다. 그러던 중 호발도가 미처 말을 다 잡지 못할 때 태조가 갑자기 말을 돌쳐 세우면서 활을 당겨 그의 등을 쏘았으나 갑옷이 두꺼워서 화살이 깊이 들어가지 않으므로 곧 다시 그 말을 쏘아 관통시키니 말이 거꾸러지고 사람이 떨어졌다.

태조가 다시 쏘려 할 때 그 휘하들이 다수 와서 같이 그를 구원하였고 아군도 왔다. 태조가 군사를 놓아 마구 무찌르니 호발도가 간신히 몸을 빼서 도망했다.

이때 판서 김세덕의 처 윤씨가 수 년 동안 과부로 지내면서 깨끗지 못한 행실이 있었으므로 그의 어머니가 그를 전 홍주洪州 목사 서의에게 개가시킨지 겨우 수일 지난 후에 윤씨가 서의를 미워하여 쫓아냈다. 사헌부가 그를 추궁하는 한편 나졸을 보내어 그 집을 지키고 있을 때 이인임 등은 윤씨에게서 후한 뇌물을 받고 그것을 그만두게 하려고 꾀한 끝에 '이두란은 누차에 걸쳐 변경 지키는 공로를 세운 사람이다.'라고 말하고 윤씨를 그에게 시집보냈다.

그는 예의판서로 임명되어 다시 태조를 따라 함주(심양 동북쪽에 있었던 지명) 토아동에 가서 왜적을 크게 무찌른 공로로 선력좌명공신宣力佐命功臣 칭호를 받고 밀직 부사로 임명되었다. 요동을 칠 때에는 태조를 따라 갔다가 회군해 오자 이내 상의동지 밀직사사 회의도감사商議同知密直司事 會議都監事가 되었다.

신창이 왕위에 오르자 그를 지사사知司事로 임명했으며 공양왕이 즉위한 후 그를 회군공에 기록한 다음 녹권과 전지를 주고 밀직사에 승진시켰다. 장사길과 함께 왜적을 서해도西海道에서 친 다음 지문하부사 등판 도평의사사사에 승진되었다. 이때로부터 이후 사적은 본조(이조)로 넘어간다.

원문: 高麗史 권 116, 열전 제 29

　심덕부의 자는 득지得之인데 영해부寧海府 청부현靑鳧縣(만주에 있었던 지명으로 추측됨) 사람이다. 아버지 용龍은 이조정랑吏曹正郎 벼슬을 지냈다. 심덕부는 충숙왕 말년에 음관으로 사온직장司醞直長, 동정同正을 지냈고 공민왕 때에 누차 이동하여 판위위시사判衛尉寺事로 되었다. 신우 초년에 우상시右常侍로 임명되었다가 예의禮儀 판서에 승진되었고 밀직부사密直副使, 상의회의 도감사商議會議都監事로 임명되었다. 서해도西海道 원수元帥로 나갔다가 밀직사사密直司事에 승진되었고 추성협찬공신호를 받았다. 조금 있다가 판밀직사사判密直司事로서 지문하사知門下事에 전임되었다가 다시 서해도 원수가 되어 나세 등과 함께 진포鎭浦에서 왜적을 격파하고 전승 보고를 나라에 올리니 신우가 그에게 상을 후하게 주었다. 얼마 후에 찬성사贊成事로 임명 받았다. 이때 중국에 사신을 파견하여 연중행사로서 공물을 전달하게 되었는데 심덕부에게 명령하여 평양부(요양시 궁장령구)에 내려가 공물을 검사하되 금이나 은을 가지고 가는 자를 금지하게 하였다. 때마침 압령관押領官 우견이 명령을 위반하였으므로 심덕부는 그의 목을 베어 매달았다.

　그 후 다시 동북면(연해주, 길림성, 흑룡강성 남부, 함경도 등) 상원수로 나갔을 때 북청, 함주(고려 때 요령성 철령 근방에 있었던 주)의 경계인 요외평要外平에서 왜적을 만나 선봉 50명을 죽였다. 왜적이 다시 단천에 침입하였을 때 심덕부는 그들과 접전하였으나 패배하였다. 왜적이 배 150척을 가지고 다시 함주, 홍원, 북청, 합란북哈蘭北 등지에 침입하여 인민을 모두 학살 포로하므로 심덕부는 지밀직 홍징, 밀직부사 안주, 청주靑州(고려 때 요령성에 있었던 주) 상만호上萬戶 황희석, 대호군大護軍 정승하 등과 함께 홍원의 대문령 북쪽에서 적과 싸웠다. 이때 여러 장수는 모두 패전하여 먼저 도망하였으나 심덕부만은 단신으로 적진에 돌입하였다가 창에 찔리어 마상에서 떨어졌다. 적이 재차 그를 찌르려고 할 때 심덕부의 부하 류가랑합이 달려들어 적을 쏘아 드디어 3명을 연거푸 죽이고 적의 말을 빼앗아 심덕부에게 주자 덕부는 계속 싸우면서 빠져나왔다. 이때 심덕부의 군대 역시 대패하고 적의 기세는 더욱 치열하였다. 이것을 안 우리 태조는 나가서 공격할 것을 왕에게 요청하고 함주(고려 때 심양 북쪽에 있었 던 주)에 도착하여 여러 장수들을 배치하였다.

그런데 병영 안 70보 쯤 되는 거리에 소나무가 있었다. 우리 태조는 군사들을 불러 말하기를 "내가 몇 번째 가지에 있는 몇 번째 솔방울을 쏠 터이니 너희들은 구경하라."고 하고 즉시 류엽전柳葉箭(화살의 일종)으로 그것을 쏘아서 일곱 번에 전부 말한 대로 맞히니 전 부대가 모두 날뛰며 환호를 올렸다.

다음 날 적이 주둔하고 있는 토아동兎兒洞으로 곧바로 향하여 골짜기의 좌우측에 복병시켰다. 이때 적들이 먼저 골짜기의 양쪽 산을 차지하고 있다가 멀리서 나는 나팔 소리를 듣고 깜짝 놀라서 말하기를 "이는 이성계의 차거라碑磲螺(소라로 만든 나팔)다."라고 하였다.

우리 태조는 상호군 이두란, 산원散員 고려, 판위위사사 조영규, 안종검, 한나해, 김천, 최경, 이현경, 하석주, 이유, 전세, 한사우, 이도경 등 100여 명의 기마병을 인솔한 다음 말고삐를 잡고 유유히 행진하여 그 사이를 통과하니 적들은 그 소수의 군사가 천천히 걷는 것을 보고 그들의 속을 이해할 수 없어서 감히 맞받아 나오지 못하고 동쪽에 있던 적이 서쪽에 있는 적과 합쳐서 한 개 진지를 만들었다.

우리 태조는 동쪽 적들이 있던 장소에 올라가 걸상에 앉고 군사를 시켜 말안장을 벗기고 말을 쉬게 하였다. 얼마 후에 말을 타려는데 거기서 100보쯤 되는 곳에 마른 둥치(이걸 과녁으로 삼음)가 있었다. 우리 태조는 활을 연달아 세 번 쏴서 모두가 보는 데서 맞히니 적들은 서로 돌아보면서 놀라 탄복하였다.

태조가 군사 중에서 왜국 말을 아는 자를 시켜 적들을 불러 말하기를 "지금 우리의 총 지휘관은 다름 아닌 이성계 만호萬戶이다. 너희들은 속히 항복해야지 만일 그렇지 않다가는 후회하여도 할 수 없을 것이다."라고 하니 적의 괴수가 대답하기를 "명령대로 하겠습니다."하고 방금 저희 부하들과 항복할 것을 의논하였으나 결정하지 못하였다.

이때 태조는 말하기를 "마땅히 그들의 맥이 풀린 때를 타서 공격해야하겠다."라고 한 다음 이내 말을 타고 이두란, 고려, 조영규 등으로 하여금 그들을 잡아 오게 하였더니 적의 선봉 수백 명이 추격해 왔다. 태조는 거짓 패주하는 척하면서 스스로 후군이 되어 자기 군대들이 매복해 있는 데 들어갔다가 이어 군사를 돌쳐 직접 사격을 가하니 적 20여 명이 모두 활시위 소리를 따라 쓰러졌다. 이두란, 안종검 등과 함께 이를 다그치자 복병들도 또 발맞추어 일어났다. 이때 태조는 사병들의 앞장에 서서 단신으로 적의 후방을 충돌한 바 닿는 곳마다 적이 막 쓰러졌으며 서너 너덧 번 들고 나고 하면서 직접 죽인 적의 수효를 이루 셀 수 없었다. 활에 맞기만 하면 겹으로 된 갑옷도 꿰뚫었으며 더러는 한 개 화살에 사람과 말이 함께 꿰뚫린 것도 있었다. 적들은 궤멸되어 도망치고 아군은 이 기회를 타서 더욱 공격하였다. 함성은 천지가 떠나갈 듯하였고 적의 시체는 들판에 너저분하여 냇물을 막을 정도였는데 한 명도 빠져 나간 자가 없었다. 이 전투에서 여진군이 승세를 타서 왜적을 마구 쳐 죽이었다.

태조는 그들에게 군령을 내리기를 "적이라도 궁지에 빠진 것이 가긍하니 죽이지 말고 생포하라."고 하였다. 남은 적들이 천불산에 들어간 것을 모두 생포하였다.

신우가 요동을 공격할 때 심덕부는 서경 도원수西京都元帥로 갔다가 태조(이성계)를 따라 회군하고 신창이 왕위에 오르자 그를 판삼사사判三司使로 임명하였다. 태조는 심덕부, 지용기, 정몽주, 설장수, 성석린, 조준, 박위, 정도전 등과 함께 의논하기를 "신우와 신창은 본래 왕씨가 아니므로 왕위를 계승할 수 없으며 또 중국의 지시도 있는 만큼 가짜 왕씨를 그만두게 하고 진짜 왕씨를 세워야 한다."라 하고 정비定妃의 교시대로 신창을 강화에 내쫓고 정창부원군定昌府院君 왕요瑤를 맞아 세우니 이가 공양왕이었다.

공양왕이 즉위한 날 저녁에 왕의 사위 강회계의 아버지 강시가 궁중에 들어가 왕에게 말하기를 "여러 장수와 재상들이 전하를 세운 것은 다만 자신들의 화를 모면하려는 것이고 왕씨를 위한 것은 아니니 전하는 아예 그들을 꼭 믿지 말고 자신을 보전할 길을 생각하시기 바랍니다."라고 하였다. 왕의 사위 우성범이 왕의 곁에 있다가 이 말을 듣고 그 어머니 윤씨에게 이야기하였다. 윤씨의 사촌 오빠 윤소종은 이 말을 얻어 듣자 그것을 9공신功臣들에게 알렸다.

9공신들이 왕에게 말하기를 "전하께서 겨우 즉위하자마자 훼방하는 말이 갑자기 들어온 데 대하여 저희들은 죄송스럽기 그지없습니다. 전하께서 만일 훼방하는 말을 믿으신다면 즉시로 저희들에게 벌을 내리시고 만일 저희들이 가짜 왕씨를 몰아내고 진짜 왕씨를 다시 세운 것이 국가에 유공하다고 생각하신다면 훼방하는 사람을 벌함으로써 상하 간에 간격이 없게 하여 주실 것을 요청합니다."라고 하니 왕이 근신들을 돌아보고 말없이 있었으며 9공신은 한참 동안 머리를 숙이고 있다가 물러갔다.

얼마 후에 왕은 심덕부에게 충근양절협찬좌명공신 칭호를 주고 벽상삼한삼중대광壁上三韓三重大匡, 문하시중門下侍中, 판도평의사사判都評議使司, 이조 상서사사, 영 효사관사領 孝思觀事 겸 팔위상호군八衛上護軍, 영 경연사領 經筵事로 임명하였으며 청성군 충의백靑城郡 忠義伯으로 봉하고 중흥공신中興功臣 녹권錄券을 주었는데 그 교서에

"덕 있는 자는 벼슬을 주어 우대하고 공 있는 자는 상을 주어 장려하는 것은 예로부터 제정된 규례가 있다. 그대는 뜻 세움이 충근하고 몸가짐이 염결하며 진퇴 거취를 시세에 알맞게 하고 군사 기무에 응변 선처하므로 그대의 지시라면 모든 사람이 즐겨 복종한다. 그리하여 모든 장수들을 위험과 의아 속에서 깨우쳐 주었고 대부대의 군사를 험난한 환경 가운데서 돌쳐 세울 수 있었으며 마침내 억센 간신들로 하여금 그 망녕된 계획을 좌절시켰고 중국과 우호 관계를 회복하게 하였다. 윤승순이 북경에서 돌아올 때에 명 태조는 우리나라에서 왕위의 대수가 끊어졌다 해서 딴 성을 왕씨로 가장하여 세웠으니 이것은 역시 삼한을 대대로 지켜 갈 훌륭한 계책이 아니라고 책망하였다. 이때에 수문하시중 이성계는 그대와 함께 의논한 다음 대의를 쫓고 일신을 잊어버림으로써 큰 계획을 앉아서 결정하니 천의가 있는 곳에 인심 역시 따르는지라 국내가 놀라지 않고 무력을 쓰지 않고도 이성異姓의 화가 하루도 못 되는 동안에 제거되었다. 이리하여 나라의 기초는 기울어졌다가 다시 바로잡히고 왕씨의 제향은 끊어졌다가 다시 이어졌으니 옛적 진평, 주발이 류씨의 한 나라를 안정시킨 것

과 적인걸狄仁傑, 장구령이 이씨의 당 나라를 회복한 것 등은 비록 그 시대와 정세는 오늘의 그것과 다르다 할지라도 그 지향과 기절은 서로 공통됨을 알 수 있다. 그대의 공훈은 국가에 있고 혜택은 생민에게 미치었다. 나는 그대의 덕으로 왕업을 이루었으므로 그대의 커다란 공적을 높이 평가하노라. 상경에 승진시켜 은전을 극진히 베풀고 종묘에 고하고 산하를 들어 맹세한다. 공신각을 세워 화상을 그리며 비석을 새겨 공을 칭송하겠다. 조상은 3대를 추존하고 자손은 범죄를 영원히 용서하겠다. 전지를 주고 이에 노비를 더 붙인다. 그리고 은 한 덩이와 말 한 필을 준다. 그대는 영원히 그대의 마음을 성실히 하여 나의 덕을 보좌하라.”

고 하였다.

왕이 장차 장단長湍에 나아가 전함戰艦을 보려 할 때 간관들이 상소하여 그것을 그만두도록 간하니 왕이 심덕부에게 사람을 보내어 묻기를 “오늘 계획했던 일을 장차 어떻게 해야 하겠는가!”라고 하였다.

심덕부는 대답하기를 “국왕의 동정은 간관이 능히 정지시킬 수 없습니다.”라고 하였다. 그리하여 왕은 가기로 결의하였으나 간관들은 그래도 물러가지 않았고 성석린이 직접 들어가 말하기를 “간관의 말을 거절할 수 없습니다.”라고 하니 왕이 부득이 이 제의를 좇았다. 또 교시를 내려 회군한 군공을 등록하고 밭을 주었다.

서경천호西京千戶 윤귀택이 태조에게 고하기를 “김종연이 시중 심덕부, 판삼사 지용기 등과 공모하고 장차 당신을 해치려 하고 있다.”라고 하였고 판선공사判 繕工事 조유가 또 말하기를 “심시중이 그 진무鎭撫인 전밀직 부사 조언, 곽선, 전 판서 김조부, 전 판사 위충, 장익 등을 시켜 저裕들과 함께 휘하 병졸을 강요하여 당신을 해치려 하고 있습니다.”라고 하였다.

태조가 이 말을 심덕부에게 은근히 전하였는 바 조유는 심덕부의 조카벌 되는 자이며 또 그 휘하에 있는 진무鎭撫였다. 그리하여 심덕부가 노하여 조유를 옥에 가두었다. 이 말은 김 종언의 전기에 실려 있다.

우리 태조가 왕에게 말하기를 "저와 심덕부는 한 마음으로 나라를 받들고 있고 본래부터 서로 시기하는 생각이 없었으므로 조유의 말은 반드시 허망한 것이니 이를 취조하지 마시고 우리 두 신하로 하여금 끝까지 보전하게 하여 주시기 바랍니다."라고 하니 왕이 장차 그를 석방하려 하였다. 심덕부가 이 소식을 듣고 깜짝 놀라 울면서 왕에게 요청하기를 "조유의 말이 저에게 관련되어 있는 이상 이제 만일 이를 불문에 붙이신다면 제가 그 모략에 참여하지 않았다는 것을 어떻게 변백하겠습니까? 조유와 저를 한 자리에서 심문하여 주시기 바랍니다."라고 하였다.

왕이 심덕부를 불러들이려 하였으나 심덕부는 돌아보지도 않고 걸어서 순군옥에 가서 구금해 달라고 자청하였다. 왕이 지신사知申事 민개를 시켜 심덕부를 부르니 심덕부는 그제야 왕에게 나아가 사례하였다. 왕이 조유를 석방하라고 명령하니 사헌부가 왕에게 상소하여 조유와 윤귀택을 대질시킬 것을 요청하였다. 그리하여 왕은 평리評理 박위에게 명령하여 간관들과 같이 취조하게 하였다. 조유가 처음에는 불복하므로 박위는 윤귀택을 먼저 고문하려 하니 집의執義 류연현이 말하기를 "고발한 자를 먼저 취조하는 것은 무슨 이유인가!"라고 하였다. 박위가 무안해서 잠자코 있다가 곧 조유를 고문한 후 그를 교형에 처하고 그 가산을 몰수하였다.

사헌부가 또 심덕부를 추궁하였으며 왕은 마침내 조언, 곽선, 김조부, 위충, 장익 등을 가두었다가 다 같이 곤장 100대씩 친 다음 먼 곳에 귀양 보냈으며 심덕부를 파직시키고 또한 지용기 등을 귀양 보냈다.
　간관들이 번갈아 왕에게 글을 올리기를

　　"심덕부는 나라의 수상이 되자 곧 조유, 김조부 등 간악한 무리
　로 하여금 병권을 장악시켜 화근을 조성해 놓고 이제 와서는 조
　유의 죄를 엄폐하려는 수단으로 경솔하게 자진 투옥됨으로써 세
　인의 조소를 쌓을 뿐만 아니라 지어는 판결한 명령에도 복종하지
　않고 여러 날 동안 군사를 끼고 놓지 않으니 신하로서 지켜야 할
　예법이라고는 찾아 볼 수 없습니다. 지금 그의 부하들은 모두 이
　미 형을 받았는데 심덕부만은 아직까지도 서울 안에 있으므로 사
　람들이 모두 이를 의아해 하고 꺼리므로 어떤 화가 발생할는지
　예측할 수 없으니 전하는 그를 먼 곳에 추방함으로써 나라 사람
　들의 의문을 없애고 화란의 발생을 예방하기 바랍니다."

라고 하였다. 그들은 이렇게 글을 올린 다음 연일 대궐 뜰에 엎드려 간
곡히 요청하니 왕은 드디어 심덕부를 토산兎山에 귀양 보냈다. 다음 해
에 그를 등용하여 청성군 충의백으로 봉하고 다시 시중으로 임명하였
으며 세자를 따라 북경으로 가게 하니 간관이 심 덕부는 죄를 지은 지
오래지 않다 해서 왕에게 상소하여 그것을 중지시키려 하였으나 왕은
이 제의를 듣지 않을 뿐만 아니라 안사공신安社功臣 칭호를 더 주었다.
　심덕부는 그 후 수시중守侍中 배극렴 등과 함께 왕에게 상소하여 여
러 도 관찰사를 폐지하고 안렴사按廉使로 복구하며 절제사節制使 경력
經歷, 도사都事를 폐지하고 장무掌務, 녹사錄事로 복구하며 새로 정한 감
무監務, 여러 역의 역승驛丞, 여러 도의 유학儒學 교수관教授官, 자섬저화
고資贍楮貨庫, 인물추판도감人物推辨都監, 동서체운소東西遞運所의 수참水

站 및 호구戶口 등록成簿, 우마牛馬의 낙인烙印, 각 고을의 향鄕, 사社, 리里 등의 장長에 관한 법령 등을 폐지할 것 또는 여러 기관에서 상부의 비준을 받을 때에는 모두 정부都堂에 직접 보고하게 하고 6조에는 예속시키지 말게 할 것을 요청하였다. 그는 얼마 후에 사직하였다가 판문하부사判門下府使로 전임되었다. 이때로부터 이후 사적은 본조(이조)로 넘어간다.

원문: 高麗史 권 제114, 열전 제27

양백연은 성질이 민첩하고 몸치장하기를 좋아하였으며 재물을 탐하고 색을 좋아하였다. 공민왕 때에 여러 관직을 거쳐 판각문사判閣門事로 되었다. 판밀직사사判密直司事 신귀辛貴의 처 강康씨를 간통하였는데 강씨는 찬성贊成 강윤성의 딸이다. 헌사憲司에서 탄핵하여 철직시키고 금고형에 처하였다. 후에 상호군上戶軍이 되어 최영을 따라 흥왕사 사변을 평정하고 1등 공으로 등록되었다. 벼슬이 빨리 올라가서 밀직부사密直副使로 되었다가 다음에 판 밀직사사判密直司事로 승진되었다. 서북면 원수로 되어 외직으로 나가서 왜적과 선주宣州(고려 때 북계의 한주인데 중국역사지도집에 현 의주를 나타냄)에서 싸워 50여 명을 무찌르고 또 우리 태조를 따라 동녕부東寧府(요양에 행정부가 있었다. 고려의 영토였고 거란이 점령하여 통치한 적이 있다) 전투에 참가하였다.

신우 초기에 문하평리門下評理로 임명되었다. 이때 변방에서 보고하기를 "심왕瀋王(원나라 때 고려의 영토 중 현재의 요령성을 중심으로 한 만주 지역을 통치케 한 왕)이 반역자 김의를 데리고 온다."라고 하였다. 양백연이 안주安州(고려의 영토로 요하(압록수) 서쪽에 있었던 주, 안북부의 행정중심지) 상원수上元帥로 되어 여러 장군들과 함께 가서 수비하였다. 요심(요양과 심양)의 난민 오련, 이영보, 최노개 등이 우리나라 군대가 모두 왜적을 방어하러 가고 북방은 텅 비었다는 소문을 듣고 마침내 백여 명을 거느리고 강을 건너 침입하였던 것이다. 양백연이 오련 등 40여 명을 잡아 죽이고 최노개를 포로하여 바쳤다. 이때 압록강(고려의 압록강은 요하를 말함) 이북에서 빈번히 약탈 사건이 발생하여 나라에서는 그것을 김의가 호병胡兵을 몰고 온 것이라고 의심하였더니 이때에 와서 비로소 심왕의 군대가 아니고 난민이라는 것을 알게 되었다. 이어 찬성사로 승진하여 정방제조政房提調로 되었다. 이때 왜적이 각지를 휩쓸고 있었으므로 한방언, 김용휘, 경의를 양광, 전라, 경상도 조전원수助戰元帥로 임명하고 양백연을 독전督戰 책임자로, 지밀직사사知密直司事 홍인계를 부책임자로 임명하였다. 민간에서 양백연 등이 온다는 소문을 듣고 말하기를 "차라리 왜적을 만날지언정 원수元帥를 만나지 말아야 한다."라고 하였다. 왜적의 기병 7백과 보병 2천이 진주를 침범하였으므로 양백연은 경상도 상원수 우인렬, 도순문사都巡問使 배극렴, 한방언, 김용휘, 경의, 홍인계 등과 함께 반성현班城縣에서 싸워 적을 대파하여 13명을 죽였으며 그 잔당은 모두 산중으로 도망쳤다. 판사判事 김남귀, 중랑장 전오돈을 보내어 전승을 보고하니 신우가 기뻐하여 김남귀 등에게 각각 은 50냥을 주었다. 전오돈은 공이 없다 하여 받지 않았다.

도당都堂에서 말하기를 "임금이 주는 것을 사양하는 것은 옳지 않다."라고 하자 전오돈은 말하기를 "그렇다면 이미 내 물건이 되었으니 청컨대 도당에 바치겠다."라고 하였다. 당시의 여론이 이것을 좋게 평가하였다. 양백연에게는 금 50냥과 비단 안마按馬 및 궁중 술을, 우인렬 등 6인에게는 각기 은 50냥과 비단 및 궁중 술을 주었다. 양백연이 돌아오자 양부에 명령하여 천수사天壽寺에서 환영하게 하였다. 양백연은 공은 보잘 것 없는데 상이 후하다 하여 주는 금을 사양하였다.

왕이 듣지 않고 말하기를 "상이 오히려 그 공에 상응하지 못하다."라고 하면서 다시 도당에 명령하여 위로연을 가지게 하였다. 양백연이 공을 믿고 매우 교만하여 자긍하였다. 이인임, 임견미 등이 그를 밉게 보고 헌사憲司를 사촉하여 양백연이 몰래 처제를 간통한 것, 또 전 판사 이인수의 첩을 빼낸 것, 또 밤에 기병 수십 기를 보내어 죽은 밀직 성대용의 어머니 집을 포위하고 성대용의 별실로서 여승이 되어 절개를 지키는 여성을 강간한 것 등 사건을 규탄하게 하였다. 마침내 관직을 박탈하고 합주陜州(합천)로 귀양 보냈다. 이 날 저녁에 환자 임보와 한진이 왕의 명령이라고 기만하여 양백연을 소환하였는데 심부름꾼이 순찰관에게 체포되었다.

최영이 왕에게 말하기를 "상호군 전천길이 일찍이 나에게 말하기를 '양백연이 두 시중을 모해하고 자기가 수상이 되려 한다.'라고 하였으니 그 당파를 문초하여 처벌하기 바랍니다."라고 하였다. 왕이 최영, 박보로, 이원광, 장하, 양백익, 도흥 등에게 명령하여 대성 전법 기관들이 순군과 합동하여 문초하게 하였다.

이에 있어 전천길, 한진, 임보는 모두 자복하기를 "양백연이 자기는 좌시중이 되고 최영을 수시중으로 삼고 성석린에게 대사헌大司憲을 겸임시키고 임보는 반주班主로 임명하려 하였다."고 하였다. 오직 김도만은 불복하여 고문을 받고 세 번이나 기절하였다가 소생하였다.

이리하여 밤이 깊을 때까지 고문한 끝에 말하기를 "전천길 등과 모의하였다."라고 하였다. 다시 전천길을 신문하는 데서 성석린 및 지문하知門下 윤승순, 판밀직사사 김용휘, 동지 밀직사사 류만수 등이 연좌하게 되었으므로 곧 4인을 옥에 가두었다.

이때 신우가 최영에게 말하기를 "아래 사람들의 망녕된 말을 듣고 여러 재상들을 잘못 처치하지 말라."고 하였다. 양백연의 아우 삼사좌윤三司左尹 중연仲淵, 상호군 계연季淵, 밀직부사密直副使 자연子淵 및 그 친구 밀직부사密直副使 임의, 신렴, 전법판서典法判書 안득희, 판사判事 김남귀, 조숙경, 이귀, 전직문하前直門下 홍림, 전소부윤前小府尹 조회보 등을 신문하는 과정에서 홍중선도 연루되었다. 판도판서版圖判書 표덕린과 전법판서典法判書 류번을 보내어 양계연, 한진, 김남귀, 홍림, 임보, 조숙경을 죽여 목을 거리에 내걸고 양백연, 홍중선, 김도, 한진의 가산을 몰수하여 그 자녀를 노비로 만들었다. 성석린, 윤승순, 류만수, 임의, 이귀, 조희보를 등차 있게 장을 쳐서 수졸戍卒로 귀양 보냈다. 양자연, 양중연, 신렴, 안득희는 고향으로 추방하였다. 전천길은 옥중에서 죽었다. 김용휘는 양백연의 처형인 바 일찍이 백연과 전민田民을 다투어 틈이 있었으므로 최영 등이 사건에 참여하지 않았을 줄로 인정하고 묻지 않고 석방하였다. 최영이 이 사건을 처리함에 있어서 형이 과중한 것을 세상에서 억울하게 여기었다.

원문: 高麗史 권 제114, 열전 제27

전이도는 공민왕이 원나라에 가 숙위할 때에 따라 갔었다. 왕이 즉위하여 우리나라로 돌아오자 낭장郎將 벼슬을 수여받고 시종한 공로로 1등으로 등록되었다. 의성창사義成倉使로 임명되었을 때 왕이 광명사廣明寺에 가서 중들에게 주는 음식을 원만히 제공하지 못하였다 하여 매를 쳐서 파면하였다가 이윽고 복직시켰다.

후에 예부시랑禮部侍郎으로서 경상도慶尙道 진제사賑濟使로 갔다가 돌아와서 왕에게 제의하기를 "수령은 그 직무가 백성을 다스리는 데 있으니만큼 참으로 적임자가 아니면 백성이 반드시 폐해를 받게 됩니다. 선왕들은 그런 줄을 알기 때문에 수령은 반드시 과거에 급제한 선비들을 채용하였습니다. 지금 감무監務와 현령縣令들은 모두 관속 출신이어서 백성에 대한 약탈과 착취가 이루 헤아릴 수 없습니다. 어찌 농사를 장려하며 정치와 교육 사업을 잘 하기를 바랄 수 있겠습니까. 제가 의성현을 순시한즉 그 곳에 낡은 제방이 있어 만일 언제(저수지 둑)를 더 높이 쌓으면 아무리 심한 한발이라도 관개할 수 있을 것을 현령이 수축하지 않았으므로 제가 분부를 받아 이미 그를 매를 쳤습니다. 바라건대 이제부터 전체 수령은 선비들에 한하여 채용하기 바랍니다."라고 하였다. 왕이 동의하였으나 마침내 실행되지 못하였다. 여러 관직을 거쳐 판전농시사判典農寺事로 되었다.

왕이 남쪽으로 복주福州에 갔을 때 전이도는 호종하여 왕의 명령으로 홍주도洪州道에서 군대를 모집하였으며 또 모든 장수를 따라 경성을 수복하였다. 호종수복 공으로 모두 녹권錄券을 주었다. 삼선삼개三善三介가 동북면(연해주, 함경도, 길림성 등)에 침입하였을 때 전이도는 지병마사知兵馬使로 되어 도지휘사都指揮使 한방신을 따라 이것을 방어하였다. 그때 전이도는 군대 6천을 거느리고 홀면忽面을 수비하였는데 홀면은 산골 험악한 곳이어서 군량 수송이 곤란한 탓으로 누차 삼관山關으로 물러서서 수비할 것을 청하였으나 한 방신은 조정의 명령에 위반될 것을 염려하여 듣지 않았다. 삼선삼개三善三介가 홀면忽面에 접근하자 전이도는 싸우지 않고 도망쳤으나 이때 덕흥군德興君의 군대가 이미 선주宣州(중국역사지도집에는 의주를 나타내고 있지만 미지임)를 점령하고 있어 동북면 경계와 령嶺 하나를 사이에 둘 뿐이었다. 만일 령을 넘어 오면 홀면忽面은 벌써 적의 후방으로 될 형편이었기 때문에 한방신은 전이도가 패주한 데 대하여 추궁하지 않고 삼관을 지키게 하였다. 삼선삼개가 또 삼관에 접근하자 전이도는 수비하지 못 하였으며 이리하여 화주和州(고려 시대 만주에 있었던 주) 이북은 함몰되었다. 삼선삼개가 물러가자 한방신은 다시 전이도에게 홀면을 수비하게 하였는 바 전이도는 이것을 불안하게 생각하였다. 전이도는 성질이 편협하고 성급하였다. 언제나 남에게 말하기를 "삼선삼개三善三介가 깊이 들어 온 것은 주장主將이 물러섰기 때문이었다. 나는 국가를 위하여 홀면忽面을 사수하려 하였으나 주장의 통제를 위반할 수 없어 삼관으로 물러서서 수비하였으므로 적에게 기회를 준 것이다."라고 하였다.

감찰사監察司에서 이 말을 듣고 한방신의 죄를 문초하려 하자 왕이 감찰대부監察大夫 최재를 불러 한방시에게 죄가 없다는 것을 타일렀으므로 일이 침식되었다.

원문: 高麗史 권 제103, 열전 제16
[김문연金文衍, 김병의 기사 첨부]

김취려는 언양彦陽 사람이니 아버지 부富는 예부시랑禮部侍郎이었다. 김취려는 문음으로 정위正尉에 임관되었다가 선발되어 동궁위東宮衛로 등용되었다. 여러 번 승직되어 장군將軍으로 임명되어 동북계東北界를 진수하고 대장군大將軍으로 등용되었다. 강종 때에 변경 요새 지대를 순무巡撫하였는데 변경 주민들이 그를 경애하였다. 고종 3년에 거란의 유족인 금산왕자金山王子와 금시왕자金始王子가 하河, 삭朔 지방에 압력을 가하면서 대료수국왕大遼收國王이라고 자칭하고 천성天成이란 연호를 썼는데 몽고가 대 병력으로 그를 토벌하였다. 두 왕자가 근거지를 버리고 동으로 와서 금나라 군대 3만 명과 개주관開州館에서 교전하였는데 금나라 군대가 승전하지 못하고 대부영大夫營으로 퇴각하여 방어하고 있었다.

두 왕자가 또 진공하면서 사람을 보내어 우리 북계北界 병마사에게 통고하기를 "당신네가 식량을 보내어 우리를 방조하지 않으면 우리는 꼭 너희 강토를 점령할 것이다. 우리가 며칠 후에 황색 깃발(黃旗: 황제 노릇한다는 뜻)을 올릴 것이니 너희들은 그 곳으로 와서 황제의 명령을 들으라. 만약 오지 않으면 너희들에게 군사 행동을 취할 것이다."라고 하였다. 지정한 날에 이르러 과연 황색 깃발이 올랐으나 병마사는 가지 않았다. 이튿날 금산이 부하 장수 아아걸노로 하여금 군사 수만 명을 거느리고 압록강(고려 때 압록강은 요하를 말함)을 건너 와서 녕삭寧朔(녕주와 삭

주: 요령성에 있었던 주) 등 진鎭을 공격하며 성 밖에 있는 주민들의 재물과 곡물이며 가축 등을 약탈하여 갔으며 또 그 이튿날에는 의주義州, 정주靜州, 삭주朔州, 창주昌州, 운주雲州, 연주燕州 등 고을과 선덕진宣德鎭, 정융진定戎鎭, 녕삭진寧朔鎭 등 각 진에 침입하였는데 그들은 모두 처자를 데리고 왔으며 산과 들로 돌아다니면서 마음대로 알곡을 거두고 마소牛馬를 잡아먹으면서 한 달 이상 살다가 먹을 것이 없어지자 운중도雲中道로 옮겨 들어왔다. 이에 상장군上將軍 노원순을 중군 병마사兵馬使로, 지어사대사知御史臺事 백수정을 지병마사知兵馬使로, 좌 간의대부左 諫議大夫 김은주를 부사副使로, 상장군上將軍 오응부를 우군右軍 병마사兵馬使로, 최종준을 지병마사知兵馬使로, 시랑侍郎 유세겸을 부사副使로, 취려를 후군後軍 병마사兵馬使로, 최정화를 지병마사로, 진숙을 부사副使로 각각 임명하여 13령領의 군사와 신기군神騎軍(기마병)을 통솔케 하였다.

지역 연구: 의주義州(요하 서쪽의 의현), 정주靜州, 삭주朔州, 창주昌州, 운주雲州, 연주燕州는 모두 요령성 지역에 있었던 지명들임.

3군이 출발하여 조양진朝陽鎭(현재의 조양시는 요하 서쪽에 있음)에 이르니 조양 사람들이 "적군이 이미 접근하였다."고 보고하였다. 3군에서 각각 별초別抄 백 명과 신기군神騎軍 40명씩 보냈는데 아이천阿爾川 가에 이르러 적과 교전하여 관군이 약간 퇴각하였다. 신기神騎 낭장郎長 정순우가 적진에 돌입하여 독기纛旗(꿩의 꽁지를 단 큰 기)를 가진 놈을 쳐서 쓰러뜨리니 적진에 혼란이 생겼다. 이 틈을 타서 적 80여 명을 죽이고 20여 명을 포로하였는데 그 중에는 양수척楊水尺(신분이 천한 백정) 일명도 있었으며 마소牛馬 100필과 병부, 관인, 기타 기계 병장기 등의 노획이 대단히 많았다. 이번 공로로 인하여 조정에서는 정순우를 장군으로 승진시켰다.

　3군이 또 다시 연주連州(요령성에 있었던 지명) 동동東洞(동주洞州의 동쪽 지역, 절령은 동주洞州에 속한다)에서 적과 싸워 백여 명을 죽였는데 또 적 3백여 명이 구주龜州(요녕성에 있었던 주) 직동촌直東村으로 와서 있었으므로 군후

그림1 절령은 풍성시와 연산관 사이에 있는 분수령이다. 절령 주변 지역이 고려 때 동주洞州이다.

원군侯員 오응유가 보병 3,500명을 데리고 비밀히 행동하여 적을 기습하였는데 산원散員 함홍재, 견국보, 이직과 교위校尉 임종비 등이 적병 250여 명을 죽이고 3천여 명을 포로하였으며 소, 말, 전투 기재, 은첩銀牒, 동인銅印 등 많은 노획물을 얻었다.

3군이 구주龜州 삼기역三崎驛 전투에서 2일간 싸워 적 210여 명을 죽이고 39명을 포로하였으며 장군 이양승은 장흥역長興驛: 요령성 북쪽 지역으로 추정)에서 또 적을 격파하니 적군이 창주昌州(요령성의 한 지역)로부터 연주延州의 개평역開平驛, 원림역原林으로 이동하였는데 그들이 종일 연락부절하였다. 관군이 신기장神騎長을 보내어 적을 추격하여 신리新里에서 적을 만나 190명을 죽였다. 관군 전체가 연주 방면으로 계속 전진하여 광유光裕, 연수延壽, 주저周底, 광세光世, 군제君悌, 조웅趙雄 등 여섯 장군으로 사자암獅子岩을 수비하게 하고 영린永麟, 적부適夫, 문비文備 등 제 장군으로 양주楊州를 방위하게 하였다. 이튿날 아홉 장군들이 힘을 합하여 조종수朝宗戍에서 적과 싸워 760여 명을 살해 또는 포로하고 말, 노새, 소와 패牌, 인장, 병장기 등을 다수 노획하였다.

적은 다시 분산 작전을 하지 못하고 개평역開平驛에 군력을 집결하였는데 3군이 더 전진하지 못하였다. 우군은 서산西山 기슭에 자리잡고 있었고 중군은 평지에서 적의 공격을 받고 약간 퇴각하여 독산獨山에 둔취하였다. 그런데 김취려가 칼을 빼들고 장군 기존정奇存靖과 함께 말을 몰아 적의 포위망을 충격하여 드나들면서 맹렬히 공격하니 적병이 흩어졌다. 적을 추격하여 개평역을 지나자 역 북편에 매복하였던 적이 중군을 급격히 공격하였다. 김취려가 반격하니 적들이 또 붕괴하였다.

그날 밤에 노원순이 김취려에게 말하기를 "적은 다수요 우리는 소수일 뿐만 아니라 우군右軍도 아직 도착하지 않은 형편이며 출발할 때 3일분의 식량 밖에 가지지 못한 것을 이미 다 먹었으니 연주성으로 후퇴하여 후방의 원조를 기다리는 것이 좋지 않겠는가?"라고 하였다. 그러나 김취려는 "아군이 누차 승리하여 투지가 오히려 아양 중에 있으니 이 기세로서 한 번 싸운 후에 다시 의논하자."고 대답하였다.

적병은 묵장 벌(野)에서 포진하고 있었는데 기세가 대단히 성하였다. 노원순은 김취려를 급히 불렀다. 그리고 흑색 깃발을 휘둘러 신호하니 장병들 전체가 적의 칼날을 무릅쓰고 앞을 다투며 공격하였는데 모두 한 사람이 백 명씩 당하였다. 김취려가 문비와 함께 적진을 가로 잘라 놓으니 돌진하는 곳마다 적병이 막 쓰러졌으며 세 번 싸워 세 번 다 승리하였다. 그러나 이 격전에서 김취려의 장자가 전사하였다.

적들이 향산香山으로 쫓겨 가서 보현사를 불살랐다. 관군이 계속 적을 추격하여 적을 죽이고 생포한 총수가 2,400여 명이였으며 남강南江에 빠져 죽은 적병의 수효도 역시 천 명 이상에 달하였다. 나머지 적들은 밤에 창주昌州(요녕성에 있었던 주)로 도망갔는데 부녀들과 어린 아이들을 길가에 내버리고 갔으므로 그들의 울음소리가 마치 수만 마리의 소가 일시에 우는 듯하였다.

적군 한 사람이 무기를 버리고 자기는 관원이라 자칭하면서 바로 김취려의 앞으로 와서 하는 말이 "우리들이 귀국 변방을 소란하게 한 것은 물론 죄로 된다. 그러나 여자와 어린 아이들이야 무슨 죄가 있겠는가? 그들을 모조리 죽이는 일이 없기를 바란다. 그리고 나를 박해하지 말기를 바랍니다. 그러면 오래지 않아 우리가 스스로 물러갈 것이다."라고 하였다.

김취려가 그 자에게 "네 말을 어떻게 신용하겠는가?"라고 말하고 술을 주니 유쾌하게 마시고 갔었다. 조금 후에 아아걸노가 공문을 보내고 애걸하였는데 아까 그 자가 말한 바와 같이 요청하여 왔다. 3군이 각각 2,000명 씩 파견하여 퇴각하는 적의 뒤를 밟아 가면서 보았는데 적이 버린 물자, 식량, 병장기 등이 길가에 흐트러져 있고 소와 말은 허리를 찍거나 엉덩이를 찔러서 버려두었다. 아마도 그것을 가져가도 다시 쓰지 못하게 만든 것일 것이다.

파견한 6천 명의 아군이 청새진淸塞鎭에서 적과 싸워서 수많은 적을 죽이고 포로하였으며 평로진平虜鎭(요령성에 있었던 지역) 도령都令 녹진錄鎭도 70여 명의 적을 죽였다. 적은 드디어 청새진을 넘어서 도망갔다. 전하는 말에 의하면 향산 전투에서 적장 지노只奴가 살에 맞아 죽고 금산이 적군을 통솔하였다 하며 일설에는 한 여자를 붙들었는데 그의 말이 "나는 아아의 처이다. 나의 남편이 처음에 약산사藥山寺에 들어갔을 때 죽었고 지노가 그 군대까지 통솔하였다."고 하였다.

관군이 연주延州를 지날 때에 적의 후속 대부대가 또 우리 국경 안으로 들어온다는 정보를 듣고 다만 내상군內廂軍만을 남겨 두어 자위하게 하고 나머지는 전부 출발하기로 하였는데 후군이 홀로 양주楊州에서 적군을 만나 수십 명을 살해, 포로하였고 양군(전군과 중군)은 먼저 박주博州(요령성에 있었던 지역)로 회군回軍하였다. 김취려는 치중輜重 부대(수송 부대)를 보위하면서 천천히 행군하여 사현포沙現浦에 이르렀을 때에 적군이 돌연 습격하여 왔다. 김취려가 양군에게 급보로 구원을 요청하였으나 양군은 자기의 안전만을 생각하고 구원하지 않았다. 김취려는 홀로 힘껏 싸워서 적을 격퇴하고 끝내 치중부대를 보호하여 박주에 도착하니 노원순이 서문 밖까지 영접 나와서 치사하기를 "갑자기 강적을 만났는데 적의 기세를 꺾었으므로 3군의 짐을 운반하는 부대의 병사들로 하여금 자그만 손실도 없게 하였으니 이는 당신의 힘이다."라고 하고 마상에서 술을 부어 축배를 들었다. 양군 장병들과 여러 고을의 부노父老(아버지와 노인)들이 모두 절하며 말하기를 "이번 적의 강점지에서 강적과 맞아 싸우는 것은 참으로 어려운 일입니다. 그런데 개평, 묵장, 향산(요녕성에 있었던 향산), 원림의 여러 전투에서 후군이 매 번 선봉으로 싸웠으며 적은 병력으로 매 번 대군을 격파하여 우리 같은 노약老弱의 생명을 보존하게 하여 주니 그 은덕을 생각하면 보답할 길은 없으나 오직 원수님에게 축수를 드릴 뿐입니다."라고 하였다.

적이 다시 잔당을 집합하여 창주昌州 성문 밖에 와서 연일 무력을 시위하더니 적병 150명이 창주 성 안을 침범하였으므로 관군이 공격하여 패주시켰다. 관군이 박주博州에 주둔하고 밤에 군사를 출동시켜 흥교역興郊驛(요령성에 있었던 역)에 있는 적을 야습하여 40여 명을 포로하고 이튿날 밤에 홍법사洪法寺 전투에서 싸워 또 승리하였다. 또 하루를 지나 장군 김공석이 적 백여 명과 창주 성문 밖에서 싸워서 50여 명을 살해, 포로하였는 바 김공석은 자기 칼로 은패를 찬 적을 죽이고 성 안으로 들어가 대원을 휴식시켰다.

적들이 밤을 이용하여 청천강(요녕성에 있었던 강)을 건너 서경西京(요양시 궁장령구)으로 향하여 갔었다. 관군은 위주渭州(요하 서쪽에 있었던 주) 성 밖에서 적과 싸웠는데 패배 당하고 장군 이양승 외 천여 명이 전사하니 수도에서 이 소문을 듣고 온 성 안 사람들이 통곡하였다. 적들이 서경 성 밖까지 와서 안정역安定驛과 임원역林原驛(요양시 궁장령구에 있었던 역)을 비롯하여 담화사, 묘덕사, 화원사의 사람들을 모조리 죽이고 있었으나 관군은 이를 방어하지 못하였다. 적들이 얼음을 이용하여 대동강(현재의 태자하)을 건너 마침내 서해도(요녕성에 있었던 도)로 들어가 황주黃州(요녕성에 있었던 황주)를 도륙하였다.

이듬해에 김취려를 금오위 상장군金吾衛 上將軍으로 임명하고 일변 승선承宣 김중구를 보내어 남도南道 군대를 영솔하고 김취려와 합세하라고 하였는데 김중구는 도공역陶公驛에서 적과 싸우다가 패배하였다.

이보다 앞서 중군이 군대를 증원하여 줄 것을 조정에 청하여 왔으므로 좌승선左承宣 차척을 전군前軍 병마사兵馬使로, 대장군 이부를 지병마사知兵馬使로, 예부시랑 김군수를 부사副使로, 상장군 송신경을 좌군左軍 병마사兵馬使로, 장군 최유공을 지병마사知兵馬使로, 형부시랑 이실춘을 부사副使로, 각각 임명하고 이미 편성된 3군과 합쳐서 5군으로 편성하였다. 5군이 안주安州(요하 서쪽에 있었던 안북부의 행정중심지) 태조탄太祖灘에 이르러 대패를 당하고 쫓겨 돌아오니 적이 이긴 기세를 타서 제 멋대로 덤벼들었다. 김취려가 문비, 인겸과 함께 맞아 싸우다 인겸은 화살에 맞아 죽었으며 김취려는 분연히 칼을 휘두르며 대항하다가 전신에 창과 화살을 맞아 심한 부상을 당하고 돌아왔다. 적들이 관군을 추격하여 선의문宣義門까지 왔다가 물러가서 우봉牛峯을 침략하고 임강, 장단으로 침입하였다.

이리하여 조정에서는 다시 5군을 편성하고 오응부를 중군 병마사로, 대장군 이무공을 지병마사로, 소부감小府監 권준을 부사로, 상장군 최원세를 전군 병마사로, 곽공의를 지병마사로, 호부시랑戶部侍郎 김혁여를 부사로, 차장군 공천원貢天源을 좌군 병마사로, 사재경司宰卿 최의를 지병마사로, 장작감將作監 이적을 부사로, 차상장군 오인영을 우군 병마사로, 차위위경借衛尉卿 송안국을 지병마사로, 시랑侍郎 진세의를 부사副使로, 상장군上將軍 류돈식을 후군 병마사로, 최종준을 지병마사로, 진숙을 부사로 각각 임명하여 적을 방어하게 하였다.

5군이 아직 출발하지 않고 있었는데 오직 후군 병마사 류돈식이 교하交河를 향하여 행군하였다. 오응부가 사람을 보내어 말하기를 "적이 적성장積城場에 머물러 있으니 되돌아오는 것이 좋겠다."라고 하였으나 류돈식이 듣지 않고 4군에게 합력하여 적군 공격을 청하였으므로 4군이 그에 응하고 적성에 이르니 적이 그 곳에 없었다.

적이 동주東州를 함락하였으므로 최충헌이 왕에게 고하기를 "거란병이 동주를 지나 장차 남쪽으로 갈 기세가 보이는데 5군이 머뭇거리고 싸우지 않으며 식량만 소비하고 있으니 오응부의 관직을 파면하고 그의 아들과 사위를 철직시키며 전군 병마사 최원세로 그를 교체하고 김취려를 전군 병마사로 임명하기를 바랍니다."라고 하니 왕이 그대로 시행하였다.

적군이 교하를 향하여 징파도澄波渡를 건넜는데 관군이 저촌楮村에서 적과 만나 싸워서 패주시켰다. 관군은 조정에 승전 보고를 보내기를 "적군이 풍양豊穰현 효성曉星 고개까지 침입하였는데 관군이 적과 싸우고자 횡탄橫灘을 건널 무렵에 적군이 배후로부터 공격하여 좌군이 먼저 싸우다가 패전하여 도망갔습니다. 그러나 중군과 후군이 산 뒤로부터 적의 배후를 공격하여 적을 물리치고 노원역 의의장宜義場까지 추격하여 적을 많이 죽였는데 적은 소, 말, 의복, 식량을 모두 버리고 갔습니다."라고 하였다.

그러나 대정隊正 안팽조가 그때 화살에 맞아 부상당하고 돌아와서 말하기를 "적군의 전사자는 단 두 명뿐이고 기타 죽은 자는 모두 아군이다."라고 하였다.

전군前軍과 우군右軍이 지평현砥平縣에서 적과 싸워 그를 격파하고 말 일천여 필을 노획하였다. 적군은 안양安陽 도호부都護府를 함락하고 안찰사 노주한을 잡아 죽였으며 기타 관속官屬들도 많이 살해당하였다. 또 원주에도 적군이 침입하였는데 고을 사람들이 오랜 기간 적과 상지하였다. 무릇 9차의 전투를 겪었으나 양식은 결핍되고 기진맥진하였으며 외부로부터의 아무런 구원도 받지 못하였기 때문에 드디어 성이 함락되었고 전군과 후군도 패전하였다. 그리하여 대장군 임보를 동남도 가발 병마사東南道 加發 兵馬使로 임명하고 또 수도에 사는 노예는 공사公私를 막론하고 군대로 선발 편성하여 전선으로 파송하였다.

전군前軍과 우군右軍이 양근楊根, 지평砥平에서 적군과 여러 번 싸워 금패, 은패와 산자傘子 등을 노획하였는데 그것을 바치기도 하고 혹 군인들에게 표창하기도 하였다. 조정에서는 곽공의를 위위경衛尉卿으로, 우군 병마사 오효정을 상장군上將軍으로 각각 승직昇職시켰는 바 공의는 일찍이 뇌물 받아먹은 죄로 면직되었다가 금번의 전쟁 공로에 의하여 복직된 것이다.

관군이 황려현(黃驪縣: 여주) 법천사까지 적을 추격하고 독점禿岾으로 옮겨 유숙하였는데 이때 최원세가 김취려에게 묻기를 "내일 행군할 길이 두 갈래인데 어느 편으로 가야 하겠습니까?"라고 하였다.

김취려가 말하기를 "군대를 나눠서 좌우의 팔과 같이 서로 호응하면서 행군하는 것이 좋지 않은가?"라고 하니 최원세도 그의 말대로 하였다. 이튿날 맥곡麥穀에서 양군이 합세하여 적과 싸웠는데 적병 3백여 명을 죽이고 적을 제주(堤州: 제천)의 개울가까지 육박하였는데 적의 시체가 개울 물을 덮고 내려갔다. 3일 후 적을 추격하여 박달朴達 고개에 이르니 임보도 부대를 인솔하고 와서 서로 모였다.

최원세가 김취려에게 말하기를 "령嶺 마루터기는 대군이 머무를 곳이 못 되니 산 아래로 내려가서 유留하려 합니다." 하니 김취려가 말하기를 "전술상으로 보면 비록 인심의 단결이 귀중한 것은 물론이나 지형의 유리한 것도 경시할 수 없다. 만약 적이 먼저 이 고개를 점령하고 우리가 그 밑에 있게 된다면 아무리 원숭이 같이 민첩한 군대라도 통과할 수 없을 것이거늘 하물며 인간으로서 어떻게 통과하겠는가?"라고 하였다. 그리하여 관군이 드디어 령嶺 마루에 올라가 숙영하였다. 이튿날 동틀 무렵에 적군이 령 남쪽으로 진출하여 먼저 수만 명의 병력을 나누어 령 좌우 고지로 올라오면서 그 요지를 점령하려고 하였다. 김취려가 장군 신덕위, 이극인으로 좌측을 담당하고, 최준문, 주공예로 우측을 담당하게 하며 자기는 중간에서 북을 울리면서 지휘하였는데 전사들이 모두 결사적으로 싸웠다. 관군들이 바라보고 또 함성을 외치면서 앞을 다투어 돌격하니 적군이 대패하여 노약과 남녀며 병기와 차량 등을 내버리고 모두 도망쳤다. 그래서 적들이 이 전투로 인해서 남으로 진공할 계획을 포기하고 모두 동쪽으로 달아났다.

적을 추격하여 명주(강릉) 대관산(대관령 북쪽에 있는 산) 령嶺에 이르러서는 장졸들이 겁을 먹고 열흘 동안이나 머물다가 진군하니 적군은 이미 령을 넘어간 뒤였다. 중군, 좌군, 전군이 다시 적을 추격하여 명주 모로원毛老院에 이르러 교전하여 적을 격파하고 옥띠, 금, 은패, 무기 등을 노획하였다. 적군이 명주성(강릉성)을 포위하고 있으므로 4군이 적을 추격하기로 하였으나 후군이 미처 따르지 못하였기 때문에 강주剛州(경북 영주)에서 주둔하고 있었다. 우군이 단독으로 등주登州(강원도 안변)에서 적군과 교전하다가 패배 당하고 지휘관 오수정이 전사하였다. 적은 함주咸州(고려 시대 요령성 북쪽 지역에 있었던 지명)를 거쳐 마침내 여진女眞 지역으로 들어갔고 관군은 위축되어 적의 뒤를 추격하는 자가 없었다. 김취려가 중군으로부터 받은 공문에 의하여 부대를 정주定州(고려 시대 만주에 있었던 지명)로 옮기고 적의 동태를 살폈다.

정찰병의 보고에 이르기를 "적군이 함주에 있는데 우리와의 거리가 가까워 개와 닭의 소리가 서로 들리는 형편입니다."라고 하였다. 김취려가 참나무 울타리를 설치하고 세 겹으로 참호를 파서 방어 시설을 만들었으며 이극인, 노순우, 신덕위, 박유 등 네 장군을 남겨 수비하게 하고 주력 부대는 흥원진興元鎭으로 옮겨 가서 주둔하고 있었다.

적군은 여진병의 원조를 얻어 다시 활기를 띄고 침입하여 들어왔다. 김취려 부대가 되돌아오다가 예주豫州 주천柱川에서 적과 마주쳐서 교전하다가 퇴군하였다. 김취려가 갑자기 병에 걸렸으므로 막료들이 후방으로 가서 치료하기를 권하였으나 김취려는 대답하기를 "차라리 변경의 귀신이 될지언정 어찌 집안에서 편안히 있기를 원하겠는가?"라고 하였다. 그러나 병이 심해서 왕의 명령으로 수도로 돌아가서 치료하기로 되어 가마를 타고 서울에 도착하여 몇 달을 지나 겨우 완치되었다.

그 사이 김취려가 남겨둔 부대는 위주渭州(고려 시대 요하 서쪽에 있었던 지명)에서 적과 싸우다가 패전하였고 적군은 다시 세력을 집결하여 고주高州(만주에 있었던 주), 화주和州(만주에 있었던 주)를 침략하고 영인寧仁, 장평長平 두 진鎭을 함락하고 예주豫州(요령성에 있었던 지명)까지 함락시켰다. 이에 조정에서는 전에 편성한 5군과 가발병加發兵을 폐지하고 새로 3군으로 개편하여 문한경을 중군 병마사로, 이실춘을 지병마사知兵馬使로, 이득교를 부사로, 공천원을 좌군左軍 병마사兵馬使로, 송안국을 지병마사로, 김혁여를 부사로, 이무공을 우군 병마사로, 권준을 지병마사로, 김연량을 부사副使로 각각 임명하였다.

이듬해에 적군이 또 다시 대거 침입하였으므로 수사공守司空 조충을 서북면西北面 원수로 삼고 김취려를 병마사로, 차장군 정보를 전군으로, 오수기를 좌군으로, 신선주를 우군으로, 이림을 후군으로, 이적유를 지병마사로, 각각 임명하고 왕이 친히 부월斧鉞(장군에게 주는 도끼)을 줘 보냈다.

조충과 김취려 등이 수차 적군과 교전하여 타격을 가하니 적의 세력이 궁지에 빠져서 강동성江東城으로 들어가서 그 곳을 거점으로 삼고 있었다. 이때 몽고의 합진찰라哈眞札剌와 동진의 완안자연完顔子淵(완안 지역은 하얼빈을 중심으로 한 지역)이 거란을 토벌하러 바로 강동성으로 진군하여 오면서 고려에 사람을 파견하여 군대와 식량을 요청하여 왔다. 여러 장수들이 모두 가기를 꺼리고 있었다. 그런데 김취려가 말하기를 "국가의 이해가 바로 오늘의 처사에 달려 있다. 만약 그들의 뜻을 어기어 사단이 생긴다면 후회한들 무엇 하겠소?"라고 하니 조충이 말하기를 "이 말이 바로 나의 의견이다. 그러나 이는 중대한 일이니 적임자가 아니면 보낼 수 없다."라고 하였다. 김취려가 말하기를 "나라에 일이 어려운 때에 사양치 않는 것이 신하된 사람의 직분이다. 내 비록 불민하나 당신을 위하여 한 번 가려 하노라."고 하니 조충이 말하기를 "군중의 모든 일을 공에게 의지하고 있는데 당신이 가면 되겠느냐?"라고 하였다.

이듬해에 김취려가 지병마사 한광연과 더불어 열 명의 장군과 그들의 군대와 신기군神騎軍(기마병), 대각군大角軍, 내상군內廂軍 등의 정예 부대를 데리고 갔더니 합진이 통역 조중상을 통하여 김취려에게 말하기를 "귀국이 과연 우리와 동맹을 맺으려면 먼저 몽고 황제에게 멀리 절하고 다음으로는 만노萬奴 황제에게 절해야 한다."라고 하였다.

김취려가 말하기를 "하늘엔 태양이 두 개 있지 않고 인민에겐 두 임금이 없는 법인데 천하에 어찌 두 황제가 있을 수 있는가?"라고 하고 다만 몽고 황제에게만 절하였다.

김취려는 키가 6척尺 5촌이나 되는 체격에 수염이 길어서 배까지 내려와 예복을 입을 때마다 반드시 여종 두 명으로 하여금 수염을 좌우로 갈라 들게 한 후에 띠를 매곤 하였다. 합진이 김취려의 용모가 위대할 뿐더러 이제 또 그의 말을 듣고 크게 기이한 인물로 인정하였다. 그를 자리에 인도하여 같이 앉힌 후 나이를 물으니 "60세에 가깝다."고 김취려가 대답하였다.

합진이 "나는 아직 50세 미만인데 이미 한 집안으로 되었으니 당신은 형으로 되고 나는 아우로 되겠다."라고 한 후 김취려를 동쪽으로 향하여 앉게 하였다.

이튿날 김취려를 또 다시 자기 병영으로 초대하였는데 그 자리에서 합진이 말하기를 "내가 일찍이 여섯 나라를 정벌하면서 훌륭한 인물들을 많이 보았으나 형의 용모를 보니 어찌도 그리 기이한가? 이것이 내가 형을 존경하기 때문에 형의 휘하 병졸에게 대하여도 역시 한 집안 같이 대한다."라고 하였다. 작별하고 떠날 때에도 김취려의 손을 잡고 문밖까지 나와서 겨드랑을 받들어 말에 올려 주었다.

며칠 후 조충도 그를 방문하였는데 합진이 묻기를 "원수의 연세가 형보다 많으신가? 적으신가?"라고 물으므로 김취려는 나보다 연장자라고 대답하니 합진이 조충을 상좌上座에 앉히고 말하기를 "내가 한 말씀 드리고자 하는데 실례가 될 듯하다. 그러나 친한 정의에 체면만 차리는 것은 부당하다. 내가 두 형님 사이에 앉는 것이 어떠할까?"라고 하였다.

이에 대하여 김취려가 대답하기를 "이것은 우리들이 바라던 바이나 먼저 발언하지 못했을 뿐이다."라고 하고 좌석을 정한 후 술을 차리고 흥겹게 연회하였다. 몽고 풍속에 손님을 접대할 때에 잘 드는 칼끝으로 고기를 꿰어 주인과 손님이 서로 먹여 주는 것을 좋아 하였다. 그런데 주고받고 할 때 절대로 눈을 깜빡이면 아니 된다는 것이다. 그런데 아군의 유명한 용사들도 이것만은 모두 곤란한 빛을 보였다. 그러나 조충과 김취려는 그와 수작하는 동작을 매우 익숙하게 하였으므로 합진 등이 지극히 유쾌하게 놀았다. 합진은 술을 잘 마시는 편인데 조충과 술 마시기 내기를 하되 지는 사람은 벌 받기로 약속하였다. 조충은 얼마 마셔도 취한 빛이 보이지 않았다.

그러다가 마지막 잔에 가서 잔을 받아 놓고 말하기를 "이 술을 내가 못 마실 바는 아니나 만약 내가 이기면 약속대로 공이 반드시 벌을 받게 될 것이니 차라리 내가 벌을 받겠다. 주인으로서 손님을 벌주는 것이 마음에 좋을 수 있겠느냐?"라고 하였더니 합진이 그 말을 중히 여기어 대단히 기뻐하였으며 그리고 이튿날 강동성 밑에서 만나기로 약속하였다. 그리하여 김취려가 성 밖 3백 보 지점에 이르러 그쳤다.

합진은 강동성 남문에서 동남문에 이르기까지 너비와 길이가 십 척이나 되는 도랑을 팠으며 서문 이북은 완안자연에게 맡기고 동문 이북은 김취려에게 맡겨 각각 참호를 파게 하여 성중에 있는 적이 탈주하지 못하게 하였다. 적의 기세가 군색해서 40여 명이 성을 넘어 몽고군에 항복하고 적의 괴수 감사 왕자는 목매어 죽었으며 그의 관원, 군졸, 부녀 등 5만여 명이 성문을 열고 나와 항복하였다. 합진이 조충 등과 함께 다니면서 투항하는 상황을 시찰하였다. 왕자의 가족과 가짜 승상, 평장平章 이하 백여 명을 모두 현장에서 처단하였으며 기타의 사람들에 대하여는 관대한 처분으로 죽이지 않고 여러 군대들로 하여금 수비하게 하였다.

합진이 조충에게 말하기를 "우리가 만 리 밖에서 와서 귀국과 합력하여 적을 격파한 것은 천재千載의 다행이라. 예의상 당연히 귀국 왕을 찾아 가서 배알하는 것이 응당하나 우리 군대가 대단히 많아서 멀리 행군하기 곤란하므로 사람을 보내어 사례만 드리노라!"고 하였다.

합진 찰라가 조충과 김취려에게 동맹 맺기를 청하면서 말하기를 "두 나라가 영원히 형제로 되어서 만대에 이르기까지 오늘의 맹약을 잊지 말자!"라고 하였다.

조충은 군대를 위로하는 연회를 베풀어 주었다. 합진은 부녀와 소년 남자 7백 명과 우리나라 백성으로서 적에게 포로된 자 2백 명을 우리 측에 돌려주고 여자로서 15세 전후의 처녀를 조충과 김취려에게 아홉 명씩과 준마 아홉 필씩을 선사하였으며 나머지는 모두 자기가 데리고 갔다.

조충이 거란 포로들을 각 고을에 나누어 보내고 공한지를 택해서 거주하게 하였으며 또 식구에 따라 토지를 주어 농사를 짓게 조치하였는 바 향간에서 거란장이라고 부르는 곳이 바로 여기이다.

같은 해에 외주의 적 한순과 다지多智가 수비하는 장수를 죽이고 각 군과 연락하여 배반을 일으켰다. 조정에서 추밀부사 이극서로 중군을 영솔하게 하고 이적유로 후군을, 취려로 우군을 거느리고 적을 토벌하게 하였다.

다음해에 김취려를 추밀부사로 임명하고 극서와 교체하여 중군을 지휘하게 하였는데 한순 등이 금나라 원수 우가하에게 투항하였다. 우가하가 한순과 다지 두 명을 유인하여 죽인 후 그들의 머리를 수도로 전하여 왔다. 3군이 이번 역적에게 복종한 여러 성들에 대하여 죄에 처할 것을 청하였다.

그러나 김취려는 말하기를 "서전書傳에 이른바 '그 괴수를 섬멸하거든 협박에 의하여 가담한 자는 죄 주지 말라!'고 하였다. 대군이 이르는 곳에는 요원의 불길과 같아서 죄 없는 백성들도 재난을 많이 당하고 있거늘 하물며 거란의 침략으로 인하여 관동關東 지방이 폐허로 되었는데 이제 또 우리 군대를 내놓아 나라의 울타리인 변방의 성을 허물어 버리는 것이 옳은가? 나머지 사람들은 일체 죄를 묻지 말라!"고 하였다.

김취려가 곽원고, 김보정, 종주질宗周秩, 종주뢰宗周賚 등을 의주로 파견하여 피난민들을 불러들여 안착시키게 하였다. 그러나 종주뢰는 욕심이 많아서 뇌물을 많이 받아먹었으며 뇌물을 가져 오지 아니하는 자에게는 구실을 붙여 죽이곤 하였으므로 고을 사람들이 모두 원망하여 적의 잔당 윤창 등을 인도하여 성을 넘어 들어오게 하여 주뢰 등을 죽이니 곽원고 김보정 등이 도망하여 돌아와서 보고하였다. 그래서 김취려가 판관 최홍과 녹사綠事 박문정을 파견하여 그들에게 거역하면 화를 당하고 순종하면 복이 온다고 타이르고 이어 대장군 조렴경과 장군 박문분을 보내어 군대 5천 명을 거느리고 토벌하게 하였더니 윤창 등은 도망하고 적의 도당은 와해되었다. 당시 거란 패잔병이 영원寧遠 산중에 숨어 있다가 때때로 나타나서 백성들의 재물을 약탈하였으므로 그것이 민간의 우환꺼리로 되었다. 김취려가 이경순, 이문언 등을 보내어 패잔병을 격파하였으므로 북부 국경 지대가 모두 편안하게 되었다.

김취려는 이듬해에 추밀사樞密事 병부상서兵部尚書, 판삼사사判三司使로 승직되었다가 미구에 참지參知 정사政事 판호부사判戶部事로 올라갔으며 15년 수태위守太尉, 중서시랑中書侍郎 평장사平章事 판병부사判兵部事를 거쳐 마침내 시중侍中으로 되었으며 21년(1234년)에 죽으니 시호를 위렬威烈이라고 주었다.

김취려는 검소하고 또 정직하며 충성과 의리를 신조로 삼았으며 군대를 통솔함에 있어서는 명령이 엄격하였다. 그리하여 군사들이 인민의 재물을 털끝만치도 침범하지 않았으며 술이 생기면 잔을 가져다가 최하급 군인들과 함께 고루 마셨기 때문에 병사들이 그의 명령이라면 죽을 힘을 다 바쳤다. 강동 전투에서의 공로는 다 조충에게 돌려주었으나 전쟁터에 나서서 적군과 싸울 때에는 신기한 전술을 많이 써서 큰 공을 이루었으면서도 한 번도 그런 공적을 자랑한 적이 없었다. 그가 상相으로 된 후에는 정직하게 하부를 통솔하였으므로 부하들이 감히 그를 기만하는 일이 없었다. 그는 고종 묘정에 배향되었으며 그의 아들 전佺은 문하시랑 평장사로 있었다. 김전의 아들은 김량감, 김군, 김중, 김보, 김병이 있었는데 김량감의 아들은 김문연이다.

김문연은 어려서 중이 되었다가 귀속하였으나 나이 30세가 넘도록 자기 힘으로 출세하지 못하였다. 그러다가 누이 동생 숙창왕 비가 충렬왕의 총애를 받게 되자 그의 덕으로 좌우위 산원으로 임명되었으며 벼슬이 여러 번 뛰어 올라 첨의시랑 찬성사에 이르렀다. 그 후 비가 또 충선왕에게 총애를 받아 숙비淑妃로 책봉되자 김문연을 첨의 중호로 임명하였다. 원나라에서는 신무장군, 진변만호 벼슬을 주고 왕주호부도 주었으며 본국에서는 언양군彦陽君으로 봉하였다. 후에 독로화禿魯花를 데리고 원나라로 갔었는데 원나라에서 또 벼슬 진변만호부 달로화적을 더 주었다. 그 후 충숙왕 원년에 귀국하던 도중에 죽었다.

김문연은 위인이 활달하고 마음이 솔직하여 매양 숙비의 곁에 있는 사람들이 지나치게 사치하는 것을 볼 때마다 그리 못 하게 억제하였다. 그의 시호는 영신榮信이라 하였고 아들은 없었다.

김병의 자는 손지損之이니 문음으로 동면도감 판관으로 되었다가 과거에 급제한 후 여러 관직을 역임하여 예부낭중에 이르렀다. 충렬왕이 제자로서 원나라에 갈 때 김병이 배행하였다. 그 후 충렬왕이 원나라 공주와 결혼하여 작위를 받고 귀환한 후 김병의 공로가 제일 컸으므로 충렬왕이 서권誓券(맹세하는 문건)을 김병에게 주었는데 그 내용은 "그대의 공은 대단히 큰데 내가 준 상은 그보다 적다. 그대가 비록 앞으로 죄를 범하는 일이 있더라도 열 번에 아홉 번은 용서를 받을 것이며 자손의 대에 이르기까지 또 이와 같이 하리라!"고 기록하여 주었다. 그의 벼슬이 여러 번 올라 판비서시사로 되어 동료인 수국사修國史 임익과 함께 원나라 세조의 사적을 편찬하였다. 뒤이어 승지로 임명되었다가 부지 밀직으로 승진되었으며 서북면 도지휘사를 지내어 27년(1301년)에 첨의참리로 있다가 죽었으며 시호를 문신文愼이라 하였다.

김병은 성품이 순후하고 소박하였으며 국가사업을 받들어 진행함에 있어서 항상 정직하게 하였으므로 능히 자기 가문의 유풍을 계승하였다. 아들은 김륜과 김우인데 김륜은 따로 전기가 있다. 김우는 지조가 청렴하며 대언代言 벼슬을 지냈다.

23. 지룡수池龍壽

원문: 高麗史 권 제114, 열전 제27

지룡수는 선조 내력을 알 수 없다. 충목왕 때에 현능직으로 임명되었으며 공민왕 때에 안우 등을 따라 홍적을 격파 구축하고 또 안우 등과 함께 수도를 수복하였다. 그 공로가 모두 1등으로 등록되었으며 판전객시사判典客寺事로 임명되었다가 후에 전공판서典工判書로 전직하였으며 규의선력공신揆義宣力功臣 칭호를 받았다. 안우경 등과 함께 덕흥군의 군대를 격퇴하여 추성규의선력공신 칭호를 받고 동지밀직사사로 임명되었다. 후에 여러 관직을 거쳐 첨의평리僉議評理로 되었다가 지문하성사知門下省事로 개임되었으며 이어 서북면 상원수 겸 평양윤으로 되어 외직으로 나갔다. 처음에 기새인첩목아는 원나라에서 벼슬하여 평장으로 되었으며 원나라가 망하자 요심(요양과 심양)의 관리인 평장 김백안 등과 함께 동녕부東寧府를 점거하고 있으면서 그 아버지 기철이 처형된 데 대하여 원한을 품고 앞으로 우리나라 변방을 침범하려 하였다. 왕은 지룡수와 서북면 부원수 양백안 그리고 안주(요하 서쪽에 있었던 안북부의 행정중심지) 상만호 임견미를 보내어 우리 태조와 함께 가서 그를 토벌하게 하고 시중 이인임을 도통사로 임명하여 안주에 주둔하게 하였다. 군사가 의주(요하 서쪽에 있는 의현)에 도착하여 만호 정원비, 최혁성, 김용진 등에게 말 3~4필이 나란히 갈 수 있는 부교浮橋를 압록강(고려 때 압록은 요하를 말함)에 가설하게 하고 우리 태조가 임견미와 함께 앞서 건너고 모든 군대가 뒤를 이어 건넜다. 사졸들이 다리에서 앞을 다투어 건너다가 빠져 죽은 자도 있었으며 3일 만에야 도하가 완료되었다. 이 날 저녁 사나운 뇌성과 함께 폭우가 쏟아졌으므로 모두 불안을 느꼈다. 이때 병마사 이구가 "틀림없이 길한 징조이다."라고 말하였으므로 여러 장수가 그 까닭을 물은즉 이구는 "룡龍이 움직이면 반드시 뇌우가 있는 법이다. 이제 상원수의 이름이 룡자로 되었고 그가 강을 건너는 날에 뇌우가 있으니 승리할 징조이다."라고 말하였다. 모두들 다소 안심하였다. 군사가 나장탑螺匠塔에 도착하였다. 거기서 요성遼城까지 2일 노정이다. 치중 부대는 남겨두고 7일간 양식만 가지고 행군하였다.

요심遼瀋(요양과 심양) 사람들에게 선포하기를 "요심은 우리나라 땅이고 그 백성은 우리 백성이다. 이번에 정의의 군대를 동원하여 안존시키려 하니 만일 산채山寨로 도피한 자가 있으면 각 구분대들에게 피해를 당할 염려가 있으니 즉시 군전軍前에 와서 자수할 것이다."라고 하였다. 그리고 우선 비장裨將 홍인계, 최공초 등에게 날랜 기병 3천을 거느리고 가서 습격하게 하였다. 적은 아군이 적은 것을 보고 쉽게 대적할 수 있을 것으로 알았다. 그러자 대군이 이어 도착하였으므로 성 안에서 바라보고 낙담하였다.

그런데 적장 처명處明은 자기의 용맹을 믿고 항전하였으므로 우리 태조가 이원경을 시켜 타이르기를 "너를 죽이기는 쉽다. 그러나 너를 살려서 쓰려 하니 속히 항복하라."고 하였으나 그가 듣지 않았으므로 이원경이 말하기를 "너는 우리 장수의 재주를 모른다. 네가 항복하지 않으면 대번에 쏘아 꿰뚫을 것이다."라고 하였다.

그러나 역시 항복하지 않았으므로 태조가 짐짓 그의 투구를 쏘아 날리고 또 이원경을 보내어 달랬으나 역시 듣지 않았으므로 태조가 그의 다리를 쏘았다. 처명이 맞고 달아났다가 뒤미처 다시 와서 싸우려 하자 또 이원경을 시켜 말하기를 "네가 만일 항복하지 않으면 네 얼굴을 쏠 것이다."라고 하였다. 처명은 마침내 말에서 내려 머리를 땅에 대고 항복하였다.

어떤 자가 성에 올라 외치기를 "우리들은 대군이 온다는 소문을 듣고 모두 항복하려 하였으나 성을 지키는 장수가 강제로 항전시키고 있다. 힘써 공격하면 성을 빼앗을 수 있다."라고 하였다.

성은 대단히 높고 가파랐으며 화살이 빗발 같고 또 돌과 나무토막이 함께 섞여 날아 왔다. 아군 보병은 날아오는 화살과 돌을 무릅쓰고 성에 육박하여 급히 공격함으로써 마침내 함락시켰다. 새인첩목아는 도망치고 김백안을 포로하였다.

이 날 저녁에 아군은 성 동쪽으로 물러서서 방문榜文을 붙여 납합출, 야선불화 등에게 말하기를 "기새인첩목아는 우리나라의 보잘 것 없는 사람으로서 원나라 임금의 측근에 있으면서 지나친 은혜를 입어 벼슬이 1품에 이르렀으니 의리상 임금과 고락을 같이 하여야 할 것이었다. 그리고 임금이 먼 곳으로 망명할 때 그는 응당 그 전후좌우에 있으면서 목숨을 바쳐 충성을 다하여 그 곁에서 떠나지 말아야 할 것이었다. 그런데 은혜를 저버리고 의리를 잊고 동녕부東寧府로 피신한 후 그 아비의 처형된 것을 원수로 여겨 우리나라에 대하여 반역을 기도하였다. 지난 해에 우리나라에서 군대를 출동하여 추격하자 교전을 도피하면서도 역시 행재소行在所로 가지 않고 동녕성에 물러 앉아 평장 김백안 등과 결탁하여 송보리松甫里, 법독하法禿河, 아상개阿尙介 등처에서 군대와 말을 규합하여 다시 우리나라를 침해하려 하였다. 그 죄는 용서할 수 없으며 이제 정의의 군대로써 토벌하게 된 것이다. 그러자 그는 또 김백안 등과 함께 만만한 백성들을 유인 혹은 협박하여 성을 고수하고 항거하여 나섰다. 아군의 선두 부대는 김백안을 위시하여 합라, 파두덕좌불화, 고

달로화적을 사로잡고 총관부總管部의 두목들을 일망타진하였다. 그러나 새인첩목아는 또 도망치고 자수하지 않았다. 각 채채寨들에서는 그가 나타나는 대로 곧 체포하여 급보할 것이다. 만일 숨겨두면 동경東京의 전례가 있다."라고 하였다.

또 금주金州(현재의 대련시 금주구)와 복주(요령성에 있었던 고려의 한주) 등처에 붙인 방문에는

"우리나라는 요堯와 때를 같이 하여 건국하였으며 주나라 무왕은 기자箕子를 조선에 봉하고 영지를 주니 그 지역이 서쪽으로 요하遼河에 이르렀다. 이 강토를 대대로 지켜 내려오던 바 원나라가 천하를 통일한 후 공주公主를 출가시키고 요심(요양과 심양) 지역을 그 채지采地로 삼았으며 이를 계기로 하여 분성分省을 설치하였던 것이다. 말기에 이르러 나라가 영락하고 임금이 외지로 망명하자 요심의 두목 관리들은 임금을 따르지도 않고 또 우리나라에 대한 응당한 의무를 이행하지도 않았다. 그리고 우리나라의 반역자 기새인첩목아와 서로 결탁하여 도당을 지어 백성을 학대하였다. 그 불충不忠의 죄를 도피할 수 없을 것이다. 이번에 정의의 군사를 일켜 문죄하자 새인첩목아 등은 동녕성에 의거하여 방비가 튼튼한 것을 믿고 왕명을 거역하였다. 그런데 대군이 이르는 곳에서는 선악이 구별될 여유도 없이 모든 것이 희생되는 법이니 후회한들 무슨 소용이 있겠는가. 요하遼河 이동의 우리 강토 내의 전체 백성과 각급 두목들은 속히 자진하여 귀순함으로써 다 같이 국가의 혜택을 받을 것이며 만일 귀순하기를 싫어하면 동경의 전례가 있다."

라고 하였다. 다음날 군사가 성 서쪽 10리 지점에 숙영하였다. 이 날 밤에 치열한 불꽃이 타오르는 듯한 붉은 기운이 군영을 향하여 쏘아 들었다.

일관日官 노을준이 말하기를 "괴이한 기운이 군영에 비쳤으니 옮기어 주둔하는 것이 좋겠다."라고 하였다. 이때 만호萬戶 배언 등이 석성石城에서 고가노를 치고 아직 돌아오지 않았으므로 머물러서 기다리려 하였으나 노을준의 말을 듣고 회군하기로 하였다. 이에 앞서 성이 함락되자 아군이 창고를 바른 길로 갈 것을 청하였으나 지룡수는 듣지 않고 군대를 열병한 후 바닷가로 돌아 회군하고자 하였다. 장병들은 대단히 굶주렸으며 소와 말을 잡아먹고 대열이 서지 못하였다. 이리하여 불평이 많았기 때문에 마침내 지름길로 들어서서 돌아오면서 적군의 추격이 있을 것을 염려하여 야영할 때면 반드시 사병을 시켜 변소와 마구간을 지어 놓았다. 과연 납합출이 뒤를 밟아 이틀이나 따라 오다가 "변소와 마구간을 지은 것은 행군의 질서가 정연한 것을 말하는 것이니 습격할 수 없다."라고 하고 곧 돌아갔다.

3일 만에 군사가 송참松站에 도착하였을 때 진무鎭撫 나천서가 양곡 수백 석을 구하여 식사를 제공하였으므로 드디어 구제되었다. 이 전역에서는 눈바람과 심한 추위로 인하여 도로는 얼음판이 되었으며 사병과 군마는 많이 희생되었다. 김백안이란 자는 그 아비가 우리나라의 중인데 통제원通濟院의 여종을 간통하여 백안을 낳았다. 김백안은 우리나라에서 벼슬하여 낭장郎將을 지내고 원나라에 가서 대성臺省에서 여러 관직을 거쳐 평장사平章事에 이르렀었다. 안주安州(요하 서쪽에 있었던 고려 북계의 한주)까지 돌아왔을 때 김백안이 불순한 언사를 하였으므로 처단하여버렸다.

원문: 高麗史 권 제131, 열전 제44

기철은 몽고 이름으로 백안불화이며 행주幸州 사람이었다.

그의 고조高祖 기윤숙은 성격이 사치를 좋아하고 호협한 일을 좋아하였다. 최충헌에게 아부해서 상장군으로 뛰어 올라서 두 성省을 경력했는데 일찍이 황의黃衣를 입고 "어라! 비켜서라!"라고 고함치면서 창기娼妓 집으로 유흥하려 왕래했으므로 길 가는 행인들이 모두 뒤에서 손가락질하면서 웃었다. 벼슬이 문하시랑 평장사門下侍郎 平章事에 이르렀으며 시호는 강정康靖이었다.

기철의 부친 기자오는 음관으로 산원散員 벼슬을 받았으며 여러 관직을 거쳐 총부산랑이 되었다가 선주宣州(고려의 북계의 한주, 중국지도집에서는 현재의 의주를 나타내고 있다) 수령으로 나갔고 63세에 죽었다. 그는 전서典書, 이행감의 딸에게 장가들어서 기식, 기철, 기원, 기주, 기륜을 낳았는데 기식은 조사早死했으며 막내딸이 원나라 순제順帝의 후궁으로 뽑혀 가서 제2황후로 되었는데 그가 황태자 애유식리달랍을 낳았다.

충혜왕 때에 황제가 자정원사資政院使 고룡보, 태감太監 박첩목아불화를 파송하여 기자오에게 병덕승화육경공신 칭호를 추증하고 영안왕榮安王으로 봉했으며 장헌莊献이란 시호를 주었다. 그리고 한림학사翰林學士 구양현을 시켜 묘비의 글을 지어 보내 주었으며 그의 처 이씨에게 영안왕榮安王 대부인大夫人 작위를 주고 그 집 문에 "정절貞節"이라는 정표를 세워주었으며 누차 사신을 보내서 옷과 술을 주었다. 또 기철을 행성行省 참지정사로, 기원을 한림학사翰林學士로 임명하였다. 그리고 본국에서도 기철을 정승으로 임명하고 덕성 부원군德城府院君으로 봉했으며 기원은 덕양군德陽君으로 봉했다.

기철, 기원, 기주, 기륜은 기황후의 세를 믿고 욕심을 부리고 방자했으며 그의 친척들도 곁따라 교만하고 횡포했다.

기원은 어느 때 일가친척들을 모아서 자기 어머니를 위한 연회를 베풀었는데 기명이며 요리가 지극히 사치하고 화려해서 보는 사람들이 우리나라가 생긴 이래 드문 일이라고 하였다.

내시 전자유田子由의 처 이씨는 기씨의 친척이었는데 왕이 그 집으로 가서 강간하였다. 그 후 얼마 안 가서 전자유는 처와 함께 도망쳤다.

기륜이 전마파田麻頗와 함께 내료內遼 등촉배燈燭輩를 구타했으므로 왕이 노하여 친히 전마파와 기륜의 집으로 가서 전마파를 수색했으나 찾지 못했고 또 다시 기륜의 집으로 가서 기륜을 데리고 궁으로 돌아와 술을 마시면서 그 사이에 악소배惡少輩를 기륜의 집으로 보내서 또 전마파를 수색했으나 끝내 잡지 못했다.

염돈소는 기철의 매부인데 그 집종이 상전의 세를 믿고 매우 세를 부렸는데 그의 일당 5~6명이 공모하고 남의 유부녀를 빼앗아서 왕의 명령이라고 속이고 강제로 데려왔다. 사흘 밤을 경과한 후 비로소 그 시집에서 알고 고소하니 왕이 노해서 순군에 가두고 국문한 결과 모두 다 자백했으므로 곤장 치고 먼 섬으로 귀양 보냈다.

기주가 포학해서 전국이 고통을 당했는데 충목왕이 정치도감整治都監을 설치하니 기주는 자기 죄를 알고 망명했으나 양광도 안렴사 김규가 잡아 보내서 도감이 곤장 쳤다.

기철의 족제族弟(친척 동생) 기삼만이 또 세를 믿고 불법 행위를 마음대로 했고 남의 전토를 강탈했으므로 정치도감이 곤장 치고 순군에 투옥하였더니 20일 남짓해서 죽었다. 그의 처가 행성 이문소理問所에 고소해서 도감관 서호 등이 투옥되었는데 판도감사判都監事 정승 김영돈이 왕에게 "전하는 어째서 정치관을 가두십니까?"라고 하니 왕이 말하기를 "기삼만이 남의 전토를 5결을 강탈했다는데 그것이 무슨 죽일 죄야 되는가!"라고 하였으므로 김영돈이 말하기를 "기삼만이 세를 믿고 그 행악이 쌓이고 쌓였는데 어찌 전토 5결을 강탈한 것뿐이겠습니까!"라고 하였다.

원나라에서 기삼만이 죽었다는 소문을 듣고 공부 낭중 아로와 협부 랑중 왕호류 등을 보내와서 국문하였다. 아로 등이 행성行省에 좌정하고 서호를 심문하려고 목에 항쇄를 채우고 끌어내어 오니 기삼만의 동생 기선재가 서호를 보고 욕하기를 "우리 형이 네 처를 몇 번이나 강간했다고 악감을 품고 우리 형을 곤장 쳐서 죽였느냐!"라고 하니 서호는 말하기를 "우리 처는 사족士族의 딸인데 어찌 그런 일이 있겠느냐! 만약 종년이나 첩이면 반드시 그런 추잡한 행실이 있을 것이다."라고 하였다. 기선재의 어미가 천인인 까닭에 그렇게 말한 것이다.

원나라에서 다시 직성사인直省舍人 승가노僧家奴를 보내서 서호 등을 곤장 쳤다.

왕이 세상을 떠나자 덕녕공주가 기철과 왕후王煦를 섭정동성사攝征東省事로 임명하였다. 공민왕이 어느 날 행성으로 가서 황제의 생신을 축하하려 하였는데 기철이 임금과 말을 나란이 세워 걸어가면서 이야기하려 하였으므로 공민왕이 호위 군사들을 시켜서 앞뒤로 갈라놓고 호위하도록 함으로써 곁에 오지 못하게 하였다.

조일신이 기씨 형제들을 죽이려고 수하 사람들을 보냈는데 기원은 살해당하고 기철은 도망가 숨어서 화를 면했다.

왕과 공주가 여러 번 기철의 모친 이씨 집으로 가서 연회를 가졌다.

왕이 글을 보내어 원나라에 청하기를 "우리나라 선조 때부터 옹서翁婿의 사이로 되었으며 사대부의 풍습이 비록 중원中原에 비하여 부끄러운 바 있으나 천행으로 귀국의 대우를 많이 받았다. 그런데 이제 영안왕 대부인榮安王 大夫人 이씨는 사대부의 예절 바른 명문 귀국의 후예로서 고이 기른 그의 따님이 후궁으로 들어 가셨다. 듣건대 귀 황실의 예법에 소위 발아찰孛兒扎이란 것이 있어서 인아姻亞 간에 모여서 즐기며 자손을 위하여 경축한다고 한다. 옛날에도 이같이 하여 왔는데 지금 어찌 그렇지 않겠는가? 만약 폐하께서 대부인 이씨를 위하여 성대한 예식을 거행하여 화락한 가운데 깊은 은총을 베풀어 주신다면 9족族이 모두 친척 간에 화목하자는 당신의 뜻에 감격할 것이며 길이길이 그 은혜를 잊지 않을 것을 맹서할 것입니다. 또 일국이 충심으로 찬미하여 천지가 다 하도록 여생 불로하시기를 축원할 것입니다."라고 하였더니 황제가 란란 태자와 정안평장定安平章 등을 파견하여 발아찰孛兒扎 연회를 베풀어 주었으므로 왕과 공주가 연경궁延慶宮으로 갔다. 공주와 태자는 남향하고 왕은 서향하고 이씨는 동향하여 좌정한 후 왕이 술을 권하면서 선참으로 꿇어앉아서 태자에게 술잔을 권했다. 태자가 일어서서 받아 마신 후 태자가 술을 부어 처음으로 이씨에게, 다음으로 왕, 공주의 순차로 잔을 권했다.

연희가 한창 흥겨워질 무렵에 사신과 그 수행자들이 서편 섬돌로 올라와 앉고 호위 인원들이 동편 섬돌로 올라앉은 후 고기를 차려 놓고 먹기 내기를 하면서 즐겼는데 많이 먹고 먼저 먹는 사람이 이기는 것이었다.

연회가 끝나자 일동이 뜰로 내려가서 나란히 섰는데 서편에는 사신들이, 동편에는 기철과 권겸 등이 섰다. 각각 몽고 노래를 부르면서 무도를 하며 전진하여 뜰 한복판에 모여 저사紵絲(모시 종류) 한 필을 풀어서 일동이 모두 잡고 둥글게 둘러서서 3~4회 빙글빙글 돌면서 노래 부르고 춤을 춘 다음 각각 잡고 있던 천을 조각조각 잘라서 가졌다. 이 연회에서 꽃 만드는데 5,144필의 포백이 소비되고 기타의 물자도 이에 상응하게 소모되어 이로 인한 물가의 폭등이 있었으므로 공적 연회 사적 연회와 불공 기도 등에 기름, 꿀, 과실 등을 사용치 못하도록 금하였다.

이때부터 황제가 사신을 파견하여 연회를 베풀지 않은 해가 없었다.

본국에서는 이씨를 위하여 경창부慶昌府라는 부府를 설치하였다.

원나라에서 직성사인直省舍人 망가忙哥를 보내서 기철에게 요양성평장遼陽省平章 벼슬을 제수하고 겸해서 의복과 술을 주었다.

왕이 어떤 사건으로 과오를 범한 감찰규정監察糾正을 곤장치고 귀양 보냈더니 기철이 왕에게 말하기를 "규정糾正이 비록 죄가 있더라도 후세에 구실을 남길 우려가 있습니다."라고 하였으므로 왕은 즉시 석방했다.

원나라에서 왕에게 공신 칭호를 주었을 때 기철이 마침 요양으로부터 모친을 보러 돌아왔다. 그때 시를 지어 왕을 축하하면서 신하란 말을 쓰지 않았다.

원나라에서 기원의 아들 완자불화를 파견하여 영안왕을 경왕敬王으로 고쳐 책봉하고 또 3대代를 왕으로 추봉하였으므로 기철이 대사도大司徒 벼슬을 주었다.

그때 권겸, 노정이 자기 딸들을 원나라에 바치고 총행을 얻고 있었는데 천하는 어지러워지고 평소에 나쁜 짓을 많이 하여 원망을 쌓아 두었으니 일조에 세력을 잃으면 생명을 보존하기 어려울 것이라고 생각하고 미리 자기 보신책으로 그들의 친척과 심복들을 권력 있는 요직에 포치하고 은밀히 당파를 규합해서 대역을 도모하려고 하였다. 그리하여 각 도道의 병기를 검열했으며 또한 조서詔書를 봉행하는 사신이라고 속이고 요언을 전파했으며 비밀리 집합 시일을 지정하여 거사할 것을 약속했다. 그런데 왕이 먼저 알고 대신들을 위한 연회를 베푼다 하고 재추들을 모두 궁정宮庭으로 소집하고 판밀직 홍의와 배천정 등을 보내서 기철, 노정, 권겸과 기철의 아들 찬성사 기유걸과 조카 기완자불화, 권겸과 그 아들 만호萬戶 권항 사인舍人 권화상, 노정의 아들 행성낭중 노제 등을 불렀는데 기철과 권겸이 먼저 왔다.

그래서 밀직 경천흥, 황석기, 판사 신청 등이 가만히 왕에게 말하기를 "두 명이 이미 왔는데 기타의 그의 자질들과 노정 부자가 아직 오지 않았습니다. 만약 일이 누설된다면 무슨 변이 생길지 모르겠은즉 일찍이 처단하는 것이 상책이겠습니다."라고 하니 왕도 옳게 여기고 즉시 밀직 강중경 등에게 명령을 주어 장사壯士들을 시켜 불의에 뛰어들어 철퇴로 치니 기철은 단 번에 쓰러졌고 권겸은 피해 달아났으므로 자문紫門까지 따라가서 죽였는데 피가 궁문에 튀었다. 드디어 기철의 추종자 두 명을 죽이고 시체를 주교朱橋에 버렸다.

홍의는 병정들에게 살해당했다. 이때 기가와 권가의 휘하들이 낭패하여 사방으로 흩어졌으므로 금위 4번 군사들이 일시에 발동되어 적들을 잡았는데 칼과 창이 길목마다에서 번쩍였다.

강중경 등이 군사들을 인솔하고 노정을 그 집에서 잡아 죽이고 북천동北泉洞 노상에 시체를 버려두었다.

기유걸은 배천경과 함께 예궐하는 도중에 사변이 생긴 소식을 듣고 도망쳐서 숨었다. 기완자불화, 노제, 권항, 권화상 등과 그 도당들도 모두 도망쳤으므로 각 처로 수색 체포할 것을 명령하고 세 집(기철, 권겸, 노정의 집)의 노비들을 몰수하여 의성창義成倉, 덕천창德泉倉, 유비창侑備倉 등에 예속시켰다.

이때 많은 무뢰배들이 난리의 틈을 타서 약탈을 하였으므로 궁성을 계엄하였는데 재집宰執으로부터 서리胥吏에 이르기까지 병장기를 갖추고 숙위했다.

왕이 교서를 내려 이르기를

"우리 태조가 왕업을 창건하여 왕릉을 후대에 전하고 관아를 설치하고 법을 세우니 상하가 서로 보전되어 지금에 이르렀다. 그리고 우리 충혜왕이 원나라에 귀부하니 세조가 오랜 풍속의 보존을 허락하여 무흘撫迄했고 우리도 직무와 조공에 성의를 다하여 신절臣節을 조금도 어긴 바 없었다. 그런데 이제 기철, 노정, 권겸 등이 원나라 조정에 무흘하여 준 뜻과 선왕이 세워서 전해준 법을 무시하고 권세를 독차지하여 임금을 업신여겨 위세威勢를 부려 백성에게 해독을 끼치면서 국법을 도무지 안중에 두지 않았다. 나는 그가 제실帝室과 인아간인 것을 생각하고 그의 말은 일일이 다 들어 주었는데 오히려 부족하여서 반역을 음모하여 사직을 위태롭게 했다. 그러나 천행으로 천지와 조종의 신령에 힘입어 기철 등은 이미 처단되었다. 도망간 흉도 기유걸, 기완자불화, 노제, 권항, 권화상 등은 그 죄를 용서치 못하겠다. 그리고 한가귀, 구정 등은 나라의 명령에 복종치 않고 반역자를 놓아 주었으니 이도 또한 법에 의하여 치죄할 것이다. 반역자를 체포 또는 고발하는 자에게는 반역자의 가산으로 그 공로에 따라 상 줄 것이다. 상기 이외의 사람들의 범행은 일체 묻지 않을 것이다."

라고 하였다. 기철 등이 많은 사람과 토지를 강점하였으므로 도첨의사가 도감都監을 설치하여 신고를 받아서 각각 본 주인에게 반환하였다.

미구에 기유걸, 기완자불화, 노제, 권화상들을 체포하여 사형했으며 권항만은 평소에 권세를 부리고 악행을 저지른 바가 없었으므로 죽이지 않고 제주로 귀양 보냈다.

기유걸을 죽일 때 구경꾼이 인산인해를 이루었으나 단 한 사람도 슬퍼하는 사람이 없었다. 그의 동생 상호군上護軍 기세걸과 평장平章 새인첩목아는 당시 원나라에 있었으므로 형벌을 면했다. 기철의 처 김씨는 도피하여 머리를 깎고 여승으로 된 것을 붙잡아 순군에 가두었으며 어린아이 기새인도 역시 머리를 깎아 왕흥사에 숨겨둔 것을 잡아 죽였다.

그 도당인 김녕군, 김보, 밀직부사密直副使 이야선첩목아, 행성 원의 조만통, 동첨同僉 홍익, 찬성 황하연, 평리 이수산, 밀직密直 왕중귀, 대언 황하안, 호군護軍 황하식, 전대언 홍개도, 전우윤, 전림, 선공령, 김의렬, 환자 대호군 정룡장을 귀양 보내고 전 밀직 임군보, 전 광흥창사前廣興倉使 임인기, 전 호군護軍 김남득, 전 낭장 노지경 등을 곤장 쳤다. 그리고 이어 정룡장, 홍익, 황하연을 죽이고 세 집 재산을 몰수하여 관아에서 공매하면서 태묘령太廟令 장천핵에게 그 일을 주관케 하였다. 장천핵은 남몰래 자기 집종을 시켜 포목 17필을 납입하고 비단 이불을 사 가지고 돌아가게 하였으므로 여러 사람들이 말하기를 "이 비단 이불 값이 포목 17필은 아닌데 무슨 연줄로 입수하였느냐?"라고 하면서 모두 따져 물으니 그 종이 말하기를 "나는 공매하는 관원인 장천핵의 종이다."라고 하였다. 그래서 어사대에서 치죄할 것을 청했으나 그의 동생 대호군 장천지가 임금의 총애를 받고 있었으므로 특히 용서하고 관직을 삭탈하는데 그쳤다.

기철 등이 처단되니 이씨는 근심으로 병석에 누웠다. 당시에 나라에서 서북면으로 장병들을 파견하여 원나라에 대한 경비를 하면서 다만 봄 가을 두 차례 조공을 보내어 연계를 맺고 있을 뿐이었으므로 서신 왕래가 자못 적조했었다. 그래서 원나라의 황태자가 금강길사金剛吉思를 보내서 이씨를 데려가려고 했으나 이씨가 굳이 사양하여 사신이 세 번이나 왕래했다. 황태자는 또 첨사원詹事院 첨승僉丞 보동保童을 파견하여 의복과 음식을 보냈으며 금강길사는 머물러 있으면서 이씨를 공양하였다. 그 후 이씨가 죽었을 때에는 나라에서 장사를 차려 주고 부의로 쌀 2백 석, 포목 2,500필을 보냈다.

기세길의 처 방씨는 평리 방언휘의 딸인 바 기씨의 가문이 멸망하자 김용이 방언휘를 협박 유인해서 방씨를 간음했으나 방씨는 유부녀인 까닭에 김용도 감히 제 처로 삼지 못하고 그의 문객인 정언 최수자의 처로 줬다. 그 후 김용이 귀양 가자 왕이 방언휘와 최수자를 순군에 가두고 곤장 쳤다. 김용이 사형 당하자 사람들이 방씨를 빼앗았으나 후에 기세길이 원나라로 데려갔다.

원나라가 멸망하자 기새인첩목아는 요심(요양과 심양) 관리 평장平章 김백안, 우승 합날파두, 참정 덕좌불화 등과 더불어 멸망한 원나라의 패잔 역량을 규합해서 동녕부에 할거하면서 그 아비를 죽인 한을 품고 우리나라 북부를 침공하여 복수하려 하였으므로 왕이 지룡수, 양백안을 시켜 공격케 하였더니 기새인첩목아는 그만 도망쳤다. 그 전말은 지룡수 전기에 기록되어 있다.

연구: 원나라가 멸망한 후 기철의 잔존 세력들이 고려의 땅이었던 요양 주변에 할거하며 세력을 구축하려다 고려군 지룡수 등에 의해 평정되었다.

원문: 高麗史 권 127, 열전 제 40

김치양은 동주洞州(연산관 남쪽 분수령인 절령은 洞州에 속한다) 사람이며 천추태후千秋太后 황보皇甫 씨의 외족이었는데 성정이 간교하고 성욕이 몹시 강했다.

김치양은 일찍이 머리털을 깎고 가짜 중이 되어 천추궁千秋宮에 출입하면서 추악한 소문이 자자하였으므로 성종成宗이 그것을 확인하고 곧장 쳐서 먼 곳으로 귀양 보냈다.

목종이 즉위한 후 김치양을 소환하여 합문통사사인閤門通事舍人 벼슬을 주었다. 이후 몇 해 안 되어서 왕의 존중과 총애가 비길 바 없이 되어 벼슬이 뛰어 올라서 우복사 겸 삼사사右僕射 兼 三司使로 되었고 백관의 임명 철직이 모두 그의 수중에 달려 있었으며 친척과 도당을 요직에 포치해서 세력이 일국을 좌우했으며 뇌물을 공공연히 받아먹었다. 그리하여 자택을 300여 간이나 되게 짓고 대臺와 정자, 정원, 연못 등을 지극히 아름답고 화려하게 꾸며 놓고 밤낮으로 태후와 함께 놀면서 기탄하는 바가 없었다.

또 농민을 부역해서 동주에 사당祠堂을 건축하고 성숙사星宿寺란 간판을 붙였으며 또 궁성宮城 서북 모퉁이에 십왕사十王寺를 신축했는데 그 절에 그린 화상이 기괴망측했는 바 남몰래 가슴에 반역의 뜻을 품고 이런 것으로 신명의 음조陰助를 구하였던 것인 바 기명器皿(그릇에 새긴 이름)마다 모두 그런 뜻으로 글을 새겼다. 종鍾의 명문銘文(새겨진 문장)

에 이르기를 "동방의 나라에서 살고 있을 동안 같이 선善을 닦고 후에 서방 정토로 가서는 함께 정각正覺의 증과證果를 얻자."라고 하였다.

목종이 항상 그를 내보내고자 하였으나 모친의 마음을 상하게 할까 염려하고 단행하지 못하였다. 그 후 태후가 아들을 낳았는 바 그것은 김치양과 간통하여 낳은 것이었다. 그래서 김치양은 태후와 함께 그를 왕의 후계자로 만들려고 기도하면서 대량군大良君을 꺼려 강제로 중僧으로 되게 하였고 여러 번 죽이려고까지 하였다.

그 후 김치양은 왕이 병석에 누워 있는 틈을 타서 정변을 일으키려 하였는데 류충정이 상소하여 고발하였으므로 왕이 채충순을 불러서 밀의한 후 갑자기 대량군大良君을 맞아 오게 하였다. 김치양은 어찌 할 바를 모르고 며칠 동안 망설이고 있었는데 강조가 왕을 폐립廢立하면서 군사를 파견하여 김치양과 그 아들을 죽이고 그 도당을 섬으로 귀양 보냈다.

장연현長淵縣 사람 문인위란 자는 오랫동안 성실하게 천추궁사千秋宮使로 복무했는데 김치양이 처단되자 많은 궁료宮僚(궁의 동료)들이 연루되어 죽거나 귀양 갔으나 문인위만은 강조의 비호를 받아서 무사했으며 벼슬이 상서尚書 좌복야左僕射까지 올랐다.

원문: 高麗史 권 130, 열전 제 43

조휘는 본시 한양부 사람인데 후에 용진현龍津縣으로 이사했다.

고종 45년 몽고가 대거 침입하였을 때 고주高州(고려 시대 만주에 있었던 주), 화주和州(고려 시대 만주에 있었던 주, 요령성 철령 북쪽에 있었다), 정주定州(고려 시대 만주에 있었던 주), 장주長州(고려 시대 장춘시 북쪽에 있었던 주, 장춘역은 장주에 있다), 의주義州(고려 시대 요하 서쪽에 있었다), 문주文州(고려 시대 만주에 있었던 주) 등 15주 사람들이 저도猪島에 입보入保하였는데 동북면 병마사 신집평 愼執平은 저도의 성이 크고 사람은 적어서 수비하기 심히 곤란하다고 보고 15주의 피난민을 죽도竹島로 옮기게 하였다.

그 섬은 좁고 우물이 없어서 사람들이 모두 가기를 싫어하는 것을 신집평이 강압적으로 몰아넣었으나 사람들이 대부분 도망치고 분산 되어 들어간 인원은 10명 중에서 2~3명이었다. 식량이 결핍되었으므 로 신집평은 별초군別抄軍을 여러 방면으로 파견하여 조정으로 양곡을 청구하러 보내고 또 타도의 운반을 독촉하러 보냈다. 이리하여 수비 가 약간 해이해진 틈을 타서 조휘는 정주定州 사람 탁청과 등주登州, 문 주文州 등 여러 성 사람들과 공모 합의한 후 몽고병을 인도해 신집평과 정주 부사 박인기, **화주和州** 부사府使 김선보와 별초 등을 죽이고 드디 어 고성高城을 공격해서 집들을 불사르고 인민을 죽이고 재물을 노략 질 했다. 그래서 화주 이북이 몽고에 붙었으므로 몽고는 화주和州에 **쌍 성총관부**雙城摠管府(요령성 철령 북쪽에 있었다)를 설치하고 조휘를 총관으로 탁청을 천호千戶로 임명하였다.

이듬해 조휘의 일당은 자칭 관인官人이라 하면서 몽고병을 이끌고 와서 한계성寒溪城을 공격했으나 방호별감防護別監 안홍민이 야별초를

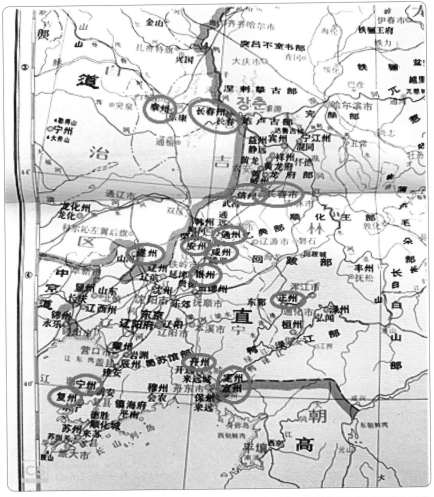

그림1 중국역사지도집 제6책(송요금 시기): 장춘長春역은 장주에 있었고 현재의 장춘의 북쪽에 있다. 고려의 태주泰州, 수주遂州, 신주信州, 함주咸州, 은주銀州, 안주安州, 통주通州, 영주榮州, 심주瀋州, 요양, 함주威州, 녕주寧州, 복주復州, 선주宣州, 철산鐵山, 정주定州 등의 지명도 보인다.

인솔하고 나가서 공격하여 몽고병을 모조리 섬멸하였다. 이때 왕은 낭
장 김기성, 별장 곽정유를 시켜 나라에서 보내는 선물을 가지고 몽고

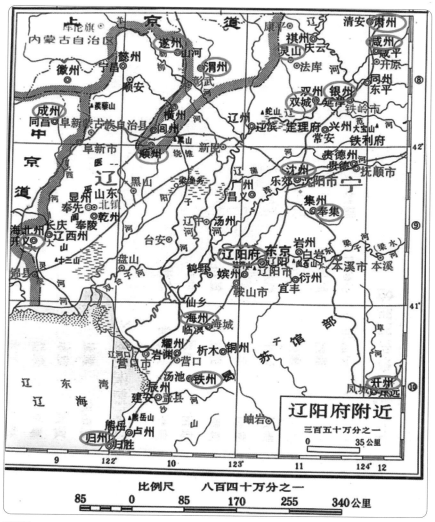

그림2 중국역사지도 제6책(송요금시기) : 고려 시대 쌍성(双城摠管府)은 현재의 철령
서쪽에 있었다. 여기는 고려의 화주 지역이다. 고려의 성주成州, 수주遂州, 위주渭州,
영주靈山, 숙주肅州, 함주咸州, 은주銀州, 심양審州, 해주海州, 귀주歸州, 개주開州,
순주順州, 철주鐵州, 의주義州 등이 보인다.

병 주둔소로 가서 위로케 하였는데 김기성 등이 문주文州에 도착한즉 조휘의 도당이 보롱역寶龍驛에서 몽고병 30여 명과 함께 김기성 등과 그 수종원 13명을 살해하고 선물을 강탈해갔다.

그리고 조휘의 일당은 또 동진국병東眞國兵(동진국은 요령성, 길림성 북쪽에 고려 시대 있었던 여진족 국가)을 유인해서 춘주春州(강원도 춘천이 아니고 요령성 북쪽에 있었던 춘주) 천곡촌泉谷村에 주둔시켰는데 신의군神義軍 군사 5명이 자기들은 몽고 장군 나대羅大의 심부름꾼이라고 가장하고 주둔소로 말을 달려 들어가서 말하기를 "너희들은 활과 칼을 풀어 놓고 원수의 명령을 들어라! 고려 태자가 지금 입조入朝하는 길인데 너희들은 어째서 고려 사신을 죽이고 선물을 강탈했느냐! 너희들의 죄는 마땅히 죽어도 싸다."라고 하니 적들이 모두 땅바닥에 엎드려 부들부들 떨었다. 이때 채찍을 휘두르며 별초들을 불러서 4면으로 공격하여 한 명도 놓치지 않았으며 나라의 선물과 김기성 등의 의복과 물건을 모두 찾아서 돌아왔다.

원종 12년에 양주襄州 주민 장세와 김세 등이 앞으로 몽고의 추궁이 있으리라고 생각하고 고을의 수령과 아전들을 죽이고 먼 곳으로 도망가서 숨으려다가 일이 발각되어 사형 당했는데 그의 잔당인 천서天瑞 등 8명이 가만히 조휘에게 투항하고 병정兵丁을 청하였더니 조휘가 4백여 명의 부하를 보내 주었으므로 천서 등은 졸지에 양주로 침입해서 지주사知州事와 양반 등을 붙잡아 두고 허위 선전하기를 '인민들은 섬으로 철거시킬 것을 계획하고 있다.'고 유포해 놓고 그들을 협박해서 화주和州(요녕성 철령 동북쪽에 있었던 고려의 주)로 옮겨 가려고 책동했다. 이에 대하여 왕은 달로화적을 통해서 사람을 파견하여 그러지 말라고 설복했으나 천서는 듣지 않고 지주사知州事를 위시하여 관속과 주민들 1천여 명을 몰아갔으므로 왕이 몽고 조정에 청하여 천서 등을 처벌할 것을 요청했다. 황제는 지필가只必哥를 파견하여 조사케 하였다. 그때 지필가가 서경(요양시 궁장령구)에 있었는데 조휘가 몽고로부터 돌아와서 지필가에게 말하기를 "내가 황제에게 양주 사람들은 사실 자진하여 귀국에 귀의한 것이요 내가 백성들을 강박하여 몰고 온 것이 아니라 보고 했더니 황제는 즉시로 조서를 나에게 주어서 문죄하지 못하게 하였다." 라고 하였다. 지필가는 그만 불문에 붙이고 말았다.

조휘의 아들 조양기가 아버지의 벼슬을 이어 받아 총관摠管을 했으며 손자 조돈에 관한 것은 따로 전기가 있다.

원문: 高麗史 권 127, 열전 제 40

척준경은 곡주谷州 사람이며 그 선조는 그 고을의 아전이었다. 집이 빈한해서 글공부를 하지 못하고 무뢰배들과 교유했으며 서리胥吏 자리를 구하였으나 구하지 못 했다.

숙종이 계림공鷄林公(계림은 경상도 계림이 아니고 길림성에 있었음)으로 있을 때 그는 그 부府의 사환군으로 되었으며 드디어 추밀원樞密院 별가別駕로 채용되었다.

숙종 9년에 평장사平章事 임간을 따라서 동여진을 정벌하다가 패전 당하였다. 이때 척준경이 임간에게 병기와 무장한 말馬을 청하여 가지고 적진에 들어가서 적장 1명을 죽이고 포로 2명을 탈환했으며 교위校尉 준민俊旻, 덕린德麟과 함께 활로 각각 적병 1명씩 죽이니 적이 약간 퇴각했다. 이에 척준경은 기병 1백 명을 인솔하고 적을 추격하고 대상大相 인점仁占과 함께 적장 2명을 쏘아 죽였더니 적이 감히 전진치 못하였으므로 아군이 입성할 수 있었다. 그리하여 그에게 천우위녹사참군사千牛衛錄事參軍事 벼슬을 주었다.

예종 2년에 중군中軍 병마兵馬 녹사錄事로 윤관尹瓘을 따라서 동여진을 정벌할 때 석성石城, 영주英州(길림성 북쪽에 있었던 고려 때 州)에서 싸워 대승리를 거두었다. 그래서 윤관이 제조制詔를 받아서 척준경에게 합문지후閤門祗侯 벼슬을 제수制授하였다. 또 길주吉州(현재의 길림) 전투에서 공을 세워 조정에 보고되어 공부원외랑工部員外郞을 주었는 바 그 사연은 윤관 전기에 기술되어 있다.

척준경이 여러 차례 전공戰功을 세웠으므로 왕이 그의 부친 검교 대장군 척위공을 내전內殿으로 불러 조용히 위로해 주었으며 주식과 은 1정錠 쌀 10석을 주었다.

척준경은 여러 관직을 거쳐 위위경 직문하성衛尉卿 直門下省으로 승진되었다.

인종 초기에 이부상서 참지정사로부터 개부의 동삼사 검교사도 수사공 주서시랑 평장사로 승진되었다. 그 후 얼마 안 되어 척준경은 스스로 관직을 포기하고 자기 고향 곡주로 떠나갔으므로 왕이 보낸 시랑 최식과 봉어奉御 이후가 우봉군牛峯郡까지 쫓아가서 유지諭旨를 전달하여 돌아오게 하였다. 문하시랑門下侍郎 평장사平章事로 전임되고 4년 2월에 이자겸과 함께 군사를 일으켜 대궐을 침범했다. 그 후 왕이 그에게 왕실에 충성하라는 유지를 주었으며 또 때마침 이자겸과의 사이에 틈이 생겨서 5월에 이자겸을 잡아서 귀양 보냈다. 그 사연은 이자겸의 전기에 기술되어 있다. 그 공으로 문하시중門下侍中을 주었으나 척준경은 차례를 뛰어 넘는다는 이유로 사퇴했다. 그래서 추충推忠 정국靖國 협모協謀 동덕同德 위사공신衛社功臣 칭호를 주고 삼중대광 개부 의동삼사 검교태사 수태보 문하시랑 동 중서문하 평장사 판호부사 겸 서경류수사의 벼슬과 상주국이란 훈위를 주었으며 그의 처 황씨를 제안군齊安郡 대부인大夫人으로 봉하고 의복, 금은 기명, 포백, 안마鞍馬와 노비 10명과 밭 30결을 주었고 화상을 벽상에 그렸다.

그 다음 해 좌정언 정지상은 척준경이 이자겸을 제거한 후 공을 자세하고 독판을 치고 있으며 또 왕도 척준경을 꺼리고 있는 것을 알고 드디어 상소하여 이르기를

"병오년 봄 2월에 척준경은 최식 등과 함께 대궐을 침범하였다. 이때 임금이 신봉문으로 나가서 타이르니 군사들이 모두 갑옷을 벗고 환호하였습니다. 그런데 홀로 척준경만이 임금의 명령을 받들지 않고 군사를 위협하여 전진시켰으며 심지어는 임금이 바친 양산 곁으로 지나가는 화살이 있었습니다. 또 군사를 데리고 액문掖門으로 돌입하여 궁궐에 방화하였으며 그 다음 날 임금이 남궁南宮으로 옮길 때는 임금의 좌우에서 시종하는 자는 모두 잡아 죽였습니다. 옛날부터 난신亂臣 중에서도 이 같은 자는 드물며 진실로 천하의 대악인大惡人입니다. 그리고 5월의 일은 일시의 공이며 2월의 일은 만대의 죄악입니다. 전하가 비록 인자한 마음씨를 가지고 있으나 어찌 일시의 공으로 만대의 죄를 덮어줄 수 있겠습니까? 척준경을 해당 관리에 넘겨서 치죄하십시오!"

라고 하였다. 왕은 척준경을 암타도嚴墮島로 귀양 보냈다가 다음 해에 곡주로 양이量移(옮김)하였다.

8년에 조서를 발포하여 이르기를 "척준경이 대궐을 침범한 죄가 비록 엄중하기는 하나 그 공도 적지 않으니 처자들과 모여 살게 하고 그 아들의 직전職田을 도로 준다."라고 하였다. 그 후 3품직 이상以上과 대간臺諫 시신을 도성都省에 소집하고 이자겸, 척준경 도당과 그 자손의 죄를 기록하여 그 책을 해당 기관에 보관시켰다.

22년에 조서를 내려 이르기를 "척준경이 비록 신하의 절도를 잃었으나 또한 사직을 보위한 공로도 있으니 조봉대부 검교 호부상서 벼슬을 주라!"라고 하였다. 척준경은 그 후 몇십 일을 지나서 등창이 생겨서 곡주에서 죽었다.

원문: 高麗史 권 130, 열전 제 43

한순과 다지多智는 모두 의주義州(요하 서쪽에 있는 의현) 수졸戍卒(졸병) 출신으로 한순은 별장別將이 되고 다지는 낭장郎將이 되었다.

고종 6년에 두 사람이 반란을 일으켜 방수장군防戍將軍 조선趙宣과 수령首領 이체李棣를 죽이고 원수元帥로 자칭하면서 감창사監倉使 및 대관臺官들을 배치하고 국가 창고를 마음대로 열고 소비했으며 여러 성城들이 이에 호응하였다.

조정에서 장군 조렴경 낭중 이공로를 파견하여 귀순을 권유했더니 한순과 다지多智의 도당 50여 명이 가주嘉州(고려 시대 요령성에 있었던 지명) 객사客舍로 와서 말하기를 "병마사 조충, 김군수, 정공수 등은 청백하고 백성을 사랑했다. 그러나 그 외는 모두 다 탐오貪汚 잔학해서 백성들에게서 수탈하기를 마치 살을 깎고 골수를 빼듯 하니 그 고통을 참지 못하여 이 지경에 이르렀을 따름이다."라고 하였다.

최이가 이 말을 듣고 안영린, 류비, 준필俊弼, 이정수, 최수옹, 이세분, 고세림, 홍문서, 이윤공, 최효전, 송자공, 이원미, 최밀 등은 최충헌에 아첨하여 혹은 안찰사 혹은 분도分道, 분대分臺, 감창사監倉使로 되고 혹은 큰 고을 수령 자리를 구해서 지방으로 나가 끝없이 탐오貪汚 했다고 인정하고 여러 섬으로 귀양 보냈다.

또 이전에 삭주 분도 장군將軍 황룡필은 욕심 많고 포악하였으며 참혹한 형벌을 썼는데 고을 사람들은 황룡필의 목적이 재물을 요구하는

데 있음을 알고 관가에서 저장한 은기銀器를 뇌물로 갖다 주었다. 이때 황룡필이 안북도호부安北都護府(안북도호부의 중심 안주는 요하 서쪽에 있음)를 공격해 와서 일제히 소리 지르기를 "삭주朔州(고려 시대 요령성에 있었던 지명) 은그릇을 당장 반환하라!"라고 하였으므로 황룡필은 부끄럽고 또 분하여 칼로 목을 찔러 자살했다.

당시 북계北界의 여러 성城들이 대부분 한순, 다지 도당의 수중에 들어갔으므로 3군三軍에 명령하여 토벌케 하였다.

다음 해에 한순과 다지 등은 청천강(태자하(고려 때 대동강) 북쪽에 있는 요하 지류) 이북을 할거하면서 동진東眞(고려 시대 만주 북쪽에 있었던 조그만 나라)에 투항하고 몰래 금나라 원수 우가하를 끌어들여서 의주(고려 때 요하 서쪽에 있었던 의현)에 주둔하게 하고 자기들은 여러 성의 군사를 영솔하고 박주에 주둔하면서 서로 응원했다. 그래서 중군 지병마사知兵馬使 김군수, 선무사宣撫使 이공로와 의논하고 의주 사람 낭장 윤충효와 박홍보를 파견하여 우가하에게 편지를 보내서 사건의 전말을 설명하고 도래할 화복을 가지고 타이르면서 맹약盟約의 위반을 추궁했다. 우가하가 깨닫고 짐짓 노한체 하면서 즉시 윤충효 등을 가두고 의주 낭장 곽윤창을 보내서 한순과 다지를 불렀다. 한순과 다지가 6백 명의 군사를 데리고 가니 우가하가 위로연을 차리고 여러 성城의 적 괴수들까지 함께 초청하여 대단히 후하게 접대하면서 슬며시 그들의 성명을 기록했다.

우가하는 이튿날 군사를 매복해 두고 또 잔치를 차리고 술이 취했을 무렵에 복병을 발동시켜 한순과 다지 그리고 그의 도당 윤대명, 한존렬 등을 잡아서 모두 다 죽이고 우가하는 윤충효를 파견하여 잡당 한순과 다지의 수급首級을 담은 함을 서울로 보냈다. 나라에서는 그 도당들을 여러 섬으로 귀양 보냈다가 그 후 특사를 받아 자기 고향으로 돌아가게 하였다.

9년에 한순과 다지의 잔당들이 다시 동진병東眞兵(동진은 만주 북쪽에 있었던 여진족 국가) 만여 명을 끌어 들여서 정주靜州(요령성에 있었던 고려의 지방 지명)로 들어갔다가 드디어 의주를 침범하였는 바 방수장군 수연守延이 대전하였으나 패배하였다. 린주麟州(요령성에 있었던 고려의 지방 지명) 사람이 적과 내통하고 내응할 음모를 하는 것을 방수 장군이 탐지하고 성 밖으로 나가서 주둔함으로써 그 음모를 분쇄했으며 군대를 가지고 적을 엄습해서 동진병東眞兵 2백여 명을 죽이고 수급首級을 얻었다. 왕은 중군中軍 병마사兵馬使 이적유, 우군右軍 병마사兵馬使 조렴경, 후군後軍 병마사兵馬使 김숙룡을 파견해서 서경 군사를 동원하여 적을 추적해 잡았다.

진위현(평택 진위) 사람 영동정令同正 이장대와 진장동정眞長同正 이당필이 거란의 관리 틈을 타서 동향 사람인 별장동정別將同正 김례와 함께 반역을 모의하고 동류를 모집해 데리고 현령의 병부兵符와 관인官印을 겁탈하고 국가 창고를 열고 미곡을 풀어서 인민은 구제했으므로 농촌의 굶주리던 농민들이 다수 모여와서 가담했다. 이웃 고을들에 글을 써서 돌렸는데 자칭 정국靖國 병마사兵馬使라고 하고 의병이라 하였다. 종덕, 하양의 두 창고를 열어 놓고 그 양곡을 누구든지 마음대로 가져가게 했다. 그리고 장차 광주廣州로 쳐 들어가려 하였다. 이에 왕은 낭장 권득재, 산원 김광계 등을 파견해서 안찰사 최박과 함께 광주廣州, 수주水州 두 주의 군사를 동원해서 토벌케 했으나 승리하지 못하고 충청양주도(경기 남부와 충청 지역)들의 군사를 더 징발해서 공격하여 이당필과 김례를 생포하고 적의 무리를 괴멸시켰다. 이장대는 패전하고 상주로 쫓겨 갔다가 붙잡혔다. 안찰사가 목에다 질곡桎梏을 가하여 서울로 압송하여 모두다 사형에 처했다.

제3장   고려의 주와 현의 군州縣軍

원문: 高麗史 권 제 83, 지제 37(州縣軍)

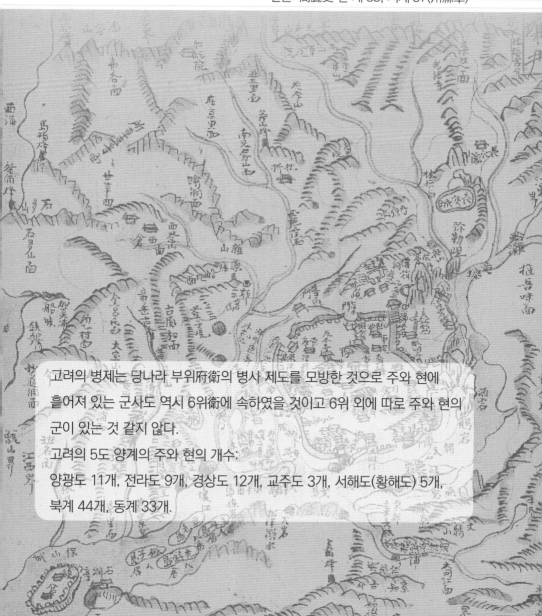

고려의 병제는 당나라 부위府衛의 병사 제도를 모방한 것으로 주와 현에 흩어져 있는 군사도 역시 6위衛에 속하였을 것이고 6위 외에 따로 주와 현의 군이 있는 것 같지 않다.

고려의 5도 양계의 주와 현의 개수:

양광도 11개, 전라도 9개, 경상도 12개, 교주도 3개, 서해도(황해도) 5개, 북계 44개, 동계 33개.

1. 북계北界

1) 서경西京: 요양시 궁장령구 주변
- 정용精勇 1령領; 이 안에 도령별장都領別將 1명, 좌우 부별장 각 2명, 교위校尉 10명, 대정隊正 20명, 기두旗頭와 행군 도합 970명.
- 보창잡군保昌雜軍; 이 안에 행수行首와 행군行軍 도합 931명.
- 해군海軍 1대隊; 이 안에 행수 1명, 행군 49명.
- 원정량반군元定兩班軍; 한인閑人과 잡류雜類 도합 9,572정丁.

2) 안북부安北府: 요하 서쪽 안주 주변
- 도령중랑장都領中郎將 1명, 중랑장 2명, 낭장 7명, 별장 14명, 교위 28명, 대정 58명, 행군 1,515명.
- 초군 16대; 이 안에 마병 4대.
- 우군 4대; 이 안에 마병 1대.
- 좌군 26대; 이 안에 마병과 노병弩兵(활 쏘는 병사) 각 2대, 보창保昌 7대, 백정 27대

3) 구주龜州
- 도령중랑장 1명, 중랑장 2명, 낭장 7명, 별장 15명, 교위 30명, 대정 60명, 행군 1,642명.
- 초군 24대; 이 안에 마병 4대.
- 좌군 20대; 이 안에 마병 4대, 노병 2대, 보창 8대.

4) 선주宣州
- 도령중랑장 1명, 중랑장 2명, 낭장 6명, 별장 12명, 교위 25명, 대정

50명, 행군 1337명.

- 초군 26대; 이 안에 마병 4대.
- 좌군 20대; 이 안에 마병과 노병 각 2대.
- 우군 4대; 이 안에 마병 1대, 보창 6대, 백정 76명.

5) 용주龍州

- 도령중랑장 1명, 중랑장 2명, 낭장 8명, 별장 19명, 교위 23명, 대정 60명, 행군 1,778명.
- 초군 32대.
- 좌군 32대; 이 안에 마병 4대, 노병 2대.
- 우군 4대; 이 안에 마병 1대.
- 보창 6대, 백정 74명, 사비강沙比江 별장 1명, 교위 2명, 대정 4명, 행군 99명.

6) 정주靜州

- 도령중랑장 1명, 중랑장 2명, 낭장 9명, 별장 19명, 교위 39명, 대정 79명, 행군 2,075명.
- 초군 36대; 이 안에 마병 6대.
- 좌군 30대; 이 안에 마병과 노병 각 4대.
- 우군 4대.
- 보창 6대, 백정 28명, 신기神騎 108명.

7) 린주麟州

- 중랑장 2명, 낭장 9명, 별장 18명, 교위 36명, 대정 72명, 행군 1893명.
- 초정용抄精勇 36대; 이 안에 마병과 노병 각 4대.

- 우군 4대.
- 보창 6대, 백정 36명.

8) 의주義州: 요하 서쪽 의현
- 중랑장 2명, 낭장 6명, 별장 12명, 교위 24명, 대정 48명, 행군 1,249명.

9) 삭주朔州
- 중랑장 1명, 낭장 5명, 별장 10명, 교위 22명, 대정 45명, 행군 1,209명.
- 정용 18대; 이 안에 마병 2대, 노병 1대.
- 좌군 30대; 이 안에 마병과 노병 각 4대.
- 우군 4대; 이 안에 마병 1대, 보창 5대, 신기 45명, 백정 48대, 보반步班 12대

10) 창주昌州
- 중랑장 1명, 낭장 4명, 별장 9명, 교위 18명, 대정 36명, 행군 971명.
- 정용 18대; 이 안에 마병 2대.
- 좌군 10대; 이 안에 마병과 노병 각 2대.
- 우군 3대; 이 안에 마병 1대, 보창 4대, 신기 22명, 보반 21대, 백정 22대

11) 운주雲州
- 중랑장 1명, 낭장 3명, 별장 8명, 교위 16명, 대정 31명, 행군 926명.
- 정용 12대; 이 안에 마병과 노병 각 2대.
- 좌군 12대; 이 안에 마병 2대, 노병 각 1대.

- 우군 4대; 이 안에 마병 1대, 보창 4대, 신기 33명, 백정 49대

12) 연주連州

- 중랑장 1명, 낭장 4명, 별장 9명, 교위 18명, 대정 41명, 행군 1,052명.
- 정용 12대; 이 안에 마병 2대.
- 좌군 10대; 이 안에 마병과 노병 각 2대.
- 우군 3대; 이 안에 마병 1대, 보창 4대, 백정 50대, 신기 26명.

13) 박주博州

- 중랑장 1명, 낭장 5명, 별장 9명, 교위 19명, 대정 39명, 행군 1,387명.
- 정용 14대; 이 안에 마병 2대.
- 좌군 14대; 이 안에 마병과 노병 각 5대.
- 우군 4대; 이 안에 마병 1대, 보창 5대, 백정 120대, 보반 25명, 신기 49명.

14) 가주嘉州

- 중랑장 1명, 낭장 5명, 별장 10명, 교위 21명, 대정 43명, 행군 1,119명.
- 정용 15대.
- 좌군 13대; 이 안에 노병 1대.
- 우군 2대; 이 안에 마병 1대, 보창 4대, 백정 113대, 보반 40명, 신기 50명.

15) 곽주郭州

- 중랑장 1명, 낭장 4명, 별장 9명, 교위 18명, 대정 36명, 행군 966명.
- 정용 13대; 이 안에 마병 3대.

- 좌군 14대; 이 안에 마병 3대, 노병 1대.
- 우군 2대, 보창 4대, 신기 53명, 보반 42명, 백정 142대.

16) 철주鐵州: 대련 북동쪽 100여리
- 중랑장 1명, 낭장 4명, 별장 8명, 교위 16명, 대정 32명, 행군 870명.
- 정용 12대; 이 안에 마병 2대.
- 좌군 12대; 이 안에 마병과 노병 각 2대.
- 우군 2대, 보창 4대, 신기 32명, 보반 29명, 백정 62대.

17) 령주靈州: 요령성 철령 북쪽 100여리
- 낭장 4명, 별장 7명, 교위 14명, 대정 28명, 행군 729명.
- 정용 10대; 이 안에 마병 1대.
- 좌군 10대; 이 안에 마병 2대, 노병 1대.
- 우군 2대, 보창 4대, 신기 15명, 보반 17명, 백정 25대.

18) 맹주猛州
- 낭장 3명, 별장 5명, 교위 10명, 대정 20명, 행군 630명.
- 정용 10대; 이 안에 마병 2대.
- 좌군 8대; 이 안에 노병 1대.
- 우군 2대; 이 안에 마병 1대.
- 보창 4대, 신기 28명, 보반 25명, 백정 96대.

19) 덕주德州
- 낭장 4명, 별장 7명, 교위 14명, 대정 28명, 행군 778명.
- 정용 10대; 이 안에 마병 2대.

- 좌군 10대.
- 우군 2대, 보창 4대, 신기 26명, 보반 23명, 백정 55대.

20) 무주撫州
- 낭장 4명, 별장 7명, 교위 14명, 대정 29명, 행군 801명.
- 정용 10대; 이 안에 마병과 노병 각 1대.
- 우군 3대, 보창 3대, 신기 35명, 백정 78대.

21) 순주順州: 요하 서쪽에 있음
- 중랑장 1명, 낭장 2명, 별장 7명, 교위 13명, 대정 27명, 행군 755명.
- 정용 10대; 이 안에 마병 2대.
- 좌군 10대; 이 안에 마병과 노병 각 1대.
- 우군 2대, 보창 3대, 신기 40명, 보반 20명, 백정 154대.

22) 위주渭州: 요하 서쪽에 있음.
- 낭장 5명, 별장 8명, 교위 16명, 대정 20명, 행군 918명.
- 정용 12대; 이 안에 마병 2대.
- 좌군 12대; 이 안에 마병과 노병 각 1대.
- 우군 3대, 보창 3대, 신기와 보반 32명, 백정 83대.

23) 태주泰州: 요녕성 북부에 있음.
- 낭장 4명, 별장 7명, 교위 14명, 대정 28명, 행군 895명.
- 정용 13대; 이 안에 마병 3대.
- 좌군 10대; 이 안에 마병 1대.
- 보창 3대, 신기 22명, 보반 39명, 백정 57대.

24) 성주成州: 요하 서쪽에 있음.

- 중랑장 1명, 낭장 3명, 별장 7명, 교위 12명, 대정 27명, 행군 744명.
- 정용 10대; 이 안에 마병과 노병 각 1대.
- 좌군 9대; 이 안에 마병과 노병 각 1대.

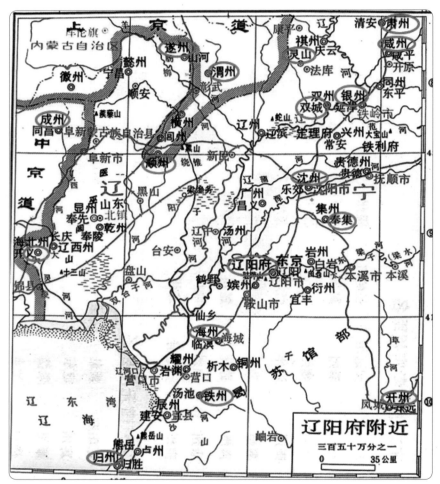

그림1 중국역사지도 제6책(송요금시기) : 고려 시대 쌍성(双城총관부)은 현재의 철령 서쪽에 있었다. 여기는 고려의 화주 지역이다. 고려의 성주成州, 수주遂州, 위주渭州, 령주靈山, 숙주肅州, 함주咸州, 은주銀州, 심양審州, 해주海州, 귀주歸州, 개주開州, 순주順州, 의주義州 등이 보인다.

• 우군 3대, 보창 5대, 신기 17명, 보반 33명, 백정 201대.

25) 은주殷州 : 요녕성 철령

• 낭장 5명, 별장 8명, 교위 18명, 대정 33명, 행군 717명.
• 정용 22대; 이 안에 마병과 노병 각 1대.
• 좌군 12대.
• 우군 3대, 보창 4대, 신기 34명, 보반 59명, 백정 85대.

26) 숙주肅州: 요녕성 북부에 있음.

• 도령랑장 1명, 낭장 4명, 별장 8명, 교위 15명, 대정 32명, 행군 95명.
• 정용 12대; 이 안에 마병 2대.
• 좌군 12대; 이 안에 마병과 노병 각 2대.
• 우군 3대, 보창 4대, 신기 39명, 보반 50명, 백정 37대.

27) 영덕성寧德城

• 중랑장 1명, 낭장 4명, 별장 8명, 교위 16명, 대정 32명, 행군 832명.
• 정용 15대; 이 안에 마병 3대.
• 좌군 10대; 이 안에 마병과 노병 각 2대.
• 우군 2대, 보창 3대, 신기 49명, 보반 50명, 백정 51대.

28) 위원진威遠鎭

• 낭장 4명, 별장 6명, 교위 12명, 대정 25명, 행군 689명.
• 정용 12대; 이 안에 마병 3대.
• 좌군 7대; 이 안에 마병과 노병 각 2대.
• 우군 2대, 보창 4대, 신기 27명, 보반 24명, 백정 52대.

29) 정융진定戎鎭

- 중랑장 1명, 낭장 3명, 별장 7명, 교위 14명, 대정 28명, 행군 713명.
- 정용 10대; 이 안에 마병 4대.
- 좌군 8대; 이 안에 마병과 노병 각 1대.
- 우군 4대; 이 안에 마병 1대.
- 보창 5대, 신기 33명, 보반 10명, 백정 56대.

30) 영삭진寧朔鎭

- 낭장 5명, 별장 8명, 교위 10명, 대정 32명, 행군 851명.
- 정용 13대; 이 안에 마병 4대.
- 좌군 13대; 이 안에 마병 2대, 노병 각 1대.
- 보창 4대, 신기 29명, 보반 23명, 백정 15대.

31) 안의진安義鎭

- 낭장 4명, 별장 7명, 교위 14명, 대정 28명, 행군 711명.
- 정용 9대; 이 안에 마병 2대.
- 좌군 6대.
- 보창 7대, 신기 30명, 보반 17명, 백정 54대.

32) 청새진淸塞鎭

- 중랑장 1명, 낭장 3명, 별장 7명, 교위 15명, 대정 31명, 행군 830명.
- 정용 12대; 이 안에 마병 2대.
- 좌군 10대; 이 안에 노병 1대.
- 우군 3대, 보창 5대, 신기 50명, 보반 36명, 백정 62대.

33) 평로진平虜鎮

- 중랑장 1명, 낭장 3명, 별장 7명, 교위 15명, 대정 21명, 행군 847명.
- 정용 13대; 이 안에 마병 3대.
- 좌군 10대; 이 안에 마병 2대.
- 우군 3대, 보창 4대, 신기 28명, 보반 42명, 백정 42대.

34) 영원진寧遠鎮

- 낭장 4명, 별장 7명, 교위 13명, 대정 28명, 행군 783명.
- 정용 10대.
- 좌군 10대; 이 안에 마병과 노병 각 1대.
- 우군 1대, 보창 5대, 신기 23명, 보반 51명, 백정 30대.

35) 조양진朝陽鎮: 요양시는 요하 서쪽에 있음.

- 장 1명, 부장 1명
- 중랑장 1명, 낭장 5명, 별장 8명, 교위 20명, 대정 41명, 행군 1,143명.
- 정용 15대; 이 안에 마병 2대.
- 좌군 15대; 이 안에 마병과 노병 각 2대.
- 우군 3대, 보창 5대, 신기 42명, 보반 44명, 백정 67대.

36) 양암진陽嵓鎮

- 진장 1명, 중랑장 1명, 낭장 3명, 별장 8명, 교위 7명, 대정 14명, 행군 422명.
- 정용 5대; 이 안에 마병 1대.
- 좌군 5대; 이 안에 마병과 노병 각 1대.
- 우군 1대, 보창 3대, 신기 11명, 보반 12명, 백정 30대.

37) 수덕진樹德鎮

- 진장 1명, 별장 1명, 교위 2명, 대정 5명, 행군 153명.
- 정용 2대; 이 안에 마병 1대.
- 좌군 2대, 보창 3대, 신기 10명, 백정 22대.

38) 안융진安戎鎮

- 진장 1명, 낭장 1명, 별장 2명, 교위 4명, 대정 8명, 행군 206명.
- 정용 2대.
- 좌군 3대, 보창 1대, 신기 11명, 보반 27명, 백정 33대.

39) 통해현通海縣

- 낭장 1명, 별장 2명, 교위 5명, 대정 10명, 행군 274명.
- 정용 4대.
- 좌군 3대.
- 우군 1대, 보창 1대, 신기 5명, 보반 14명, 백정 33대.
- 통해강通海江 교위 1명, 대정 2명, 행군 43명.

40) 영청현永淸顯

- 낭장 3명, 별장 4명, 교위 8명, 대정 16명, 행군 432명.
- 정용 6대.
- 좌군 5대.
- 우군과 보창 각 2대, 신기 28명, 보반 9명, 백정 100대.

41) 함종현咸從顯

- 낭장 1명, 가랑장 3명, 별장 6명, 교위 13명, 대정 26명, 행군 729명.

- 정용 8대.
- 좌군 10대.
- 우군 2대, 보창 4대, 신기 20명, 보반 31명, 백정 49대.

42) 용강현龍岡顯
- 낭장 3명, 별장 6명, 교위 12명, 대정 24명, 행군 656명.
- 정용 8대.
- 좌군 8대.
- 우군 2대, 보창 4대, 신기 35명, 보반 40명, 백정 59대.

43) 삼화현三和顯
- 별장 1명, 교위 2명, 대정 5명, 행군 131명.

44) 삼등현三登顯
- 가별장 1명, 교위 2명, 대정 5명, 행군 121명.

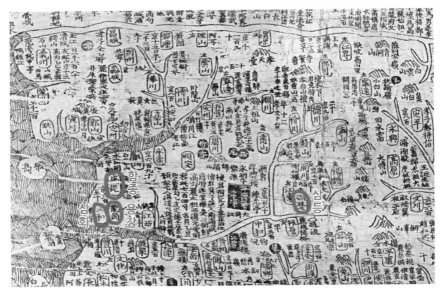

그림3 김수홍의 朝鮮八道古今總攬圖(1673) 중 평안도: 삼화, 용강, 함종, 삼등이 평안도 남쪽 부분에 있다. 이들은 北界의 43개 주와 현의 지명 중 그대로 남아 있는 것이다.

2. 동계東界

1) 안변부安邊府
- 도령 1명, 낭장 2명, 별장 4명, 교위 12명, 대정 27명.
- 초군 좌우군 각 8대, 녕새군寧塞軍 3대 5명, 합계 150명.
- 공병工匠(공장; 공작 기술병) 1반梗(경; 반 또는 그룹) 합계 33명.

2) 서곡현瑞谷縣
- 별장 1명, 교위 2명, 대정 3명.
- 좌군 1대, 우군 2대, 녕새 1대 31명, 합계 150명.
- 공병 1반.

3) 문산현汶山縣
- 우군 1대, 공병 1반.

4) 위산현衛山縣
- 교위 1명, 좌군 2대, 우군 1대, 녕새 1대, 공병 1반.

5) 익곡현翼谷縣
- 교위 1명, 좌군 1대, 녕새 1대, 철원술鐵垣戌; 우군 녕새 각 1대, 응천공소凝川貢所에 좌군 녕새 각 1대, 행군 46명.

6) 고산현孤山縣
- 별장 1명, 교위 3명, 대정 7명, 초군 좌우군 2대, 녕새 1대.

7) 학포현鶴浦縣

- 별장 1명, 교위 2명, 대정 4명, 초군 2대, 좌우군 각 1대, 녕새 1대.
- 압융수(초소의 명칭)에 교위 1명, 대정 2명. 좌우군 각 1대. 녕새 7명.

8) 상음현霜陰縣

- 교위 1명, 대정 2명, 좌우군 각 1대, 녕새 1대.
- 압융수에 교위 1명, 대정 2명. 좌우군 각 1대. 녕새 1명.
- 화등수禾登戍(초소의 명칭) 좌우군 각 1대, 녕새 5명.
- 복녕향福寧鄕에 교위 1명, 대정 2명, 좌우군 녕새 각 1대.

9) 화주和州

- 도령 1명, 낭장 3명, 별장 7명, 교위 13명, 대정 32명.
- 초군 좌군 각 10대.
- 우군 8대, 녕새 4대, 공병 1반.

10) 고주高州

- 도령 1명, 낭장 3명, 별장 7명, 교위 15명, 대정 32명.
- 초군 좌군 각 1대.
- 우군 8대, 녕새 2대, 공병 1반.
- 투화投化(귀순자)와 전장田匠 각 1반.

11) 의주宜州

- 도령 1명, 별장 3명, 교위 7명, 대정 16명.
- 초군 좌군 각 5대.
- 우군 4대, 녕새 2대, 공병 1반.

12) 문주文州

- 도령 1명, 낭장 2명, 별장 4명, 교위 9명, 대정 22명.
- 초군 6대, 좌군 6대.
- 우군 5대, 녕새 1대, 공병 1반.

13) 장주長州: 고려 때 장춘 주변

- 도령 1명, 낭장 2명, 별장 4명, 교위 9명, 대정 33명.
- 초군 6대, 좌군 8대.
- 우군 6대, 녕새 3대, 생천군銑川軍 4대.

14) 정주定州

- 도령 1명, 낭장 4명, 별장 8명, 교위 16명, 대정 37명.
- 초군 14대, 좌군 13대. 우군 6대, 녕새 4대.

15) 덕주德州

- 도령 1명, 낭장 2명, 별장 4명, 교위 8명, 대정 20명.
- 초군과 좌군 각 9대. 우군 6대, 녕새 66명.

16) 원흥진元興鎭

- 도령 1명, 낭장 2명, 별장 5명, 교위 13명, 대정 29명.
- 초군과 좌군 각 9대. 우군 4대, 녕새 4명, 사공沙工 4대.

17) 영인진寧仁鎭

- 도령과 낭장 각 1명, 별장 3명, 교위 7명, 대정 16명.
- 초군 4대, 좌군 6대. 우군 4대, 녕새 2대.

18) 요덕진耀德鎭

- 도령과 낭장 각 1명, 별장 8명, 교위 9명, 대정 20명.
- 초군 8대, 좌군 4대. 우군 6대, 녕새 2대, 공병 1반梗.

19) 진명현鎭溟縣

- 도령 1명, 별장 1명, 교위 6명, 대정 11명, 초군 5대, 우군 2대, 녕새 1대.
- 전장田匠(전답 개간 기술병) 1반.

20) 장평진長平鎭

- 도령 1명, 별장 2명, 교위 6명, 대정 13명, 초군과 좌군 각 5대, 우군 2대, 녕새 1대.

21) 룡진진龍津鎭

- 도령 1명, 별장 2명, 교위 4명, 대정 10명, 초군과 우군 각 2대, 좌군 4대, 녕새 2대.
- 공병 1반.

22) 영흥진永興鎭

- 도령 1명, 별장 2명, 교위 5명, 대정 11명.
- 초군과 좌군 각 4대. 우군 3대, 녕새 2대.

23) 정변진精邊鎭

- 도령 1명, 교위 5명, 대정 11명.
- 초군 4대, 좌군 3대. 우군 4대, 녕새 40명.

24) 운림진雲林鎭

• 교위 1명, 대정 3명, 좌군 2대, 우군 1대, 녕새 1대.

25) 영풍진永豊鎭

• 별장 1명, 교위 2명, 대정 5명, 좌군과 우군 각 2대, 녕새 1대.

26) 애수진隘守鎭

• 별장 1명, 교위 2명, 대정 6명, 좌군 3대, 우군 2대, 공병 1반.

27) 금양현金壤縣

• 별장 2명, 교위 4명, 대정 10명, 초군과 좌군 각 3대, 녕새 1대.

28) 고성현高城縣

• 별장 1명, 교위 4명, 대정 9명, 초군 1대, 좌군 1대, 우군 3대, 녕새 2대.

29) 간성현杆城縣

• 별장 1명, 교위 5명, 대정 10명, 초군과 좌군 각 4대, 우군 2대, 녕새 1대.

30) 익령현翼令縣

• 별장 3명, 교위 3명, 대정 9명, 초군과 우군 각 4대, 좌군 2대, 녕새 1대.

31) 명주溟州

• 별장 5명, 교위 10명, 대정 23명, 초군과 좌우군 각 8대, 좌군 2대, 녕새 4대.
• 공병 1반.

32) 삼척현三陟縣

• 별장 1명, 교위 8명, 대정 16명, 초군과 좌군 각 4대, 우군 9대, 녕새 1대.

• 공병 1반.

33) 울진현蔚珍縣

• 별장 1명, 교위 3명, 대정 8명, 초군과 좌군 각 2대, 우군 3대, 녕새 1대.

• 공병 1반.

3. 교주도交州道 〰〰〰〰〰〰〰〰〰〰〰〰〰〰〰〰〰〰〰〰〰〰

1) 춘주도내春州道內

• 합보승合保勝 133명, 정남精男 776명, 일품一品 157명.

2) 동주도내東州道內: 철원 지역외

• 합정남合精男 971명, 일품 650명.

3) 교주도내交州道內: 포천 지역 외

• 합정남 477명, 일품 405명.

4. 양광도楊廣道 〰〰〰〰〰〰〰〰〰〰〰〰〰〰〰〰〰〰〰〰〰〰

1) 광주도내廣州道內

• 보승保勝 258명, 정남精男 546명, 일품 536명.

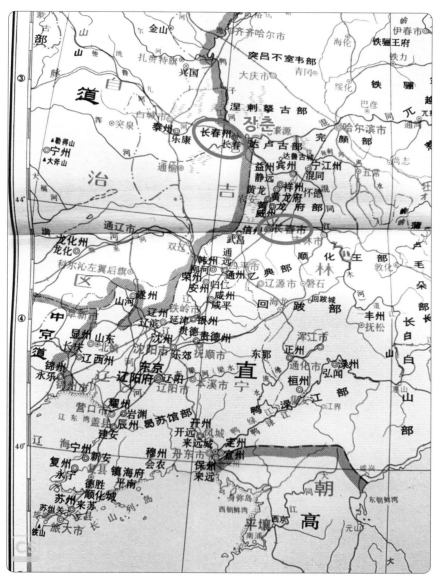

그림3 중국역사지도집 제6책(宋, 遼, 金 시기): 윤관이 17만 대군을 집결시킨 장춘長春역은 현재 장춘의 북쪽에 있다. 고려의 태주泰州, 수주遂州, 신주信州, 함주咸州, 은주銀州, 안주安州, 통주通州, 영주榮州, 심주瀋州, 요양, 녕주寧州, 복주復州, 선주宣州, 보주保州, 정주定州 등의 지명이 보인다.

2) 남경도내南京道內

• 보승 133명, 정남 864명, 일품 529명.

3) 안남도내安南道內

• 보승 159명, 정남 292명, 일품 282명.

4) 인주도내仁州道內

• 보승 194명, 정남 187명, 일품 227명.

5) 수주도내水州道內

• 보승 194명, 정남 187명, 일품 227명.

6) 충주목忠州牧 도내

• 보승 241명, 정남 357명, 일품 520명.

7) 원주도내原州道內

• 보승 122명, 정남 187명, 일품 248명.

8) 청주목淸州牧 도내

• 보승 548명, 정남 708명, 일품 850명.

9) 공주도내公州道內

• 보승 326명, 정남 553명, 일품 527명.

10) 홍주도내洪州道內
• 보승 238명, 정남 497명, 일품 713명.

11) 가림도내嘉林道內: 부여 지역 외
• 보승 98명, 정남 251명, 일품 201명.

5. 경상도慶尚道

1) 울주도내蔚州道內
• 보승 134명, 정남 145명, 일품 181명.
2) 양주도내梁州道內
• 보승 57명, 정남 147명, 일품 173명.

3) 금주도내金州道內: 김해 지역 외
• 보승 188명, 정남 278명, 일품 431명.

4) 밀성도내密城道內: 밀양 지역 외
• 보승 245명, 정남 427명, 일품 532명.

5) 상주목尚州牧 도내
• 보승 665명, 정남 1307명, 일품 1241명.

6) 안동대도호부安東大都護府
• 보승 591명, 정남 953명, 일품 1118명.

7) 경산부도내京山府道內

• 보승 54명, 정남 801명, 일품 647명.

8) 진주목晋州牧 도내

• 보승 277명, 정남 404명, 일품 730명.

9) 합주도내陜州道內: 합천 지역 외

• 보승 373명, 정남 229명, 일품 448명.

10) 거제도내巨濟道內

• 정남 50명, 일품 128명.

11) 고성도내固城道內

• 보승 26명, 정남 53명, 일품 109명.

12) 남해도내南海道內

• 보승 행승 도합 17명, 정남 17명, 일품 64명.

6. 전라도全羅道

1) 전주목도내全州牧道內

• 보승 150명, 정남 1214명, 일품 867명.

2) 남원도내南原道內

• 보승 205명, 정남 800명, 일품 636명.

3) 고부도내古阜道內: 정읍 주변

• 보승 205명, 정남 800명, 일품 636명.

4) 임피도내臨陂道內: 군산 주변

• 정남 341명, 일품 200명.

5) 진례도내進禮道內: 금산 주변

• 정남 211명, 일품 152명.

6) 라주목도내羅州牧道內

• 보승 454명, 정남 848명, 일품 922명.

7) 영광도내靈光道內

• 정남 401명, 일품 368명.

8) 보성도내寶城道內

• 보승 322명, 정남 412명, 일품 513명.

9) 승평도내昇平道內

• 보승 240명, 정남 184명, 일품 415명.

7. 서해도西海道

1) 황주도내黃州道內

• 보승 214명, 정남 320명, 일품 277명.

2) 곡주도내谷州道內

• 보승 295명, 정남 293명, 일품 291명.

3) 안서대도호 도내安西大都護 道內

• 보승 450명, 정남 874명, 일품 838명.

4) 풍주도내豊州道內

• 보승 333명, 정남 455명, 일품 235명.

5) 옹진도내翁津道內

• 보승 210명, 정남 107명, 일품 612명.

8. 경기京畿 ~~~~~~~~~~~~~~~~~~~~~~~~~~~~~~~~~~~~~~

1) 개성부도내開城府道內

• 보승 52명, 정남 240명, 일품 190명.

2) 승천부도내承天府道內

• 보승 50명, 정남 160명, 일품 113명.

3) 강화도내江華道內

• 보승 199명, 정남 54명, 일품 171명.

4) 장단도내長湍道內

• 보승 50명, 정남 160명, 일품 113명.

제4장

고려의 역참站驛

원문: 고려사 권 제 82, 지제 36(站驛)

1. 산예도狻猊道(개경의 산예역을 중심으로 한 도로망) ~~~~~~~~~~~~~~~
 ; 10개역을 관할한다:

 산예狻猊_개성開城, 금곡金谷_백주白州, 심동深洞_염주鹽州, 청단淸端,
가율嘉栗, 망정望汀, 금강金剛, 양계楊鷄_안서安西, 유안維安_청송靑松, 좌
구佐丘_영강永康.
 ○연구: 산예도의 역들은 대부분 경기 북부와 황해도에 있었던 역들이다.

2. 금교도金郊道(금교역(요양시 동쪽)을 중심으로 한 도로망) ~~~~~~~~~~~
 ; 16개역을 관할한다:

 금교金郊_강음江陰, 흥의興義_우봉牛峯, 옥지玉池_강음江陰, 안신安信,
백원白原_우봉牛峯, 금암金岩, 보산寶山, 안성安城_평주平州, 용천龍泉_동
주洞州, 반석班石, 기린麒麟, 온천溫泉_평주平州, 관산管山_협계俠溪, 금물
今勿_곡주谷州, 생곡栍谷_협계俠溪, 천두泉頭_곡주谷州.
 ○연구: 금교도의 역들은 대부분 요령성과 평안북도에 있었던 역들이다. 평주
온천은 요양시 궁장령구에 있는 온천 관광지이고 평주 보산은 요양 태자하의
태자도 남쪽에 있었던 역이다.

3. 절령도嵒嶺道(절령역(봉성시 북쪽)을 중심으로 한 도로망) ~~~~~~~~~~~~~~
 ; 11개역을 관할한다:

 절령嵒嶺_봉주鳳州, 동선洞仙, 단림丹林_황주黃州, 도공陶工_ 봉주鳳州,
금동金洞_ 안주安州, 사암射嵒_수안遂安, 회교廻郊, 생양生陽, 고원高原, 신
지神地, 운봉雲峰_서경西京.

그림1 풍성시와 연산관 사이에 있는 분수령에 절령이 있다. 고려 임금이 지나가는 길이라고 생각되는 왕도구王道沟도 있다.

○연구: 절령도의 역들은 대부분 요령성에 있었던 역들이다. 안주는 요하의 서쪽에 있었던 곳이다(그림 참조). 절령은 양쪽에 산모롱이가 있는 령으로 이런 모습으로 령 부분에 2~3km의 평평한 지역이 있는 령은 한반도와 만주 지역에서 풍성시 북쪽 분수령이 유일한 곳이다.

4. 흥교도興郊道(흥교역(요령성 서남부)을 중심으로 한 도로망) ～～～～～～～～
; 12개역을 관할한다:

흥교興郊_박주博州, 흥재興材, 운암雲嵒_녕주寧州, 통덕通德_숙주肅州, 영덕迎德, 심원深原_영청永淸, 안정安定, 임원林原, 현암玄嵒_서경西京, 영화迎和_함종咸從, 연성連城_용강龍岡, 안수安壽_안융安戎.
○연구: 흥교도의 역들은 대부분 요령성과 평안도에 있었던 역들이다.

5. 흥화도興化道(장녕역(요령성 서남부)을 중심으로 한 도로망) ～～～～～～～
; 29개역을 관할한다:

장녕長寧_황주黃州, 안신安信_가주嘉州, 신안新案, 운흥雲興_곽주郭州, 림반林畔, 통양通陽_선주宣州, 풍양豊陽_철주鐵州, 광지光池_녕주寧州, 창태昌泰_녕덕寧德, 압록鴨綠_정주靜州, 회원會元_의주義州, 명구名駒_용주龍州, 령기靈騎_린주麟州, 종화縱化_위원威遠, 장흥長興_태주泰州, 성양城陽, 삼기三妓, 통의通義, 대평大平_구주龜州, 보봉寶峯, 회인懷仁_안의安義, 림천臨川_정융定戎, 은암銀嵒, 진전榛田_녕삭寧朔, 암사嵒舍_구주龜州, 방전芳田, 창평昌平_삭주朔州, 안부신역安富新驛_안융安戎

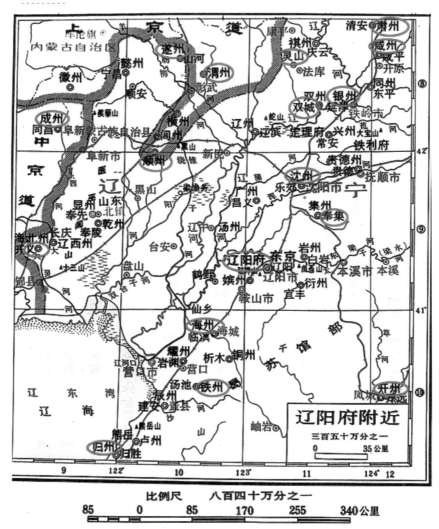

그림1 중국역사지도 제6책(송요금시기) : 고려 시대 쌍성双城(총관부)은 현재의 철령 서쪽에 있었다. 여기는 고려의 화주 지역이다. 고려의 성주成州, 수주遂州, 위주渭州, 령주靈山, 숙주肅州, 함주咸州, 은주銀州, 심양審州, 해주海州, 귀주歸州, 개주開州, 순주順州, 의주義州 등이 보인다.

6. 운중도雲中道(장수역(요양 궁장령구)을 중심으로 한 도로망) ～～～～～
; 43개역을 관할한다:

장수長壽_서경西京, 통덕通德, 선전善田, 김천金川_자주慈州, 장리長梨, 장환長歡, 풍세豐歲_연주連州, 소민蘇民, 신정新定, 통로通路_철주鐵州, 원림圓林_연주連州, 영안永安_청새靑塞, 석성石城, 앵곡櫻谷, 평녕平寧_평로平蘆, 관동寬洞_성주成州, 밀전密田, 함덕咸德_순주順州, 안덕安德, 안동安洞, 덕림德林_박주博州, 견우牽牛, 치담淄潭, 관천寬川_녕원寧遠, 림동臨洞_수덕樹德, 청간淸澗_양암陽嵒, 신풍新豊_무주撫州, 운곡雲谷, 동산東山, 태래泰來_맹주孟州, 관화寬化, 석우石牛_위주渭州, 위계葦溪, 안태安泰_태주泰州, 문평問平, 사천沙川, 풍천豊川_연주延州, 옥아玉兒, 운반雲畔_운주雲州, 왕관王關, 자전梓田_창주昌州, 장림長林_성주成州, 흥덕興德_은주殷州.

○연구: 운중도의 역들은 요령성에 있었던 역들이다. 서경의 중심은 요양시 궁장령구이다. 성주成州, 순주順州, 위주渭州 위치가 요하(고려 때 압록강) 서쪽에 나타나 있다[중국역사지도집 참조, 그림 1]. 철주鐵州는 요령성 남쪽 대련 북쪽에 있다.

7. 도원도桃源道(도원역(개성 북부)을 중심으로 한 도로망) ～～～～～
; 21개역을 관할한다:

도원桃源_송림松林, 백령白嶺_단주湍州, 옥계玉溪_장주章州, 용담龍潭, 풍천楓川_동주東州, 임단臨湍_평강平康, 송한松閒, 단림丹林_람곡嵐谷, 은계銀溪_교주交州, 임강역臨江驛, 전원田原_동주東州, 도창桃昌, 남역南驛, 단암丹嵒_김화金化, 동음역洞陰驛, 삭녕역朔寧驛, 봉곡烽谷_승령僧嶺, 통언通堰_교주撫州, 리령梨嶺, 직목直木_금성金城, 웅양雄壤_기성岐城.

그림1 삭방도에 장춘, 통화, 고성 지역 등을 연결하는 역로망이다. 연해주의 무인 지역은 역로망이 잘 이용되기는 어려울 것이다.

8. 삭방도朔方道(동만주 고산역을 중심으로 한 도로망)

; 42개역을 관할한다:

고산孤山_위산衛山, 람산嵐山_문주文州, 보룡寶龍_서곡瑞谷, 삭안朔安_등주登州, 원심原深_파천派川, 요지瑤池_학포鶴浦, 추풍追風_상음霜陰, 철관鐵關, 통달通達_고주高州, 지원知遠_화주和州, 덕령德嶺_문주文州, 장춘長春, 통기通妓_장주長州, 장창長昌_정주定州, 무림茂林_장주長州, 귀후歸厚_요덕耀德, 안신安身_청변青邊, 정산靜山_녕인寧仁, 회녕懷寧, 선덕宣德, 거천巨川_원흥元興, 조동朝東_진명鎮溟, 평원平元_영흥永興, 통화通化_장평長平, 장풍長豊_금양金壤, 동덕同德_협곡歙谷, 등로藤路_림도臨道, 초진超塵, 운암雲嵒, 고잠高岑_고성高城, 양린養麟_환가豢猳, 태강泰康_안창安昌, 죽포竹苞, 청간淸澗_간성杆城, 관목灌木, 운근雲根_열산列山, 장부長富_용진龍津, 벽목碧木, 임운林雲, 거방巨坊, 일수溢守, 장기長岐, 부녕富寧_운암雲嵒

○연구: 삭방도의 역들은 강원 북부, 함경도, 길림성, 흑룡강성 남부, 연해주에 있었던 역들이다.

9. 청교도靑郊道(청교역(개경)을 중심으로 한 도로망)
; 15개역을 관할한다:

청교靑郊_개성開城, 통파通波_임진臨津, 마산馬山_봉성峯城, 벽지碧池_고봉高峯, 영서迎曙_남경南京, 평리平理_덕수德水, 상림橡林, 단조丹棗_적성積城, 청파淸波_남경南京, 노원蘆原_남경南京, 행주역幸州驛, 종승從繩_수안守安, 금륜金輪_수주樹州, 중림重林_인주仁州, 녹양綠楊_견주見州.

10. 춘주도春州道(보안역(춘천)을 중심으로 한 도로망)
; 24개역을 관할한다:

보안保安, 원양員壤, 부창富昌, 인람仁嵐_춘주春州, 감정甘井_가평嘉平, 천원川原, 방춘芳春, 산량山梁, 원정原貞_랑천狼川, 수인遂仁_양구楊口, 연동連同_조종朝宗, 감천甘泉, 연봉連峰_횡천橫川, 횡천역橫川驛, 마노瑪瑙_인제麟蹄, 람교嵐橋_서화瑞化, 상수桑樹_풍양豊壤, 쌍곡雙谷, 안수安遂_포주抱州, 남경역南京驛, 구곡仇谷_남경南京, 임천臨川_사천沙川, 창봉蒼峯, 함춘含春_횡천橫川.

11. 평구도平丘道(평구역(남경)을 중심으로 한 도로망) ~~~~~~~~~~~~~~~~~~~~~~

; 30개역을 관할한다:

평구平丘_남경南京, 봉안奉安_광주廣州, 오빈娛賓_양근陽根, 전곡田谷, 백동伯冬_지평砥平, 유원幽原_원주原州, 양화楊化_천녕川寧, 가흥嘉興_충주忠州, 연원連原_충주忠州, 황강黃剛, 수산壽山, 안음安陰_청풍淸風, 단구丹丘, 안양安壤, 신림神林_원주原州, 천남泉南_제주堤州, 연평延平, 온산溫山, 정양正陽_영월寧越, 령천靈泉, 장림長林_단산丹山, 의풍義風_영춘迎春, 락수樂壽_평창平昌, 신흥新興, 신진新津_황리黃梨, 창락昌樂_흥주興州, 평은平恩, 창보昌保_강주剛州, 유동幽洞_감천甘泉, 도심道深_봉화奉化.

○연구: 평구도의 역들은 경기 남부와 강원 서남부, 충북, 경북 북부에 주로 있었던 역들이다.

12. 명주도溟州道(명주(강릉)를 중심으로 한 도로망) ~~~~~~~~~~~~~~~~

; 28개역을 관할한다:

대창大昌, 횡계橫溪, 진부珍富, 대화大化, 방림芳林, 운교雲橋_명주溟州, 안창安昌, 조원鳥原_횡천橫川, 목계木界, 안인安仁, 구산丘山, 고탄高坦_명주溟州, 락풍樂豊_우계羽溪, 동덕同德_연곡連谷, 여량餘粮_정선旌善, 평릉平陵, 사직史直, 교가橋柯, 용화龍化, 옥원沃原_삼척三陟, 수산壽山, 덕신德新, 흥부興府, 조소祖昭_울진蔚珍, 상운祥雲, 익령翼令, 강선降仙_양주襄州, 린구驎駒_동산洞山.

○연구: 명주도의 역들은 강원 동부와 경북 울진에 있었던 역들이다.

13. 경주도慶州道(경기도 광주를 중심으로 한 도로망)

; 15개역을 관할한다:

덕풍德風, 경안慶安, 장가長嘉, 안업安業, 남산南山_광주廣州, 양재良梓_과주果州, 금령金鈴_룡구龍駒, 좌찬佐贊, 분행分行_죽주竹州, 오행五行, 안리安利_이천利天, 무극無極_음죽陰竹, 요안遙顔_음성陰城, 단월丹月, 안부安富_괴주槐州.

14. 충청주도忠淸州道(충주와 청주를 중심으로 한 도로망)

; 34개역을 관할한다:

동화同化, 장족長足, 청호菁好_수주水州, 가천嘉川_양성陽城, 율봉栗峯, 쌍수雙樹, 저산猪山, 장지長池_청주淸州, 장양長楊, 퇴량堆粮_진주鎭州, 연산역燕山驛, 금사金沙_연기燕岐, 포곡蒲谷_전의全義, 성환成歡_직산稷山, 신은新恩_천안天安, 금제金蹄_풍세豐歲, 장세長世_아주牙籌, 창덕昌德_신창新昌, 리흥理興_온수溫水, 일흥日興_예산禮山, 광정廣井, 일신日新_공주公州, 탄평坦平_공주公州, 은산銀山_부여扶餘, 유구維狗_신풍新豊, 유양楡楊_정산定山, 급천汲泉_이산伊山, 홍주역洪州驛, 광세光世_대흥大興, 금정金井_청양靑陽, 득웅得熊_여미余美, 몽웅夢熊_정해貞海, 령유靈楡_가림嘉林, 비웅非熊_홍산鴻山.

15. 전공주도全公州道(전주와 공주를 중심으로 한 도로망)

; 21개역을 관할한다:

삼례參禮_전주全州, 양재良材_려양厲陽, 앵곡鶯谷_이성伊城, 옥포玉庖_

운재雲材, 재곡材谷_함열咸悅, 채평彩平_금마金馬, 진림榛林, 내재內在_김제金堤, 고원苽原_고부古阜, 신보新保, 거산居山_태산泰山, 천원川原_정읍井邑, 소안蘇安_림파臨陂, 진현進賢_진례進禮, 진화珍化_진동珍同, 제원濟元_진례進禮, 경천敬天_공주公州, 평천平川_연산連山, 득연得延, 리도利道_공주公州, 정민貞民_회덕懷德.

16. 승라주도昇羅州道(승주와 나주를 중심으로 한 도로망)
; 30개역을 관할한다:

청암靑巖_나주羅州, 선암仙嵒, 경양敬陽_광주光州, 덕기德氣_담양潭陽, 경신慶新, 청연淸淵, 용계龍溪_무안務安, 광리廣里_남평南平, 인물仁物_능성能城, 영신永新_진원珍原, 오림烏林_철흡鐵冶, 가림嘉林_화순和順, 녹사綠沙_영광靈光, 단암丹巖_장성長城, 청송靑松_무송茂松, 가풍街豊_함풍咸豊, 덕수德樹_모평牟平, 영보永保_영암嵒, 통곡通谷_도강道康, 심산深山_해남海南, 벽산碧山_수녕遂寧, 별진別珍_죽산竹山, 남리南里_황원黃原, 군지軍知_복성福城, 가신嘉新_보성寶城, 파청波淸_조양兆陽, 락신樂新_락안樂雁, 익신益新, 섬거蟾居_광양光陽, 율양栗陽_승주昇州.

17. 산남도山南道(전주에서 경상도로 뻗어 있는 도로망)
; 28개역을 관할한다:

반석盤石_전주全州, 축산築山_고산高山, 단령丹嶺_진안鎭安, 평거平居, 정수定樹, 조촌竉村, 소남小男_진주晋州, 관률灌栗_사주泗州, 신안新安_강성江城, 율원栗原, 횡포橫浦_하동河東, 평사平沙_악양岳陽, 상녕常寧_진해鎭海, 완사浣沙_곤명昆明, 부다富多_반성班城, 지남知男_의녕宜寧, 속양速陽, 권빈

勸賓, 협주陝州, 성기星奇_거창居昌, 무촌茂村_거창居昌, 유린有隣_가수嘉樹, 사근沙斤_리안利安, 춘원春原, 배둔排頓, 망린望隣_고성固城, 덕신德新_남해南海, 오양烏壤_거제巨濟, 달계獺溪_청거靑巨.

18. 남원도南原道(남원을 중심으로 한 도로망)
; 12개역을 관할한다:

은령銀嶺, 창활昌活, 통도通道_남원南原, 오원烏原_임실任實, 찬수鑽燧_구례求禮, 오수獒樹_거녕居寧, 인월印月_운봉雲峯, 갈담葛覃_구고九皐, 대부大富_옥과玉果, 지신知新_곡성谷城, 고양高陽, 락수樂水_부유富有.

19. 경주도慶州道(경상도 경주를 중심으로 한 도로망)
; 23개역을 관할한다:

활리活里, 모량牟良, 아불阿弗, 지리知里, 노곡谷, 잉기仍己, 구어차仇於且_경주慶州, 장수長守_신녕新寧, 청통淸通, 신역新驛, 가화加火_영주永州, 범어凡於_수성壽城, 압량押梁_장산章山, 육질六叱_신광神光, 안강역安康驛, 송라松蘿_청하淸河, 인비仁比_기계杞溪, 병곡柄谷, 적용赤冗_례주禮州, 아질달阿叱達_평해平海, 주현酒峴, 남역南驛_영덕盈德, 금전琴田_영양英陽.

20. 금주도金州道(김해를 중심으로 한 도로망)
; 31개역을 관할한다:

덕산德山, 성잉省仍, 적정赤頂, 금곡金谷, 대역大譯_금주金州, 영포靈浦, 창인昌仁_칠원七元, 자여自如_의안議案, 번곡繁谷_함안咸安, 근주近珠_합포슴포, 무을이無乙伊, 영안永安, 용가龍家_밀성密城, 내야內也_창녕昌寧, 성을현省乙峴, 유천楡川, 서지매전西之買田_청도淸道, 병산竝山_현풍玄風, 일문一門_계성桂城, 온정溫井_영산靈山, 양주역梁州驛, 황산黃山, 원포源浦, 위천渭川_양주梁州, 소산燒山_동래東萊, 아등량我等良, 기장역機長驛, 굴화屈火, 간곡肝谷_울주蔚州, 덕천德川_언양彦陽.

21. 상주도尙州道(상주를 중심으로 한 도로망)
; 25개역을 관할한다:

유곡幽谷_호계虎溪, 낙원洛原, 낙동洛東_상주尙州, 청로靑路, 철파鐵波_의성義城, 지보智保_용궁龍宮, 통명通明_보주甫州, 덕통德通_함창咸倉, 옹천甕泉, 안기安基_안동安東, 안교安郊_풍산豊山, 료성聊城_문경聞慶, 수산守山_다인多仁, 쌍계雙溪_비옥比屋, 안계安溪_안정安定, 금조琴曹, 통산通山, 송제松蹄_림하臨河, 연향連鄕, 구어仇於_선주善州, 우곡牛谷_의흥義興, 상림上林_해평海平, 조계曹溪_효령孝令, 문거居, 화목和目_안덕安德.

22. 경산부도京山府道(경산을 중심으로 한 도로망)
; 25개역을 관할한다:

안언安堰, 답계踏溪_경산京山, 안림安林_고령高令, 수향水鄕, 연정緣情_팔거八莒, 설화舌園_화원花園, 무기茂淇_가리加利, 금천金泉_금산金山, 속계屬溪_황간黃間, 장곡長谷_지례知禮, 순양順陽_양산陽山, 토현土峴_리산利山, 리인利仁_안읍安邑, 증약增若_관성管城, 작내作乃_지례知禮, 낙양洛陽, 낙산落山_상주尙州, 회동會同_영동永東, 원암猿岩, 사림舍林_보령報令, 추풍秋風_어모禦侮, 상평常平_중모中牟, 안곡安谷_선주善州, 장녕長寧_화령化令, 부상扶桑_개령開令.

A. 역참의 6과 분류

◎ **역참 1과科**: 금교金郊, 임피臨陂, 금암金嵒, 보산寶山, 안성安城, 용천龍泉, 절령岊嶺, 동선洞仙, 고원高原, 생양生陽, 회교懷蛟, 임원林原.

◎ **역참 2과科**: 안정安定, 영덕迎德, 통녕通寧, 운암雲嵒, 흥림興林, 흥교興郊, 장약長若, 안신安信, 신안新案, 운흥雲興, 림반林畔, 통양通陽, 풍양豊陽, 흥화진역興化鎮驛.

◎ **역참 3과科**: 백령白嶺, 옥계玉鷄, 용담龍潭, 암천嵐泉, 림단林湍, 송간松間, 단림丹林, 은한銀漢, 고산孤山, 람산藍山, 보룡寶龍, 철관鐵關, 덕령德嶺, 통달通達, 화원化遠, 성양城陽, 강락康樂, 대평大平, 장흥長興, 옥아玉兒, 위계葦階, 삭안朔安.

◎ **역참 4과科**: 통덕通德, 선전善田, 금천金川, 장리長利, 장환長歡, 풍단風湍, 통언通堰, 웅양熊壤, 통번通蕃, 장수長壽.

◎ **역참 5과科**: 금곡金谷, 심동深洞, 청단淸湍, 망정望丁, 금강金剛, 단림丹林, 사구沙溝, 석우石牛, 흥천興泉, 밀전密田, 도적桃摘, 전원田原, 림강현역臨江縣驛, 리령利嶺, 직목直木, 보안保安, 안무安撫, 감천甘泉, 산량山梁, 고잠高岑, 죽포竹苞, 관목灌木, 사암射嵒, 청간淸澗, 안기安奇, 상수桑樹, 쌍곡雙谷, 대창大昌, 횡심橫深, 진부珍富, 대화大和, 방림芳林, 운교雲橋, 안인安仁, 수산壽山, 신지新池, 운봉雲峯, 기린驥驎, 반석班石, 도공陶工, 금동金洞, 관산管山, 심원深源, 덕신德新, 동음현역洞陰縣驛.

◎ **역참 6과科**: 양계楊溪, 가원嘉原, 청간靑澗, 장재長材, 운반雲半, 김화현역金化縣驛, 승령현역僧嶺縣驛, 삭녕현역朔寧縣驛, 원정元貞, 방춘芳春, 수인遂人, 부창富昌, 감천甘泉, 련봉連峯, 인람仁嵐, 창봉蒼峯, 람적嵐적, 원양圓壤, 마류瑪瑠, 희적현역希적縣驛, 림천臨川, 동덕同德, 린구驎駒,

락풍樂豊, 평릉平陵, 교가喬柯, 사직史直, 용화龍化, 옥원沃源, 흥부興府, 조소祖召, 목계木界, 오원烏原, 자산慈山, 강선降仙, 옥지玉地, 백원白原, 토산현역兎山縣驛, 온천溫泉, 왕곡往谷, 천두泉頭, 금물今勿, 운암雲嵒, 장림長林.

B. 정인丁人 배치: 1과에는 정인이 75명, 2과에는 정인이 60명, 3과에는 정인이 45명, 4과에는 정인이 30명, 5과에는 정인이 12명, 6과에는 정인이 7명이다.

산예狻猊는 비록 양경 사이에 있으나 다른 역에 비교하면 하는 일이 긴요하지 않으므로 정인을 50명으로 하고 임원은 비록 양경 사이는 아니나 하는 일이 가장 긴요하므로 1과에 두고 삭안은 비록 3과로 되었으나 연로沿路가 아니므로 정인을 25명으로 하고 도원은 비록 3과로 되었으나 동서 요충지에 있으므로 정인을 50명으로 하였다. 만약 토지가 있고 정인이 부족하면 그 역의 백정 자제의 자원자로 보충해 세운다.

C. 공문서 전달: 방울을 달아[懸鈴] 공문을 전해 보내는데, 현령은 가죽 주머니에 봉인한 공문서를 넣어 보내는 것을 말하는 것이다. 제일 급한 일은 방울을 3개 달고 다음 급한 일은 방울을 2개 달고 그 다음 급한 일은 방울을 한 개 다는데 이것은 급하고 급하지 않은 데 따라 분류하는 것이다.

각 진津, 역驛에서는 가죽으로 싼 공문서[皮角]를 전해 보내는데 2월부터 7월까지는 제일 급한 일은 하루에 여섯 역을 가고 다음 급한 일은 하루에 다섯 역을 가고 그 다음 급한 일은 하루에 네 역을 가기로 하며 8월부터 정월까지는 제일 급한 일은 하루에 다섯 역을 가고 다음 급한 일은 하루에 네 역을 가고 그 다음 급한 일은 하루에 세 역을 가기로 한다.

성종 2년에 다음을 결정하였다.

"각 역에 역장을 두되 큰길[大路]의 정인丁人이 40명 이상이면 역장 3명을 두고 중간 길[中路]의 정인이 열명 이상이면 역장 2명을 두며 작은 길은 중간 길의 예에 의하여 정할 것이다."

현종 23년에 결정하기를 "서울 각 기관에서 지방의 고을들에 공문서를 보낼 때는 반드시 상서성에 보고하여 옳고 그른 것을 확인한 뒤에 청교역 관사館使에게 주어 보내기로 하였다. 만약 각 기관과 궁 직원[宮衙典]이 이것을 준행하지 않으면 관역사館驛使는 그 공문서와 사유를 써서 상서성에 신고할 것이며 이를 위반한 자에게는 벌을 준다."고 하였다.

숙종 8년에 모든 역참 아전들이 말을 내는 일에 성실하지 못 한 자는 떨구어 보통 호[常戶]로 만들 것을 결정하였다.

고종 13년에 다음을 결정하였다.

"두 강[兩江] 사이에 청교, 통파, 마산, 벽지, 영서, 청파, 노원, 녹양, 단조 등 역이 영접과 환송에 시달려 그 폐해가 아주 심하니 임진과교별감臨津課橋別監으로 하여금 돌아보아 위문하고 구제할 것이다."

연구: 여기서 두 강은 임진강과 한강을 의미한다.

원종 13년 정월에 정역 소복별감程驛蘇復別監을 각 도에 나누어 보냈다.

15년에 각 도에 나가는 사신의 역마 수를 정하였는데 재추는 10필, 3품관 및 안렴사는 일곱 필, 참상별감參上別監은 다섯 필, 참의별감 및 지방 관리의 참상 이상은 세 필, 참외는 두 필, 참상도령, 지유 등 파견관은 세 필, 장교는 한필로 정하였다.

충렬왕 2년 3월에 각도 안찰사에게 명령하여 홀적忽赤들이 마음대로 역마를 타는 것을 금지하였다.

5년 6월에 도평의사가 제기하기를 "금년 정월에 원나라에서 사신들이 내왕하는 길에 이리간伊里干을 두고 사신에게 복무시킬 것을 명령하고 이내 탑백해塔伯海 등을 심주瀋州와 요양遼陽 사이에 보내어 토지를 떼주고 토지의 사면 경계를 획정하였으며 압록강(고려 때 압록강은 요하를 말함) 이내에는 우리나라가 자체로 두 곳의 이리간을 두도록 시켰습니다. 지금 청컨대 원나라에서 이름 지은 영성營城 이리간이라는 곳에는 각 도의 부유한 백성 200호를 옮겨 살게 하고 부호장, 별장들을 골라서 두목을 삼아 각각 50명씩 통솔케 하고 5년이 되면 이주민을 교체하며 부모 형제가 고향에 남아 있는 사람은 고향에 돌려보내고 두목으로서 공로가 있는 사람은 상을 주며 이주한 200호에는 매호에 은 한 근과 일곱새베[七宗布] 50필을 주어서 주택을 장만하는 비용으로 쓰게 하고 흰 모시 세필과 일곱새베 15필을 주어서 농구의 대금으로 쓰게 하고 또 흰 모시 두필과 일곱새베 15필을 주어서 양식 대금으로 쓰게 할 것입니다. 명주 네 필과 솜 네 근, 육칠새베[六七宗布] 15필과 털옷 털갓 두벌, 가죽신 두 켤레, 화로 하나, 절구 하나, 식기 둘, 농우 두 마리, 암소 세 마리와 짐 싣는 낙타 한 마리, 길마 한 벌, 기름 절은 종이, 초석草席 각각 5장씩 줄 것입니다. 또 외국에서 도망 왔거나 우리나라에 귀화하여 서북 두 도에 사는 사람들에게는 토지를 각각 4결씩 주되 역사에서 교체되는 자로 하여금 이를 돌려받게 하며 몽고어와 중국어를 잘 하는 자를 각각 두 사람씩 뽑고 이 두 사람으로 하여금 데리고 가서 관리하게 할 것입니다. 그리고 관리인에게는 은 한 근, 흰모시 한 필, 넓은 모시와 넓은 베를 각각 15필, 명주 5필, 솜 3근, 쌀 15섬, 말 세 필을 주고 해마다 그 집에서 쓰도록 명주, 모시, 베 각각 3필과 쌀 열 섬을 줄 것입니다. 압록강 안에 있는 두 곳의 이리간은 각각 100호씩으로 하고 매 호에 모시 2필 육칠새베 5필을 주어 농사에 쓰도록 하고 또 모시 두 필과 육칠새베 7필을 주어 양식에 쓰도록 하고 명주 두 필, 솜 두 근, 육칠새베 5필, 털옷, 털갓 두 벌과 가죽신

두 켤레, 화로 하나, 말 한 필, 소 세 마리, 짐 싣는 낙타 한 마리, 길마 한 개, 유단, 초석 각각 3개를 줄 것입니다. 데리고 가서 관리한 관원 두 명에게는 모시 5필, 명주 3필, 솜 두 근, 폭 넓은 모시와 폭 넓은 무명 각각 5필, 쌀 7섬을 주고 시종하는 사람에게는 각각 모시 한 필, 쌀 두 섬을 주게 할 것입니다."라고 하니 왕이 이 말을 따랐다.

6년 8월에 왕이 원나라에 가는데 금교에서 생양까지의 역참들은 말들이 여위고 지쳤으므로 매 역참에 나라의 말 2필씩을 두어서 원나라에 가는 행차를 보장하게 하였다.

34년 8월에 충선왕이 왕위에 올라 11월에 다음과 같이 명령하였다.

"서해도 절령岊嶺으로부터 칠참七站에 이르기까지와 회원會源 탐라耽羅의 연로에서 길잡이 하는 참호站戶들은 전번에 일본을 칠 때 각 도의 민호를 떠다니는 사람들을 연한을 정하고 와 살게 한 것인데 지금까지 예전대로 두고 교체하지 못하였으며 죽는 사람이 있으면 본 읍 사람으로 그 수를 채우고 말들도 역시 그와 같이 한 까닭에 백성들의 원망이 심하니 해당 관리를 시켜서 꼭 보낼 만한 사람을 뽑아서 각 역참의 힘든 일에 보충하고 각 읍의 사람들은 본 고향에 돌아가게 할 것이다."

○연구: 절령은 요령성의 풍성시 북쪽의 분수령이다. 고려초 5도 양계에서 서해도는 황해도를 말하지만 여기서 서해도는 요령성 지역이다. 시대마다 행정 구역이 조금씩 변하였다.

충선왕 3년 3월에 다음과 같이 명령하였다.

"근래에 관사館舍(객관)들을 수리하지 않아서 사신들이 잘 곳이 없으니 조용하고 넓은 곳에 관사 열 채를 지을 것이다."

충숙왕 12년 10월에 다음과 같이 명령하였다.

"역로驛路가 못 쓰게 된 것은 중앙과 지방의 관리들이 함부로 역마를 타고 다닌 까닭이며 어떤 자는 개인의 말을 타고 다니면서도 공급을 받으려 하는데 그 곳 관리들이 이를 금지 못하여 역호驛戶들이 도망하게 된다. 금후는 역호의 이름만 걸어놓고 있는 자는 찾아서 본 역에 돌려보내고 모든 규정을 지키지 않는 자에게는 징벌을 엄격히 실시할 것이다."

後後 5년 5월에 다음과 같이 명령하였다.

"서해, 평양, 안정安定, 각 참에서는 삼운의 경비와 민부의 경비를 가지고 일군들을 부려서 썼는데 관리들은 자기에게 준 국가의 말 이외에 개인의 말까지도 함께 먹이게 함으로 각 참에 손실을 주니 금후엔 이를 금지할 것이다."

6년 12월에 충청도의 마산, 벽지, 청파 등 역의 역참 아전들이 도망하여 북계 정주靜州 등지에 숨었으므로 그 도의 존문사存問使 이대李玳에게 명령하여 모두 몰아내어 거주지로 돌아가게 하였다.

충목왕 원년에 정리도감整理都監에서 다음과 같은 글을 올렸다.

"행성行省, 순군巡軍, 홀적忽赤들이 긴급하지 않은 공사에 역마를 함부로 타고 다니는 자는 역마와 문서 및 직명을 거두어 통보하고 품관 및 승려 속인, 잡탕들이 흔히 개인의 말을 타고 사적 용무로 다니면서 공권을 가지고 촌역에 제멋대로 다니는 자는 참상관이면 따라다니는 하인을 가두고 참외관이면 당자를 가둘 것이며 타고 다니는 말은 몰수하여 각 역에 돌려줄 것이다."

공민왕 5년 6월에 다음과 같이 명령하였다.

"역참을 설치하여 명령을 전달하는 것은 전쟁 시기에 있어서 긴급한 사업이니 적신賊臣 및 행성行省에서 차지한 사람, 내력이 명확하지 않은 자들은 모두 역호에 충당시키고 급하지 않은 역마와 역차의 사용은 일체 금지할 것이다."

12년 5월에 다음과 같이 명령하였다.

"각 도의 관과 역[館驛]들이 요사이 사고가 많은 데로부터 날로 영락하여지니 본래 관, 역에 속했던 토지로서 남에게 빼앗긴 것을 관청이 찾아주어 그들의 생업을 안전케 하여 주고 용구龍駒 이북의 모든 역은 3도의 요충지로서 비용이 더욱 많이 드는 까닭에 시탄柴炭(땔나무와 숯)을 공납하는 부담은 3년 동안 면제케 할 것이다."

13년 9월에 각 기관에서 마관馬官을 내 보내어 말을 사서 서북면 각참에 보충하게 하였다.

20년 12월에 다음과 같이 명령하였다.

"역참을 설치한 것은 원래 명령을 전달하기 위한 것인데 근년에 각 사司에서 전송할 것이 있으면 모두 역호에 위탁하는 까닭에 사람과 말이 피곤하여 죽게 되니 이제부터 도평의사사都評議使司와 각 도의 안렴사는 이를 엄격히 것이다."

신우 14년 6월에 다음과 같이 명령하였다.

"관과 역을 설치한 목적은 원래 명령을 전달시키는 데 있다. 그런데 근래에 세력 있는 자들이 토지를 많이 합쳐서 소유함으로 말미암아 관과 역은 자기 토지를 잃어버렸다. 그러나 손님 접대는 여전하므로 관과 역이 곤란에 빠져 불쌍하게 되었다. 도순문사 안렴사는 관과 역의 토지를 회복하고 역마를 다른 길로 함부로 타고 다니는 사람과 이웃 역을 지나서 다니는 자를 금지하고 관과 역을 힘써 구제하여 안착시킬 것이다."

7월에 대사헌 조준 등이 다음과 같은 글을 올렸다.

"왕의 명령을 받고 나가는 일을 옛 임금들은 순문사, 안렴사 이외의 사람에게는 시키지 않았으니 그것을 얼마나 신중히 하였는가를 알 수 있는 것입니다. 전쟁 개시 이래로 왕의 명령을 받고 다니는 일이 번다하여 왕래가 빈번한데 역마를 타는 사람들은 한 필을 타라는 명령을 위반하고 8~9필까지 요구하며 사신 한명을 맞이하고 보내는데 수십 명을 내게 합니다. 찰방察訪(여기서는 역의 찰방이 아니라 찰방사察訪使임)은 많으나 간악한 무리들을 멀리 쫓아 내지 못했으며 선위사宣慰使는 자주 갔으나 적을 격파했다는 말은 듣지 못하였습니다. 거기다가 순문사, 안렴사의 차사差使와 여러 원수들이 보낸 사람들이 모두 역마를 타고 주 군을 싸 다니면서 관, 역을 분주하게 합니다.

이 역로를 한 번 열어 놓으니 성중애마成衆愛馬의 왕래와 지방 산관들 의 개인 통행이 산검불 같이 엉켜 들락날락하면서 나라 양곡을 공공연 하게 받고도 조금도 부끄럽게 생각하지 않습니다. 그래도 피폐한 시골 의 관과 역의 관리들은 그들에게 머리를 숙이고 팔짱을 끼고 있을 뿐이 고 하소연할 데도 없습니다. 그러니 한정이 있는 공급으로 한정이 없는 외국 사신들을 수응하게 되니 주 군이 피폐해지고 역로에 속한 백성들 이 도망가게 됩니다. 바라건대 지금부터는 주군州郡의 모든 사무를 다 순 문사, 안렴사에게 맡겨서 하도록 하되 중요하지 않은 사명使命은 보내지 말게 하고 군사상 긴급한 일이 아니면 역마를 주지 말고 또 역마를 타 지 않은 사람은 각 군 각 역에 들어와서 식사 공급을 받지 못하게 할 것 이며 규정을 위반한 경우에는 공급한 자나 공급 받은 자를 모두 파면시 키고 관리로 쓰지 말게 하며 각 도의 순문사, 안렴사도 다 같이 정부에서 제정한 규정대로 하여 감히 위반하지 못하게 하며 위반한 자는 엄하게 처벌해야 할 것입니다."

8월에 조준 등이 또 다음과 같은 글을 올렸다.

"'관관館, 역驛의 피해를 특히 위문 구제하라'는 분부를 받았습니다. 저 희들은 아무리 인자한 마음과 인자하다는 소문이 있다하더라도 선왕 의 법을 시행하지 않으면 백성들이 그 혜택을 받지 못할 것이라고 생각 합니다. 공역서供驛署는 원래 8도의 역驛을 전부 장악하고 중국에서 오 는 손님 또는 중국에 가는 사신과 순문사, 안렴사 등으로부터 출입하는 장상將相들에 이르기까지 역마를 내는 것입니다. 그런데 지금은 다른 관리에게 이 임무를 겸임시켜서 공청에 앉아 있지도 않고 개인 집에서 인장을 찍으며 공문을 발송하니 사람들이 그 관직을 경하게 여깁니다. 대체 권세 있고 억센 사람들의 부탁과 친척 친우들의 청을 듣고 농민들을 족쳐서 꿔 준 빚을 받으며 또 그들의 간병看病이나 문안하기 위한 왕래에도 크면 정마正馬, 작으면 지로知路들이 앞서거니 뒤서거니 하여 길에 연달렸습니다. 이런 까닭에 역마는 거꾸러져서 날로 줄고 역졸은 괴로워서 날로 흩어지니 관, 역이 피폐하여 지는 이유가 주로 여기에 있습니다. 바라건대 지금부터는 공역서를 군부사軍簿司에 붙이고 지로指路와 지로知路도 도당都堂(행정구역의 행정청)에 있게 하고 공문은 언제나 공청에 앉아서 인장을 찍어 발송해야 할 것입니다."

공양왕 원년 12월에 대사헌 조준 등이 또 다음과 같은 글을 올렸다.

"근래 역호驛戶들이 피폐하여 대개 역마를 교체해 보내는 지로指路와 지로知路의 일을 주와 군의 백성들이 대신으로 수고하다 못해 마침내 정처 없이 떠나버리는 지경에 이릅니다. 만일 주와 군의 백성으로 하여금 자기 생업을 회복하게 하자면 마땅히 먼저 역호부터 구제하여야 되겠습니다. 나라에서 비록 정역별감程驛別監을 두어 모든 역을 안정시키게 하였으나 한 사람이 혼자 감당하지 못하여 매 역에 사사로 사람을 두어 모든 일을 시키고 있습니다. 그러나 이런 사람은 도당에서 보낸 사람이 아니므로 사람들이 모욕하여 안착하지 못하게 합니다. 바라건대 이제부터는 매 역에 5~6품의 승丞 한명을 두되 그 임명하는 데는 고을 원의 예와 같이 반인半印을 주어 보냈다가 그가 역호를 부유하게 만들고 역마를 충분히 제공하였으면 관찰사는 도당에 보고하여 그를 결원된 고을 원으로 보내며 또 경관京官을 시키기도 하여 표창하는 뜻을 보여야 할 것입니다. 그리고 먼 변방의 역승驛丞은 관찰사로 하여금 천거하여 보충해야 할 것입니다."

제5장   흠정만주원류고에 나타난
만주 지명들

1. 흠정만주원류고欽定滿洲源流考의 강역3 ~~~~~~~

원문: 흠정만주원류고欽定滿洲源流考 권10卷十
출처: 欽定滿洲源流考(上), 남주성 역주

흠정만주원류고는 1777년 청나라 건륭乾隆 황제의 지시에 의해 한림원 주관으로 대학사大學士 아계阿桂 우민중于敏中 등 여러 학자들이 참여하여 편찬하였다.

이 책에서는 청나라를 세운 만주족의 선조로서 숙신을 제일 앞에 내세우고 주요 국가 또는 부족으로서 부여, 읍루, 삼한, 물길, 백제, 신라, 말갈, 발해, 완안부와 건주여진 등을 들고 있다. 흠정만주원류고欽定滿洲源流考 권10卷十에서 연구되어진 만주의 강역들은 다음과 같다:

발해국경渤海國境 •	홀한주忽汗州 홀한성忽汗城 •	
상경용천부上京龍泉府 •		
용주龍州 •	호주湖州 •	발주渤州 •
중경中京현덕부顯德府 •	노주盧州 •	현주顯州 •
철주鐵州 •	탕주湯州 •	영주榮州 •
흥주興州 •	상경上京용원부龍原府 •	
경주慶州** •	염주鹽州 •	목주穆州 •
하주賀州 •	남경南京남해부南海府 •	
옥주沃州 •	청주晴州 •	초주椒州 •
서경西京압록부鴨綠府 •	신주神州 •	환주桓州 •
풍주豊州 •	정주正州 •	
발해渤海장령부長嶺府 •	하주河州 •	부여부夫餘府 •
막힐부鄚頡府 •	고주高州 •	안녕군安寧郡 •

정리부定理府 •	정주定州 •	심주瀋州 •
안변부安邊府 •	안주安州 •	솔빈부率賓府 •
익주益州 •	건주建州 •	동평부東平府 •
몽주蒙州 •	타주沱州 •	동평채東平寨 •
회원부懷遠府 •	부주富州 •	미주美州 •
복주福州 •	철리부鐵利府 •	광주廣州 •
포주浦州 •	**의주義州** •	**귀주歸州** •
안원부安遠府 •	**녕주寧州** •	모주慕州 •
영군동銅속涑3주三州 •	개주蓋州 •	
숭주崇州 •	집주集州 •	녹주麓州 •

[연구] 1. 붉은 색 지명은 고려의 5도 양계 등 고려 지명의 잔존이다.

2. "요사遼史" 동경 개주開州에는 고려 때 경주를 설치하였고, 발해의 용원부이다. 상경 영안현永安縣은 본래 용원부 경주현의 이름이다. 태조가 발해를 평정하고 그 백성들을 옮겨 이곳에 채寨를 세웠다. 살펴 보건대, '일통지'에는 "개주는 요나라 말에 다시 고려로 편입되어 촉막군蜀莫郡으로 불렸다. 폐지한 개원현開遠縣은 옛 개주開州의 치소이다"라고 하였다. 발해에서 용원현龍原縣이 경주慶州의 치소가 되었다. 곧 경주가 용원부의 부속 주가 되었으며 용원현은 부곽현이 되었다. 영안永安, 오산烏山, 벽곡壁谷, 웅산熊山, 백양白楊 다섯 현 또한 경주 소속이 분명하며, 조선 경상도의 경주가 아니다. 또 금나라에도 경주가 있었으며 요나라의 회주懷州와 조주祖州 지역과 관계가 있고 또한 이 곳과는 다르다."(출처: 欽定滿洲源流考(上), 남주성 역주)

2. 흠정만주원류고欽定滿洲源流考의 강역4

원문: 흠정만주원류고 권11欽定滿洲源流考 卷十一

출처: 欽定滿洲源流考(下), 남주성 역주

요 동북지계遼 東北地界 •

요 상경 장춘주遼 上京 長春州 •

요 동경 요양부遼 東京 遼陽府 •

개주開州 •	정주定州 •	보주保州 •
진주辰州 •	노주盧州 •	내원성來遠城 •
철주鐵州 •	흥주興州 •	탕주湯州 •
숭주崇州 •	해주海州 •	녹주淥州 •
환주 풍주 정주 모주桓州 豊州 正州 慕州 •		현주顯州 •
종주宗州 •	건주乾州 •	귀덕주貴德州 •
심주瀋州 •	집주集州 •	광주廣州 •
요주遼州 •	수주遂州 •	통주通州 •
한주韓州 •	쌍주雙州 •	은주銀州 •
동주同州 •	함주咸州 •	신주信州 •
빈주賓州 •	용주龍州 •	호주湖州 •
발주渤州 •	영주郢州 •	동주銅州 •
속주涑州 •	솔빈부率賓府 •	정리부定理府 •
철리부鐵利府 •	안정부安定府 •	장령부長嶺府 •
진해부鎭海府 •	기주冀州 •	동주東州 •
상주尙州 •	길주吉州 •	녹주麓州 •
형주荊州 •	의주懿州 •	잉주媵州 •
순화성順化城 •	녕주寧州 •	연주衍州 •

연주連州 •   귀주歸州 •   소주蘇州 •

복주復州 •   숙주肅州 •   안주安州 •

영주 솔주 하주 원주 발해주榮州 率州 荷州 源州 渤海州 •

녕강주寧江州 •   하주河州 •   상주祥州 •

요영위 아연여진遼營衛 阿延女眞 •

이덕여진伊德女眞 •   오국부五國部 •

[연구] 붉은 색 지명은 고려의 5도 양계 등 고려 지명의 잔존이다.

참고문헌

• 고전연구실, 북역고려사北譯 高麗史(정인지鄭麟趾 저), 제1~11책, 도서출판 신서원. 1997.

• 김수홍, 조선팔도고금총람도朝鮮八道古今總攬圖, 1673.

• 남주성, 흠정만주원류고欽定滿洲原流考 상·하, 글모아출판, 2010.

• 박종기, 오백년고려사, 푸른역사, 1999.

• 복기대, 고구려의 평양과 그 여운, 주류성출판사, 2017.

• 서울대학교 규장각, 고지도.

• 세종장헌대왕실록, 제154권, 1432.

• 안대희, 안승호, 위상수학, 경문사, 2012.

• 이근호 외, 한국사를 움직인 100대 사건, 청아출판사, 2011.

• 중국사회과학원, 중국역사지도집中國歷史地圖集 (潭其驤주편), 제5~8책, 중국지도출판사, 1996.

• 정인지, 고려사高麗史, 집현전, 지경연 춘추관, 성균관, 1451.

• 정택선, 최규흥, 위상수학 교육과 묘청의 서경 평양성 고지도 분석에의 응용, 교육문화연구, Vol. 23, 인하대학교 교육연구소, 2017.

• 정택선, 최규흥, 위상수학을 활용한 고려 평양부 고지도 분석, Vol. 34 (4), 487-509, East Asian Math. J, 2018.